Lurche und Kriechtiere Europas

Beobachten und bestimmen

Lurche und Kriechtiere Europas

Von Dr. Wolf-Eberhard Engelmann
Jürgen Fritzsche
Dr. sc. Rainer Günther
Dipl.-Biol. Fritz Jürgen Obst

Mit 307 Farbabbildungen
von Jürgen Scholz
186 Schwarz-weiß-Zeichnungen
von Traudl Schneehagen
und 196 Verbreitungskarten

 Ferdinand Enke Verlag Stuttgart 1986

Die Autoren bearbeiteten folgende
Tiergruppen:
Engelmann: Sauria (Anguidae, Chamaele-
onidae, Lacertidae), Amphisbaenia
Fritzsche: Serpentes
Günther: Anura
Obst: Caudata, Testudines, Sauria (Gekkoni-
dae, Agamidae, Scincidae)

Die einleitenden Kapitel bearbeiteten Obst
und Engelmann.

CIP-Kurztitelaufnahme der Deutschen Bibliothek

Lurche und Kriechtiere Europas / von Wolf-
Eberhard Engelmann ... Mit 307 Farbabb. von
Jürgen Scholz, 186 Schwarzweiss-Zeichn. von
Traudl Schneehagen u. 196 Verbreitungskt. –
Stuttgart: Enke, 1986
   (Beobachten und bestimmen)
   ISBN 3-432-95041-1
NE: Engelmann, Wolf-Eberhard [Mitverf.]; Scholz,
Jürgen [Ill.]

© 1985 Neumann Verlag,
Leipzig · Radebeul, DDR-
7010 Leipzig,
Salomonstr. 26/28
Printed in the German Democratic Republic
Lichtsatz: INTERDRUCK
Graphischer Großbetrieb Leipzig
Reproduktion und Druck:
GG Sachsendruck Plauen
Lizenzausgabe für den
Ferdinand Enke Verlag Stuttgart
Enke-Ausgabe ISBN 3-432-95041-1
dtv-Ausgabe ISBN 3-423-03263-4

Inhalt

Vorwort

Von breiten Bevölkerungskreisen unbemerkt, ist ein starker Rückgang zahlreicher Lurch- und Kriechtierpopulationen in vielen, besonders den industriell hochentwickelten Ländern Europas erfolgt. Obwohl auch bei Vertretern dieser Tiergruppen in den letzten Jahren neue und theoretisch bedeutsame Erkenntnisse gewonnen wurden, gibt es hinsichtlich ihrer Biologie noch viele ungelöste Fragen. Es besteht die Gefahr, daß verschiedene Arten aussterben, noch bevor diese Fragen geklärt werden können.

Amphibien und Reptilien spielen eine wichtige Rolle in bestimmten natürlichen Nahrungsketten, als biologische Schädlingsbekämpfer und als Bioindikatoren für Veränderungen der Umweltqualität. Neben diesen mehr praktischen sollte es aber auch ein ethisches Anliegen des Menschen sein, der Überleben in der Natur zu ermöglichen.

Nicht zu spät, so hoffen wir, setzt sich bei vielen Zeitgenossen die Einsicht durch, daß ein Frühling ohne Froschkonzert, eine Heidelandschaft ohne die faszinierende Begegnung mit einer sich sonnenden Kreuzotter oder ein Tümpel ohne Kaulquappen eine Verarmung der Natur bedeuten würden, die nicht einfach als unabwendbar hingenommen werden darf. Folgerichtig nimmt die Zahl derjenigen zu, die bereit sind, sich auch aktiv für den Schutz der Amphibien und Reptilien einzusetzen.

Noch gibt es, hauptsächlich in den südeuropäischen Ländern und im Kaukasus, genügend Gelegenheiten, Lurchen und Kriechtieren zu begegnen. Der interessierte Naturfreund wird gern wissen wollen, um welche Arten es sich dabei handelt und wohl auch etwas mehr über deren Lebensweise zu erfahren suchen. Für diese Menschen ist unser Buch vornehmlich geschrieben. Natürlich soll es auch dem feldherpetologisch tätigen Laienforscher eine zuverlässige Bestimmungshilfe sein, ihn über die Biologie der Tiere informieren, aber auch auf Wissenslücken hinweisen, die es zu beseitigen gilt. Im Abbau von Vorurteilen gegenüber den Lurchen und Kriechtieren und der Werbung für den Schutz dieser Tiere sehen wir eine weitere Aufgabe des Buches. Dazu werden die farbigen Abbildungen wesentlich beitragen können, die dem Betrachter auch die Schönheit der Tiere vermitteln sollen. Wir sind sicher, daß sie der Herpetofauna neue Freunde gewinnen werden.

Bei der Bearbeitung dieses Buches über die europäischen Amphibien und Reptilien konnte nur zum Teil auf eigene Erfahrungen zurückgegriffen werden, viele Angaben mußten aus der Literatur zusammengetragen werden. Daß dabei auch Fehler übernommen wurden und Kenntnislücken bestehenblieben, ist kaum vermeidbar. Wir sind daher für helfende Hinweise und fördernde Kritiken sehr dankbar.

Nahezu alle behandelten Arten sind in mindestens einem Exemplar farbig abgebildet. Für die Schaffung der Originalvorlagen, die sich durch große Detailtreue auszeichnen, sind wir Herrn Jürgen Scholz, Dresden, sehr zu Dank verpflichtet. Ebenso danken wir Frau Traudl Schneehagen, Leipzig, für die Ausführung der Strichzeichnungen und Herrn Waldemar Schulz, Dresden, für das Zeichnen der Verbreitungskarten. Alkoholpräparate für die Arbeit der Graphiker stellten dankenswerterweise das Museum für Naturkunde Berlin und das Staatliche Museum für Tierkunde Dresden zur Verfügung. Viele Kollegen und Terrarienfreunde aus den meisten europäischen Ländern unterstützten uns durch die Überlassung von lebenden Tieren, Fotos oder Literatur.

Ihnen allen sei an dieser Stelle besonders gedankt. Für förderliche Hilfe bei der Realisierung dieses Projektes und seinen großen persönlichen Einsatz möchten wir außerdem unserem Lektor, Herrn Dr. Manfred Geyer, herzlich danken.

Wolf-Eberhard Engelmann
Jürgen Fritzsche
Rainer Günther
Fritz Jürgen Obst

Einleitung

Die Lurche oder Amphibien und die Kriechtiere oder Reptilien sind zwei sehr unterschiedliche Klassen der Wirbeltiere. Diese Erkenntnis ist noch nicht sehr alt, denn erst am Anfang des 19. Jahrhunderts unterschieden die Zoologen Blainville und Merrem erstmals zwischen beiden Klassen. Inzwischen erscheint dieser Sachverhalt so selbstverständlich, daß auch ein Laie, dem die exakten Unterschiede zwischen beiden Wirbeltierklassen nicht geläufig sind, ihn als „gegebene Tatsache" genauso hinnimmt wie früher die Zusammenfassung beider Gruppen.

Was vereint, was trennt die Amphibien und Reptilien? Einerseits stellt man beide Klassen zusammen mit den Vögeln (Klasse *Aves*) und den Säugetieren (Klasse *Mammalia*) als Vierfüßige Landwirbeltiere (*Tetrapoda*) den flossentragenden Fischen (Klasse *Pisces*) gegenüber, andererseits aber vereinigt man die Fische und die Amphibien als *Anamnia* und grenzt sie damit von den *Amniota* ab. Zu letzter Gruppe gehören die Reptilien, die Vögel und die Säugetiere. Trennender Unterschied ist die Art und Weise der Keimlingsentwicklung beider Gruppen. Bei den *Anamnia* entwickelt sich der Embryo ohne eine Embryonalhülle im Ei, während die Embryonen der *Amniota* ihre Entwicklung in einer speziellen Embryonalhülle, dem Amnion, innerhalb des Eies durchmachen. Dieser wesentliche Fortschritt in der Entwicklung der Wirbeltiere zieht eine Grenzlinie zwischen den Lurchen und Kriechtieren.

Wenn in diesem Buch dennoch so unterschiedliche Wirbeltiergruppen erneut gemeinsam abgehandelt werden, hat das vor allem historische Gründe.

Auch nach der Unterscheidung von Amphibien und Reptilien erfolgte ihre Erforschung traditionell weiterhin in einem Wissenschaftsgebiet, der sogenannten Herpetologie (abgeleitet vom griechischen Wort „herpeton" = kriechendes Tier). Heute verstehen wir unter Herpetologie die gesamte wissenschaftliche Arbeit zur Aufklärung des Wesens der Lurche und Kriechtiere. Dazu gehören die Erforschung ihres Körperbaues (Morphologie und Anatomie), ihrer Lebensvorgänge und Verhaltensweisen (Physiologie und Ethologie), ihres Entwicklungs- und Vererbungsmodus (Embryologie und Genetik), ihrer Stammesgeschichte, Verwandtschaftsbeziehungen und Klassifizierung (Paläontologie, Phylogenie, Taxonomie und Systematik), ihrer Verbreitung, Ausbreitungsgeschichte und Umweltbeziehungen (Faunistik, Zoogeographie und Ökologie). Die Herpetologie umfaßt damit ein riesiges Forschungsgebiet.

In den letzten Jahren hat die Herpetologie einen bedeutenden Aufschwung erfahren. Sichtbar wird dies unter anderem in der steigenden Zahl wissenschaftlicher Publikationen, der Gründung herpetologischer Gesellschaften in vielen Staaten und schließlich auch in der Herausgabe neuer herpetologischer Zeitschriften. Neuerdings zeigt sich eine Tendenz zur Verselbständigung der Amphibien- und der Reptilienforschung, weil das Überblicken der gesamten Herpetologie durch den immensen Zuwachs an Wissen für den einzelnen immer schwieriger wird.

Ein wichtiges Teilgebiet der Amphibien- und Reptilienforschung ist die Feldherpetologie. Sie befaßt sich mit der Forschungsarbeit ausschließlich in der freien Natur. Zu ihren Themen gehören vor allem die Herpetofaunistik und die Ökologie der Amphibien und Reptilien. Gerade in diesem Bereich waren und sind Amateurforscher mit Erfolg tätig. Die Zahl der Naturfreunde, die sich in ihrer Freizeit intensiv mit den europäischen Amphibien und Reptilien befassen, wächst in erfreulichem Maße.

Das Bestimmungsbuch soll nicht nur das Erkennen der Arten ermöglichen, sondern auch einen kurzen Überblick zur Biologie der Tiere vermitteln. Der Benutzer hat damit die Möglichkeit, seine Beobachtungen mit diesen Informationen zu vergleichen.

Keinesfalls soll jedoch zum Fangen europäischer Reptilien und Amphibien und zu deren Haltung im Terrarium ermuntert werden! Der Reiz, der darin für den einzelnen liegt, ist unbestritten. Der Rückgang der meisten Arten als Folge der Zerstörung der natürlichen Lebensräume hat jedoch inzwischen solche Ausmaße angenommen, daß eine unkontrollierte Entnahme von Terrarientieren aus der Natur nicht mehr zu verantworten ist. Den Terrarienfreunden soll damit jedoch nicht die Berechtigung zu ihrer schönen Freizeittätigkeit abgesprochen werden. Vielmehr muß die Terraristik ihren Tierbedarf aus kontinuierlichen Nachzuchten befriedigen, wie das in der Stubenvögel- und Zierfischliebhaberei längst der Fall ist. In den letzten Jahren sind auch eine ganze Reihe europäischer Amphibien und Reptilien zum festen Zuchtbestand der Terraristik geworden, und ihre Zahl steigt an. Das Ausgangsmaterial zu solchen Zuchten darf jedoch nur nach Genehmigung aus der Natur entnommen werden. Alle Freunde der Amphibien und Reptilien sollten sich mit ihrer ganzen Tatkraft und Begeisterung für deren Schutz in allen europäischen Ländern einsetzen, damit auch in Zukunft diese Tiere noch in ihrer faszinierenden Vielfalt unseren Kontinent bewohnen.

Hinweise zur Benutzung des Buches

Europa bildet geographisch mit der riesigen Landmasse Asiens eine Einheit. Seine Abgrenzung nach Osten ist deshalb mehr oder weniger willkürlich. Während die Ostgrenze des Kontinents nahezu einmütig von allen Autoren vom Kamm des Uralgebirges zum Westufer des Kaspischen Meeres gezogen wird, handhabt man die Abgrenzung im Südosten unterschiedlich. Im Rahmen des vorliegenden Bestimmungsbuches werden alle europäischen Amphibien- und Reptilienarten einschließlich der des touristisch und herpetologisch bedeutsamen Kaukasusgebietes bis zur sowjetisch-türkischen und sowjetisch-iranischen Staatsgrenze mit erfaßt. In der Ägäis werden die zum griechischen Staat gehörenden Inseln einschließlich der auf dem kleinasiatischen Kontinentalschelf gelegenen berücksichtigt, von der Türkei hingegen nur der europäische Teil auf der Balkanhalbinsel. Im so definierten Gebiet sind gegenwärtig 58 Arten Amphibien und 141 Arten Reptilien nachgewiesen.

Zur Bestimmung von fraglichen Tieren empfehlen wir, zuerst die farbigen Abbildungen zu Rate zu ziehen. Gleichzeitig kann man sich in den Tabellen, in denen die Arten der einzelnen europäischen Staaten aufgelistet sind (S. 31 ff.), einen Überblick zu den in Frage kommenden ähnlichen Arten verschaffen. Vorausgesetzt wird dafür allerdings das richtige Erkennen der großen Verwandtschaftsgruppen, also der Schwanzlurche (*Caudata*), der Froschlurche (*Anura*), der Schildkröten (*Testudines*), der Echsen (*Sauria*) und der Schlangen (*Serpentes*), nach denen die Arten in Kolonnen aufgelistet wurden.

Sollte die Gruppenzugehörigkeit des fraglichen Tieres unklar sein, so kann das durch Überprüfen der grundsätzlichen Merkmale anhand der Gruppenbeschreibungen am Beginn des jeweiligen Hauptabschnittes des speziellen Teiles geklärt werden. Schließlich sollen Vergleiche mit der Artbeschreibung und die Überprüfung anhand der Bestimmungsschlüssel das Bestimmungsergebnis absichern. Bestimmungsschlüssel sind nur dann eingefügt worden, wenn äußerlich gut erkennbare Merkmale zur Unterscheidung der Taxa vorhanden sind. Bei nahe verwandten Arten, die geographisch weiträumig voneinander isoliert sind, wurden in der Regel keine Schlüssel aufgenommen.

Zum raschen Aufschlagen der betreffenden Passagen dient die vor der Artbeschreibung halbfett gedruckte Ordnungsnummer jeder Art, die auch in den Tabellen sowie bei Bildern und Karten einheitlich angewendet wird.

Die höheren systematischen Kategorien von der Klasse bis zur Familie sind nach einem System geordnet, das die derzeit von den meisten Herpetologen angenommenen verwandtschaftlichen (phylogenetischen) Beziehungen widerzuspiegeln versucht. Ein ins Detail gehendes phylogenetisches System existiert derzeit leider noch nicht, so daß die Gattungen innerhalb der Familien und die Arten innerhalb der Gattungen vorwiegend alphabetisch geordnet werden mußten. Nur dort, wo natürliche Verwandtschaftsgruppen als gesichert gelten, wird dieses wertungsfreie alphabetische Ordnungsprinzip durchbrochen. Die Artbeschreibung wird folgendermaßen gegliedert:

Kennzeichen: Größenangaben, charakteristische Merkmale, Beschreibung der Färbung und Zeichnung, Hinweise zur Variabilität der Merkmale, Kennzeichnung leicht bestimmbarer geographischer Unterarten, Angaben von Unterschieden zu Arten, mit denen Verwechslungen denkbar wären.

Es sei ausdrücklich darauf verwiesen, daß in den Artbeschreibungen die in der Beschreibung übergeordneter Kategorien wie Gattungen, Familien und Ordnungen erwähnten Charakteristika nicht wiederholt werden. Auch die in den Bestimmungsschlüsseln genannten Trennmerkmale werden in der Regel nicht wiederholt. Sie sollten aber unbedingt mit geprüft werden!

Vorkommen: Hier wird die geographische Verbreitung in Europa und im Kaukasusgebiet angegeben. Das Artareal über diese Grenzen hinaus wird grob umrissen. Die Verbreitungskarte gestattet eine zusätzliche Orientierung. Beschreibungen des Lebensraumes geben Hinweise auf die ökologischen Ansprüche der Art und können bei der Suche nach den Tieren oder bei ihrer Bestimmung von Nutzen sein.

Lebensweise: Grundinformationen zur Aktivität (Tages- und Jahresrhythmik), zur Nahrung und Fortpflanzung, zu Besonderheiten des Verhaltens, zu Feinden und weitere biologische Angaben wurden hier zusammengestellt. Auch in diesem Gliederungspunkt erfolgen keine Wiederholungen von Aussagen, die größere Verwandtschaftsgruppen charakterisieren.

Besonderes: Enthält vor allem Angaben über die mögliche Untergliederung der Art in geographische Unterarten. Fehlt dieser Punkt, so sind gegenwärtig keine Unterarten anerkannt. Im umgekehrten Falle ist es jedoch nicht immer sinnvoll, das ganze Spektrum der Unterarten zu nennen. Kennzeichen leicht bestimmbarer Unterarten werden nach Möglichkeit bereits im ersten Punkt der Artbeschreibung genannt. Die Abgrenzung von Unterarten wird in vielen Fällen von den Fachleuten recht unterschiedlich beurteilt. Dem systematischen Teil unseres Bestimmungsbuches liegen im wesentlichen folgende Werke zugrunde: „Die Amphibien und Reptilien Europas" von Mertens und Wermuth (1961), das „Bestimmungsbuch der Lurche und Kriechtiere der Fauna der UdSSR" von Bannikow, Darevskij, Iščenko, Rustamov und Ščerbak (1977) und das „Handbuch der Reptilien und Amphibien Europas", herausgegeben von Böhme (1981 ff.). Hinweise zur Schutzbedürftigkeit der betreffenden Art findet man ebenfalls unter diesem Gliederungspunkt.

Als Abbildungsvorlagen wurden nach Möglichkeit lebende Tiere verwendet. Waren solche nicht verfügbar, dienten Flüssigkeitspräparate und Farbfotos lebender Tiere gemeinsam als Vorlagen. Stets wurde größter Wert auf Detailtreue gelegt. Bedingt durch den Platzmangel konnte nur ein Teil der großen individuellen Variabilität zahlreicher Lurch- und Kriechtierarten zeichnerisch erfaßt werden. Deshalb müssen Abbildungen und Beschreibungen gemeinsam zu Rate gezogen werden, wenn Tiere bestimmt werden sollen.

Die Herpetofauna Europas aus tiergeographischer Sicht

Die Herpetofauna Europas ist verhältnismäßig artenarm. Nordamerika ist z. B. in vergleichbaren Breiten wesentlich reicher an Lurchen und Kriechtieren. Die Ursachen dieses Unterschiedes sind in der Erdgeschichte, der physischen Gestalt der Kontinente und den damit verbundenen Besiedlungsmöglichkeiten für die Tiere zu suchen.

Die Abgrenzung Europas ist auch aus zoologischer Sicht kompliziert. Im Mittelmeerraum lassen sich Beziehungen zur Tierwelt Afrikas und Vorderasiens erkennen, im äußersten Südosten Europas zur mittelasiatischen Fauna. Die Areale vieler dort lebender Amphibien und Reptilien erstrecken sich über die Grenzen der Kontinente hinweg. Die Grenzen der physisch-geographischen Kontinente und der großen tiergeographischen Regionen sind also keineswegs deckungsgleich. Europa ist Bestandteil einer tiergeographischen Region, zu der auch Nordafrika, Vorderasien und ganz Asien nördlich des Himalaya-Gebirgskomplexes gehören. Diese zoogeographische Region wird als Paläarktis bezeichnet. Das Gebiet, das in unserem Bestimmungsbuch behandelt wird, umfaßt somit den Hauptteil der westlichen Paläarktis. Die paläarktische Region weist enge Beziehungen zur Fauna Nordamerikas, der nearktischen Region, auf und wird mit dieser zum großen Faunenreich der Holarktis zusammengefaßt. Die Holarktis umfaßt somit die Tierwelt der nördlichen Halbkugel der Erde. Damit wäre „unser" Gebiet in den großen zoogeographischen Zusammenhang eingeordnet.

Im östlichen Mittelmeerraum wird durch die ägäische Inselwelt und die schmale Meerenge zwischen Europa und Vorderasien eine einst durchgängige Landverbindung deutlich. Vorderasien und Nordafrika sind noch heute direkt miteinander verbunden. Im westlichen Mittelmeergebiet ist Europa von Nordafrika ebenfalls nur durch eine schmale Meerenge getrennt. Erst am Ende der Kreidezeit wurde die Landbrücke zwischen der Iberischen Halbinsel und Nordafrika unterbrochen.

Amphibien und Reptilien sind im wesentlichen bodenbewohnende Festlandtiere, für die große Gewässer, vor allem die Meere, in der Regel natürliche Ausbreitungsgrenzen darstellen. Genauso wenig sind sie in der Lage, unwirtliche Hochgebirge zu überschreiten. Daran hindert sie ihr wechselwarmer Organismus, der auf günstige Umgebungstemperaturen angewiesen und den kalten Höhenlagen nicht gewachsen ist. Als in der jüngeren Erdgeschichte, im Pleistozän, der nordische Eispanzer bis nach Mitteleuropa vordrang, hatten hier Lurche und Kriechtiere keine Lebensmöglichkeiten mehr. Ihr Areal verlagerte sich südwärts. Der Süden Europas war jedoch durch große, vergletscherte Gebirgszüge von Mitteleuropa abgesperrt. Sie reichten vom Kaukasus über den Balkan und die Alpen bis zu den Pyrenäen. Nur wenige Pforten machten diese Gebirgsbarriere für Kriechtiere und Lurche durchlässig. Während der Eiszeiten wurden das Mittelmeergebiet und der Raum um das Schwarze Meer und den Kaspisee zum Rückzugsgebiet, zum Refugium, für viele Tierarten. Mit dem Einsetzen der Klimaverbesserung und dem Zurückweichen des Inlandeises in Zentraleuropa erfolgte durch dieselben Pforten auch die Wiederbesied-

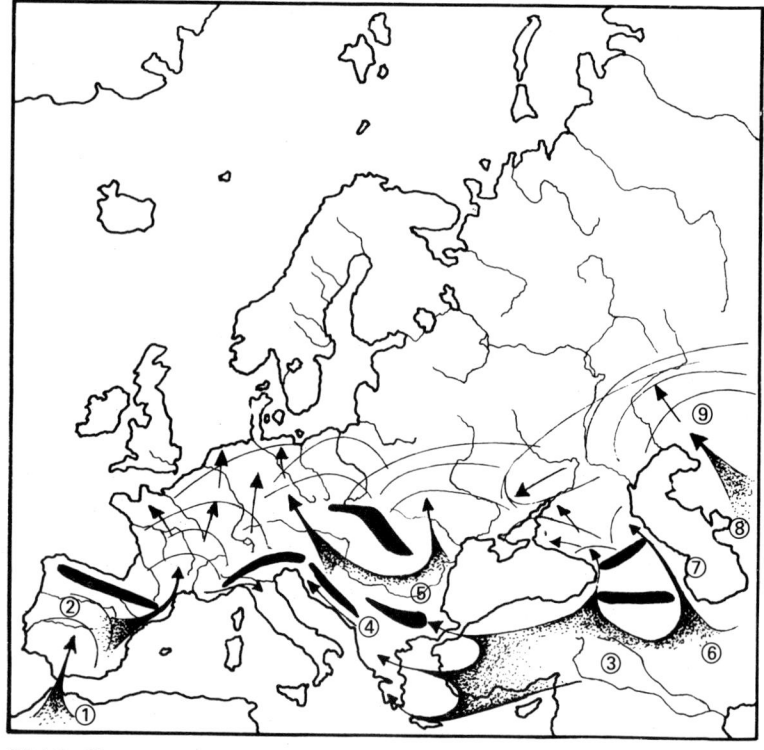

Wichtige Ursprungszentren der europäischen Herpetofauna und Besiedlungswege
① Nordwestafrika, ② Iberische Halbinsel, ③ Vorderasien, ④ Balkanhalbinsel,
⑤ Schwarzmeergebiet, ⑥ Transkaukasus-Gebiet, ⑦ Nordostkaukasus, ⑧ Mittelasien,
⑨ Nordkaspien

lung dieses Gebietes. Die Verbreitungskarten vieler Arten verdeutlichen diesen Besiedlungsverlauf noch heute. Eine wichtige Pforte existiert am Ostabfall der Pyrenäen, über die Arten der Iberischen Halbinsel oder gar Nordafrikas nach Westeuropa einwanderten. Eine andere Pforte befindet sich in der Wolga-Ural-Steppe am Nordufer des Kaspischen Meeres. Über sie drangen Arten aus dem mittelasiatischen Raum vor. Im Balkangebiet war die Donauniederung ein solcher Durchlaß. Das Karpatenmassiv hingegen erschwerte vielen südlichen Arten die Einwanderung ins östliche Mitteleuropa und nach Osteuropa. Dadurch ist dieses Gebiet auffällig artenarm an Amphibien und Reptilien. Die Alpen erwiesen sich als die am schwersten zu überwindende Barriere, so daß die Apenninen-Halbinsel in ihrer Herpetofauna zwar einige bemerkenswerte endemische Vertreter bewahren konnte, andererseits aber nur bedingt eine Basis für die Wiederbesiedlung Zentraleuropas mit Lurchen und Kriechtieren darstellte. Südlich aller Hochgebirge Europas nimmt der Artenreichtum der Herpetofauna sprunghaft zu. Das zeigt sich besonders auf der Iberischen Halbinsel und in Transkaukasien.

Manche Amphibien und Reptilien sind nur in ganz bestimmten, klar abge-

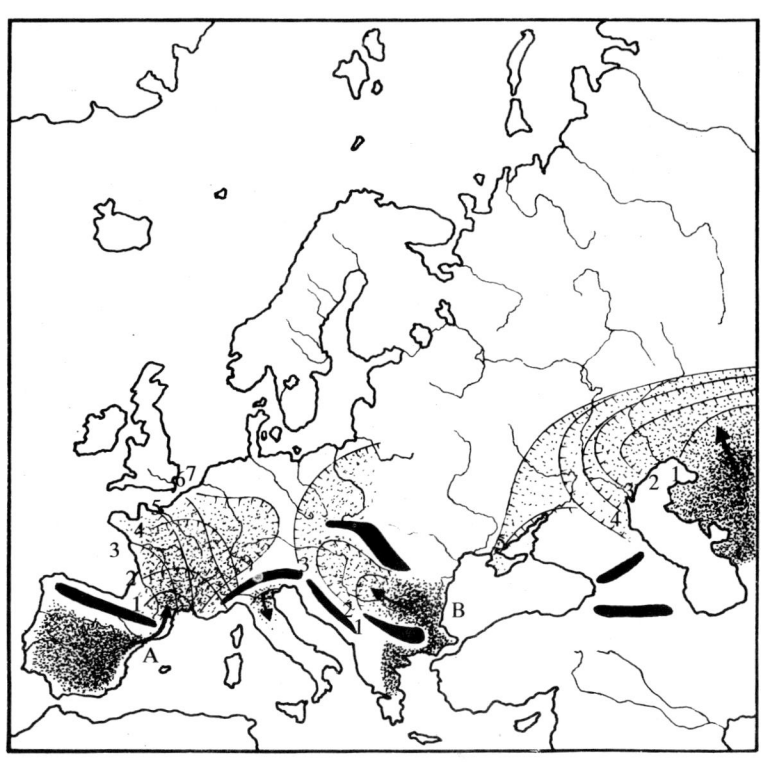

Die Wiederbesiedlung Europas mit Amphibien und Reptilien nach den Eiszeiten
(Wichtige Pforten und ausgewählte Beispielarten)
A Pyrenäen-Pforte
1 Sandläufer (148, 149), Spanische Mauereidechse (136), Treppennatter (180), 2 Perleidechse (124), 3 Messerfuß (31), 4 Vipernnatter (186), 5 Marmormolch (31), 6 Westlicher Schlammtaucher (35), 7 Geburtshelferkröte (25)
B Donau-Pforte
1 Griechische Landschildkröte (66), 2 Johannisechse (151), Pfeilnatter (166), Taurische Eidechse (145), 3 Wechselkröte (38)
C Nordkaspische Pforte
1 Steppenschildkröte (64), Steppenagame (80), 2 Kaspischer Geradfinger (71), 3 Sonnengucker (83), Halysschlange (199), Bärtiger Krötenkopf (84), 4 Schneller Wüstenrenner (97), Wüstensandboa (162), 5 Steppennatter (176)

grenzten Gebieten zu finden, z. B. auf den Halbinseln des Mittelmeerraumes oder gar nur auf einzelnen Inseln bzw. Inselgruppen. Man bezeichnet Arten mit derart begrenzten Vorkommen als Endemiten. Einen Überblick über interessante Beispiele von Endemiten in der europäischen Herpetofauna vermittelt die Karte auf S. 16. Einige Arten hingegen haben Areale, die sich weiträumig über das gesamte südosteuropäisch-vorderasiatische bis nordafrikanische Gebiet erstrecken. Die Maurische Landschildkröte (65) liefert sogar das Beispiel einer bis auf kleine Lücken noch zusammenhängenden Besiedlung des Küstengebietes rings um das Mittelmeer.

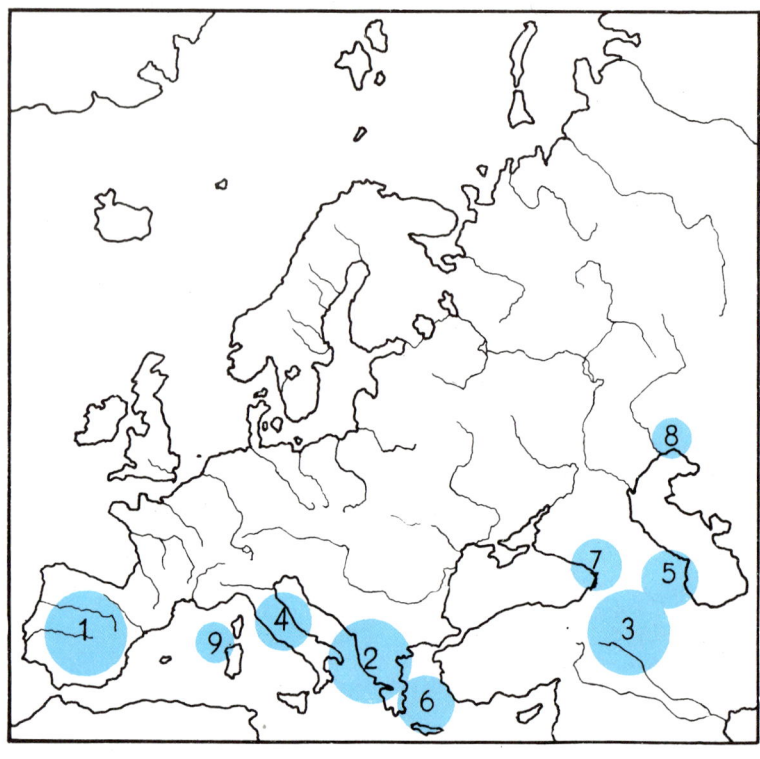

Endemitenzentren der europäischen Herpetofauna
1 Iberische Halbinsel (ca. 30 Arten), 2 Balkan-Halbinsel (ca. 30 Arten), 3 Transkaukasus
(ca. 27 Arten), 4 Apenninen-Halbinsel (ca. 19 Arten), 5 Ostkaukasus (ca. 18 Arten),
6 Ägäische Inseln (ca. 13 Arten), 7 Westkaukasus (ca. 12 Arten), 8 Nordkaspische Niederung (ca. 10 Arten), 9 Sardinien und Korsika (ca. 8 Arten)

In seiner Nord-Süd-Ausdehnung läßt sich Europa in großräumige, vor allem klimatisch unterschiedlich geprägte Zonen gliedern. Als charakteristische Vegetationstypen folgen von Nord nach Süd Tundra, Taiga, Mischwald, Laubwald, Waldsteppe und Steppe. Dieses Schema wird vor allem dann deutlich, wenn man die paläarktische Region als Ganzes betrachtet. In den Vegetationsbereichen nehmen von Nord nach Süd die mittleren Jahrestemperaturen und die jährliche Sonnenscheindauer zu. Damit verbunden ist ein Anstieg der Verdunstung. Die höchste jährliche Niederschlagsmenge fällt in der Mischwaldzone, während nach Norden wie nach Süden hin der Niederschlag abnimmt. Die Auswirkungen sind aber recht unterschiedlich: Im kalten Norden wird der Niederschlag als Schnee und Eis lange Zeit gespeichert, während im heißen Süden die geringen Niederschläge innerhalb kurzer Frist durch die Verdunstung wieder umgesetzt werden. In jedem dieser Lebensräume findet man Amphibien- und Reptilienarten, die sich optimal den dort herrschenden Bedingungen angepaßt haben. Mitunter sind sie sogar streng an diese Bedingungen gebunden und haben nur sehr geringe Chancen, unter veränderten Voraussetzungen zu überleben.

In der *Tundra* Europas leben nur wenige Vertreter der Herpetofauna:
Moorfrosch 42
Grasfrosch 48
Waldeidechse 130
und Kreuzotter 192.
Sie dringen sogar weit über den Polarkreis vor.
In der *Taigazone* kommen zu den Tundra-Arten noch
Blindschleiche 87
und Ringelnatter 187 hinzu.
In der *Mischwaldzone* wird die Herpetofauna bereits artenreicher. Als neue Arten sind hier zu nennen:
Feuersalamander 10
Bergmolch 13
Fadenmolch 15
Teichmolch 18
Laubfrosch 39
Erdkröte 36
Zauneidechse 48
Glattnatter 171
Europäische Sumpf-
schildkröte 68
In der *Laubwaldzone* fehlen die Tundra-Arten bis auf den ökologisch anpassungsfähigen Grasfrosch bereits meist völlig. Charakteristische neue Arten in diesem Bereich sind u. a.
Springfrosch 43
und Äskulapnatter 178.
Die *Waldsteppen* mit ihrer starken Besonnung und den lockeren, warmen Böden bieten zahlreichen Amphibien und Reptilien günstige Lebensbedingungen. Bekannte Arten sind:
Wechselkröte 38
Knoblauchkröte 32
Smaragdeidechse 129
Landnattern aus den Gattungen
Coluber und *Elaphe*
Vipernnatter 186
und Würfelnatter 188.
Charakteristische Vertreter der Herpetofauna in der *Steppe* sind neben den meisten Arten der Waldsteppen, die auch noch hier leben, folgende Arten:
Messerfuß 31
Seefrosch 54
Syrische Schaufelkröte 33

Europäische Landschildkröten
65 bis 67
Erzschleiche 153
Scheltopusik 87
Steppenagame 90
Steppennatter 176
Wiesenotter 195
und Halysotter 199.
Charakteristische Vertreter der Herpetofauna der *Steppen* mit halbwüstenartigem Charakter sind z. B.:
Kaspischer Geradfinger 71
Kaspischer Nacktfinger 72
Krötenköpfe 82 bis 84
Wüstenrenner 94 bis 97
Fransenfinger 88
Algerischer Sandläufer 148
Wurmschlange 160
Sandboas 161, 162
und die Steppenschildkröte 64.
Verschiedene Arten scheinen zunächst in keine Gruppe dieses Grundschemas zu passen. Ordnet man jedoch die klimatischen Bedingungen ihrer Habitate, an die sie gebunden sind, vergleichbaren großräumigen Klima- und Vegetationszonen zu, so erweist sich z. B. der Alpensalamander (11) als alpines Tier zur Tundra und Taiga gehörig. Das Chamäleon (85) hingegen, das als ein „Oasenbewohner" nur in wärmsten Teilen Südeuropas vorkommt, ist schon den Wüstenreptilien zuzuordnen.
In Südeuropa kann man in allen Hochgebirgen eine Parallele zwischen der Abfolge der Höhenstufe und der Abfolge der paläarktischen Vegetationszonen in der Nord-Süd-Reihe beobachten. Dieses interessante Phänomen ist in kleinen, steil aus der Ebene aufragenden Gebirgsstöcken am eindrucksvollsten. Am Fuße der Gebirge leben Amphibien und Reptilien der Wüsten- und Steppenzonen, während die alpine Zone von Tundra- und Taigaarten besiedelt wird. Die alpine Zone erweist sich dann als Refugium vieler Arten der nördlichen Herpetofauna, die in Südeuropa nur inselartig in den hohen Gebirgen vorkommen. Bekannte Beispiele bieten die Verbreitung der Waldeidechse (130), der Kreuzotter (192)

und des Grasfrosches (48). Ähnliche Beispiele lassen sich für alle anderen Höhenstufen und Vegetationszonen finden.

Mitunter kann man auch beobachten, daß sich bestimmte Arten, die unter vergleichbaren Umweltbedingungen leben, in den einzelnen Gebirgen als ökologische Pendants vertreten. Als Beispiel können die Braunfrösche der montanen bis subalpinen Bereiche gelten: Spanischer Frosch – Italienischer Springfrosch – Griechischer Frosch – Kleinasiatischer Frosch. Auch unter den Echten Wassermolchen der Gattung *Triturus*, den Smaragdeidechsen und weiteren Gruppen lassen sich ähnliche Beispiele beobachten.

Die merkwürdige Erscheinung, daß eng verwandte Arten weit voneinander entfernt vorkommen, bezeichnet man als disjunkte Verbreitung. Ein Paradebeispiel liefern die Schlammtaucher (Gattung *Pelodytes*), von denen eine Art in Westeuropa, die andere im Kaukasusgebiet vorkommt. Auch die Wasserschildkröten der Gattung *Mauremys* entsprechen mit ihren beiden europäischen Arten diesem Verbreitungstyp. Die disjunkt auftretenden Arten dürfen als Reliktvorkommen einer einst weitreichenden Verbreitung betrachtet werden. Im Laufe der Erdgeschichte entstanden in zersplitterten Arealen von Ausgangsarten mitunter neue Arten, wie die Gebirgsbach-Molche der Gattung *Euproctus* mit ihren Vorkommen von je einer Art in den Pyrenäen, auf Korsika und auf Sardinien belegen. Die Arealzersplitterung durch geologische Ereignisse geht mit unterschiedlich starken Veränderungen der Teilpopula-

tionen der Tiere einher. Sehr oft ist die Ausbildung von Unterarten zu beobachten. Auf den Ägäischen Inseln, den Balearen und den Pityusen, den Tyrrhenischen Inseln und anderen Inseln des Mittelmeerraumes finden wir in der reichen Eidechsenfauna (Angehörige der Gattung *Podarcis*) zahlreiche Beispiele für die Unterarten-Ausbildung. Infolge der strikten geographischen Isolation der dort lebenden Tierbevölkerung können sich Veränderungen im Erbgut und folglich auch im Aussehen der Tiere auf den Inseln schneller durchsetzen als bei Festlandpopulationen. Ähnliche Bedingungen bieten auch Gebirgszüge, die durch tiefe und klimatisch völlig andersgeartete Täler voneinander getrennt sind. Die Eidechsenfauna des Kaukasusgebietes liefert ein Beispiel für derart geographisch bedingte Evolutionen. In der Felseneidechsen-Gruppe haben sich in Form der parthenogenetischen Populationen, denen heute nominell Artstatus zuerkannt wird, bemerkenswerte Strategien zur Eroberung extremer Lebensräume entwickelt. Bisher einzigartige populationsgenetische Beziehungen wurden zwischen den Arten und Bastardformen der europäischen Wasser- oder Grünfrösche der Gattung *Rana* entdeckt. Die Palette der hier anzutreffenden Überlebens-, Ausbreitungs- und Fortpflanzungsstrategien ist erst in den letzten Jahren gründlicher erforscht worden. Dadurch gelang es, nicht nur neuartige Einblicke in das Werden der Herpetofauna Europas zu gewinnen, sondern auch wichtige Beiträge zur Lösung theoretischer Probleme der Evolutionsbiologie zu leisten.

Zur Ökologie und Ethologie der europäischen Amphibien und Reptilien

Der wechselwarme Organismus der Lurche und Kriechtiere mit seiner Abhängigkeit von der Umgebungstemperatur ist für alle ihre Lebensäußerungen von grundsätzlicher Bedeutung. Im Klima Europas ergibt sich daraus für diese Tiere eine ausgeprägte Jahresrhythmik.

In Anpassung an die klimatischen Verhältnisse halten die europäischen Lurche und Kriechtiere eine mehr oder weniger lange Winterruhe, die in nördlichen oder Hochgebirgsgegenden etwa 6 Monate dauern kann, in Südeuropa dagegen nur 4 bis 6 Wochen. In besonders günstigen Lagen am Mittelmeer und der Schwarzmeerküste kann sie sogar ganz entfallen. Die Tiere vermindern dann lediglich für einige Wochen ihre Aktivität, indem sie ihren Unterschlupf nicht täglich zum Sonnenbad oder zur Nahrungsaufnahme verlassen.

Zur Überwinterung suchen Lurche und Kriechtiere entsprechend ihrem artspezifischen Feuchtigkeitsbedürfnis unterschiedliche, stets aber frostfreie Schlupfwinkel auf. Das können Erdlöcher, Höhlen, Felsspalten, Baumstubben, Steinhaufen sowie größere Reisig- und Laubhaufen sein, die bereits Verrottungswärme entwickeln. Amphibien überwintern häufig am Grunde nicht durchfrierender Gewässer, ebenso Wasserschildkröten. Geeignet dafür sind Gewässerabschnitte mit ausreichender Tiefe und mit lockerem Bodengrund aus Fallaub, Schilf und einer starken Schlammschicht, aber auch Quelltümpel, Höhlengewässer u. ä. Selbst Brunnen, stillgelegte Bergwerksstollen, Keller und andere Bauwerke dienen bisweilen als Winterquartier. Mitunter überwintern zahlreiche Tiere, die sogar zu verschiedenen Arten gehören können, gemeinsam. Solche Überwinterungsgemeinschaften findet man in der Regel ortstreu alljährlich wieder in demselben Quartier.

Die Länge der Winterruhe ist sowohl temperaturabhängig als auch art- und sogar geschlechtsspezifisch. Oft werden die Männchen früher aktiv als die Weibchen. Über die auslösenden Mechanismen für das Verlassen der Winterquartiere fehlen für die meisten Arten jedoch noch exakte Untersuchungen.

Für zahlreiche Amphibienarten beginnt unmittelbar nach der Winterruhe die Fortpflanzungsperiode. Froschlurche unternehmen zu Beginn derselben häufig längere Wanderungen, um an ein Laichgewässer zu gelangen. Sie sind entweder auf bestimmte Laichplätze geprägt und suchen zeitlebens immer wieder das Gewässer auf, in dem sie als Larven lebten, oder sie sind Laichplatzvagabunden, die in einem beliebigen Gewässer ablaichen. Paarung und Eiablage werden dabei durch bestimmte Grenztemperaturen ausgelöst. Werden sie unterschritten, wird das Laichgeschäft zeitweilig unterbrochen. Die Tiere verbringen die Pause dann in einem Zustand der Halbstarre am Grunde der Gewässer oder in Verstecken auf dem Lande. Krasse Temperaturstürze können ihnen dann zum Verhängnis werden. Andere Arten, wie z. B. die Grünfrösche, laichen spät im Jahr. Sie benötigen höhere Temperaturen. Auch die Wassermolche laichen nicht sofort nach der Winterruhe. Ihre Balz beginnt erst, nachdem das Hochzeitskleid gewachsen und ausgefärbt ist.

Die Reptilien paaren sich meist erst geraume Zeit, nachdem sie das Winterquartier verlassen haben. Während manche Schlangen Paarungsgemeinschaften bilden (der Volksmund nennt sie meist Natterngezücht oder den Schlangenkönig mit seinem Volke), neigen Eidechsen mehr zu einer Paarbildung, die über die ganze Saison bestehenbleiben kann.

Mit der Paarbildung sind auch Revieransprüche verbunden. In der Regel behaupten die Männchen das Revier, mitunter aber auch die Weibchen. Auseinandersetzungen um den Revierbesitz verlaufen häufig ritualisiert, nur selten auch als Kampf mit Beschädigung des Gegners. Bei verschiedenen Eidechsenarten kommt der Beschädigungskampf jedoch häufig vor. Davon zeugen neben Narben vor allem die zahlreichen regenerierten Schwänze. Bei den Schlangenmännchen kann man im Frühjahr turnierartige Kommentkämpfe beobachten. Bei den Amphibien ist das Revierverhalten, wenn es überhaupt vorhanden ist, in wesentlich schwächerer Form ausgeprägt.

An die Fortpflanzungszeit schließt sich meist eine Periode intensiver Nahrungsaufnahme an. Nicht nur die Amphibien, sondern mehr noch Reptilien in trockenen Habitaten nehmen innerhalb von 2 bis 4 Monaten den größten Teil der ganzen Jahresnahrungsmenge auf. In dieser Zeit werden umfangreiche Reserven angelegt, die den Tieren das Überdauern von Ruheperioden ermöglichen und die Voraussetzung für das Wachstum und die Reifung der Eier sind. Südliche Arten verbringen häufig die trockenen und heißen Hochsommermonate in Schlupfwinkeln verborgen und zehren dann bereits von diesen körpereigenen Reservestoffen. Während der Kältestarre im Winter ist der Stoffwechsel dagegen auf ein Minimum reduziert, so daß nur geringe Mengen der Reserven verbraucht werden. Wärmere Zwischenzeiten im Winter erhöhen jedoch den Stoffumsatz, was zu einer entscheidenden Schwächung der Tiere im Frühjahr führen kann. Mit Beendigung der Winterruhe werden die Reservestoffe aktiviert. Besonders die Fortpflanzung ohne vorausgegangene Nahrungsaufnahme ist nur durch den Einsatz dieser gespeicherten Energien möglich. Eine Eiablage während einer ganzen Saison, wie sie bei manchen Amphibien erfolgt, oder das wiederholte Absetzen von Gelegen, wie man es bei verschiedenen Echsen beobachtet, ist nur unter optimalen Ernäh-

Kommentkampf bei *Vipera berus* (192)

rungsbedingungen möglich. Überhaupt haben Umweltfaktoren starken Einfluß auf die Fortpflanzungsrate. Das betrifft vor allem auch den Entwicklungserfolg der Eier, der stark von den Witterungsbedingungen abhängt. Unter extremen klimatischen Bedingungen, wie im Hochgebirge oder in wüstenartigen Habitaten, findet die Entwicklung der Eier häufig im mütterlichen Körper statt. Bei den europäischen Amphibien und Reptilien sind alle Übergänge von der Eiablage bis zum Lebendgebären vollständig entwickelter Jungtiere zu finden.

Neben der Jahresrhythmik kann eine ausgeprägte Tagesrhythmik beobachtet werden. Als Grundtypen treten tagak-

Paarung
Coluber viridiflavus (170)

tive und nachtaktive Arten auf. Tagaktiv sind mit wenigen Ausnahmen (z. B. Geckos) vor allem die Reptilien. Nicht selten kann man im Laufe des Jahres auch eine Verlagerung der Aktivitätsphasen während des Tages feststellen. Solche Beobachtungen gehören zu den reizvollen Möglichkeiten feldherpetologischer Betätigung.

Lurche sind häufig dämmerungs- und nachtaktiv. Ausnahmen sind Laubfrösche, Unken und Scheibenzüngler sowie die Grünfrösche, deren Aktivität sich auch über große Teile des Tages erstreckt. Während der aquatischen Lebensphase sind Wassermolche hauptsächlich tagaktiv. Auf dem Lande führen sie wie die meisten Salamander ein an Regenwetter, an die Dämmerung oder die Nacht gebundenes Leben. Die Kenntnis der Aktivitätsmuster ist für die gezielte Beobachtung bestimmter Arten eine unerläßliche Voraussetzung.

Kommentkampf bei
Elaphe longissima (178)

Die von den Amphibien und Reptilien besiedelten Lebensräume sind in Europa sehr vielfältig und reichen von Süßgewässern und Feuchtgebieten (Hauptlebensräume der Amphibien) bis zu Trockensteppen und alpinen Regionen. Es gibt sehr anpassungsfähige Arten, die in den verschiedensten Biotopen zu finden sind, und andere, die an ihren Lebensraum ganz bestimmte Anforderungen stellen. Viele Arten sind ausgesprochene Kulturflüchter, die sich aus vom Menschen stark beeinflußten Gebieten zurückziehen. Einige haben sich aber auch mit Erfolg an Kulturlandschaften angepaßt und sind, wie Erdkröte oder Mauergecko, zu Kulturfolgern geworden.

Beziehungen zwischen der Gestalt der Tiere und ihrem Lebensraum lassen sich bei den meisten europäischen Amphibien und Reptilien gut erkennen. Der Grundtyp ist der Bodenbewohner, das vierfüßige Landwirbeltier. Davon leiten sich eine Anzahl Spezialisierungen ab, die im folgenden etwas ausführlicher behandelt werden sollen. Kröten, Krötenfrösche, Landsalamander, Landschildkröten und zahlreiche Echsen sind normale Läufer und Bodentiere. Fußlose Echsen und die Schlangen haben mit dem Schlängeln besondere Fortbewegungsweisen auf dem Boden entwickelt. Eine weitere Bewegungsform ist das Springen. Die meisten Froschlurche haben stark vergrößerte Sprungbeine, mit denen sie oft beträchtliche Sätze machen. Unter den Echsen haben die Agamen die auffälligsten Sprungbeine. Ihr Sprungvermögen ist beachtlich, besonders das der Wirtelschwanz-Agamen. Aber auch Halsband- und Mauereidechsen verfügen über ein bemerkenswertes Sprungvermögen.

Kletternde Arten, die Felswände, Erdabbrüche oder Bäume und Sträucher bewohnen, verfügen über recht unterschiedliche Möglichkeiten zum Klettern. Ein ursprünglicher Typ ist die Echse mit gut entwickelten Krallen an Fingern und Zehen. Felsspaltenbewoh-

ner sind außerdem stark abgeflacht, z. B. die meisten Geckos und die Wirtelschwanz-Agamen, aber auch etliche felsbewohnende Eidechsen. Haftzehen-Geckos sind in der Lage, sogar an überhängenden Flächen zu laufen. Typische Baumbewohner sind in der europäischen Herpetofauna selten. Zu ihnen gehören die Laubfrösche, die mit Hilfe ihrer Haftzehen und -finger, unterstützt durch die Adhäsionswirkung der Bauchhaut, ausgezeichnet klettern können. Unter den Schwanzlurchen sind die Wassermolche in der Lage, mit Hilfe der Adhäsion ziemlich steile und glatte Ufer der Gewässer zu erklimmen. Die Höhlensalamander schließlich sind perfekte Kletterer. Durch großflächige Spannhäute zwischen Fingern und Zehen wird die Adhäsionsfläche noch vergrößert. Wichtige Voraussetzung für ihre Haftfähigkeit am vertikalen Untergrund ist stets die nötige Feuchtigkeit.

Von allen europäischen Reptilien ist das Chamäleon am besten für das Leben im Gesträuch angepaßt. Greifhände und -füße sowie ein Greifschwanz erlauben ihm das Klettern selbst im Gezweig. Als Kletterer müssen nicht zuletzt auch einige Schlangen genannt werden. Die Arten der Kletternattern, aber auch die Glattnatter erklimmen mit ihren beweglichen, breiten Bauchschienen senkrechte Flächen, z. B. breite Baumstämme, sofern sie ausreichend rauh sind. Dünne Zweige werden gelegentlich mit Körperschlingen umfaßt. Ähnlich geschickt nutzen schlanke Zornnattern feinste Spalten im Fels und vollbringen erstaunliche Kletterleistungen.

Nicht minder interessant ist die Art und Weise, wie Amphibien und Reptilien zu unterirdischer Lebensweise übergegangen sind. Eine originelle Anpassung besitzen die Krötenfrösche, die sich mit ihrer am Fuß sitzenden Grabschaufel rückwärts in den Boden eingraben. Grabtätigkeit mit den Vordergliedmaßen finden wir hingegen bei der Geburtshelferkröte, bei Eidechsen und einigen Skinken. Die fußlosen Echsen und wühlenden Schlangen verwenden als Grabwerkzeug den Kopf. Das Maul ist bei diesen Arten meist unterständig, die Kopfbeschilderung oft besonders stabil. Der Schwanz dient bei den kleineren, bohrenden Arten als Widerlager. Am besten an die unterirdische Lebensweise sind die Doppelschleichen und die Blindschlangen mit ihrer regenwurmartigen Fortbewegungsweise in den Wohnröhren angepaßt. Eine Sonderform des Grabens zeigen die sandbewohnenden Krötenkopf-Agamen, die sich durch Vibrationsbewegungen ihres Rumpfes im lockeren Sand eingraben.

Die aquatisch oder amphibisch lebenden Lurche und Kriechtiere besitzen ebenfalls auffällige und zweckmäßige Anpassungen. Unter den Schwanzlurchen und ihren Larven kann man Molche der ruhigen Gewässer und Molche der fließenden Gewässer als zwei unterschiedliche ökologische Typen unterscheiden. Erstere haben einen relativ kurzen, hohen Körper, normal bis schwach entwickelte Gliedmaßen und große Hautsäume am Schwanz. Ihre Larven zeigen große, federbuschartige Kiemen. Fließwassermolche sind dagegen stark abgeplattet und haben einen langen und kräftigen, aber auch sehr breiten Ruderschwanz. Größere Hautsäume am Schwanz sind niedrig. Die Larven haben kurze Kiemenbüschel. Charakteristische Molche der ruhigen Gewässer sind die Wassermolche, typische Molche der fließenden Gewässer sind die Gebirgsmolche, aber auch die Larven der meisten Landsalamander. Die Larven des Sibirischen Winkelzahnmolches gehören zum Ruhigwasser-Typ.

Unter den Froschlurchen sind vor allem die Echten Frösche der Gattung *Rana* gute Schwimmer. Die Wasserfrösche insgesamt, aber auch einige Braunfroscharten, sind stark ans Wasser gebunden. Frösche schwimmen nur mit kräftigen Stoßbewegungen der Hintergliedmaßen. Ihre Füße sind mit sehr großen Spannhäuten versehen. Die vorderen Gliedmaßen werden dagegen beim raschen Schwimmen und Tauchen angelegt und besitzen keine Schwimmhäute.

Von den europäischen Reptilien sind verschiedene Schlangen und Schildkrötenarten zur aquatischen Lebensweise übergegangen. Die Schwimmnattern sind diejenigen Schlangen, die am besten schwimmen und tauchen können. Süßwasserschildkröten benutzen zur Fortbewegung im Wasser vor allem ihre sehr kräftigen, mit großen Spannhäuten ausgestatteten Füße. Meeresschildkröten hingegen bewegen sich mit den wesentlich größeren vorderen Gliedmaßen vorwärts. Ihr Ruderschlag erinnert an den Flügelschlag eines Vogels. Die marinen Schildkröten sind zugleich die am besten an das aquatische Leben angepaßten Reptilien unserer Region.

Es gibt in der europäischen Herpetofauna nur wenige Höhlenbewohner. Die Höhlensalamander sind lediglich wahlweise Höhlentiere. Sie können durchaus noch in anderen Habitaten leben, z. B. an feuchten Felswänden in schattig-kühlen Schluchten. Ihre gut entwickelten Augen und die noch vorhandene Pigmentierung der Haut kommen dieser Lebensweise entgegen. Die Grottenolme hingegen sind echte Höhlenbewohner, wie die weitgehende Rückbildung der Augen und die fehlende Pigmentierung der Haut, typische Merkmale eines Höhlentieres, belegen. Andererseits hängt ihre aquatische Lebensweise und das Fortbestehen des Larvenzustandes (Neotenie) wahrscheinlich nicht mit dem Lebensraum Höhle zusammen.

Die meisten europäischen Amphibien und Reptilien führen eine recht versteckte Lebensweise. Als Folge davon fallen sie den Menschen nicht so auf wie z. B. Vögel oder verschiedene Insekten. Trotzdem spielen sie in der natürlichen Landschaft eine nicht unbedeutende, jedoch von Arten- und Individuenzahl abhängige Rolle als Jäger und Beutetiere. Sie bilden Zwischenglieder unterschiedlicher Ordnung innerhalb der Nahrungsketten. Während die Landschildkröten und die Larven der Froschlurche als Vegetarier Konsumenten 1. Ordnung sind, gehören alle übrigen Amphibien und Reptilien zu Konsumenten höherer Ordnungen. Die meisten Amphibien sowie die Wasserschildkröten und Echsen erbeuten hauptsächlich die verschiedensten wirbellosen Tiere. Die Mehrzahl der Schlangen ernährt sich dagegen von Wirbeltieren, unter denen sich auch viele Lurche und Kriechtiere befinden. Schließlich bilden die Amphibien und Reptilien auch für zahlreiche Vögel und Säugetiere sowie für manche Insekten eine Gelegenheitsnahrung. Einige Vögel, wie der Schlangenadler oder der Weißstorch, haben sich sogar weitgehend auf solche Beutetiere spezialisiert.

Vielfältig sind die Möglichkeiten der Feindabwehr, die bei den Lurchen und Kriechtieren beobachtet werden können. Unter den Amphibien ist die Produktion von Giftstoffen weit verbreitet. Bereits der Hautschleim vieler Arten wirkt stark schleimhautreizend. In einigen Fällen sind aber besondere Drüsenbezirke (z. B. bei Salamandern und Kröten) ausgebildet, die giftige Sekrete unter dem Einfluß spezieller Muskeln absondern. Die Gifte der Giftschlangen werden hingegen vor allem für die Beutetötung eingesetzt. Sie dienen aber außerdem noch zur Verteidigung. Eine Schutzfunktion erfüllen häufig die Körperfarben. Sie dienen der Tarnung, wenn sie die Körperkonturen in der natürlichen Umgebung auflösen. Warnfarben zeigen dagegen oft wehrhafte bzw. giftige Arten (z. B. Unken, Feuersalamander), die mit auffallenden Farben und Zeichnungen potentielle Feinde abschrecken.

Für viele Echsen ist die Fähigkeit des Schwanzabwerfens (Autotomie) charakteristisch. Indem die Tiere ihren Schwanz dem Feind überlassen, können sie selbst entkommen. Das abgebrochene Stück wächst dann mehr oder weniger gut wieder nach. Verschiedenartige Verhaltensweisen stehen ebenfalls im Dienste der Feindabwehr. Hierzu gehören insbesondere bei Reptilien, aber auch bei manchen Amphibien, Elemente des Kampfverhaltens, wie Drohgebärden oder Verteidigungsbisse sowie das sehr unterschiedlich ausgeprägte Fluchtverhalten. Andere Verhaltensweisen dienen der passiven Verteidigung. Ein eindrucksvolles Beispiel dafür ist das Sichtotstellen, das z. B. bei Ringelnattern verhältnismäßig oft beobachtet werden kann. Die Schlange dreht sich als Reaktion auf eine besonders starke Störung auf den Rücken, der Körper erschlafft völlig, der Mund wird geöffnet und die Zunge weit herausgestreckt.

Solche und andere Verhaltensweisen in der Natur zu beobachten sind immer interessante Erlebnisse. Sie sollten möglichst mit Fotos dokumentiert und veröffentlicht werden.

Feldherpetologie und Schutz der Herpetofauna

In allen Staaten Europas ist in den letzten Jahrzehnten ein beträchtlicher Rückgang aller freilebenden Amphibien und Reptilien zu verzeichnen. Die Verarmung der Natur geht unmittelbar mit der Industrialisierung, der Intensivierung der Landwirtschaft und dem Ausbau des Verkehrswesens einher. Sinnvolle ökonomische Entwicklungen sind Anliegen, gegen die keine Polemik geführt werden soll. Entscheidend hingegen sind die Methoden, mit denen diese Entwicklung vorangetrieben wird.

Die Tierwelt ist ein untrüglicher Indikator, der die Veränderung eines Lebensraumes anzeigt. Da dieser Lebensraum auch der unsere ist, sollten wir diese Anzeichen sorgfältig beachten.

Die Grundlage der Naturschutzarbeit ist die Kenntnis der natürlichen Lebensgemeinschaft, des Zusammenhanges zwischen Boden, Klima, Vegetation und Tierwelt. Dazu gehört die Ermittlung des Vorkommens bestimmter Arten und deren Ausbreitung in einem bestimmten Gebiet. Solche Beobachtungen sind auch Aufgabe der Feldherpetologie, einer praktischen wissenschaftlichen Arbeitsrichtung, in der jeder Naturfreund mitarbeiten kann. Die Angaben zur Verbreitung in den Karten, Artbeschreibungen und Listen unseres Buches weisen an vielen Stellen noch Lücken auf. Darüber hinaus bedeutet aber auch die Markierung eines großen Artareals keinesfalls, daß die betreffende Art dort überall vorkommt. In welchen unterschiedlichen Biotopen innerhalb ihres Areals eine Art tatsächlich lebt, kann nur dadurch ermittelt werden, daß eine Vielzahl von Naturfreunden zahlreiche Beobachtungen sammelt und sie der Fachwissenschaft zur Kenntnis bringt. Als Ergebnis entstehen detaillierte Verbreitungskarten, die ein differenziertes Bild vom Vorkommen der betreffenden Art vermitteln. In vielen europäischen Staaten gibt es wissenschaftliche Institute, Naturschutzorgane oder private Vereinigungen, die sich dieser Aufgabe widmen. Sie sind für Beobachtungshinweise dankbar und gern bereit, mit Freizeitforschern zusammenzuarbeiten. Unter welchen ökologischen Bedingungen, in welchen Ländern und zu welcher Tages- und Jahreszeit Lurche und Kriechtiere beobachtet werden können, wird im systematischen Teil dargestellt. Auch hier wird der Leser vielfach auf Kenntnislücken stoßen, die zu eigener Beobachtung anregen sollten.

Das Bestimmen der beobachteten Tiere wird oft die schwierigste Aufgabe in der feldherpetologischen Arbeit sein. Lassen sich keine sicheren Ergebnisse mit den zur Verfügung stehenden Bestimmungshilfen erzielen, muß man Fotos oder Tiere als Belege einem Spezialisten in einem Museum, Forschungsinstitut oder zoologischen Garten vorlegen. Jede Entnahme von Tieren aus der Natur bedeutet eine Störung des Biotops, auch wenn es sich „nur" um häufig vorkommende und noch nicht unter Schutz stehende Tiere handelt. Nur in Ausnahmefällen ist es gerechtfertigt, wenn einzelne Tiere aus individuenreichen Populationen als Belegexemplare entnommen werden. Der Naturfreund sollte Fotobelege anfertigen! Bildfüllende, scharfe Coloraufnahmen des ganzen Tieres und eventuell wichtiger Details, zu deren Auswahl die Bestimmungshilfen genügend Hinweise geben, reichen in der Regel aus. Zum Transport lebender Reptilien eignen sich feste Stoffbeutel. Amphibien hingegen sollten in festen Behältern transportiert werden, die mit feuchtem Substrat (Moos, Gras, saugfähiger Schaumstoff) ausgefüllt sind. Die Exemplare nach ihrer Bestimmung wieder an den Fundort zurückzubringen sollte Ehrensache sein, wo das nicht ohnehin Rechtspflicht ist. Tot aufgefundene Amphibien und Reptilien sollten konserviert werden, um als Dauerbelege an eine Museums- oder Institutssammlung übergeben zu werden.

Das Konservieren von Amphibien und Reptilien erfolgt am besten in Alkohol. Geeignet ist mit Wasser verdünnter Brennspiritus oder technisch vergällter Alkohol. Reptilien werden in 70%igem Alkohol eingelegt, Amphibien zunächst in 50%igem Alkohol. Sie werden nach 3 Tagen in 60%igen, nach weiteren Tagen in 70%igen Alkohol überführt. Vor dem Einlegen muß mit Hilfe einer einfachen Injektionsspritze Alkohol in den Körper gespritzt werden, um die innere Zersetzung zu verhindern. Gleichzeitig werden die Tiere dabei soweit mit Flüssigkeit aufgefüllt, daß untypische Hautfalten verschwinden. Dadurch werden z. B. die Schuppen wieder leicht zählbar. Stark wasserhaltige Amphibien, wie alle Amphibienlarven oder Molche im Hochzeitskleid, werden besser in Formaldehydlösung (Formalin) konserviert. Man verdünnt dazu 1 Teil 30%iges Formalin mit 9 Teilen Wasser. Diese Lösung kann ebenfalls zur Injektion verwendet werden. Anurenlarven (Kaulquappen) können in dieser Lösung auch rasch getötet werden, um die Bestimmung anhand des Larvenmundes vornehmen zu können. Eine Injektion der Larven mit der Formalinlösung erübrigt sich.

Interessante Beobachtungen und Tierfunde, die mit den Bestimmungshilfen nicht zu identifizieren waren, führen oft zum ersten Kontakt des Naturfreundes mit Fachleuten oder erfahrenen Freizeitherpetologen und in Fortführung dessen zur Zusammenarbeit mit Gleichgesinnten. Gemeinsam lassen sich viele Beobachtungsaufgaben besser lösen. Viel wichtiger ist aber, daß erst in der Arbeit der Gemeinschaft eine sinnvolle Koordinierung möglich wird. Die Vermittlung sachgerechter Beobachtungs- und Untersuchungsmethoden kann Schaden in der Natur durch dilettantischen Arbeits- und Sammeleifer und Störungen in den Biotopen vermeiden helfen.

Die Beobachtung der Lurch- oder Kriechtierpopulation beginnt am besten mit der Erkundung ihres Territoriums und seiner Gliederung in Biotope. Wo verlaufen die wichtigsten Wanderwege der Frösche und Kröten zum Laichgewässer? Wo leben sie während des Sommers? Wo überwintern Feuersalamander? Wie ortstreu sind Eidechsen und Schlangen?

Die Beobachtung einzelner Populationen läßt auch bald Schlüsse über die Individuenzahl, die Geschlechtsverteilung und den Anteil der Altersklassen zu. Jahrelange Beobachtungen im selben Habitat liefern Aufschlüsse über die Dynamik der Bestände an Lurchen und Kriechtieren. Aus der langjährigen Kontrolle derselben Population ergeben sich aber auch zahlreiche Möglichkeiten, ihre Umweltabhängigkeit, also ihre Abhängigkeit von ökologischen Faktoren zu erkennen. Am leichtesten ist der Jahresablauf im Leben der Tiere faßbar: Ende und Beginn der Winterruhe, der Fortpflanzungsperiode, der Larvenentwicklung, des Schlupfes der Jungen usw. Der Einfluß des Wetters ist unmittelbar zu erkennen. Auch die Ernährungsverhältnisse, die Vermehrungsquoten, die Veränderungen des Habitats (Aufwachsen einer Schonung – verschlechterte Lebensbedingungen für Reptilien – Abwanderung von Waldeidechse, Kreuzotter und Blindschleiche) oder die Auswirkung menschlicher Aktivitäten wie Ent- und Bewässerung, Abholzung, Aufforstung usw. lassen sich in ihrer Wirkung auf die Herpetofauna erst in langjähriger Beobachtung erkennen. Aus diesen Einsichten in die Lebensverhältnisse der Amphibien und Reptilien können zugleich notwendige Eingriffe im Sinne praktischen Naturschutzes abgeleitet werden.

Die regelmäßige Kontrolle von Amphibien- und Reptilienvorkommen ist somit bereits eine einfache Form praktischen Naturschutzes. Verändert sich der Lebensraum nicht, ist auch kein Eingriff nötig. Zur Abwendung von schädlichen Einflüssen gibt es eine Menge Möglichkeiten für den einzelnen wie für die Gesellschaft. Heute bestehen an vielen Orten Mitteleuropas Feldherpetologen-Gruppen, die Amphibienlaichgewässer kontrollieren und pflegen. Sie entrümpeln Gewässer oder schaffen Unterwasserverstecke für Molche und Kaulquappen durch Schotter oder durch Reisig, sie entfernen räuberische Barsche, sie sorgen für besonnte Wasserflächen und verhindern ihre Verlandung. Alle solche Schritte sollten nur unter Mitwirkung von staatlichen Naturschutzorganen und zoologischen Fachleuten erfolgen. Durch eine enge Zusammenarbeit wird oft erst der Wert einzelner Habitate ersichtlich. Sie können als Flächennaturdenkmal (z. B. Feldweiher, Wiesengraben, Feldraine, aufgelassene Steinbrüche oder Sandgruben) unter Schutz gestellt werden. Die Zusammenarbeit mit den Eigentümern oder Rechtsträgern auf der Basis gegenseitigen Verstehens ist Voraussetzung und Ziel solcher Bemühungen. Weitere Möglichkeiten praktischer Arbeit bestehen bei Hilfsaktionen für existenzbedrohte Tierpopulationen. Dies können z. B. kurzzeitige Straßensperrungen während der Laichwanderung der Kröten sein, wodurch mitunter viele Tiere gerettet werden. Bei Landschaftsveränderungen durch Land- und Forstwirtschaft, Bergbau, Verkehrs- und Siedlungsbau können Umsiedlungsaktionen unter Leitung erfahrener Fachleute ganze Lurch- und Kriechtierpopulationen retten. Die einzige Voraussetzung dafür ist oft nur, daß sich

jemand für das Problem interessiert, engagiert und Hilfswillige mobilisiert!

Immer größere Bedeutung in der Kulturlandschaft erhalten die Maßnahmen, durch die wir der Tierwelt neue, vom Menschen gestaltete Lebensräume anbieten. Für unsere Lurche sind das vor allem Feuchtgebiete und Kleingewässer als Siedlungs- und Fortpflanzungshilfen. Vom privaten Gartenweiher bis zum Gewässer in öffentlichen Parkanlagen, vom Feuerlöschteich bis zum Rückhaltebecken und Stausee reicht das Spektrum neuer Lebensräume für Amphibien. In Parks und Gärten können die Ziergewässer damit zugleich Zentren der natürlichen Schädlingsbekämpfung durch Lurche werden. Feldraine sind nicht nur für Kriechtiere, sondern auch für Vögel wichtiger Lebensraum in der Kulturlandschaft. Für Eidechsen bieten Steingärten und Trockenmauern statt Betonflächen ausgezeichnete Lebensmöglichkeiten in Gärten und Parks.

Es gibt viele Probleme, die bei der Sorge um die Herpetofauna in der Kulturlandschaft auftauchen, von der Übervölkerung mit Hauskatzen bis zu Massenvorkommen der Ratten, vom Streunen des Hausgeflügels bis zu räuberischen Singvögeln, vom falsch und übermäßig eingesetzten Schädlingsbekämpfungsmittel oder auch „nur" des Kunstdüngers, vom übertriebenen „Ordnen" in der Natur bis zur Abwasserbelastung und Nährstoffübersättigung der stehenden und fließenden Gewässer. Diese Gefahren kann der Feldherpetologe nicht mehr allein oder in einer kleinen Gruppe abwenden, sondern dazu muß er den Rahmen des Umweltschutzes suchen, der die gesamte Gesellschaft angeht. Eine große Bedeutung für den Schutz der Amphibien und Reptilien kommt der Aufklärungsarbeit zu. Hier bieten sich in den Massenmedien, in den Schulen, in öffentlichen Vorträgen und Werbeausstellungen zahlreiche Chancen für die feldherpetologisch Interessierten, Aufmerksamkeit für die Herpetofauna zu wecken und Vorurteile abzubauen. Amphibien und Reptilien sind aufgrund ihrer Bindung an eng begrenzte Lebensräume und die Unfähigkeit, durch Abwanderung den Gefahren für ihre Existenz ausweichen zu können, besonders hart von Veränderungen der Natur betroffen. Die wichtigsten Einflüsse, die ihre Existenz gefährden, lassen sich in folgenden Punkten zusammenfassen:

1. *Großflächige Landschaftsveränderungen*

Die Inanspruchnahme bislang ungenutzter großer Flächen bringt eine grundlegende Veränderung des betreffenden Ökosystems mit sich. Das bedeutet meist die Zerstörung der ursprünglichen Tier- und Pflanzenwelt. Als Landschaftsveränderungen in diesem Sinne werden die Urbarmachung von Steppen (in Osteuropa), die Entwässerung von Feuchtgebieten (in ganz Europa) und die Bebauung großer Flächen wirksam.

2. *Zerstörung von Biotopen in der Landschaft*

Hierunter fällt die Trockenlegung von Kleingewässern, Verfüllung jeglicher Bergbau-Restlöcher (dazu gehören nicht nur Tagebaue, sondern auch Kies-, Sand- und Lehmgruben), die Abholzung von Kleingehölzen an Feldrainen, Bahndämmen, Straßenböschungen usw., übertriebene Nutzungsversuche von kleinen „Ödlandflächen" in der Landschaft (Steilhangflächen, Bodensenken, Reste von Gehölzbeständen u. ä. an den Siedlungsrändern usw.).

3. *Ständig steigender Chemikalieneinsatz in Land- und Forstwirtschaft*

Er hat verheerende Folgen für die Herpetofauna. Insektenvernichtungsmittel werden mehrfach wirksam. Zunächst werden Amphibien und Reptilien direkt durch diese Giftstoffe getötet. Außerdem nehmen sie durch vergiftete Futtertiere das Gift auf und akkumulie-

ren so kleine Giftmengen bis zur lebensbedrohenden Dosis. Die Speicherung nicht abbaubarer Gifte erfolgt meist im Fettgewebe. Nach der Winterstarre aktivieren die Lurche und Kriechtiere ihre Fettreserven, wodurch auch die Gifte freigesetzt werden. So erklärt sich z. B. das Massensterben von Froschlurchen in Laichgewässern, die giftfrei sind! In solchen Nahrungsketten werden die vergifteten Lurche und Kriechtiere auch zu einer Gefahr für weitere Tiere, z. B. Greifvögel, die sich von ihnen ernähren.
Andere schädliche Chemikalieneinflüsse entstehen durch Herbizideinsatz und Überdüngung. Großflächiger Einsatz dieser Mittel durch Agrarflugzeuge in Sprühaktionen kann ganze Landschaften „amphibien- und reptilienfrei" machen. Durch das Vernichten der Futtertiere verhungern nicht nur die Amphibien und Reptilien, sondern auch viele andere Insektenfresser.
Zu den chemischen Schadwirkungen muß die Abwasserbelastung der fließenden und stehenden Gewässer ebenso gezählt werden wie die Einwirkung toxischer Abgase und toxischer Flugasche von Industrieanlagen (besonders die Belastung mit Schwermetallen) auf die Herpetofauna.

4. *Der Straßenverkehr*

Für wandernde Froschlurche sind Straßenüberquerungen meist Todesstrecken. Straßentod droht auch allen Reptilien, die Asphalt- und Betonpisten als Sonnenplätze zu nutzen versuchen. Ausbau des Straßennetzes hat in weiten Gebieten Mittel- und Westeuropas wesentlichen Anteil an der Zerstörung natürlicher Ökosysteme.

Welche Auswege gibt es in dieser Situation?
a) Die Schaffung großräumiger Schutzgebiete ist überall in Europa die wirksamste Methode, die gesamte Natur bestimmter Gebiete zu bewahren. Nationalparks, Landschaftsschutz- und Naturschutzgebiete

können sichere Lebensstätten auch der Herpetofauna sein.

b) Reste ursprünglicher Biotope, wie kleinere Gewässer verschiedener Art, Wald- und Gebüschstreifen, Steinrücken, Sölle, aber auch aufgelassene Kies- und Lehmgruben dürfen nicht generell durch Verfüllung mit Müll oder Einebnung beseitigt werden. Der Ordnungswahn, die ganze Landschaft „aufzuräumen", hat katastrophale Folgen! Solche Kleinbiotope sollten vorrangig als Flächennaturdenkmale geschützt werden, wenn dort Amphibien- oder Reptilienpopulationen leben.

c) Die Pflege und regelmäßige Kontrolle von bekannten reichhaltigen Amphibien- und Reptilienbiotopen

d) Die Organisierung der Aufklärungsarbeit

e) Die Untersuchung der natürlichen Vorkommen als Voraussetzung für weitere wirksame Schutzmaßnahmen. „Amphibienfreundliche" Zierteiche und Brunnen sollten in möglichst vielen Parks und Gartenanlagen angelegt werden. Sie helfen, Insektizide zu sparen!

f) Besonderer Schutz von Amphibien zur Laichzeit: Straßensperrungen für wenige Tage während der Hauptwanderzeit können den Straßentod vieler wandernder Kröten verhindern. Besser aber ist biologisch orientierter Straßenbau, der durch eingebaute Krötenfang-Steilwände der Böschungen und unterführende Durchlaßrohre die Tierwege reguliert.

g) Keine fremden Arten aussetzen! Der Ochsenfrosch (58) aus Nordamerika erwies sich in Norditalien als überlegener Konkurrent und Freßfeind der heimischen Amphibien. Zahnkarpfen (*Gambusia*-Arten) und Sonnenbarsche als Fremdlinge wurden zu Konkurrenten und Freßfeinden der Molch- und Froschlarven in weiten Gebieten Süd- und Mitteleuropas.

h) Schädigung durch Nutztiere verhindern! Die Molche in Gebirgsbächen und -seen werden durch fischwirtschaftlich betriebenes Einsetzen von Forellen (Pyrenäen, Balkanhalbinsel) gefährdet. Im Tiefland richten Flußbarsche ähnlichen Schaden unter den Amphibien an. Auch Fasane, die in großen Mengen ausgesetzt werden, können sich zu spezialisierten Freßfeinden der Eidechsenfauna ganzer Gebiete entwickeln. Ebenso sind übermäßige Stockentenbestände eine Gefahr für alle Amphibien. Unkontrollierte Hauskatzenhaltung und -vermehrung bedroht neben der Vogelfauna auch die Reptilien und Amphibien. Faunenfremde Kleinraubtiere wie Marderhund, Waschbär und Schleichkatzen (Mungos) sind oft ausgesprochene Amphibien- und Reptilienfresser. Sie müssen an ihrer Ausbreitung gehindert werden!

i) Letzte Möglichkeit des Amphibien- und Reptilienschutzes ist schließlich eine Strategie zur Rettung bedrohter Arten und ihre Wiederansiedlung in der Natur. Dazu müssen z. T. sicher abgegrenzte Reservate geschaffen werden, wo sich die betreffende Art mit Unterstützung durch den Menschen optimal vermehren kann (Zufütterung, Biotopgestaltung durch Schaffung ausreichender Versteck- und Sonnenplätze, Überwinterungshilfen). Eine Voraussetzung dafür ist auch die labormäßige Massenzucht solcher Arten unter der Leitung ausgewiesener Fachleute. Dazu können Terrarienfreunde berufen werden, die als renommierte Züchter bekannt sind. Solche konzessionierte und subventionierte Zuchten bieten uns für eine immer größer werdende Zahl von Amphibien- und Reptilienarten eine reale Chance, sie zu erhalten. Die aus autochthonen Beständen nachgezogenen Tiere können dann zur Wiederbesiedlung entvölkerter Habitate unter wissenschaftlicher Leitung von Naturschutz-Fachleuten verwendet werden. Das wird noch nicht allgemein akzeptiert, doch wenn wir uns nicht zum Einsatz der ganzen Palette möglicher Maßnahmen zum Schutz und zur Erhaltung der Herpetofauna Europas entschließen, wird im kommenden Jahrtausend eine beträchtliche Anzahl von Arten nicht mehr in den Faunenlisten zu finden sein.

Gesetzliche Schutzbestimmungen
für die europäische Herpetofauna

Die Gefährdung der Fauna wurde bereits vor einem halben Jahrhundert in einigen europäischen Staaten erkannt. In manchen Ländern wurden demzufolge Schutzgesetze erlassen, die bestimmte Arten gegen Fang oder gar Tötung schützten. Inzwischen wurde dieser zweifellos gute, keinesfalls aber ausreichende Schritt in Form erweiterter Schutzbestimmungen z. T. korrigiert. In den besten Naturschutzgesetzen wurden auch die Habitate der geschützten Tierarten in den Schutz einbezogen. Trotz dringender Notwendigkeit gibt es eine Anzahl europäischer Staaten, die noch keine bzw. nur unzureichende nationale Schutzbestimmungen für ihre Herpetofauna beschlossen haben. Unsere Faunenlisten geben darüber Aufschluß. Ausgehend vom Internationalen Rotbuch, in dem die von der Ausrottung bedrohten Tierarten der Erde erfaßt wurden, haben einige Länder auch Rote Listen aufgestellt, während die UdSSR ein Nationales Rotbuch veröffentlichte. Herausgeber des Internationalen Rotbuches ist die IUCN (International Union for the Conservation of Nature and Natural Resources) mit Sitz in der Schweiz.

Unterstützt wird die Arbeit der IUCN durch die gleichgelagerten Aktivitäten einer weiteren Organisation, des WWF (World Wildlife Fund). Für die europäische Herpetofauna wurde bislang vor allem das gemeinsame Programm von IUCN und WWF zur Rettung der Meeresschildkröten wirksam. Im Mittelmeerraum wurden auf Zypern, in Tunesien, in der Türkei sowie in Italien praktische Maßnahmen für die Erhaltung der Meeresschildkröten durch die Zeitigung der Eier in Inkubatoren eingeleitet.

Inzwischen wurden auch internationale Vereinbarungen über das Verbot oder die Kontrolle des Handels mit bedrohten Tierarten getroffen. Von größter Bedeutung ist dafür die „Washingtoner Konvention" von 1973, die den Handel mit gefährdeten Arten freilebender Tiere und Pflanzen international regelt. Die Bestimmungen der Washingtoner Konvention erfassen aber von der europäischen Herpetofauna im wesentlichen nur die Meeresschildkröten und die Landschildkröten.

Verschiedene europäische Staaten haben deshalb 1979 eine über diese Bestimmungen hinausgehende Vereinbarung getroffen, nach der eine große Zahl auch europäischer Amphibien und Reptilien formell geschützt wird. Dieser "Convention on the Conservation of European Wildlife and Natural Habitats" oder kurz „Berner Konvention" sind gegenwärtig 19 Staaten beigetreten. Die von der Konvention erfaßten Arten werden in den folgenden Faunenlisten der europäischen Staaten durch ein (e!) gekennzeichnet.

Überblick über die Herpetofauna der europäischen Staaten

In den folgenden Listen werden die derzeit für die einzelnen Staaten nachgewiesenen Amphibien- und Reptilienarten aufgezählt. Einschränkend sei darauf verwiesen, daß noch nicht für jeden Staat ein eigenes Landesfaunenwerk existiert. Da außerdem die Verbreitung einiger Arten noch nicht ausreichend erforscht ist, sind durchaus Änderungen in den Listen zu erwarten. Trotzdem wird sich der Benutzer einen Überblick zur Herpetofauna des jeweiligen Landes verschaffen können und besonders Vergleichshinweise für die Bestimmung fraglicher Tiere aus den Listen erhalten.

Die Aufstellung der Faunenlisten brachte dieselben Probleme mit sich, die bereits bei der Abgrenzung des Erfassungsgebietes unseres Bestimmungsbuches aufgetreten sind. Einige Staaten umfassen nur zum Teil europäisches Gebiet, z. B. die Türkei, von der lediglich der europäische Teil (Türkisch – Thrakien) einbezogen wurde, oder Spanien, dessen Kanarische Inseln mit ihrer spezifischen Herpetofauna ausgeklammert wurden. Andererseits haben wir die unmittelbar vor der türkischen Küste gelegenen, politisch zu Griechenland, faunistisch jedoch mehr zur asiatischen Türkei zu rechnenden Inseln mit einbezogen.

Zeichenerklärung

1. Die halbfett gedruckten Großbuchstaben hinter dem Artnamen signalisieren, daß die betreffende Art nur in einem ganz bestimmten Teilgebiet dieses Staates vorkommt; z. B. (S) bei Arten der italienischen Herpetofauna bedeutet „nur auf Sardinien". Die damit verbundene Einschränkung bedeutet aber nicht, daß es sich zugleich in jedem Falle um eine endemische Art handelt, deren Areal nur auf dieses beschränkte Gebiet begrenzt ist! Zur Klärung dieser Frage müssen die Verbreitungsangabe im speziellen Teil bzw. die dort auch zu findende Verbreitungskarte herangezogen werden.

2. In Klammern nachgestellte Buchstaben bedeuten:

(p!) regional geschützte Art, die aufgrund nationaler Naturschutzgesetze, Rotbücher u. ä. besonderen Schutz genießt (Fang- und Tötungsverbot, oft auch Biotopschutz, Strafandrohungen!)

(e!) geschützt nach der „Berner Konvention" („Convention on the Conservation of European Wildlife and Natural Habitats"

(a) fremde Art, vom Menschen absichtlich oder zufällig angesiedelt oder eingeschleppt

? nach dem Artnamen bedeutet, daß das Vorkommen unsicher ist. In den meisten Fällen liegen letzte Nachweise jener Art im betreffenden Land bereits lange zurück. Hier sollten neue Beobachtungen durch Fotobelege bewiesen werden, wenn der Beobachter diese Tiere findet.

3. BK unter dem Staatsnamen zeigt an, daß dieses Land der europäischen Naturschutzkonvention (Berner Konvention) beigetreten ist.

Staat	Schwanzlurche	Froschlurche
Albanien	10 *Salamandra salaman-dra* 11 *Salamandra atra* 13 *Triturus alpestris* 18 *Triturus vulgaris* 19 *Triturus cristatus* (e!)	28 *Bombina variegata* (e!) 36 *Bufo bufo* 38 *Bufo viridis* (e!) 39 *Hyla arborea* (e!) 43 *Rana dalmatina* (e!) 44 *Rana graeca* 54 *Rana ridibunda* 57 *Rana spec.*
Andorra	(siehe Spanien und Frankreich)	
Berlin (West)	(siehe Deutsche Demokratische Republik)	
Belgien BK	10 *Salamandra salaman-dra* 13 *Triturus alpestris* 15 *Triturus helveticus* 18 *Triturus vulgaris* 19 *Triturus cristatus* (e!)	25 *Alytes obstetricans* (e!) 28 *Bombina variegata* (e!) 32 *Pelobates fuscus* (e!) 36 *Bufo bufo* 37 *Bufo calamita* (e!) 39 *Hyla arborea* (e!) 42 *Rana arvalis* (e!) 48 *Rana temporaria* 50 *Rana* kl. *esculenta* 51 *Rana lessonae*
Bulgarien	10 *Salamandra salaman-dra* (p!) 13 *Triturus alpestris* (p!) 18 *Triturus vulgaris* (p!) 19 *Triturus cristatus* (p!)	27 *Bombina bombina* (e!) 28 *Bombina variegata* (e!) 32 *Pelobates fuscus* (e!) 33 *Pelobates syriacus* 36 *Bufo bufo* (p!) 38 *Bufo viridis* (p!), (e!) 39 *Hyla arborea* (p!), (e!) 43 *Rana dalmatina* (e!) 44 *Rana graeca* (p!) 48 *Rana temporaria* 50 *Rana* kl. *esculenta* 51 *Rana lessonae*

Schildkröten (ohne marine Arten)	Echsen	Schlangen
65 *Testudo graeca* (e!) 66 *Testudo hermanni* (e!) 68 *Emys orbicularis* (e!) 69 *Mauremys caspica* (e!)	73 *Cyrtodactylus kotschyi* (e!) 75 *Hemidactylus turcicus* 86 *Anguis fragilis* 87 *Ophisaurus apodus* 93 *Algyroides nigropunctatus* 101 *Lacerta trilineata* 102 *Lacerta viridis* (e!) 134 *Podarcis erhardi* (e!) 138 *Podarcis melisellensis* 140 *Podarcis muralis* (e!) 145 *Podarcis taurica* 151 *Ablepharus kitaibeli* (e!)	160 *Typhlops vermicularis* 161 *Eryx jaculus* 164 *Coluber gemonensis* 166 *Coluber jugularis* 167 *Coluber najadum* 171 *Coronella austriaca* (e!) 178 *Elaphe longissima* (e!) 179 *Elaphe quatuorlineata* (e!) 181 *Elaphe situla* 182 *Malpolon monspessulanus* 184 *Telescopus fallax* 187 *Natrix natrix* 188 *Natrix tessellata* 195 *Vipera ursinii* 196 *Vipera ammodytes* (e!)
68 *Emys orbicularis* (e!)	86 *Anguis fragilis* 98 *Lacerta agilis* 130 *Lacerta vivipara* 140 *Podarcis muralis* (e!)	171 *Coronella austriaca* (e!) 187 *Natrix natrix* 192 *Vipera berus*
65 *Testudo graeca* (p!), (e!) 66 *Testudo hermanni* (p!), (e!) 68 *Emys orbicularis* (e!) 69 *Mauremys caspica* (p!), (e!)	73 *Cyrtodactylus kotschyi* (p!), (e!) 86 *Anguis fragilis* (p!) 87 *Ophisaurus apodus* (p!) 98 *Lacerta agilis* 101 *Lacerta trilineata* 102 *Lacerta viridis* (e!) 129 *Lacerta praticola* 130 *Lacerta vivipara* (p!) 131 *Ophisops elegans* 134 *Podarcis erhardi*	160 *Typhlops vermicularis* (p!) 161 *Eryx jaculus* (p!) 166 *Coluber jugularis* 167 *Coluber najadum* (p!) 169 *Coluber rubriceps* 171 *Coronella austriaca* (p!), (e!) 178 *Elaphe longissima* (p!), (e!) 179 *Elaphe quatuorlineata* (p!), (e!)

Staat	Schwanzlurche	Froschlurche
noch Bulgarien		54 *Rana ridibunda*

Staat	Schwanzlurche	Froschlurche
Bundesrepublik Deutschland BK	10 *Salamandra salamandra* 11 *Salamandra atra* 13 *Triturus alpestris* 15 *Triturus helveticus* 18 *Triturus vulgaris* 19 *Triturus cristatus* (e!)	25 *Alytes obstetricans* (p!), (e!) 27 *Bombina bombina* (p!), (e!) 28 *Bombina variegata* (p!), (e!) 32 *Pelobates fuscus* (p!), (e!) 36 *Bufo bufo* 37 *Bufo calamita* (p!), (e!) 38 *Bufo viridis* (p!), (e!) 39 *Hyla arborea* (p!), (e!) 42 *Rana arvalis* (p!), (e!) 43 *Rana dalmatina* (p!), (e!) 48 *Rana temporaria* 50 *Rana* kl. *esculenta* 51 *Rana lessonae* 54 *Rana ridibunda*
Dänemark BK	13 *Triturus alpestris* (p!) 18 *Triturus vulgaris* 19 *Triturus cristatus* (p!), (e!)	27 *Bombina bombina* (p!), (e!) 32 *Pelobates fuscus* (p!), (e!) 36 *Bufo bufo* 37 *Bufo calamita* (e!) 38 *Bufo viridis* (e!) 39 *Hyla arborea* (p!), (e!) 42 *Rana arvalis* (e!) 43 *Rana dalmatina* (p!), (e!) 48 *Rana temporaria* 50 *Rana* kl. *esculenta* 51 *Rana lessonae* 54 *Rana ridibunda*

Schildkröten (ohne marine Arten)	Echsen	Schlangen
	140 *Podarcis muralis* (e!) 145 *Podarcis taurica* 151 *Ablepharus kitaibeli* (e!)	181 *Elaphe situla* (p!) 182 *Malpolon monspessulanus* (p!) 184 *Telescopus fallax* (p!) 187 *Natrix natrix* 188 *Natrix tessellata* 192 *Vipera berus* 195 *Vipera ursinii* (e!) 196 *Vipera ammodytes* (e!)
68 *Emys orbicularis* (p!), (e!)	86 *Anguis fragilis* 98 *Lacerta agilis* 102 *Lacerta viridis* (p!), (e!) 130 *Lacerta vivipara* 104 *Podarcis muralis* (p!), (e!)	171 *Coronella austriaca* (e!) 178 *Elaphe longissima* (e!), (p!) 187 *Natrix natrix* 188 *Natrix tessellata* 192 *Vipera berus* 197 *Vipera aspis* (p!)
	86 *Anguis fragilis* 98 *Lacerta agilis* 130 *Lacerta vivipara*	171 *Coronella austriaca* ? (e!) 187 *Natrix natrix* 192 *Vipera berus*

Staat	Schwanzlurche	Froschlurche
Deutsche Demokratische Republik	10 *Salamandra salamandra* (p!) 13 *Triturus alpestris* (p!) 15 *Triturus helveticus* (p!) 18 *Triturus vulgaris* (p!) 19 *Triturus cristatus* (p!), (e!)	25 *Alytes obstetricans* (p!), (e!) 27 *Bombina bombina* (p!), (e!) 28 *Bombina variegata* (p!), (e!) 32 *Pelobates fuscus* (p!), (e!) 36 *Bufo bufo* (p!) 37 *Bufo calamita* (p!), (e!) 38 *Bufo viridis* (p!), (e!) 39 *Hyla arborea* (p!), (e!) 42 *Rana arvalis* (p!), (e!) 43 *Rana dalmatina* (p!), (e!) 48 *Rana temporaria* (p!) 50 *Rana* kl. *esculenta* 51 *Rana lessonae* (p!) 54 *Rana ridibunda* (p!)
Finnland BK	18 *Triturus vulgaris* 19 *Triturus cristatus* (e!)	36 *Bufo bufo* 42 *Rana arvalis* (e!) 48 *Rana temporaria*
Frankreich BK nur auf Korsika = **(K)**	4 *Euproctus asper* (p!) 5 *Euproctus montanus* **(K)**, (p!) 10 *Salamandra salamandra* (p!) 11 *Salamandra atra* (p!) 13 *Triturus alpestris* (p!) 15 *Triturus helveticus* (p!) 18 *Triturus vulgaris* (p!) 19 *Triturus cristatus* (p!), (e!) 20 *Triturus marmoratus* (p!) 23 *Hydromantes italicus* (p!)	25 *Alytes obstetricans* (p!), (e!) 28 *Bombina variegata* (p!), (e!) 29 *Discoglossus pictus* (p!) 30 *Discoglossus sardus* **(K)**, (p!) 31 *Pelobates cultripes* (p!), (e!) 32 *Pelobates fuscus* (p!), (e!) 35 *Pelodytes punctatus* (p!) 36 *Bufo bufo* (p!) 37 *Bufo calamita* (p!), (e!) 38 *Bufo viridis* (p!), (e!) 39 *Hyla arborea* (p!), (e!) 40 *Hyla meridionalis* (p!) 42 *Rana arvalis* (p!), (e!) 43 *Rana dalmatina* (p!), (e!)

Schildkröten (ohne marine Arten)	Echsen	Schlangen
68 *Emys orbicularis* (p!), (e!)	86 *Anguis fragilis* (p!) 98 *Lacerta agilis* (p!) 102 *Lacerta viridis* (p!), (e!) 130 *Lacerta vivipara* (p!) 140 *Podarcis muralis* (a), (p!), (e!)	171 *Coronella austriaca* (p!), (e!) 187 *Natrix natrix* (p!) 192 *Vipera berus* (p!)

	86 *Anguis fragilis* 130 *Lacerta vivipara*	171 *Coronella austriaca* (e!) 187 *Natrix natrix* 192 *Vipera berus*
66 *Testudo hermanni* (p!), (e!) 68 *Emys orbicularis* (p!), (e!)	75 *Hemidactylus turcicus* (p!) 76 *Phyllodactylus europaeus* (p!) 77 *Tarentola mauretanica* (p!) 86 *Anguis fragilis* (p!) 89 *Algyroides fitzingeri* (**K**), (p!) 98 *Lacerta agilis* (p!) 102 *Lacerta viridis* (p!), (e!) 118 *Lacerta bedriagae* (**K**), (p!) 124 *Lacerta lepida* (p!), (e!) 130 *Lacerta vivipara* (p!) 136 *Podarcis hispanica* (p!) 140 *Podarcis muralis* (p!) 144 *Podarcis sicula* (p!)	170 *Coluber viridiflavus* (p!), (e!) 171 *Coronella austriaca* (p!), (e!) 172 *Coronella girondica* (p!) 178 *Elaphe longissima* (p!), (e!) 180 *Elaphe scalaris* (p!) 182 *Malpolon monspessulanus* (p!) 186 *Natrix maura* (p!) 187 *Natrix natrix* (p!) 188 *Natrix tessellata* (p!) 192 *Vipera berus* (p!) 195 *Vipera ursinii* (p!), (e!) 197 *Vipera aspis* (p!)

Staat	Schwanzlurche	Froschlurche
noch Frankreich		45 *Rana iberica* (p!)
		48 *Rana temporaria* (p!)
		50 *Rana* kl. *esculenta* (p!)
		51 *Rana lessonae* (p!)
		52 *Rana perezi* (p!)
		53 *Grafs Hybridfrosch* (p!)
		54 *Rana ridibunda* (p!)
Gibraltar BK	(siehe Spanien) alle Arten geschützt! (p!)	
Griechenland BK nur auf Ägäischen In- seln = (I)	8 *Mertensiella luschani* (I), (e!) 10 *Salamandra salaman-* *dra* 13 *Triturus alpestris* 18 *Triturus vulgaris* 19 *Triturus cristatus* (e!)	28 *Bombina variegata* (e!) 33 *Pelobates syriacus* 36 *Bufo bufo* 38 *Bufo viridis* (e!) 39 *Hyla arborea* (e!) 43 *Rana dalmatina* (e!) 44 *Rana graeca* 54 *Rana ridibunda* 57 *Rana spec.*
Großbritannien BK (ohne Nordirland) nur auf den Normanni- schen Inseln = (N)	15 *Triturus helveticus* 18 *Triturus vulgaris* 19 *Triturus cristatus* (e!)	36 *Bufo bufo* 37 *Bufo calamita* (p!), (e!) 48 *Rana temporaria*

Schildkröten (ohne marine Arten)	Echsen und Doppelschleichen	Schlangen

	146 *Podarcis tiliguerta* (**K**), (p!)	
	148 *Psammodromus algirus* (p!)	
	149 *Psammodromus hispanicus* (p!)	
	153 *Chalcides chalcides* (p!)	

Schildkröten	Echsen und Doppelschleichen	Schlangen
65 *Testudo graeca* (e!)	73 *Cyrtodactylus kotschyi* (e!)	160 *Typhlops vermicularis*
66 *Testudo hermanni* (e!)	75 *Hemidactylus turcicus*	161 *Eryx jaculus*
67 *Testudo marginata* (e!)	77 *Tarentola mauretanica*	164 *Coluber gemonensis*
68 *Emys orbicularis* (e!)	79 *Stellio stellio*	166 *Coluber jugularis*
69 *Mauremys caspica* (e!)	85 *Chamaeleo chamaeleon* (**I**), (e!)	167 *Coluber najadum*
	86 *Anguis fragilis*	168 *Coluber ravergieri* (**I**)
	87 *Ophisaurus apodus*	171 *Coronella austriaca* (e!)
	92 *Algyroides moreoticus*	174 *Eirenis modestus* (**I**)
	93 *Algyroides nigropunctatus*	178 *Elaphe longissima* (e!)
	101 *Lacerta trilineata*	179 *Elaphe quatuorlineata* (e!)
	102 *Lacerta viridis* (e!)	181 *Elaphe situla*
	120 *Lacerta danfordi* (**I**)	182 *Malpolon monspessulanus*
	122 *Lacerta graeca*	184 *Telescopus fallax*
	131 *Ophisops elegans*	187 *Natrix natrix*
	134 *Podarcis erhardi*	188 *Natrix tessellata*
	139 *Podarcis milensis* (**I**)	189 *Daboia lebetina* (**I**), (e!)
	140 *Podarcis muralis* (e!)	191 *Daboia xanthina* (**I**), (e!)
	141 *Podarcis peloponnesiaca*	192 *Vipera berus*
	145 *Podarcis taurica*	196 *Vipera ammodytes* (e!)
	151 *Ablepharus kitaibeli* (e!)	
	154 *Chalcides ocellatus*	
	156 *Mabuya aurata* (**I**)	
	157 *Ophiomorus punctatissimus*	
	159 *Blanus strauchi* (**I**)	

	86 *Anguis fragilis*	171 *Coronella austriaca* (e!)
	98 *Lacerta agilis* (p!)	187 *Natrix natrix*
	102 *Lacerta viridis* (**N**), (e!)	192 *Vipera berus*

Staat	Schwanzlurche	Froschlurche
noch Großbritannien		50 *Rana* kl. *esculenta* (a?) 51 *Rana lessonae* (a?) 54 *Rana ridibunda* (a)
Irland BK (Republik Irland und Nordirland)	18 *Triturus vulgaris*	37 *Bufo calamita* (e!) 48 *Rana temporaria*
Island	einziger europäischer Staat ohne Amphibien- und Reptilien-Vorkommen!	
Italien BK nur auf Sardinien = (S), nur auf dem Galita-Ar- chipel = (G), nur auf dem Lampedusa- Archipel = (L), nur auf Sizilien = (SZ)	2 *Proteus anguinus* (a), (e!) 6 *Euproctus platycepha- lus* (S) 10 *Salamandra salaman- dra* 11 *Salamandra atra* 12 *Salamandrina terdigi- tata* (e!) 13 *Triturus alpestris* 16 *Triturus italicus* 18 *Triturus vulgaris* 19 *Triturus cristatus* (e!) 22 *Hydromantes genei* (S) 23 *Hydromantes italicus*	25 *Alytes obstetricans* (a?), (e!) 28 *Bombina variegata* (e!) 29 *Discoglossus pictus* 30 *Discoglossus sardus* (S) 32 *Pelobates fuscus* (e!) 35 *Pelodytes punctatus* 36 *Bufo bufo* 37 *Bufo calamita* ?, (e!) 38 *Bufo viridis* (e!) 39 *Hyla arborea* (e!) 40 *Hyla meridionalis* 43 *Rana dalmatina* (e!) 44 *Rana graeca* 46 *Rana latastei* (e!) 48 *Rana temporaria* 50 *Rana* kl. *esculenta* 51 *Rana lessonae* 54 *Rana ridibunda* (a) 55 *Italienischer Wasser- frosch* 56 *Italienischer Hybrid- frosch* 58 *Rana catesbeiana* (a)
Jugoslawien (p! = nur gültig in Slo- venien)	2 *Proteus anguinus* (p!), (e!) 10 *Salamandra salaman- dra* (p!) 11 *Salamandra atra* (p!) 13 *Triturus alpestris* (p!) 18 *Triturus vulgaris* (p!)	27 *Bombina bombina* (e!) 28 *Bombina variegata* (e!) 32 *Pelobates fuscus* (p!), (e!) 33 *Pelobates syriacus* 36 *Bufo bufo* (p!)

Schildkröten (ohne marine Arten)	Echsen	Schlangen
	130 *Lacerta vivipara* 140 *Podarcis muralis* (**N**), (e!)	
	130 *Lacerta vivipara*	

Schildkröten	Echsen	Schlangen
65 *Testudo graeca* (e!) 66 *Testudo hermanni* (e!) 67 *Testudo marginata* (**S**), (e!), (a?) 68 *Emys orbicularis* (e!)	73 *Cyrtodactylus kotschyi* (e!) 75 *Hemidactylus turcicus* 76 *Phyllodactylus europaeus* 77 *Tarentola mauretanica* 85 *Chamaeleo chamaeleon* (a), (e!) 86 *Anguis fragilis* 89 *Algyroides fitzingeri* (**S**) 93 *Algyroides nigropunctatus* 98 *Lacerta agilis* 102 *Lacerta viridis* (e!) 118 *Lacerta bedriagae* (**S**) 123 *Lacerta horvathi* 124 *Lacerta lepida* ?, (e!) 135 *Podarcis filfolensis* (**L**) 138 *Podarcis melisellensis* 140 *Podarcis muralis* (e!) 144 *Podarcis sicula* (e!) 146 *Podarcis tiliguerta* (**S**) 147 *Podarcis wagleriana* (**SZ**) 153 *Chalcides chalcides* 154 *Chalcides ocellatus*	164 *Coluber gemonensis* 165 *Coluber hippocrepis* (**S**), (e!) 170 *Coluber viridiflavus* 171 *Coronella austriaca* (e!) 172 *Coronella girondica* 178 *Elaphe longissima* (e!) 179 *Elaphe quatuorlineata* (e!) 181 *Elaphe situla* 182 *Malpolon monspessulanus* 183 *Macroprotodon cucullatus* (**G**), (**L**) 184 *Telescopus fallax* 186 *Natrix maura* (**S**) 187 *Natrix natrix* 188 *Natrix tessellata* 195 *Vipera ursinii* (e!) 196 *Vipera ammodytes* (e!) 197 *Vipera aspis*
65 *Testudio graeca* (e!) 66 *Testudo hermanni* (e!) 68 *Emys orbicularis* (p!), (e!) 69 *Mauremys caspica* (p!), (e!)	73 *Cyrtodactylus kotschyi* (e!) 75 *Hemidactylus turcicus* 77 *Tarentola mauretanica* 86 *Anguis fragilis* 87 *Ophisaurus apodus*	160 *Typhlops vermicularis* 161 *Eryx jaculus* 164 *Coluber gemonensis* (p!) 166 *Coluber jugularis* 167 *Coluber najadum* 170 *Coluber viridiflavus*

Staat	Schwanzlurche	Froschlurche
noch Jugoslawien	19 *Triturus cristatus* (e!)	38 *Bufo viridis* (p!), (e!) 39 *Hyla arborea* (e!) 42 *Rana arvalis* (p!), (e!) 43 *Rana dalmatina* (p!), (e!) 44 *Rana graeca* (p!) 46 *Rana latastei* (p!), (e!) 48 *Rana temporaria* (p!) 50 *Rana* kl. *esculenta* (p!) 51 *Rana lessonae* (p!) 54 *Rana ridibunda* 57 *Rana spec* (p!)
Liechtenstein BK	(siehe Schweiz und Österreich) alle Arten geschützt! (p!)	
Luxemburg BK	10 *Salamandra salamandra* (p!) 13 *Triturus alpestris* (p!) 15 *Triturus helveticus* (p!) 18 *Triturus vulgaris* (p!) 19 *Triturus cristatus* (p!), (e!)	25 *Alytes obstetricans* (p!), (e!) 28 *Bombina variegata* (p!), (e!) 36 *Bufo bufo* (p!) 37 *Bufo calamita* (p!), (e!) 39 *Hyla arborea* (p!), (e!) 48 *Rana temporaria* (p!) 50 *Rana* kl. *esculenta* (p!) 51 *Rana lessonae* (p!)
Malta		30 *Discoglossus pictus*
Monaco	(siehe Frankreich)	
Niederlande BK	10 *Salamandra salamandra* (p!)	25 *Alytes obstetricans* (p!), (e!)

Schildkröten (ohne marine Arten)	Echsen	Schlangen
	93 *Algyroides nigropunctatus* (p!)	171 *Coronella austriaca* (e!)
	98 *Lacerta agilis* (p!)	178 *Elaphe longissima* (p!), (e!)
	101 *Lacerta trilineata*	179 *Elaphe quatuorlineata* (p!), (e!)
	102 *Lacerta viridis* (p!), (e!)	181 *Elaphe situla*
	123 *Lacerta horvathi* (p!)	182 *Malpolon monspessulanus*
	126 *Lacerta mosorensis*	184 *Telescopus fallax*
	127 *Lacerta oxycephala*	187 *Natrix natrix*
	129 *Lacerta praticola*	188 *Natrix tessellata*
	130 *Lacerta vivipara* (p!)	192 *Vipera berus*
	134 *Podarcis erhardi*	195 *Vipera ursinii* (e!)
	138 *Podarcis melisellensis* (p!)	196 *Vipera ammodytes* (e!)
	140 *Podarcis muralis* (p!), (e!)	197 *Vipera aspis* ?, (p!)
	144 *Podarcis sicula* (p!), (e!)	
	145 *Podarcis taurica*	
	151 *Ablepharus kitaibeli* (e!)	

68 *Emys orbicularis* (p!)	86 *Anguis fragilis* (p!)	171 *Coronella austriaca* (p!), (e!)
	98 *Lacerta agilis* (p!)	187 *Natrix natrix* (p!)
	130 *Lacerta vivipara* (p!)	
	140 *Podarcis muralis* (p!), (e!)	

	75 *Hemidactylus turcicus*	165 *Coluber algirus*
	77 *Tarentola mauretanica*	170 *Coluber viridiflavus*
	85 *Chamaeleo chamaeleon* (e!)	181 *Elaphe situla*
	135 *Podarcis filfolensis* (e!)	184 *Telescopus fallax*
	154 *Chalcides ocellatus*	

68 *Emys orbicularis* (p!), (e!)	86 *Anguis fragilis* (p!)	171 *Coronella austriaca* (p!), (e!)
	98 *Lacerta agilis* (p!)	

Staat	Schwanzlurche	Froschlurche
noch Niederlande	13 *Triturus alpestris* (p!) 15 *Triturus helveticus* (p!) 18 *Triturus vulgaris* (p!) 19 *Triturus cristatus* (p!), (e!)	28 *Bombina variegata* (p!), (e!) 32 *Pelobates fuscus* (p!), (e!) 36 *Bufo bufo* (p!) 37 *Bufo calamita* (p!), (e!) 39 *Hyla arborea* (p!), (e!) 42 *Rana arvalis* (p!), (e!) 48 *Rana temporaria* (p!) 50 *Rana* kl. *esculenta* (p!) 51 *Rana lessonae* (p!) 54 *Rana ridibunda* (p!)
Norwegen BK	18 *Triturus vulgaris* 19 *Triturus cristatus* (e!)	36 *Bufo bufo* 42 *Rana arvalis* 48 *Rana temporaria*
Österreich BK	10 *Salamandra salamandra* 11 *Salamandra atra* 13 *Triturus alpestris* 18 *Triturus vulgaris* 19 *Triturus cristatus* (e!)	27 *Bombina bombina* (e!) 28 *Bombina variegata* (e!) 32 *Pelobates fuscus* (e!) 36 *Bufo bufo* 37 *Bufo calamita* (e!) 38 *Bufo viridis* (e!) 39 *Hyla arborea* (e!) 42 *Rana arvalis* (p!), (e!) 43 *Rana dalmatina* (p!), (e!) 48 *Rana temporaria* (p!) 50 *Rana* kl. *esculenta* (p!) 51 *Rana lessonae* (p!) 54 *Rana ridibunda* (p!)
Polen	10 *Salamandra salamandra* (p!) 13 *Triturus alpestris* (p!) 17 *Triturus montandoni* (p!) 18 *Triturus vulgaris* (p!) 19 *Triturus cristatus* (p!), (e!)	27 *Bombina bombina* (p!), (e!) 28 *Bombina variegata* (p!), (e!) 32 *Pelobates fuscus* (p!), (e!) 36 *Bufo bufo* (p!) 37 *Bufo calamita* (p!), (e!) 38 *Bufo viridis* (p!), (e!) 39 *Hyla arborea* (p!), (e!) 42 *Rana arvalis* (e!) 43 *Rana dalmatina* (e!) 50 *Rana* kl. *esculenta*

Schildkröten (ohne marine Arten)	Echsen	Schlangen
	130 *Lacerta vivipara* (p!) 140 *Podarcis muralis* (p!), (e!)	187 *Natrix natrix* (p!) 192 *Vipera berus*
	86 *Anguis fragilis* 130 *Lacerta vivipara*	171 *Coronella austriaca* (e!) 187 *Natrix natrix* 192 *Vipera berus*
68 *Emys orbicularis* (e!)	86 *Anguis fragilis* 98 *Lacerta agilis* 102 *Lacerta viridis* (e!) 130 *Lacerta vivipara* 140 *Podarcis muralis* (e!)	171 *Coronella austriaca* (e!) 178 *Elaphe longissima* (e!) 187 *Natrix natrix* 188 *Natrix tessellata* 192 *Vipera berus* 196 *Vipera ammodytes* (e!)
68 *Emys orbicularis* (p!), (e!)	86 *Anguis fragilis* (p!) 98 *Lacerta agilis* (p!), (e!) 130 *Lacerta vivipara* (p!)	171 *Coronella austriaca* (p!), (e!) 178 *Elaphe longissima* (p!), (e!) 187 *Natrix natrix* 192 *Vipera berus*

Staat	Schwanzlurche	Froschlurche
noch Polen		51 *Rana lessonae* 54 *Rana ridibunda*
Portugal BK nur Azoren und Ma- deira = (**M**)	3 *Chioglossa lusitanica* (e!) 9 *Pleurodeles waltl* 10 *Salamandra salaman- dra* 14 *Triturus boscai* 15 *Triturus helveticus* 20 *Triturus marmoratus*	24 *Alytes cisternasii* (e!) 25 *Alytes obstetricans* (e!) 29 *Discoglossus pictus* 31 *Pelobates cultripes* (e!) 35 *Pelodytes punctatus* 36 *Bufo bufo* 37 *Bufo calamita* (e!) 39 *Hyla arborea* (e!) 40 *Hyla meridionalis* 45 *Rana iberica* 52 *Rana perezi*
Rumänien	10 *Salamandra salaman- dra* 13 *Triturus alpestris* 17 *Triturus montandoni* 18 *Triturus vulgaris* 19 *Triturus cristatus* (e!)	27 *Bombina bombina* (e!) 28 *Bombina variegata* (e!) 32 *Pelobates fuscus* (e!) 33 *Pelobates syriacus* 36 *Bufo bufo* 38 *Bufo viridis* (e!) 39 *Hyla arborea* (e!) 42 *Rana arvalis* (e!) 43 *Rana dalmatina* (e!) 48 *Rana temporaria* 50 *Rana* kl. *esculenta* 51 *Rana lessonae* 54 *Rana ridibunda*
San Marino	(siehe Italien)	
Schweden BK	18 *Triturus vulgaris* 19 *Triturus cristatus* (e!)	27 *Bombina bombina* ? (a), (p!), (e!) 32 *Pelobates fuscus* (e!) 36 *Bufo bufo*

Schildkröten (ohne marine Arten)	Echsen und Doppelschleichen	Schlangen
68 *Emys orbicularis* (e!) 70 *Mauremys leprosa* (e!)	75 *Hemidactylus turcicus* 77 *Tarentola mauretanica* 85 *Chamaeleo chamaeleon* (e!) 86 *Anguis fragilis* 88 *Acanthodactylus erythrurus* 99 *Lacerta schreiberi* 124 *Lacerta lepida* (e!) 125 *Lacerta monticola* 132 *Podarcis bocagei* 133 *Podarcis dugesii* (M) 136 *Podarcis hispanica* 140 *Podarcis muralis* (e!) 148 *Psammodromus algirus* 149 *Psammodromus hispanicus* 152 *Chalcides bedriagae* 153 *Chalcides chalcides* 158 *Blanus cinereus*	165 *Coluber hippocrepis* (e!) 171 *Coronella austriaca* (e!) 172 *Coronella girondica* 180 *Elaphe scalaris* 182 *Malpolon monspessulanus* 183 *Macroprotodon cucullatus* 186 *Natrix maura* 187 *Natrix natrix* 194 *Vipera seoanei* 198 *Vipera latasti* (e!)
65 *Testudo graeca* (p!), (e!) 66 *Testudo hermanni* (p!), (e!) 68 *Emys orbicularis* (e!)	86 *Anguis fragilis* 94 *Eremias arguta* 98 *Lacerta agilis* 101 *Lacerta trilineata* 102 *Lacerta viridis* (e!) 129 *Lacerta praticola* 130 *Lacerta vivipara* 140 *Podarcis muralis* (e!) 145 *Podarcis taurica* 151 *Ablepharus kitaibeli* (e!)	160 *Eryx jaculus* 166 *Coluber jugularis* 171 *Coronella austriaca* (e!) 178 *Elaphe longissima* (e!) 179 *Elaphe quatuorlineata* (p!), (e!) 187 *Natrix natrix* 188 *Natrix tessellata* 192 *Vipera berus* 195 *Vipera ursinii* (p!), (e!) 196 *Vipera ammodytes* (e!)
	86 *Anguis fragilis* 98 *Lacerta agilis* (p!) 130 *Lacerta vivipara*	171 *Coronella austriaca* (p!), (e!) 187 *Natrix natrix* 192 *Vipera berus*

Staat	Schwanzlurche	Froschlurche
noch Schweden		37 *Bufo calamita* (e!) 38 *Bufo viridis* (e!) 39 *Hyla arborea* (e!) 42 *Rana arvalis* (e!) 43 *Rana dalmatina* (e!) 48 *Rana temporaria* 50 *Rana* kl. *esculenta* 51 *Rana lessonae*
Schweiz BK	10 *Salamandra salamandra* (p!) 11 *Salamandra atra* (p!) 13 *Triturus alpestris* (p!) 15 *Triturus helveticus* (p!) 18 *Triturus vulgaris* (p!) 19 *Triturus cristatus* (e!)	25 *Alytes obstetricans* (p!), (e!) 28 *Bombina variegata* (p!), (e!) 32 *Pelobates fuscus* ?, (p!), (e!) 36 *Bufo bufo* (p!) 37 *Bufo calamita* (p!), (e!) 38 *Bufo viridis* ? (p!), (e!) 39 *Hyla arborea* (p!), (e!) 42 *Rana arvalis* ? (p!) 43 *Rana dalmatina* (p!), (e!) 46 *Rana latastei* (p!), (e!) 48 *Rana temporaria* (p!) 50 *Rana* kl. *esculenta* (p!) 51 *Rana lessonae* (p!) 54 *Rana ridibunda* (a), (p!)
Sowjetunion (UdSSR), (europäischer Teil und kaukasische Republiken) nur im Kaukasus-Gebiet = (**K**)	1 *Salamandrella kayserlingi* 7 *Mertensiella caucasica* (**K**), (p!) 10 *Salamandra salamandra* 13 *Triturus alpestris* 17 *Triturus montandoni* (p!) 18 *Triturus vulgaris* 19 *Triturus cristatus* (e!) 21 *Triturus vittatus* (**K**), (p!)	27 *Bombina bombina* (e!) 28 *Bombina variegata* (e!) 32 *Pelobates fuscus* (e!) 33 *Pelobates syriacus* (**K**), (p!) 34 *Pelodytes caucasicus* (**K**), (p!) 36 *Bufo bufo* 37 *Bufo calamita* (p!), (e!) 38 *Bufo viridis* (e!) 39 *Hyla arborea* (e!) 41 *Hyla savignyi* (**K**) 42 *Rana arvalis* (e!) 43 *Rana dalmatina* (e!) 47 *Rana macrocnemis* (**K**) 48 *Rana temporaria*

Schildkröten (ohne marine Arten)	Echsen	Schlangen

68 *Emys orbicularis* (p!), (e!)	86 *Anguis fragilis* (p!)	170 *Coluber viridiflavus* (p!)
	98 *Lacerta agilis* (p!)	171 *Coronella austriaca* (p!), (e!)
	102 *Lacerta viridis* (p!), (e!)	178 *Elaphe longissima* (p!), (e!)
	130 *Lacerta vivipara* (p!)	186 *Natrix maura* (p!)
	140 *Podarcis muralis* (p!), (e!)	187 *Natrix natrix* (p!)
	144 *Podarcis sicula* (p!), (e!)	188 *Natrix tessellata* (p!)
		192 *Vipera berus* (p!)
		197 *Vipera aspis* (p!)

64 *Agrionemys horsfieldi*	71 *Alsophylax pipiens*	160 *Typhlops vermicularis* (**K**)
65 *Testudo graeca* (**K**), (p!), (e!)	72 *Cyrtodactylus caspius* (**K**)	161 *Eryx jaculus*
68 *Emys orbicularis* (e!)	73 *Cyrtodactylus kotschyi* (p!), (e!)	162 *Eryx miliaris*
69 *Mauremys caspica* (**K**), (e!)	74 *Cyrtodactylus russowi*	166 *Coluber jugularis*
	78 *Stellio caucasius* (**K**)	167 *Coluber najadum* (**K**)
	80 *Agama sanguinolenta*	168 *Coluber ravergieri* (**K**)
	81 *Agama ruderata* (**K**), (p!)	171 *Coronella austriaca* (e!)
	82 *Phrynocephalus guttatus*	173 *Eirenis collaris* (**K**)
	83 *Phrynocephalus helioscopus*	174 *Eirenis modestus* (**K**)
	84 *Phrynocephalus mystaceus*	175 *Eirenis punctatolineatus* (**K**)
	86 *Anguis fragilis*	176 *Elaphe dione*
	87 *Ophisaurus apodus*	177 *Elaphe hohenackeri* (**K**)
	94 *Eremias arguta*	178 *Elaphe longissima* (p!), (e!)

Staat	Schwanzlurche	Froschlurche
noch Sowjetunion		50 *Rana* kl. *esculenta*
		51 *Rana lessonae*
		54 *Rana ridibunda*

Schildkröten (ohne marine Arten)	Echsen	Schlangen
	95 *Eremias pleskei* (**K**)	179 *Elaphe quatuorlineata* (e!)
	96 *Eremias strauchi* (**K**)	
	97 *Eremias velox*	181 *Elaphe situla* (p!)
	98 *Lacerta agilis*	182 *Malpolon monspessulanus*
	100 *Lacerta strigata* (**K**)	
	101 *Lacerta trilineata* (**K**)	184 *Telescopus fallax* (**K**)
	102 *Lacerta viridis* (e!)	185 *Rhynchocalamus melanocephalus* (**K**), (p!)
	103 *Lacerta saxicola*	
	104 *Lacerta caucasica* (**K**)	187 *Natrix natrix*
	105 *Lacerta chlorogaster* (**K**)	188 *Natrix tessellata*
		189 *Daboia lebetina* (**K**), (e!)
	106 *Lacerta clarkorum* (**K**)	190 *Daboia raddei* (**K**), (p!)
	107 *Lacerta mixta* (**K**)	
	108 *Lacerta parvula* (**K**)	192 *Vipera berus*
	109 *Lacerta portschinskii* (**K**)	193 *Vipera kaznakovi* (**K**), (p!), (e!)
		195 *Vipera ursinii* (e!)
	110 *Lacerta raddei* (**K**)	196 *Vipera ammodytes* (**K**), (p!), (e!)
	111 *Lacerta rudis* (**K**)	
	112 *Lacerta valentini* (**K**)	199 *Gloydius halys*
	113 *Lacerta "armeniaca"* (**K**)	
	114 *Lacerta "dahli"* (**K**)	
	115 *Lacerta "rostombekovi"* (**K**)	
	116 *Lacerta "unisexualis"* (**K**)	
	117 *Lacerta "uzzelli"* (**K**)	
	119 *Lacerta brandti* (**K**)	
	121 *Lacerta derjugini* (**K**)	
	128 *Lacerta parva* (**K**), (p!), (e!)	
	129 *Lacerta praticola* (**K**)	
	130 *Lacerta vivipara*	
	131 *Ophisops elegans* (**K**)	
	145 *Podarcis taurica*	
	150 *Ablepharus bivittatus* (**K**)	
	151 *Ablepharus kitaibeli* (**K**), (p!), (e!)	
	155 *Eumeces schneideri* (**K**)	
	156 *Mabuya aurata* (**K**)	

Staat	Schwanzlurche	Froschlurche
Spanien ohne Kanarische Inseln, nur auf dem Balearen- Pityusen-Archipel = (**B**)	3 *Chioglossa lusitanica* (p!), (e!) 4 *Euproctus asper* (p!) 9 *Pleurodeles waltl* (p!) 10 *Salamandra salaman-dra* 13 *Triturus alpestris* (p!) 14 *Triturus boscai* (p!) 15 *Triturus helveticus* (p!) 20 *Triturus marmoratus* (p!)	24 *Alytes cisternasii* (p!), (e!) 25 *Alytes obstetricans* (p!), (e!) 26 *Baleaphryne muleten-sis* (**B**), (p!) 29 *Discoglossus pictus* (p!) 31 *Pelobates cultripes* (p!), (e!) 35 *Pelodytes punctatus* (p!) 36 *Bufo bufo* 37 *Bufo calamita* (p!), (e!) 38 *Bufo viridis* (**B**), (p!), (e!) 39 *Hyla arborea* (p!), (e!) 40 *Hyla meridionalis* (p!) 43 *Rana dalmatina* (p!), (e!) 45 *Rana iberica* (p!) 48 *Rana temporaria* (p!) 52 *Rana perezi*
Tschechoslowakische Sozialistische Republik (ČSSR)	10 *Salamandra salaman-dra* (p!) 13 *Triturus alpestris* (p!) 17 *Triturus montandoni* (p!)	27 *Bombina bombina* (e!) 28 *Bombina variegata* (e!) 32 *Pelobates fuscus* (p!), (e!)

Schildkröten (ohne marine Arten)	Echsen und Doppelschleichen	Schlangen
65 *Testudo graeca* (p!), (e!)	75 *Hemidactylus turcicus* (p!)	165 *Coluber hippocrepis* (p!), (e!)
66 *Testudo hermanni* (p!), (e!)	77 *Tarentola mauretanica* (p!)	170 *Coluber viridiflavus* (p!)
68 *Emys orbicularis* (e!)	85 *Chamaeleo chamaeleon* (p!), (e!)	171 *Coronella austriaca* (p!), (e!)
70 *Mauremys leprosa* (e!)	86 *Anguis fragilis* (p!)	172 *Coronella girondica* (p!)
	88 *Acanthodactylus erythrurus* (p!)	178 *Elaphe longissima* (p!)
	90 *Algyroides hidalgoi*	180 *Elaphe scalaris* (p!), (e!)
	91 *Algyroides marchi* (p!), (e!)	182 *Malpolon monspessulanus*
	98 *Lacerta agilis* (p!)	183 *Macroprotodon cucullatus* (p!)
	99 *Lacerta schreiberi* (p!)	186 *Natrix maura* (p!)
	102 *Lacerta viridis* (p!), (e!)	187 *Natrix natrix* (p!)
	124 *Lacerta lepida* (e!)	194 *Vipera seoanei*
	125 *Lacerta monticola* (p!)	197 *Vipera aspis*
	130 *Lacerta vivipara* (p!)	198 *Vipera latasti* (e!)
	132 *Podarcis bocagei*	
	136 *Podarcis hispanica* (p!)	
	137 *Podarcis lilfordi* (**B**), (p!), (e!)	
	140 *Podarcis muralis* (p!), (e!)	
	142 *Podarcis perspicillata* (**B**)	
	143 *Podarcis pityusensis* (**B**), (p!), (e!)	
	144 *Podarcis sicula* (a), (e!)	
	148 *Psammodromus algirus* (p!)	
	149 *Psammodromus hispanicus* (p!)	
	152 *Chalcides bedriagai* (p!)	
	153 *Chalcides chalcides* (p!)	
	158 *Blanus cinereus* (p!)	
68 *Emys orbicularis* (p!), (e!)	86 *Anguis fragilis* (p!)	171 *Coronella austriaca* (p!), (e!)
	98 *Lacerta agilis* (p!)	178 *Elaphe longissima* (p!), (e!)
	102 *Lacerta viridis* (p!), (e!)	187 *Natrix natrix*
	130 *Lacerta vivipara* (p!)	

54

Staat	Schwanzlurche	Froschlurche
noch Tschechoslowakische Sozialistische Republik	18 *Triturus vulgaris* 19 *Triturus cristatus* (p!), (e!)	36 *Bufo bufo* (p!) 37 *Bufo calamita* (p!), (e!) 38 *Bufo viridis* (p!), (e!) 39 *Hyla arborea* (p!), (e!) 42 *Rana arvalis* (e!) 43 *Rana dalmatina* (e!) 48 *Rana temporaria* 50 *Rana* kl. *esculenta* 51 *Rana lessonae* 52 *Rana ridibunda* 55 *Rana* kl. *esculenta*
Türkei BK nur europäischer Teil, ohne Ägäische Inseln	18 *Triturus vulgaris* 19 *Triturus cristatus* (e!)	28 *Bombina variegata* (e!) 33 *Pelobates syriacus* 36 *Bufo bufo* 38 *Bufo viridis* (e!) 39 *Hyla arborea* (e!) 43 *Rana dalmatina* (e!) 54 *Rana ridibunda*
Ungarn	10 *Salamandra salamandra* (p!) 13 *Triturus alpestris* (p!) 18 *Triturus vulgaris* (p!) 19 *Triturus cristatus* (p!), (e!)	27 *Bombina bombina* (p!), (e!) 28 *Bombina variegata* (p!), (e!) 32 *Pelobates fuscus* (p!), (e!) 36 *Bufo bufo* (p!) 38 *Bufo viridis* (p!), (e!) 39 *Hyla arborea* (p!), (e!) 42 *Rana arvalis* (p!), (e!) 43 *Rana dalmatina* (p!), (e!) 48 *Rana temporaria* (p!) 50 *Rana* kl. *esculenta* (p!) 51 *Rana lessonae* 54 *Rana ridibunda* (p!)

Schildkröten (ohne marine Arten)	Echsen und Doppelschleichen	Schlangen
	140 *Podarcis muralis* (p!), (e!) 151 *Ablepharus kitaibeli* (p!), (e!)	188 *Natrix tessellata* (p!) 192 *Vipera berus*

Schildkröten	Echsen und Doppelschleichen	Schlangen
65 *Testudo graeca* (e!) 66 *Testudo hermanni* (e!) 68 *Emys orbicularis* (e!) 69 *Mauremys caspica* (e!)	73 *Cyrtodactylus kotschyi* (e!) 75 *Hemidactylus turcicus* 86 *Anguis fragilis* 87 *Ophisaurus apodus* 101 *Lacerta trilineata* 102 *Lacerta viridis* (e!) 129 *Lacerta praticola* 131 *Ophisops elegans* 140 *Podarcis muralis* (e!) 144 *Podarcis sicula* (e!) 145 *Podarcis taurica* 151 *Ablepharus kitaibeli* (e!) 159 *Blanus strauchi*	160 *Typhlops vermicularis* 161 *Eryx jaculus* 166 *Coluber jugularis* 169 *Coluber rubriceps* 178 *Elaphe longissima* (e!) 179 *Elaphe quatuorlineata* (e!) 181 *Elaphe situla* 182 *Malpolon monspessulanus* 184 *Telescopus fallax* 187 *Natrix natrix* 188 *Natrix tessellata* 191 *Daboia xanthina* (e!) 196 *Vipera ammodytes* (e!)
68 *Emys orbicularis* (p!), (e!)	86 *Anguis fragilis* (p!) 98 *Lacerta agilis* (p!) 102 *Lacerta viridis* (p!), (e!) 130 *Lacerta vivipara* (p!) 140 *Podarcis muralis* (p!), (e!) 145 *Podarcis taurica* (p!) 151 *Ablepharus kitaibeli* (p!), (e!)	166 *Coluber jugularis* (p!) 171 *Coronella austriaca* (p!), (e!) 178 *Elaphe longissima* (p!), (e!) 187 *Natrix natrix* (p!) 188 *Natrix tessellata* (p!) 192 *Vipera berus* (p!) 195 *Vipera ursinii* (p!), (e!)

Wir bestimmen Lurche und Kriechtiere Europas

Systematische Übersicht

Die Aufstellung enthält alle im Naturführer behandelten Arten, Gattungen, Familien und Ordnungen der beiden Klassen *Amphibia und Reptilia.* Von den bei sehr vielen Arten existierenden Unterarten werden allerdings nur diejenigen hier mit aufgelistet, die in den Artbeschreibungen namentlich erwähnt oder z. T. auch abgebildet werden. Die Liste erhebt also auf dem Niveau der Unterarten keineswegs den Anspruch auf Vollständigkeit! Jedem Artnamen folgt die Nennung ihres Entdeckers bzw. Erstbeschreibers (Autors) sowie die Jahreszahl der Veröffentlichung der ersten Beschreibung. Stehen der Autorenname und die zugehörige Jahreszahl in Klammern, so bedeutet dies, daß die Art bei ihrer Erstbeschreibung einer anderen Gattung als heute zugeordnet war. Bei den Fröschen (Gattung *Rana*) sind einige Arten und Unterarten enthalten, die z. Z. noch keinen exakten wissenschaftlichen Namen besitzen, aber bereits in der Fachliteratur beschrieben wurden. Hier wurden nur deutsche Namen verwendet. Die Autorennamen und Jahreszahlen geben in diesen Fällen lediglich die Quelle der Beschreibungen an, auf die Bezug ge-

nommen wird. Das bei *Rana esculenta* zwischen Gattungs- und Artnamen stehende Kürzel kl. (Klepton) drückt aus, daß es sich hier um eine Bastardart mit besonderem Fortpflanzungsmodus handelt (Genaueres bei *Rana* nachzulesen). Die Namen einiger Eidechsen der Gattung *Lacerta* fallen durch in Anführungsstriche gesetzte Artnamen ins Auge, z. B. *Lacerta „armeniaca".* Auch hier drückt das einen besonderen Status dieser Formen aus. Es sind das alles parthenogenetische Formen der Felseneidechsen (Genaueres an Ort und Stelle nachzulesen). Unsere Übersicht folgt im wesentlichen der dritten Liste der Amphibien und Reptilien Europas, die MERTENS und WERMUTH 1961 veröffentlichten. Inzwischen für Europa neu nachgewiesene Arten werden aber genauso berücksichtigt wie durch entsprechende Revisionen bestimmter Gruppen verursachte neue systematische Arrangements. Außerdem ist die Liste um die kaukasischen Arten vom Territorium der UdSSR erweitert. Eingebürgerte fremde Arten sind durch ein vorangestelltes ●, nicht abgebildete Arten durch ein ▽ gekennzeichnet. Die dem Artnamen vorangestellten Zahlen entsprechen der Reihenfolge der Arten in den Artbeschreibungen.

Klasse *Amphibia* Lurche
  Ordnung *Caudata* Schwanzlurche
    Familie *Hynobiidae* Winkelzahnmolche
      Gattung *Salamandrella* Sibirische Winkelzahnmolche
        1 *Salamandrella kayserlingi* DYBOWSKI 1870, Sibirischer Winkelzahnmolch
    Familie *Proteidae* Olme
      Gattung *Proteus* Europäische Olme
        2 *Proteus anguinus* LAURENTI 1768, Europäischer Grottenolm

Familie *Salamandridae* Salamander und Molche
  Gattung *Chioglossa* Goldstreifen-Salamander
       3 *Chioglossa lusitancia* BOCAGE 1864, Goldstreifen-Salamander
  Gattung *Euproctus* Gebirgsmolche
       4 *Euproctus asper* (DUGÈS 1852), Pyrenäen-Gebirgsmolch
       5 *Euproctus montanus* (SAVI 1838), Korsischer Gebirgsmolch
       6 *Euproctus platycephalus* (GRAVENHORST 1829), Sardischer oder
         Hechtkopf-Gebirgsmolch
  Gattung *Mertensiella* Kleinasiatische Salamander
       7 *Mertensiella caucasica* (WAGA 1876), Kaukasus-Salamander
       8 *Mertensiella luschani* (STEINDACHNER 1891), Lykischer Sala-
         mander
      8a *Mertensiella luschani helverseni* PIEPER 1963
  Gattung *Pleurodeles* Rippenmolche
       9 *Pleurodeles waltl* MICHAHELLES 1830, Spanischer Rippenmolch
  Gattung *Salamandra* Eigentliche Salamander
      10 *Salamandra salamandra* (LINNAEUS 1758), Feuersalamander
     10a *Salamandra salamandra salamandra* (LINNAEUS 1758)
     10b *Salamandra salamandra almanzoris* MÜLLER u. HELLMICH 1935
     10c *Salamandra salamandra bejarae* WOLTERSTORFF 1934
     10d *Salamandra salamandra fastuosa* SCHREIBER 1912
     10e *Salamandra salamandra gallaica* SEOANE 1884
     10f *Salamandra salamandra gigliolii* EISELT u. LANZA 1956
     10g *Salamandra salamandra terrestris* LACÉPÈDE 1788
      11 *Salamandra atra* LAURENTI 1768, Alpensalamander
  Gattung *Salamandrina* Brillensalamander
      12 *Salamandrina terdigitata* (LACÉPÈDE 1788), Brillensalamander
  Gattung *Triturus* Wassermolche

         Bergmolch-Gruppe
      13 *Triturus alpestris* (LAURENTI 1768), Bergmolch
     13a *Triturus alpestris alpestris* (LAURENTI 1768)
     13b *Triturus alpestris apuanus* (BONAPARTE 1839), Norditalienischer
         Bergmolch
     13c *Triturus alpestris montenegrinus* RADOVANOVIČ 1951

         Teichmolch-Gruppe
      14 *Triturus boscai* (LATASTE 1879), Spanischer Wassermolch
      15 *Triturus helveticus* (RAZOUMOWSKY 1789), Fadenmolch
      16 *Triturus italicus* (PERACCA 1898), Italienischer Molch
      17 *Triturus montandoni* (BOULENGER 1880), Karpatenmolch
      18 *Triturus vulgaris* (LINNAEUS 1758), Teichmolch
     18a *Triturus vulgaris vulgaris* (LINNAEUS 1758)
     18b *Triturus vulgaris graecus* (WOLTERSTORFF 1905), Griechischer
         Teichmolch
     18c *Triturus vulgaris lantzi* (WOLTERSTORFF 1914), Kaukasus-Teich-
         molch
     18d *Triturus vulgaris meridionalis* (BOULENGER 1882)

         Kammolch-Gruppe
      19 *Triturus cristatus* (LAURENTI 1768), Kammolch
     19a *Triturus cristatus cristatus* (LAURENTI 1768)

19b *Triturus cristatus carnifex* (LAURENTI 1768), Alpen-Kammolch
19c *Triturus cristatus dobrogicus* (KIRITZESCU 1903), Donau-Kamm-molch
19d *Triturus cristatus karelini* (STRAUCH 1870), Balkan-Kammolch
20 *Triturus marmoratus* (LATREILLE 1800), Marmormolch
21 *Triturus vittatus* (JENNYNS 1835), Bandmolch
21a *Triturus vittatus ophryticus* (BERTHOLD 1846), Kaukasus-Band-molch

Familie *Plethodontidae* Lungenlose Salamander
  Gattung *Hydromantes* Höhlensalamander
    ▽ 22 *Hydromantes genei* (TEMMINCK u. SCHLEGEL 1839), Sardischer Höhlensalamander
    23 *Hydromantes italicus* DUNN 1923, Italienischer Höhlensala-mander

Ordnung *Anura* Froschlurche
Familie *Discoglossidae* Scheibenzüngler
  Gattung *Alytes* Geburtshelferkröten
    24 *Alytes cisternasii* BOSCÁ 1879, Iberische Geburtshelferkröte
    25 *Alytes obstetricans* (LAURENTI 1768), Gemeine Geburtshelfer-kröte
    25a *Alytes obstetricans obstetricans* (LAURENTI 1768)
    25b *Alytes obstetricans boscai* LATASTE 1879
  Gattung *Baleaphryne* Balearenkröten
    ▽ 26 *Baleaphryne muletensis* SANCHIZ u. ANDROVER 1979
  Gattung *Bombina* Unken
    27 *Bombina bombina* (LINNAEUS 1761), Rotbauch-Unke
    28 *Bombina variegata* (LINNAEUS 1758), Gelbbauch-Unke
    28a *Bombina variegata variegata* (LINNAEUS 1758)
    28b *Bombina variegata kolombatovici* (BEDRIAGA 1890)
    28c *Bombina variegata pachypus* (BONAPARTE 1838)
    28d *Bombina variegata scabra* (KÜSTER 1843)
  Gattung *Discoglossus* Scheibenzüngler
    29 *Discoglossus pictus* OTTH 1837, Gemalter Scheibenzüngler
    ▽ 30 *Discoglossus sardus* TSCHUDI 1837, Sardischer Scheiben-züngler

Familie *Pelobatidae* Krötenfrösche
  Gattung *Pelobates* Schaufelkröten
    31 *Pelobates cultripes* (CUVIER 1829), Messerfuß
    32 *Pelobates fuscus* (LAURENTI 1768), Knoblauchkröte
    32a *Pelobates fuscus fuscus* (LAURENTI 1768)
    32b *Pelobates fuscus insubricus* CORNALIA 1873
    33 *Pelobates syriacus* BOETTGER 1889, Syrische Schaufelkröte
    33a *Pelobates syriacus syriacus* BOETTGER 1889
    33b *Pelobates syriacus balcanicus* KARAMAN 1928
  Gattung *Pelodytes* Schlammtaucher
    34 *Pelodytes caucasicus* BOULENGER 1896, Kaukasischer Schlamm-taucher
    35 *Pelodytes punctatus* (DAUDIN 1802), Westlicher Schlamm-taucher

Familie *Bufonidae* Kröten
  Gattung *Bufo* Echte Kröten
    36 *Bufo bufo* (LINNAEUS 1758), Erdkröte

36a *Bufo bufo bufo* (LINNAEUS 1758)
36b *Bufo bufo gredosicola* L.MÜLLER u. HELLMICH 1935
36c *Bufo bufo spinosus* DAUDIN 1803
36d *Bufo bufo verucosissimus* (PALLAS 1814)
37 *Bufo calamita* LAURENTI 1768, Kreuzkröte
38 *Bufo viridis* LAURENTI 1768, Wechselkröte
Familie *Hylidae* Laubfrösche
  Gattung *Hyla* Laubfrösche
39 *Hyla arborea* (LINNAEUS 1758), Europäischer Laubfrosch
39a *Hyla arborea arborea* (LINNAEUS 1758)
39b *Hyla arborea sarda* (DE BETTA 1857)
40 *Hyla meridionalis* BOETTGER 1874, Mittelmeer-Laubfrosch
41 *Hyla savignyi* AUDOIN 1827, Kleinasiatischer Laubfrosch
Familie *Ranidae* Echte Frösche
  Gattung *Rana* Echte Frösche

  Braunfrosch-Gruppe

42 *Rana arvalis* NILSSON 1842, Moorfrosch
42a *Rana arvalis arvalis* NILSSON 1842
42b *Rana arvalis wolterstorffi* FEJÉRVÁRY 1919
43 *Rana dalmatina* BONAPARTE 1840, Springfrosch
44 *Rana graeca* BOULENGER 1891, Griechischer Frosch
45 *Rana iberica* BOULENGER 1879, Spanischer Frosch
46 *Rana latastei* BOULENGER 1879, Italienischer Springfrosch
47 *Rana macrocnemis* BOULENGER 1885, Kleinasiatischer Frosch
47a *Rana macrocnemis macrocnemis* BOULENGER 1885
47b *Rana macrocnemis camerani* BOULENGER 1886
48 *Rana temporaria* LINNAEUS 1758, Grasfrosch
48a *Rana temporaria temporaria* LINNAEUS 1758
48b *Rana temporaria canigonensis* BOUBÉE 1833
48c *Rana temporaria honnorati* HÉRON-ROYER 1881
48d *Rana temporaria parvipalmata* SEOANE 1885
▽ 49 *Rana spec.*, Gassers Frosch (siehe DUBOIS 1982)

  Wasserfrosch-Gruppe

50 *Rana kl. esculenta* LINNAEUS 1758, Teichfrosch
51 *Rana lessonae* CAMERANO 1882, Kleiner Wasserfrosch
52 *Rana perezi* SEOANE 1885, Iberischer Wasserfrosch
▽ 53 *Rana spec.*, Grafs Hybridfrosch (siehe GRAF, KARCH und
      MOREILLON 1977, DUBOIS 1982)
54 *Rana ridibunda* PALLAS 1771, Seefrosch
55 *Rana spec.*, Italienischer Wasserfrosch (siehe UZZELL und
      HOTZ 1979)
56 *Rana kl.*, Italienischer Hybridfrosch (siehe UZZELL
      und HOTZ 1979)
57 *Rana spec.*, Balkanwasserfrosch (siehe GÜNTHER 1982 u. a.)
● 58 *Rana catesbeiana* SHAW 1802, Nordamerikanischer Ochsen-
      frosch
Klasse *Reptilia* Kriechtiere
  Ordnung *Testudines* Schildkröten
    Familie *Cheloniidae* Meeresschildkröten
      Gattung *Caretta* Unechte Karetten

Familie   *Agamidae* Agamen
  Gattung   *Stellio* Wirtelschwanz-Agamen
      78   *Stellio caucasius* (EICHWALD 1831), Kaukasus-Agame
      79   *Stellio stellio* (LINNAEUS 1758), Hardun
  Gattung   *Agama* Agamen
      80   *Agama sanguinolenta* (PALLAS 1814), Steppenagame
      81   *Agama ruderata* OLIVIER 1804, Ruinenagame
  Gattung   *Phrynocephalus* Krötenköpfe
      82   *Phrynocephalus guttatus* (GMELIN 1789), Gefleckter Kröten-
            kopf
      83   *Phrynocephalus helioscopus* (PALLAS 1771), Sonnengucker
      83a *Phrynocephalus helioscopus helioscopus* (PALLAS 1771)
      83b *Phrynocephalus helioscopus persicus* DE Filippi 1862
      84   *Phrynocephalus mystaceus* (PALLAS 1776), Bärtiger Krötenkopf
Familie   *Chamaeleonidae* Chamäleons
  Gattung   *Chamaeleo* Chamäleons
      85   *Chamaeleo chamaeleon* (LINNAEUS 1758), Europäisches Chamä-
            leon
      85a *Chamaeleo chamaeleon chamaeleon* (LINNAEUS 1758)
Familie   *Anguidae* Schleichen
  Gattung   *Anguis* Blindschleichen
      86   *Anguis fragilis* LINNAEUS 1758, Blindschleiche
      86a *Anguis fragilis fragilis* LINNAEUS 1758
      86b *Anguis fragilis colchicus* (NORDMANN 1840)
      86c *Anguis fragilis peloponnesiacus* ŠTĚPÀNEK 1937
  Gattung   *Ophisaurus* Panzerschleichen
      87   *Ophisaurus apodus* (PALLAS 1775), Scheltopusik
      87a *Ophisaurus apodus apodus* (PALLAS 1775)
      87b *Ophisaurus apodus thracius* OBST 1978
Familie   *Lacertidae* Echte Eidechsen
  Gattung   *Acanthodactylus* Fransenfinger-Eidechsen
      88   *Acanthodactylus erythrurus* (SCHINZ 1838), Europäischer Fran-
            senfinger
      88a *Acanthodactylus erythrurus erythrurus* (SCHINZ 1838)
  Gattung   *Algyroides* Kieleidechsen
      89   *Algyroides fitzingeri* (WIEGMANN 1834), Zwerg-Kieleidechse
   ▽ 90   *Algyroides hidalgoi* BOSCÁ 1916
      91   *Algyroides marchi* VALVERDE 1958, Spanische Kieleidechse
      92   *Algyroides moreoticus* BIBRON u. BORY 1833, Peloponnesische
            Kieleidechse
      93   *Algyroides nigropunctatus* (DUMÉRIL u. BIBRON 1839), Pracht-
            Kieleidechse
  Gattung   *Eremias* Wüstenrenner
      94   *Eremias arguta* (PALLAS 1773), Steppenrenner
      94a *Eremias arguta deserti* (GMELIN 1789)
      94b *Eremias arguta transcaucasica* DAREWSKIJ 1953
      95   *Eremias pleskei* BEDRIAGA 1907
      96   *Eremias strauchi* KESSLER 1878, Strauchs Wüstenrenner
      96a *Eremias strauchi strauchi* KESSLER 1878
      97   *Eremias velox* (PALLAS 1773), Schneller Wüstenrenner
      97a *Eremias velox caucasia* LANTZ 1928
  Gattung   *Lacerta* Halsband-Eidechsen

Smaragdeidechsen-Gruppe

98 Lacerta agilis LINNAEUS 1758, Zauneidechse
98a *Lacerta agilis agilis* LINNAEUS 1758
98b *Lacerta agilis argus* LAURENTI 1768·
98c *Lacerta agilis boemica* SUCHOV 1929
98d *Lacerta agilis bosnica* SCHREIBER 1912
98e *Lacerta agilis brevicaudata* PETERS 1958
98f *Lacerta agilis chersonensis* ANDRZEJOWSKI 1832
98g *Lacerta agilis exigua* EICHWALD 1831
98h *Lacerta agilis grusinica* PETERS 1960
98i *Lacerta agilis ioriensis* PETERS u. MUSKHELISCHWILI 1968
99 Lacerta schreiberi BEDRIAGA 1878, Iberische Smaragdeidechse
100 Lacerta strigata EICHWALD 1831, Streifensmaragdeidechse
101 Lacerta trilineata BEDRIAGA 1886, Riesensmaragdeidechse
101a *Lacerta trilineata trilineata* BEDRIAGA 1886
101b *Lacerta trilineata citrovittata* WERNER 1938
101c *Lacerta trilineata dobrogica* FUHN u. MERTENS 1959
101d *Lacerta trilineata hansschweizeri* L.MÜLLER 1935
101e *Lacerta trilineata major* BOULENGER 1887
101f *Lacerta trilineata media* LANTZ u. CYRÉN 1920
101g *Lacerta trilineata polylepidota* WETTSTEIN 1952
102 Lacerta viridis (LAURENTI 1768), Smaragdeidechse
102a *Lacerta viridis viridis* (LAURENTI 1768)
102b *Lacerta viridis bilineata* DAUDIN 1862
102c *Lacerta viridis chloronota* RAFINESQUE 1810
102d *Lacerta viridis fejervaryi* VASVARY 1926
102e *Lacerta viridis meridionalis* CYRÉN 1933

Felseneidechsen-Gruppe

103 Lacerta saxicola EVERSMANN 1834, Felseneidechse
103a *Lacerta saxicola saxicola* EVERSMANN 1834
103b *Lacerta saxicola brauneri* MÉHELY 1909
103c *Lacerta saxicola darevskii* SZCZERBAK 1962
103d *Lacerta saxicola lindholmi* LANTZ u. CYRÉN 1939
103e *Lacerta saxicola szczerbaki* LUKINA 1963
104 Lacerta caucasica MEHELY 1909, Kaukasus-Gebirgseidechse
104a *Lacerta caucasica caucasica* MÉHELY 1909
104b *Lacerta caucasica alpina* DAREWSKIJ 1967
104c *Lacerta caucasica daghestanica* DAREWSKIJ 1967
105 Lacerta chlorogaster BOULENGER 1908, Grünbauch-Eidechse
▽ *106 Lacerta clarkorum* DAREWSKIJ u. VEDMEDERJA 1977, Clarks Felseneidechse
107 Lacerta mixta MEHELY 1909, Adsharische Eidechse
108 Lacerta parvula LANTZ u. CYRÉN 1936, Rotbauch-Eidechse
108a *Lacerta parvula adjarica* DAREWSKIJ u. EISELT 1982
109 Lacerta portschinskii KESSLER 1878, Kuriner Eidechse
109a *Lacerta portschinskii portschinskii* KESSLER 1878
109b *Lacerta portschinskii nigrita* BARKADSE 1976
110 Lacerta raddei BOETTGER 1892, Aserbaidshanische Eidechse
110a *Lacerta raddei raddei* BOETTGER 1892
110b *Lacerta raddei defilippi* (CAMERANO 1877)
110c *Lacerta raddei nairensis* DAREWSKIJ 1967

111 *Lacerta rudis* BEDRIAGA 1886, Grusinische Eidechse
111a *Lacerta rudis rudis* BEDRIAGA 1886
111b *Lacerta rudis bischoffi* BÖHME u. BUDAK 1977
111c *Lacerta rudis macromaculata* DAREWSKIJ 1967
111d *Lacerta rudis obscura* LANTZ u. CYRÉN 1936
111e *Lacerta rudis svanetica* DAREWSKIJ u. EISELT 1982
▽ 112 *Lacerta valentini* BOETTGER 1892, Valentins Felseneidechse
113 *Lacerta "armeniaca"* MÉHELY 1909, Armenische Eidechse
114 *Lacerta "dahli"* DAREWSKIJ 1957 Dahls Felseidechse
115 *Lacerta "rostombekovi"* DAREWSKIJ 1957, Rostombekovs Felseneidechse
116 *Lacerta "unisexualis"* DAREWSKIJ 1966, Weißbauch-Felseneidechse
▽ 117 *Lacerta "uzzelli"* DAREWSKIJ u. DANIELYAN 1977, Uzzells
Felseneidechse

Weitere Halsband-Eidechsen

118 *Lacerta bedriagae* CAMERANO 1885, Tyrrhenische Gebirgseidechse
118a *Lacerta bedriagae bedriagae* CAMERANO 1885
118b *Lacerta bedriagae ferrerae* STEMMLER 1962
118c *Lacerta bedriagae paessleri* MERTENS 1927
118d *Lacerta bedriagae sardoa* PERACCA 1903
▽ 119 *Lacerta brandti* DE FILIPPI 1865, Persische Eidechse
120 *Lacerta danfordi* (GÜNTHER 1876), Anatolische Eidechse
120a *Lacerta danfordi danfordi* (GÜNTHER 1876)
120b *Lacerta danfordi anatolica* WERNER 1902
120c *Lacerta danfordi oertzeni* WERNER 1904
120d *Lacerta danfordi pelasgiana* MERTENS 1959
120e *Lacerta danfordi pentanisiensis* WETTSTEIN 1964
121 *Lacerta derjugini* NIKOLSKIJ 1898, Artwiner Eidechse
121a *Lacerta derjugini derjugini* NIKOLSKIJ 1898
121b *Lacerta derjugini abchasica* BISCHOFF 1982
121c *Lacerta derjugini barani* BISCHOFF 1982
121d *Lacerta derjugini boehmei* BISCHOFF 1982
121e *Lacerta derjugini orlowae* BISCHOFF 1984
121f *Lacerta derjugini silvatica* BARTENEF u. REZNIKOVA 1931
122 *Lacerta graeca* BEDRIAGA 1881, Griechische Spitzkopfeidechse
123 *Lacerta horvathi* MÉHELY 1904, Kroatische Gebirgseidechse
124 *Lacerta lepida* DAUDIN 1802, Perleidechse
124a *Lacerta lepida lepida* DAUDIN 1802
124b *Lacerta lepida nevadensis* BUCHHOLZ 1963
125 *Lacerta monticola* BOULENGER 1905, Iberische Gebirgseidechse
125a *Lacerta monticola monticola* BOULENGER 1905
125b *Lacerta monticola bonnali* LANTZ 1927
125c *Lacerta monticola cantabrica* MERTENS 1929
125d *Lacerta monticola cyreni* L.MÜLLER u. HELLMICH
126 *Lacerta mosorensis* KOLOMBATOVIČ 1886, Mosor-Gebirgs-
eidechse
127 *Lacerta oxycephala* DUMERIL u. BIBRON 1839, Dalmatinische
Spitzkopfeidechse
128 *Lacerta parva* BOULENGER 1887, Zwergeidechse

129 *Lacerta praticola* EVERSMANN 1834, Kaukasische Wieseneidechse
129a *Lacerta praticola praticola* EVERSMANN 1834
129b *Lacerta praticola pontica* LANTZ u. CYRÉN 1919
130 *Lacerta vivipara* JACQUIN 1787, Waldeidechse
Gattung *Ophisops* Schlangenaugen-Eidechsen
131 *Ophisops elegans* MÉNÉTRIÉS 1832, Europäische Schlangenaugen-Eidechse
131a *Ophisops elegans elegans* MÉNÉTRIÉS 1832
131b *Ophisops elegans ehrenbergi* (WIEGMANN 1835)
Gattung *Podarcis* Mauereidechsen
132 *Podarcis bocagei* (SEOANE 1884), Bocages Mauereidechse
132a *Podarcis bocagei bocagei* (SEOANE 1884)
132b *Podarcis bocagei carbonelli* PEREZ MELLADO 1981
▽ 133 *Podarcis dugesii* (MILNE-EDWARDS 1829), Madeira-Mauereidechse
134 *Podarcis erhardi* (BEDRIAGA 1882), Kykladen-Mauereidechse
134a *Podarcis erhardi erhardi* (BEDRIAGA 1882)
134b *Podarcis erhardi riveti* CHABANAUD 1919
135 *Podarcis filfolensis* (BEDRIAGA 1876), Malta-Mauereidechse
135a *Podarcis filfolensis filfolensis* (BEDRIAGA 1876)
135b *Podarcis filfolensis generalensis* (GULIA 1914)
135c *Podarcis filfolensis kieselbachi* (FEJÉRVÁRY 1924)
135d *Podarcis filfolensis laurentiimuelleri* (FEJÉRVÁRY 1924)
135e *Podarcis filfolensis maltensis* MERTENS 1921
136 *Podarcis hispanica* (STEINDACHNER 1870), Spanische Mauereidechse
136a *Podarcis hispanica hispanica* (STEINDACHNER 1870)
136b *Podarcis hispanica atrata* (BOSCA 1916)
136c *Podarcis hispanica vaucheri* (BOULENGER 1905)
137 *Podarcis lilfordi* (GÜNTHER 1874), Balearen-Eidechse
137a *Podarcis lilfordi lilfordi* (GÜNTHER 1874)
137b *Podarcis lilfordi gigliolii* (BEDRIAGA 1879)
137c *Podarcis lilfordi rodriquezi* (L. MÜLLER 1927)
138 *Podarcis melisellensis* (BRAUN 1877), Adriatische Mauereidechse
138a *Podarcis melisellensis melisellensis* (BRAUN 1877)
138b *Podarcis melisellensis fiumana* (WERNER 1891)
139 *Podarcis milensis* (BEDRIAGA 1882), Milos-Mauereidechse
139a *Podarcis milensis milensis* (BEDRIAGA 1882)
139b *Podarcis milensis gerakuniae* (L. MÜLLER 1938)
139c *Podarcis milensis schweizeri* (MERTENS 1934)
140 *Podarcis muralis* (LAURENTI 1768), Mauereidechse
140a *Podarcis muralis muralis* (LAURENTI 1768)
140b *Podarcis muralis brueggemanni* (BEDRIAGA 1879)
140c *Podarcis muralis nigriventris* BONAPARTE 1836
140d *Podarcis muralis paulinii* (TADDEI 1953)
141 *Podarcis peloponnesiaca* (BIBRON u. BORY 1839), Peloponnesische Eidechse
● 142 *Podarcis perspicillata* (DUMÉRIL u. BIBRON 1839), Brilleneidechse
143 *Podarcis pityusensis* (BOSCA 1883), Pityusen-Eidechse

143a *Podarcis pityusensis pityusensis* (Boscá 1883)
143b *Podarcis pityusensis formenterae* (Eisentraut 1928)
143c *Podarcis pityusensis maluquerorum* (Mertens 1921)
144 *Podarcis sicula* (Rafinesque 1810), Ruineneidechse
144a *Podarcis sicula sicula* (Rafinesque 1810)
144b *Podarcis sicula campestris* de Betta 1857
145 *Podarcis taurica* (Pallas 1814), Taurische Eidechse
145a *Podarcis taurica taurica* (Pallas 1814)
145b *Podarcis taurica gaigeae* (Werner 1930)
145c *Podarcis taurica ionica* (Lehrs 1902)
145d *Podarcis taurica thasopulae* (Kattinger 1942)
146 *Podarcis tiliguerta* (Gmelin 1789), Tyrrhenische Mauer-
     eidechse
146a *Podarcis tiliguerta tiliguerta* (Gmelin 1789)
146b *Podarcis tiliguerta toro* (Mertens 1932)
147 *Podarcis wagleriana* Gistel 1868, Sizilianische Mauer-
     eidechse
147a *Podarcis wagleriana wagleriana* Gistel 1868
147b *Podarcis wagleriana antoninoi* (Mertens 1955)
147c *Podarcis wagleriana marettimensis* (Klemmer 1955)
Gattung *Psammodromus* Sandläufer
148 *Psammodromus algirus* (Linnaeus 1758), Algerischer Sand-
     läufer
149 *Psammodromus hispanicus* Fitzinger 1826, Spanischer Sand-
     läufer
149a *Psammodromus hispanicus hispanicus* Fitzinger 1826
149b *Psammodromus hispanicus edwardsianus* (Dugès 1829)
Familie *Scincidae* Glattechsen
Gattung *Ablepharus* Natternaugen-Skinke
▽ 150 *Ablepharus bivittatus* (Ménétriés 1832), Gestreiftes Nattern-
     auge
151 *Ablepharus kitaibeli* (Bibron u. Bory 1833), Johannisechse
151a *Ablepharus kitaibeli kitaibeli* (Bibron u. Bory 1833)
151b *Ablepharus kitaibeli chernovi* Darewskij 1953
151c *Ablepharus kitaibeli fabichi* Štěpànek 1938
151d *Ablepharus kitaibeli fitzingeri* Mertens 1952
151e *Ablepharus kitaibeli stepaneki* Fuhn 1970
Gattung *Chalcides* Walzenskinke
152 *Chalcides bedriagai* (Bosca 1880), Iberischer Walzenskink
153 *Chalcides chalcides* (Linnaeus 1758), Erzschleiche
153a *Chalcides chalcides chalcides* (Linnaeus 1758)
153b *Chalcides chalcides striatus* (Cuvier 1829)
154 *Chalcides ocellatus* (Forskal 1775), Gefleckter Walzenskink
154a *Chalcides ocellatus ocellatus* (Forskal 1775)
154b *Chalcides ocellatus tiligugu* (Gmelin 1789)
Gattung *Eumeces* Tüpfelskinke
155 *Eumeces schneideri* (Daudin 1802), Tüpfelskink
155a *Eumeces schneideri princeps* (Eichwald 1839)
Gattung *Mabuya* Mabuyen
156 *Mabuya aurata* (Linnaeus 1758), Goldmabuye
156a *Mabuya aurata septemtaeniata* (Reuss 1834)
Gattung *Ophiomorus* Schlangenskinke

180 *Elaphe scalaris* (SCHINZ 1822), Treppennatter
181 *Elaphe situla* (LINNAEUS 1758), Leopardnatter
Gattung *Malpolon* Eidechsennattern
182 *Malpolon monspessulanus* (HERMANN 1804), Eidechsennatter
182a *Malpolon monspessulanus monspessulanus* (HERMANN 1804)
182b *Malpolon monspessulanus insignitus* (GEOFFROY 1827)
Gattung *Macroprotodon* Kapuzennattern
183 *Macroprotodon cucullatus* (GEOFFROY 1827), Kapuzennatter
Gattung *Telescopus* Katzennattern
184 *Telescopus fallax* (FLEISCHMANN 1831), Europäische Katzennatter
184a *Telescopus fallax fallax* (FLEISCHMANN 1831)
184b *Telescopus fallax iberus* (EICHWALD 1831)
184c *Telescopus fallax multisquamatus* WETTSTEIN 1952
184d *Telescopus fallax pallidus* ŠTĚPÁNEK 1944
Gattung *Rhynchocalamus* Schwarzkopfnattern
185 *Rhynchocalamus melanocephalus* (JAN 1862), Schwarzkopfnatter
185a *Rhynchocalamus melanocephalus satunini* NIKOLSKIJ 1899
Gattung *Natrix* Schwimmnattern
186 *Natrix maura* (LINNAEUS 1758), Vipern-Natter
187 *Natrix natrix* (LINNAEUS 1758), Ringelnatter
187a *Natrix natrix natrix* (LINNAEUS 1758)
187b *Natrix natrix astreptophora* (SEOANE 1884), Iberische Ringelnatter
187c *Natrix natrix helvetica* (LACÉPÈDE 1789), Barren-Ringelnatter
187d *Natrix natrix persa* (PALLAS 1814), Streifen-Ringelnatter
187e *Natrix natrix schweizeri* L.MÜLLER 1932, Milos-Ringelnatter
187f *Natrix natrix scutata* (PALLAS 1771), Russische Ringelnatter
188 *Natrix tessellata* (LAURENTI 1768), Würfelnatter
Familie *Viperidae* Ottern
Gattung *Daboia* Orientalische Ottern
189 *Daboia lebetina* (LINNAEUS 1758), Levanteotter
189a *Daboia lebetina obtusa* (DWIGUBSKIJ 1832), Gjursa
189b *Daboia lebetina schweizeri* (WERNER 1935), Milosotter
190 *Daboia raddei* (BOETTGER 1890), Raddes Otter
191 *Daboia xanthina* GRAY 1849, Bergotter
Gattung *Vipera* Eurasische Ottern

Kreuzottern-Gruppe

192 *Vipera berus* (LINNAEUS 1758), Kreuzotter
192a *Vipera berus berus* (LINNAEUS 1758)
192b *Vipera berus bosniensis* BOETTGER 1889, Balkan-Kreuzotter
193 *Vipera kaznakovi* NIKOLSKIJ 1909, Kaukasusotter
194 *Vipera seoanei* LATASTE 1879, Iberische Kreuzotter
195 *Vipera ursinii* (BONAPARTE 1833), Wiesenotter
195a *Vipera ursinii ursinii* (BONAPARTE 1833), Italienische Wiesenotter
195b *Vipera ursinii ebneri* KNOEPFFLER u. SOCHUREK 1955, Persische Wiesenotter
195c *Vipera ursinii eriwanensis* T.REUSS 1933, Armenische Wiesenotter
195d *Vipera ursinii macrops* MEHELY 1911, Karstotter

195e *Vipera ursinii rakosiensis* MEHELY 1984, Donau-Wiesenotter

195f *Vipera ursinii renardi* (CHRISTOPH 1861), Steppenotter

195g *Vipera ursinii wettsteini* KNOEPFFLER u. SOCHUREK 1955, Französische Wiesenotter

Hornottern-Gruppe

196 *Vipera ammodytes* (LINNAEUS 1758), Europäische Hornotter

196a *Vipera ammodytes ammodytes* (LINNAEUS 1758)

196b *Vipera ammodytes gregorwallneri* SOCHUREK 1974, Kärntner Hornotter

196c *Vipera ammodytes meridionalis* BOULENGER 1903, Balkan-Hornotter

196d *Vipera ammodytes montandoni* BOULENGER 1904

196e *Vipera ammodytes ruffoi* BRUNO 1968, Tiroler Hornotter

196f *Vipera ammodytes transcaucasiana* BOULENGER 1913, Kaukasus-Hornotter

197 *Vipera aspis* (LINNAEUS 1758), Aspisviper

197a *Vipera aspis aspis* (LINNAEUS 1758), Aspisviper oder Viper

197b *Vipera aspis atra* MEISNER 1820, Alpenviper

197c *Vipera aspis franciscfiredi* LAURENTI 1768, Redi-Viper

197d *Vipera aspis hugyi* SCHINZ 1833, Italienische Viper

197e *Vipera aspis zinnikeri* KRAMER 1958, Gascogne-Viper

198 *Vipera latasti* BOSCÁ 1878, Stülpnasenotter

Familie *Crotalidae* Grubenottern

Gattung *Gloydius* Halysottern

199 *Gloydius halys* (PALLAS 1776), Halysotter

199a *Gloydius halys caraganus* (EICHWALD 1831), Schitomordnik

199b *Gloydius halys caucasicus* NIKOLSKIJ 1916, Kaukasus-Halysotter

Klasse *Amphibia*
Lurche

Die Lurche (Amphibien) sind Wirbeltiere mit nackter, wenig verhornter und sehr drüsenreicher Haut. Zahlreiche becherförmig eingesenkte Schleimdrüsen sorgen für eine mehr oder weniger starke Anfeuchtung der Körperoberfläche, während Körnerdrüsen Eiweißstoffe absondern, die oft giftig wirken. Die Amphibien besitzen ursprünglich zwei Paar Extremitäten, die über Skelettelemente mit der Wirbelsäule fest verbunden sind. Die Atmung erfolgt meist durch einfache Lungen, in größerem Umfang aber auch über die Schleimhäute der Mundhöhle und Kehle sowie über die feuchte Außenhaut. Da die Lurche im allgemeinen nur über einen geringen Austrocknungsschutz verfügen, sind sie auf dem Land in der Regel in feuchten Biotopen zu finden. Nur wenigen Arten gelang es, ausgesprochene Trockengebiete zu besiedeln.

Die Fortpflanzung der Amphibien ist primär an Gewässer gebunden, die zur Paarung aufgesucht werden und in denen die Entwicklung ihrer Eier und Larven abläuft. In ursprünglicher Form schlüpfen aus den Eiern wasserlebende Larven, die durch Kiemen atmen, beinlos sind und einen Ruderschwanz besitzen. Im Zuge einer tiefgreifenden Umwandlung *(Metamorphose)* entstehen die Geschlechtstiere. Bei zahlreichen Arten innerhalb verschiedener Familien und Gattungen ist jedoch die Fortpflanzung teilweise oder vollständig von Gewässern unabhängig geworden, so daß in manchen Fällen sogar überhaupt kein freies Larvenstadium mehr auftritt. Die Metamorphose kann auch unterbleiben oder unvollständig ablaufen, so daß die wasserlebenden Larvenformen geschlechtsreif werden *(Neotenie)*.

Die wechselwarmen *(poikilothermen)* Amphibien sind in der Regel an kühleren Örtlichkeiten anzutreffen und meiden eine zu starke Erhitzung. Ihre Vorzugstemperaturen liegen im allgemeinen deutlich niedriger als diejenigen der Reptilien. In gemäßigten und subtropischen Klimazonen halten sie in frostfreien Unterschlupfen eine mehr oder weniger lange Winterruhe.

In der Stammesgeschichte treten die ersten Amphibien im Erdaltertum im Oberen Devon (vor ca. 350 Mill. Jahren) auf. Sie entwickelten sich aus urtümlichen Fischen, die den noch heute in einer Art lebenden Quastenflossern nahestanden. Ihre größte Entfaltung erreichten sie im Perm und in der Trias (vor ca. 280 bis 180 Mill. Jahren). Rezent existieren nur noch 3, sehr unterschiedliche Ordnungen: Blindwühlen oder Schleichenlurche (*Gymnophiona*, etwa 160 Arten), Schwanzlurche (*Caudata*, etwa 300 Arten) und Froschlurche (*Anura*, etwa 3000 Arten). Die Phylogenie ist unsicher oder noch völlig unklar.

In Europa und dem Kaukasusgebiet fehlen die nur in den Tropen vorkommenden Blindwühlen.

Ordnung *Caudata*
Schwanzlurche

Schwanzlurche sind vierfüßige, gestreckte Amphibien mit langem Schwanz. Ihre Gestalt erinnert an Eidechsen, jedoch verrät die weiche, schuppenlose Haut, die sich kühl und oft feucht anfaßt, den Lurch.

Die populären Namen „Salamander" werden meist für terrestrisch lebende, „Molche" für aquatisch lebende Arten verwendet. Die Anwendung dieser Begriffe erfolgt aber nicht überall konsequent. Die stammesgeschichtliche Herkunft der Schwanzlurche scheint sich tief im Erdaltertum (Devon) von den ältesten Lurchahnen abzuleiten. Bereits in der Mitte des Erdmittelalters, dem Jura, sind Schwanzlurche bekannt, die den heutigen Formen sehr ähneln. Im Tertiär war die Ausbildung der heute bekannten Schwanzlurch-Familien bereits abgeschlossen.

Der Kopf der Schwanzlurche ist meist flachgedrückt und rundlich, die bei einigen Arten hervortretenden großen Augen machen sie froschähnlich. Viele terrestrisch lebende Arten besitzen zudem beidseitig am Kopf gut entwickelte Ohrdrüsen-Wülste, die denen der Kröten gleichen. Andere, besonders aquatisch lebende, haben flache, länglich hechtähnliche Köpfe. Ober- und Unterkiefer sowie der Gaumen tragen kleine Zähne, deren Anordnung familiencharakteristisch ist. Die Zunge ist meist fleischig dick und sehr unterschiedlich entwickelt, wird aber niemals wie bei den Echsen zum Züngeln verwendet. Einige Arten haben jedoch Schleuderzungen ähnlich dem Chamäleon. Der Rumpf, besonders der terrestrisch lebenden Arten, ist äußerlich mehr oder weniger deutlich durch Rippenfurchen segmentiert. Die vorderen Gliedmaßen tragen 3 bis 4 Finger, die hinteren Gliedmaßen 2 bis 5 Zehen.

Schwanzlurche brauchen viel Feuchtigkeit, weshalb sie nur ausnahmsweise in trocken-warmen Biotopen angetroffen werden. Sie lieben mehr schattigfeuchte Lebensräume (Waldtäler, Höhlen) oder Gewässer. Etliche Arten leben zeitweilig (zur Fortpflanzungszeit) oder dauernd im Wasser. Diese Arten können Schwimmhäute bzw. Hautsäume an den Zehen tragen. Ebenso besitzen die Männchen dieser Arten während der Paarungsperiode mehr oder weniger gut entwickelte Hautkämme auf dem Rücken, während bei beiden Geschlechtern der Schwanz ventral und dorsal durch einen Flossensaum auffällig verbreitert ist. Die Fortpflanzung erfolgt entweder durch das Absetzen weichhäutiger Eier oder von Larven mit Außenkiemen ins Wasser. Diese Larven wandeln sich zum fertigen Molch um. Im Unterschied zu den Anuren-

Larven erscheinen bei Caudaten-Larven stets die vorderen Gliedmaßen zuerst. Als Ausnahme werden von etlichen Arten auch voll ausgebildete Molche geboren. Die Schwanzlurche werden in 8 Familien gegliedert. Die Vertreter in unserem Gebiet verteilen sich auf 4 Familien mit 10 Gattungen. Charakteristisch für die europäische Herpetofauna ist die Familie *Salamandridae,* zu der allein 19 der 23 Arten europäischer Schwanzlurche gehören.

Überblick der Familien

Hynobiidae – Winkelzahnmolche (S. 70)
Proteidae – Olme (S. 72)
Salamandridae – Salamander und Molche (S. 74)
Plethodontidae – Lungenlose Salamander (S. 111)

Bestimmungsschlüssel
für die in Europa vertretenen Schwanzlurchfamilien

1 Gestalt eidechsenartig, Körper pigmentiert, oft stark farbig. Vordergliedmaßen mit 4 Fingern, Hintergliedmaßen mit 4 oder 5 Zehen. Erwachsene Tiere ohne Außenkiemen, nur Larven mit Kiemen (bis etwa 5 cm Länge). Am Lande oder im Wasser lebend   2

1' Gestalt aalartig langgestreckt, pigmentlos weißlich, Vorder- und Hintergliedmaßen mit höchstens 3 Fingern bzw. Zehen. Erwachsene Tiere stets mit blaßroten Außenkiemenbüscheln. Nur in Höhlengewässern im italienisch-jugoslawischen Karstbereich   *Proteidae* (S. 72)

2 Vorder- und Hintergliedmaßen nur mit jeweils 4 Fingern bzw. Zehen   3

2' Vordergliedmaßen mit 4 Fingern, Hintergliedmaßen mit 5 Zehen   4

3 Haut glatt, glänzend, mit breitem hellbraunen Längsstreifen über Rücken und Schwanz. Nur im Ural-Vorland
Hynobiidae, Gattung *Salamandrella* (S. 71)

3' Haut rauhwarzig und stumpf-samtartig, einfarbig schwarz oder dunkelbraun. Nur helle Querbinde auf der Kopfoberseite. Unterseite des Schwanzes und der Gliedmaßen rot. Nur in Nord- und Mittelitalien
Salamandridae, Gattung *Salamandrina* (S. 91)

4 Landsalamander, Schwanz stets rundlich, Finger und Zehen mit Spannhäuten versehen, Endglieder der Finger und Zehen auffällig gestutzt. Nur im südfranzösischen – nordostitalienischen Mittelmeerraum und auf Sardinien
Plethodontidae, Gattung *Hydromantes* (S. 111)

4' Landsalamander oder Wassermolche, erstere stets mit rundem Schwanz, Finger und Zehen weitgehend frei, ohne Spannhäute. Länge der freien Finger- und Zehenglieder unterschiedlich, schmal auslaufend. Wassermolche oft mit Schwimmhäuten an bzw. zwischen den Zehen und Hautkämmen auf dem Rücken (Männchen), Schwanz ruderförmig abgeflacht
Salamandridae, Gattungen *Chioglossa* (S. 75), *Euproctus* (S. 77), *Mertensiella* (S. 81), *Pleurodeles* (S. 84), *Salamandra* (S. 86), *Triturus* (S. 92)

Familie *Hynobiidae* Winkelzahnmolche

Winkelzahnmolche sind eine stammesgeschichtlich alte, sehr ursprüngliche, kleine Familie der Schwanzlurche. Sie sind in Ostasien (Japan und China) verbreitet, nur eine Gattung (mit einer Art) erreicht westlich das äußerste Osteuropa. Es sind typische Salamander mit segmentiertem Rumpf, rundlichem Kopf (mit Froschaugen und Ohrdrüsenwülsten) sowie relativ kurzem, seitlich mehr oder weniger zusammengedrücktem Schwanz. Ihre Gliedmaßen sind normal entwickelt. Namengebend für die Familie ist die Anordnung der Gaumenzähne in einer W-förmigen Reihe.

Winkelzahnmolche leben amphibisch an oder in Fließgewässern, wobei manche Arten an sehr kalte Gebirgsbäche angepaßt sind. Sie sind vorwiegend nachtaktiv. Ihre Fortpflanzungsbiologie weicht von der aller anderen europäischen Schwanzlurche stark ab (äußere Befruchtung des Laichs).

Gattung *Salamandrella*
Sibirische Winkelzahnmolche

Einzige Art (von einigen Spezialisten zur Gattung *Hynobius* gestellt):

1 *Salamandrella kayserlingi*
Sibirischer Winkelzahnmolch

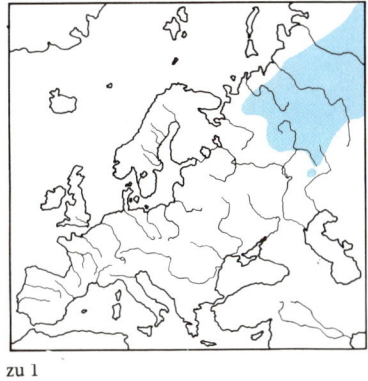

zu 1

Kennzeichen: Die Körperlänge dieser Salamander beträgt 8 bis 9 cm (Rekordmaße über 13 cm). Rundlicher Kopf mit knopfartig vorspringenden Froschaugen und deutlichen Ohrdrüsen. Der Rumpf ist äußerlich durch 12 bis 15 Einschnürungen zwischen den Vorder- und Hinterbeinen segmentiert. Der relativ kurze Schwanz ist an der Basis fast rund, dann seitlich zusammengedrückt, aber nicht zweischneidig. Die normal entwickelten Gliedmaßen tragen vorn und hinten jeweils nur 4 Finger bzw. Zehen. Vom Kopf an zieht sich über den Rücken bis zur Schwanzspitze ein breites hellbraunes Dorsal-

band, das an den Flanken dunkel gesäumt wird. Über der Wirbelsäule kann ein feiner, durchbrochener Aalstrich auftreten. Verwechslung mit anderen Salamandern ist im Verbreitungsgebiet ausgeschlossen. Vierzehigkeit findet sich nur noch beim (völlig anders aussehenden) Brillensalamander (12) in Italien. Ein braunes Rückenband tritt bei fünfzehigen Salamandern nur noch beim sehr langschwänzigen Goldstreifen-Salamander (3) (Portugal) und dem Kaukasus-Salamander (7) auf.

Vorkommen: In Europa nur an zwei Fundpunkten im Uralvorland, jenseits des Urals bis nach Kamtschatka, zu den Kurilen und bis Sachalin, südlich bis in den Norden der Mongolei und Chinas (Mandschurei). In der Nähe von Fließgewässern, auf Überschwemmungswiesen der Flüsse, an Bachrän-

1 *Salamandrella kayserlingi*

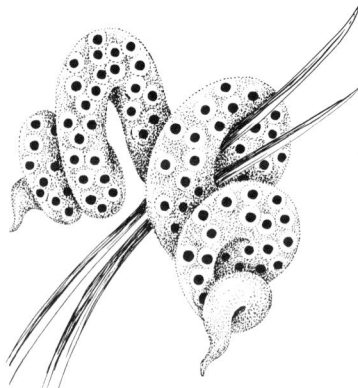

Gelege von *Salamandrella kayserlingi* (1)

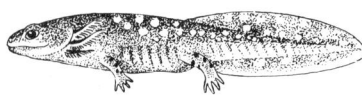

Larve von *Salamandrella kayserlingi* (1)

dern. Am Tage meist unter feuchten Steinen, Baumstubben, im Wurzelgeflecht von Grasbülten u. ä. verborgen, nachts im seichten freien Wasser (Pfützen, Tümpel, Gräben, Bäche) langsam laufend oder schwimmend aktiv. Die Wohngewässer sind häufig sehr kalt (Schmelzwassertümpel auf Dauerfrostböden der Taiga und Tundra). Siedelt als einzige Lurchart selbst im Gebiet des ostsibirischen „Kältepols" der Erde.

Lebensweise: Als Nahrung dienen Flohkrebse, Würmer, verschiedene Wasserinsekten und deren Larven. Die Vermehrung erfolgt im April/Mai durch Ablage eines gallertigen Eiersackes von ca. 15 cm Länge und 2 cm Stärke, der an Steinen o. ä. im Wasser angeheftet wird. Der Eiersack enthält ca. 30 bis 60 Eier. Das Männchen befruchtet anschließend durch Ausscheiden von Samen das Eipaket (äußere Besamung als ursprünglicher Modus). Bei Temperaturen von 4 bis 18 °C dauert es 2 bis 4 Wochen bis zum Schlupf der Larven,

die sich nach 4 bis 8 Wochen verwandeln, Länge der Jungsalamander: 30 bis 40 mm.

Die Überwinterung erfolgt in Schlupflöchern auf dem Lande, bis zu 50 m vom Wohngewässer entfernt.

Als Feinde treten die Ringelnatter und verschiedene Sumpf- und Wasservögel auf.

Besonderes: Aufgrund des riesigen Artareals ist *Salamandrella* nicht existenzbedroht. Die inselartigen Populationen auf europäischem Boden verdienen aber strengen Schutz, um die westlichsten Vorkommen der Art zu erhalten.

Familie *Proteide*
Olme

Kleine Familie mit 5 Arten gänzlich aquatisch lebender Schwarzlurche. Der einzige europäische Vertreter, der Grottenolm, unterscheidet sich unverwechselbar von allen anderen in Frage kommenden Schwanzlurchen: Er ist eine albinotische Dauerlarve. Zudem ist seine Verbreitung streng auf die Karsthöhlen der östlichen Adria-Küste beschränkt. Olme fallen durch ihren aalartig langgestreckten Körper und die zeitlebens vorhandenen großen Außenkiemen auf. Sie sind erblich gefestigte Dauerlarvenformen, die sich weder freiwillig noch durch Hormongaben oder Wasserentzug in fertige Molche verwandeln. Sie werden als Larven geschlechtsreif *(Neotenie)*. Die Gattung *Proteus* mit einer Art ist ein tertiäres Relikt in der europäischen Herpetofauna.

Gattung *Proteus*
Europäische Olme

Einzige Art:
2 *Proteus anguinus*
Grottenolm
Kennzeichen: Natur-Albino, meist uniform weißlich-fleischfarben bis hellgrau oder schmutzig-gelblich, mit kräftig durchbluteten (roten) Kiemenbüscheln. Die Körperlänge beträgt 20 bis 25 cm,

Rekordmaße liegen bei 30 cm. Die rudimentären Augen sind von der Kopfhaut überwachsen. Die schwächlichen Beine tragen vorn drei, hinten nur zwei Zehen. Jungtiere zeigen oft „wolkenartig" verwaschene dunklere Flecken. Eine Verwechslung ist nur mit *ausgesetzten* albinotischen Axolotln (*Ambystoma mexicanum*) denkbar. Diese sind aber nur über den Sommer im Freiland lebensfähig. Sie sind viel gedrungener und haben funktionsfähige Augen.

Vorkommen: Adriatische Küste von NO-Italien über Istrien südlich bis Montenegro. Sie bewohnen lichtlose Höhlengewässer und deren Austrittsbereiche. Ansiedlungsversuche in mitteleuropäischen Höhlen (z. B. im Harz) scheiterten meist an den zu niedrigen Temperaturen dieser Höhlen, die keine ausreichende Nahrungsbasis und keine Fortpflanzungschancen bieten.

Lebensweise: Grottenolme bevorzugen mehr oder weniger konstante Temperaturen zwischen 6 und 10°C, vertragen nach langsamer Gewöhnung aber auch höhere Temperaturen (15 bis 18°C). Grottenolme sind als natürliche Kümmerform zu betrachten. Bei höheren Temperaturen nehmen sie nicht nur mehr Nahrung auf, sondern zeigen auch ein erhöhtes Regenerationsvermögen (z. B. Ausbildung von 5 Zehen). Ihre Nahrung besteht aus Gliederfüßern (besonders Flohkrebsen) und Würmern. Bemerkenswert sind ihr geringer Nahrungsbedarf und die Hungerleistungen in Gefangenschaft. Die Fortpflanzung erfolgt entweder durch Eier (bis zu 70 pro Saison) oder durch das Absetzen von nur zwei völlig entwickelten Jungtieren. Die Beziehungen zwischen Fortpflanzungsform und Umgebungstemperatur sowie anderen Fakto-

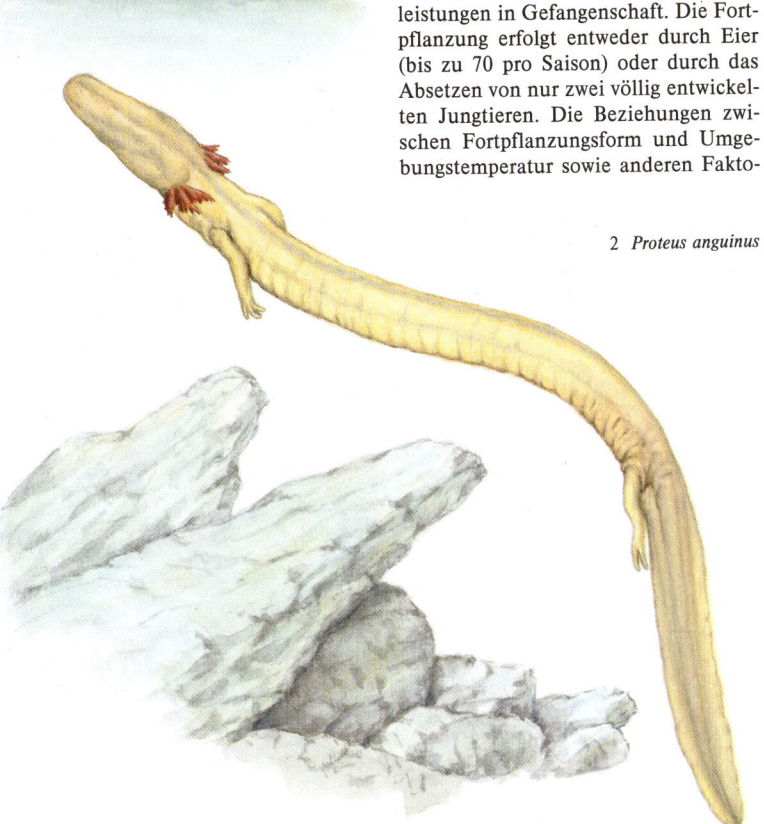

2 *Proteus anguinus*

zu 2

ren sind noch nicht ausreichend erforscht. Die Eier der Grottenolme sind mit 12 mm Durchmesser weit größer als die aller anderen europäischen Amphibien. Lebendgeborene Jungolme messen 100 bis 120 mm. Feinde besitzen die Olme in den Höhlengewässern nicht, während ausgespülte Exemplare als Albinos bevorzugte Beute von Raubfischen, fischenden Vögeln und Reptilien werden.

Olme können in Höhlen, die für Touristen geöffnet sind, sowie (selten) in austretenden Höhlengewässern, besonders nach Hochwässern durch Wolkenbrüche, Schneeschmelze u. a. beobachtet werden. In den finsteren Höhlen reagieren die Olme auf Lichteinfall meist mit blitzschnellem Abtauchen und Einwühlen in den Bodenschlick des Gewässers. Erst allmählich gewöhnen sie sich an die Beleuchtung und schwimmen dann frei.

Besonderes: Hinsichtlich Totallänge, Kiemengröße und -gestalt, Färbung sowie der Ausprägung des Flossensaumes am Schwanz variieren die Grottenolme der einzelnen Höhlen beträchtlich und werden deshalb mitunter als geographische Unterarten aufgefaßt. Der Schutz der Höhlengewässer (gegen wasserwirtschaftliche Nutzung, Verunreinigung durch Abwässer und Schadstoffe) ist die Grundlage für die Sicherung ihrer Existenz. Grottenolme sind in Jugoslawien wie Italien streng geschützt.

Familie *Salamandridae*
Salamander und Molche

Dieser Familie werden die meisten europäischen Schwanzlurche zugeordnet. Sie hat in Europa die größte Artenvielfalt. Mit wenigen Arten kommt sie auch in Nordafrika, Asien und Nordamerika vor. Die europäischen Arten gehören zwei ökologischen Gruppen an: die terrestrisch lebenden Landsalamander (bekanntester Vertreter der Feuersalamander) und die Wassermolche, die zumindest während der Fortpflanzungsperiode völlig aquatisch leben. Die meisten Arten bevorzugen stehende Gewässer, nur wenige haben schnellfließende Bäche als Lebensraum. Äußerlich gekennzeichnet sind die Landsalamander durch ihren äußerlich mehr oder weniger deutlich segmentierten Rumpf, den meist runden Schwanz ohne obere und untere Schneiden sowie den oft durch „Froschaugen" und Ohrdrüsen-Wülste gekennzeichneten Kopf. Die Zehen sind stets frei und nicht durch Spannhäute oder Hautsäume verbunden. Die Wassermolche haben mehr oder weniger glatte Rumpfseiten, einen durch deutliche Hautsäume schwertschneidenartig geformten Schwanz und meist kleinere, nur wenig oder gar nicht aufgewölbte Augen. Die Männchen einiger Arten besitzen während der Paarungszeit größere Hautkämme auf dem Rücken und Hautsäume bzw. Schwimmhäute an den Zehen der hinteren Gliedmaßen. Bis auf einige Salamander-Gattungen, die Larven oder gar fertige Jungtiere gebären, vermehren sich die Salamandriden durch Eier. Die daraus schlüpfenden Larven durchlaufen eine Metamorphose zum geschlechtsreifen Vollmolch. Geschlechtsreife im Larvenstadium *(Neotenie)* kommt nur in individuellen Ausnahmefällen vor.

Bestimmungsschlüssel der Gattungen

Die Gattung *Salamandrina* wurde bereits im Familienschlüssel erfaßt und ausgesondert.

Der vorliegende Schlüssel geht überwiegend von dem Habitat und somit von der Biologie der Tiere aus. Die Bestimmungsergebnisse müssen mit den Abbildungen und Beschreibungen verglichen werden, da nicht auszuschließen ist, daß Tiere in ungewöhnlichen Habitaten gefunden werden.

1 An Land, unter Steinen, Baumstubben u. ä.   2
1' Im Wasser   7
2 Mit rundlichem Schwanz und glatter, glänzender Haut   3
2' Mit abgeflachtem, zweischneidigem Schwanz und rauher, körnig-warziger oder trocken-samtiger Haut   4
3 Mit kräftigem Körper und gut entwickelten Lauffüßen, normal langem Schwanz und deutlichen Ohrdrüsen   5
3' Graziler, sehr schlanker (wurmförmiger) Körper mit schwach entwickelten Gliedmaßen, Schwanz doppelt so lang wie Rumpf, Ohrdrüsen minimal entwickelt oder fehlend, nur im Westen der Iberischen Halbinsel   *Chioglossa* (S. 75)
4 Kräftiger Körper, an den Flanken eine Reihe spitzer Höcker an den Rippenenden, nur Iberische Halbinsel südlich der Pyrenäen
                               Pleurodeles (S. 84)
4' Körper graziler, keine Höcker an den Rippenenden   6
5 Kräftige Landsalamander mit bedächtiger Bewegungsweise, Lebensraum mitunter weit von Fließgewässern entfernt. Einfarbig lackschwarz oder schwarzbraun oder mit gelber Zeichnung   *Salamandra* (S. 86)
5' Graziler Landsalamander, Proportionen eher eidechsenartig schlank, ebenso flinke Bewegungsweise. Lebensraum ähnlich 5, aber auch in feuchten Wäldern oder in sehr trockenen Biotopen. Männchen mit auffälligem Sporn über der Schwanzwurzel. Nur im Kaukasus, der Türkei und auf einigen ägäischen Inseln   *Mertensiella* (S. 81)
6 Unter Steinen, Grasbülten, Wurzeln u. ä. in der Nähe stehender Gewäs-

ser, die jedoch auch völlig ausgetrocknet sein können. Bewegung der Tiere unbeholfen, können oft kaum schwimmen, wenn sie ins Wasser gebracht werden, zumindest kaum tauchen. Die trockene Haut läßt Wasser abperlen. Kopf der Tiere rundlich
                                Triturus (S. 92)
6' Fundplatz wie oben, aber in unmittelbarer Nähe von Gebirgsbächen oder kalten stehenden Gebirgswässern, flüchten unbeholfen zum Wasser hin, wo sie geschickt schwimmen und wegtauchen. Kopf der Tiere abgeflacht und etwas kantig, Vorkommen nur in den Pyrenäen, auf Korsika und Sardinien
                                Euproctus (S. 77)
7 Bevorzugt in stehenden oder sehr träge fließenden Gewässern, mitunter auch in kleinsten Wasseransammlungen wie Pfützen und Wagenspuren, aber auch in Zisternen, Brunnenschächten mit tiefem Wasser   8
7' In Fließgewässern des Gebirges, nur in den Pyrenäen, auf Korsika und Sardinien   *Euproctus* (S. 77)
8 Nur auf der Iberischen Halbinsel. Kräftiger Molch mit auffälligen dornigen Warzen an den Rumpfseiten, wo die Rippen enden
                                Pleurodeles (S. 84)
8' Überall (auch auf der Iberischen Halbinsel neben 8). Wassermolche mit auffälligem Geschlechtsunterschied: Männchen mit Rückenkämmen oder Schwanzend-Fäden oder auffälligen Schwimmhäuten der Zehen bzw. mehreren dieser Merkmale, Weibchen schlichter und ohne solche Hautanhänge   *Triturus* (S.92)

Gattung *Chioglossa*
Goldstreifen-Salamander

Einzige Art:
3 *Chioglossa lusitanica*
Goldstreifen-Salamander
Kennzeichen: Kleiner, auffällig schlanker und langschwänziger Salamander. Gesamtlänge 12 bis 15 cm, davon ent-

fallen ⅗ bis ⅔ auf den Schwanz. Der runde, dünne Rumpf ist durch 10 bis 11 schwach ausgeprägte Einschnürungen segmentiert. Der längliche Kopf zeigt deutliche Ohrdrüsen und große Froschaugen. Der Schwanz ist auf seiner ganzen Länge nahezu rund, er kann wie bei Eidechsen abgeworfen werden (Autotomie). Die Gliedmaßen sind normal entwickelt, aber sehr klein. Über den Rücken zieht sich von den Ohrdrüsen an ein goldgelbes bis rötliches Streifenpaar, das von einem deutlichen dunklen Aalstrich getrennt wird. An der Schwanzwurzel verschmelzen die Streifen als Band bis zur Schwanzspitze.

Eine Verwechslung mit anderen Salamandern ist im Verbreitungsgebiet nahezu ausgeschlossen. Der wesentlich größere und viel massigere Feuersalamander (10) besitzt scharf gerandete hellgelbe Flecken auf lackschwarzem Grund.

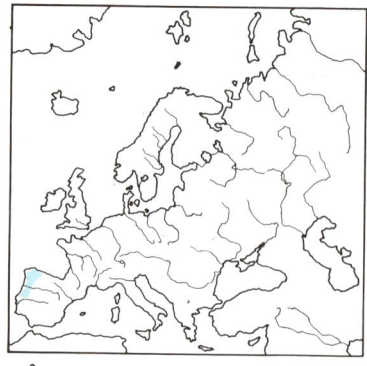

zu 3

3 *Chioglossa lusitanica*

Vorkommen: Nur im Nordwesten der Iberischen Halbinsel als Bachrand-Salamander in Gebirgen mit Laubwäldern (600 bis 900 m, mitunter bis in 1 300 m Höhe). Nachts und bei schlechtem Wetter aktiv, am Tage versteckt unter Steinen, Baumstubben und Pflanzenwurzeln, an Bächen, gern in der Spritzwasserzone kalter Gebirgsbäche.

Lebensweise: Flieht eidechsenhaft gewandt (wie nur noch der Kaukasus-Salamander), auch ins Wasser und schwimmt dort geschickt, aalartig schlängelnd. Er ernährt sich vorwiegend von rasch beweglichen Beutetieren (Insekten, Spinnen), die mit der Zunge wie beim Höhlensalamander (22) „geschossen" werden. Während der Paarung trägt das Männchen das Weibchen auf dem Rücken. Dabei hält es die Partnerin mit den Vordergliedmaßen fest. Die Männchen bilden dazu Brunstschwielen an der Innenseite der Oberarme aus. Die Eiablage erfolgt im Wasser, die Larven leben in Kolken der Bäche, wo sie häufig auch überwintern. Bei der Metamorphose messen die Larven 40 bis 45 mm. Viele Details der Larvenbiologie sind noch unbekannt. Im Hochsommer leben die Goldstreifensalamander verborgen in tieferen, stets feuchten Verstecken und erscheinen wochenlang nicht im Freien. In solchen Verstecken erfolgt auch die kurzfristige Überwinterung im Dezember und Januar.

Larve von *Chioglossa lusitanica* (3)

Besonderes: Die endemische Art ist besonders durch Umweltveränderungen (Abholzung der Wälder, Verschmutzung der Laichgewässer) in ihrem kleinen Artareal stark existenzbedroht und braucht wirksamen Schutz ihrer Lebensräume.

Gattung *Euproctus*
Gebirgsmolche

Mittelgroße Bachsalamander, die teils an Echte Salamander, teils an Wassermolche oder den Rippenmolch (9) erinnern. Sie sind sehr rauhäutig (körnige Warzenstruktur). Der Schwanz ist ruderförmig zusammengedrückt. Der Kopf und z. T. auch der Rumpf sind abgeflacht, das kommt ihrer Gewohnheit entgegen, sich unter Steinen am Grund der Gewässer oder auf dem Lande zu verstecken. Der Kopf wirkt durch die

ten, die auf Gebirgsbäche u. ä. Habitate der Pyrenäen, Korsikas und Sardiniens beschränkt sind.

Schlüssel der Arten

1 Ohne Ohrdrüsen; Männchen mit leichter Verbreiterung der Unterschenkel, die jedoch nicht in einen Sporn ausgezogen ist. Nur in den Pyrenäen   4 *E. asper*
1' Mit schwach entwickelten Ohrdrüsen; Männchen mit Verbreiterung der Unterschenkel, die in einen Sporn ausgezogen ist   2
2 auf Korsika   5 *E. montanus*
2' auf Sardinien   6 *E. platycephalus*

4   *Euproctus asper*
Pyrenäen-Gebirgsmolch
Kennzeichen: Schlanker Bachsalamander (11 bis 16 cm lang) mit deutlich abgeflachtem Rumpf und Kopf. Der Kopf ist durch seine etwas kantig verlaufenden Konturen, die relativ kleinen, nicht froschartig vorspringenden Augen und das Fehlen von Ohrdrüsenwülsten gekennzeichnet. Am Hals ist der Kopf durch eine deutliche Kehlfalte vom

abgestumpfte Schnauze etwas kantig. Geschlechtsunterschiede sind minimal ausgeprägt: Die Männchen haben leicht verbreiterte Unterschenkel und eine anders geformte Kloake als die Weibchen. Die Gattung umfaßt 3 Ar-

4 *Euproctus asper*

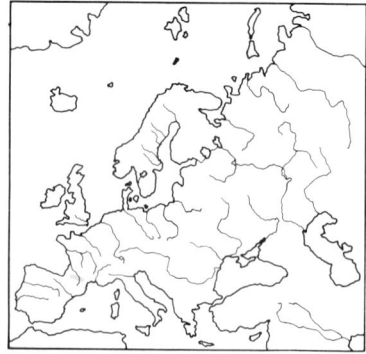

zu 4

ken und glatt. In der Bauchmitte und über die bauchseitige Schwanzschneide verläuft bei den Männchen eine kräftig orangerote, bei den Weibchen mehr gelborange Zone.

Die Geschlechter unterscheiden sich vor allem in der Form der Kloake. Bei den Weibchen ist sie kegelförmig vorspringend und zum Schwanzende gerichtet, während die Männchen eine nahezu gleichmäßig abgerundete Kloakenwulst besitzen. Verwechslungen mit anderen Arten im Lebensraum sind nahezu ausgeschlossen. Die einzige Wassermolchart der Gattung *Triturus,* der Fadenmolch (15), die auch im Areal des Pyrenäen-Gebirgsmolches auftritt, unterscheidet sich durch ihre glatte Haut und den viel breiteren Ruderschwanz mit Endfaden deutlich vom Pyrenäen-Gebirgsmolch.

Vorkommen: Pyrenäen, Höhenlagen von 1 600 bis 2 000 m werden bevorzugt (extreme Funde zwischen 250 m und knapp 3 000 m). Er wählt gern die Ruhigwasserzonen von Gebirgsbächen und Gräben, Gebirgsseen und selbst temporäre Wasseransammlungen, deren Temperaturen zwischen 10 und 15 °C liegen. Aber auch turbulente Bereiche der Bäche werden besiedelt. Häufig wird er unter Steinen in unmittelbarer Wassernähe gefunden.

Lebensweise: Vorwiegend nachtaktiv, flüchtet zum Wasser und sucht am Grunde unter Steinen Schutz. Als Nahrung dienen Wasserinsekten und deren Larven, Bachflohkrebse und Würmer.

Rumpf abgesetzt. Der Schwanz ist etwa so lang wie der Rumpf, an der Wurzel eher rundlich, zum Ende zu jedoch seitlich abgeflacht. Er läuft in eine kurze Spitze aus. Die Haut des Rumpfes ist auffällig rauh. Insbesonders Männchen haben auf Rücken und Kopfoberseite dornige Warzen. Nur Weibchen haben mitunter eine etwas glattere Haut.

Die Grundfarbe der Oberseite variiert von olivbraun bis schwarzbraun. Mitunter sind längsgerichtete gelbe Rückenflecken über der Wirbelsäule und an den Flanken zu finden. Die mittleren Rückenflecken können auch zu einem durchgehenden Längsband mit unregelmäßiger Kontur verschmelzen. Der Rückenstreifen ist bei Jungtieren häufiger und kann im Alter weitgehend verschwinden. Die Bauchseite ist in Flankennähe etwas heller als der Rük-

Paarung von *Euproctus*-Arten im flachen Wasser

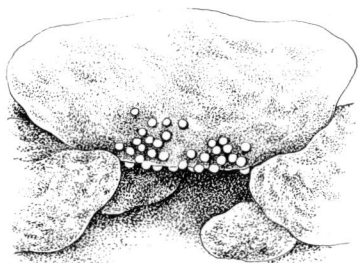

Gelege von Gebirgsmolchen

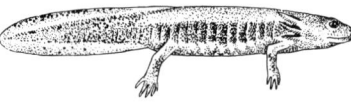

Larve von *Euproctus asper* (4)

Die Paarung findet im Ruhigwasser statt, wobei das Männchen das Weibchen mit dem Schwanz umschlingt. Die Spermatophore wird dabei direkt durch Kloakenkontakt übertragen. Die Vereinigung der Partner kann noch verstärkt werden, indem das Männchen das Weibchen mit den Vorderbeinen festhält. Die großen Eier (bis 5 mm Durchmesser) werden einzeln an Steinen abgesetzt. Die Larven schlüpfen nach 4 bis 5 Wochen mit ca. 13 mm Länge. Sie benötigen bis zur Metamorphose bei 50 bis 60 mm etwa ein Jahr. Damit ist in der Regel eine Larvenüberwinterung in geschützten tiefen Kolken der Bäche eingeschlossen. Mit 3 bis 4 Jahren erreichen die Jungtiere die Geschlechtsreife. Bei Austrocknung der Gewässer sowie im Winter verkriechen sich die Molche tief in Schotterlagen. Sowohl in der Sommerruhe als auch in der Winterstarre werden die Tiere mitunter in zu Knäueln verschlungenen Gesellschaften gefunden.

Gefährlichste Feinde der Pyrenäen-Gebirgsmolche sind die Forellen, die sowohl den Larven als auch den Alttieren nachstellen. Daher kommen die Molche in forellenreichen Gewässern kaum vor. Auch gegen Wasserverschmutzung sind sie empfindlich.

Besonderes: Die Pyrenäen-Gebirgsmolche von bestimmten Teilen des nicht zusammenhängenden Areals unterscheiden sich sowohl in der durchschnittlichen Größe wie in der Färbung etwas, so daß zumindest zwei geographische Unterarten unterschieden werden.

5 *Euproctus montanus*
   Korsischer Gebirgsmolch
Kennzeichen: Kleiner Bachsalamander (8 cm bis 11 cm lang), der gattungstypisch gebaut ist. Der Kopf weist kleine, aber deutliche Ohrdrüsenwülste auf. Eine Kehlfalte fehlt. Die Haut ist körnig, jedoch nicht rauhwarzig wie beim Pyrenäen-Gebirgsmolch (4).
Der Rücken ist einfarbig olivgrün bis braun oder mit einer helleren (gelblichen) Fleckung versehen, die auch zu einer sehr schmalen hellen Linie entlang der Wirbelsäule verschmelzen kann. Die Bauchseite ist einfarbig heller (schmutzigweiß bis hellbraun), nur selten mit weißlichen Flecken durchsetzt. Die Geschlechter unterscheiden sich durch die verbreiterten Unterschenkel der Männchen, die in eine dornartige Spitze auslaufen, sowie durch die im Unterschied zur rundlichen Kloake der Weibchen kegelförmige Kloake der Männchen.
Vorkommen: Endemisch auf Korsika, in Gebirgsbächen, Bergseen oder in deren Nähe. In Höhenlagen von 600 bis

zu 5

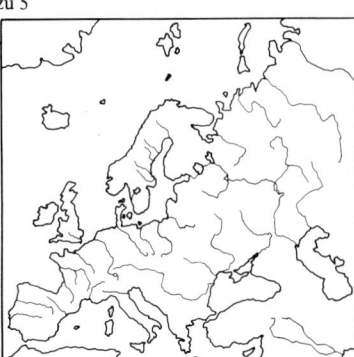

5 *Euproctus montanus* ♂

1500 m ist er am häufigsten, in Ausnahmefällen wird er aber auch im Tiefland oder in Höhenlagen bis 2200 m angetroffen. Er bevorzugt turbulenteres Wasser als der Pyrenäen-Gebirgsmolch (4) (Vorzugstemperatur der Wohngewässer zwischen 10 bis 14 °C).

Lebensweise: Überwiegend nachtaktiv, jagt er nach Wasserinsekten und deren Larven, Kleinkrebsen und Würmern. Den Hochsommer und den Winter verbringen die Korsischen Gebirgsmolche wahrscheinlich immer an Land, wobei sie sich tief im Bachschotter oder unter Baumstubben u. ä. verkriechen. In der Sommer- bzw. Winterruhe werden mitunter zu Knäueln verschlungene Molche angetroffen. Während des Wasserlebens halten sich die Tiere meist am Grunde der Gewässer unter Steinen verborgen. Brünftige Männchen umklammern die Weibchen mit dem Schwanz in der Taille, so daß die Kloa-

ken gegeneinander gepreßt werden. Die Köpfe der Partner weisen dabei in entgegengesetzte Richtungen. Die Larvenentwicklung erfolgt wahrscheinlich ganz ähnlich wie beim Pyrenäen-Gebirgsmolch (4). Auch hinsichtlich der Überwinterung gleichen sich die Arten.

6 *Euproctus platycephalus*
Sardischer Gebirgsmolch
Hechtkopf-Gebirgsmolch

Kennzeichen: Bachsalamander (10 bis 14 cm lang) mit gattungstypischem Körperbau. Der Kopf ist jedoch noch flacher und länglicher als bei den verwandten Arten. Ohrdrüsenwülste sehr gering, Kehlfalte fehlt. Der Rücken ist meist von bräunlicher bis olivgrüner Grundfarbe, auf die eine diffuse Marmorierung verläuft. Häufig treten verwaschene hellere Rückenflecken sowie ein sehr schmaler gelboranger Streifen entlang der Wirbelsäule auf. Die

6 *Euproctus platycephalus* ♂

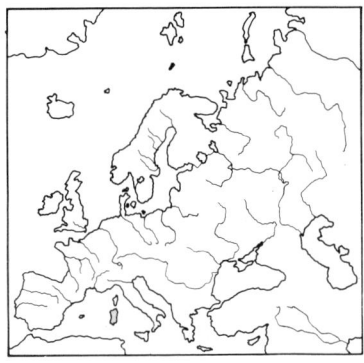

zu 6

Bauchseite ist gelblich, meist mit dunklen Flecken durchsetzt, die sich bis zur Kehle erstrecken. Die Hechtkopf-Gebirgsmolche haben in beiden Geschlechtern eine nach hinten kegelförmig vorgewölbte Kloake. Die Männchen weisen jedoch verbreiterte, in einen Sporn ausgezogene Unterschenkel auf. Außerdem ist die Bauchfleckung der Männchen intensiver.

Vorkommen: Endemisch auf Sardinien. In Gebirgsseen und Bächen ab 150 m Höhe, besonders häufig in 1 500 bis 1 800 m Höhe.

Lebensweise: Die Weibchen legen bis zu 65 Eier, deren Durchmesser etwa 5 mm beträgt. Die Eiablage erfolgt im Wasser. Das Weibchen kriecht dazu unter hohlliegende Steine, legt sich auf den Rücken und heftet mit der trichterförmigen Kloake die Eier einzeln an die Unterseite der Steine. Nach ca. 14 Monaten erfolgt die Metamorphose. Sie schließt eine Überwinterung der Larven im Wasser ein.

Gattung *Mertensiella*
Kleinasiatische Salamander

Typische Landsalamander, die im Habitus an Echte Salamander erinnern, aber viel schlanker als jene sind. Sie laufen eidechsenartig flink. Die Männchen tragen auf der Schwanzwurzel einen großen, aufwärts gerichteten gebogenen Höcker, der als Reizorgan bei der Paarung wirksam wird (Pseudopenis). Brünstige Männchen besitzen außerdem Brunstschwielen an den Oberarmen. Die *Mertensiella*-Arten werfen bei Gefahr den Schwanz ab (Autotomie) und sind in der Lage, ihn zu regenerieren. Die Gattung umfaßt 2 Arten, die beide den Hauptteil ihres Areals in Kleinasien haben und in unserem Gebiet nur an wenigen Punkten vorkommen.

Bestimmungsschlüssel der Arten

1 Grundfarbe dunkel, braun bis schwarzbraun, mit heller gelber, gut umrandeter Fleckenzeichnung, häufig in Längsreihen (wie beim Feuersalamander). Unterseite etwas heller, aber die Schwanzunterseite niemals orangegelb. Nur im südlichen Kaukasusgebiet und der angrenzenden Türkei   7 *M. caucasica*

1' Grundfarbe hell, braun bis sandfarben. Kleine, verwaschene helle gelbe Flecken vorhanden oder fehlend. Unterseite auffällig heller, Schwanzunterseite orangegelb. Nur auf einigen ägäischen Inseln (Karpathos, Saria, Kasos) und in der SW-Türkei.   8 *M. luschani*

7 *Mertensiella caucasica*
Kaukasus-Salamander

Kennzeichen: Schlanker Salamander (bis 18 cm) mit relativ langem, rundem Schwanz. Kopf länglich mit deutlichen Ohrdrüsenwülsten und großen Froschaugen. Die Extremitäten sind normal entwickelt. Der Rumpf ist durch 12 bis 13 Einschnürungen segmentiert. Die Grundfärbung ist dunkelbraun mit 2 meistens getrennten goldgelben bis kupferroten Längsstreifen auf dem Rücken, die auf dem Schwanz zu einem durchlaufenden Längsstreifen zusammentreten. Die Schwanzlänge ist

Larve von *Mertensiella caucasica* (7)

7 *Mertensiella caucasica* ♂

im Unterschied zum kurzschwänzigen Lykischen Salamander (8) stets größer als die Kopf-Rumpf-Länge.

Vorkommen: Küstennahe Gebirge süd-östlich des Schwarzen Meeres, an feuchte Buchenwälder gebunden. Bachrand-Salamander in Mittelgebirgswäldern (am häufigsten um 1000 m, aber von 400 bis 2800 m Höhe möglich) mit Laubwald und reichlichem Staudenwuchs (Farne, Moose). Er lebt gern in der Spritzwasserzone, bisweilen auch an trockenen Stellen (unter Baumstämmen und -stubben).

Lebensweise: Nachts oder bei schlechtem Wetter aktiv. Flieht außerordentlich flink (eidechsenhaft), schwimmt schlängelnd gewandt. Als Beutetiere werden neben Würmern und Schnecken auch sehr bewegliche Kerbtiere ergriffen (auch im Wasser, z. B. Bachflohkrebse). Die Paarung erfolgt im kalten Flachwasser. Das Männchen trägt dabei das Weibchen auf dem Rücken und umklammert mit seinen Oberarmen die

der Partnerin, wie es ganz ähnlich beim Goldstreifen-Salamander (3) zu beobachten ist. Der Schwanzhöcker reizt dabei die Kloake des Weibchens. Schließlich wird der Samenträger abgesetzt und vom Weibchen aufgenommen. Entweder werden Eier an Steinen oder Wasserpflanzen oder Larven von 35 mm Länge im Wasser abgesetzt. Die Larven leben in tieferen Wasserkolken der kaskadenartig verlaufenden kühlen Bäche. Bis zur Metamorphose benötigen sie etwa ein Jahr. Sie sind dann 80 bis 85 mm lang. Die Larven überwintern im milden Seeklima am Grunde der Wasserkolke, die nicht durchfrieren. Die erwachsenen Salamander überwintern an Land in Verstecken, die sie sonst auch bevorzugen.

Besonderes: Als endemische Art mit

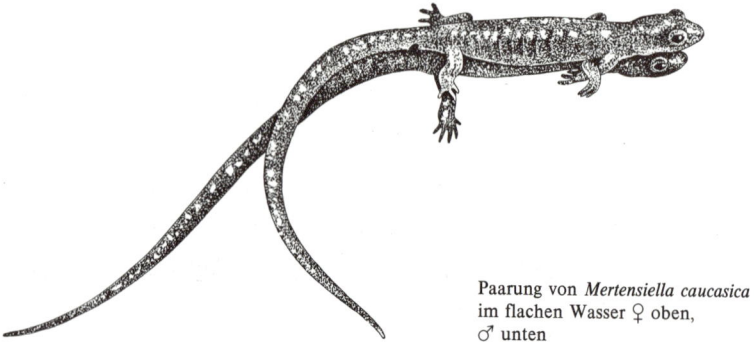

Paarung von *Mertensiella caucasica* im flachen Wasser ♀ oben, ♂ unten

zu 7

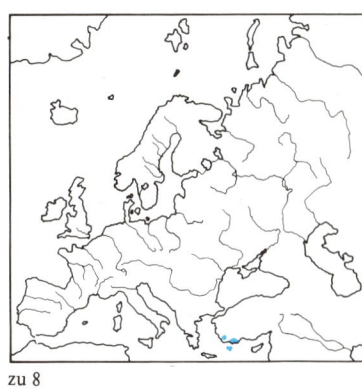

zu 8

kleinem Areal ist ihr Fortbestand insbesondere durch Umwelteinflüsse (forstliche Nutzung der Wälder, Verunreinigung der Laichgewässer) gefährdet. In der UdSSR in das Nationale Rotbuch aufgenommen.

8 *Mertensiella luschani*
Lykischer Salamander
Kennzeichen: Kleiner Landsalamander (durchschnittlich 12 cm, Rekordmaß

Ohrdrüsenwülste und sehr große Froschaugen. Der Rumpf ist durch 11 bis 13 Einschnürungen deutlicher als beim Kaukasus-Salamander (7) segmentiert. Die Haut ist mit sehr kleinen bedornten Warzen bedeckt. Der Schwanz erreicht nur reichliche Kopf-Rumpf-Länge. Die Grundfärbung der Oberseite ist hellbraun, bedeckt mit kleinen hellen Flecken, die Unterseite hingegen ist fleischfarben.

Eine Verwechslung ist im Gebiet höchstens mit dem Feuersalamander (10) denkbar, der aber stets gelbe Flecken

bis 17,5 cm), der bei weitem nicht so schlank wie sein Gattungsvetter ist, jedoch noch nicht den kräftigen Habitus der Echten Salamander erreicht. Der längliche Kopf trägt deutliche, schmale

8 Mertensiella luschani ♂

auf lackschwarzem Grund hat und wesentlich kräftiger ist.

Verbreitung: Fünf Unterarten mit sehr kleinen Arealen leben in der Türkei (Lykien und Südwest-Anatolien), während die sechste **8 a** *M. l. helverseni* auf den griechischen Inseln Karpathos, Saria und Kasos vorkommt. In Macchien und Pinienwäldern, die sehr trocken und warm sein können, oft in der Nähe zeitweilig wasserführender Bäche, meist unter Steinen und Pflanzenwurzeln verborgen, die Substratfeuchte bieten. Die Art scheint Wasser sogar zu meiden.

Lebensweise: Überwiegend nachtaktiv, jagt vorwiegend Kerbtiere. Die Paarung ähnelt der des Kaukasus-Salamanders, findet aber auf dem Lande statt. Als Anpassung an die trockenen Lebensräume werden wenige (2 bis 5?) voll entwickelte Jungsalamander geboren, die sofort die Lebensweise der Alten führen.

Besonderes: Als endemische Art mit sehr eng begrenztem Areal ist der Lykische Salamander außerordentlich schutzbedürftig. Infolge seiner wasserunabhängigen Fortpflanzung und der Anpassung an trockenere Lebensräume ist er nicht so stark von Umweltveränderungen beeinflußt wie andere Salamanderarten.

Gattung *Pleurodeles*
Rippenmolche

Sehr kräftige, große Wassermolche (bis über 30 cm) mit flachem, abgerundetem Kopf und relativ kleinen Augen. Ohrdrüsenwülste fehlen. Der ganze Körper ist mit großkörnigen Warzen gleichmäßig bedeckt. An den Flanken fallen 8 bis 10 große gelbe Warzen auf, in denen sich stachelige Rippenenden befinden (fühlbar!) Der Schwanz erreicht mindestens die Rumpflänge und ist stark abgeplattet sowie mit einem deutlichen Hautsaum versehen, der während der Paarungszeit besonders breit und wellig wird. Die Männchen besitzen kräftige Arme mit brei-

ten, dunklen Brunftschwielen. Sie leben oft zeitlebens aquatisch, doch können sie dürre Sommer auch erfolgreich an Land überdauern. Die Gattung umfaßt 2 Arten, die in Europa (Südhälfte der Iberischen Halbinsel) und in Nordwest-Afrika vorkommen.

9 *Pleurodeles waltl*
Spanischer Rippenmolch

Kennzeichen: Mit 20 bis 30 cm Länge einer der größten Schwanzlurche Europas. Die rauhwarzige Haut der Rückenseite ist von grauer, gelblich-bräunlicher oder olivgrauer Grundfarbe mit verwaschener dunklerer Fleckung. Die Rippenhöcker stehen stets in auffallendem Kontrast zur Grundfarbe. Die Bauchseite zeigt die Rückenfärbung in aufgehellter Form, wodurch die dunkle Fleckung deutlicher wird. Als Geschlechtsunterschiede treten zu den auffälligen Brunstschwielen der Männchen noch deren schlankerer Habitus und die Vergrößerung der Kloake. Der Schwanz der Männchen ist etwas länger als der der Weibchen.

Vorkommen: Auf der Iberischen Halbinsel südlich der Pyrenäen sowie in Nordwest-Afrika (Marokko) in den verschiedensten stehenden und langsam fließenden Gewässern. Nicht selten auch in Bassins und Zisternen, die keinen Ausstieg aus dem Wasser erlauben. Wird aber auch an Land unter Steinen, Baumstubben u. a. angetroffen.

zu 9

♂

♀

Lebensweise: Mit Vorliebe aquatisch, wie alle Wassermolche tag- und nachtaktiv. Brünftige Männchen schleppen die größeren und oft auffällig dickleibigen Weibchen stundenlang auf ihrem Rücken durch das Wasser. Sie halten von unten her die Arme des Weibchens im Klammergriff fest und pressen ihre Kopfoberseite an die Kehle des Weibchens. Solche Paare müssen auch gemeinsam zum Luftschnappen auftauchen. Zur Übernahme der Spermatophore wird das Weibchen einseitig losgelassen, damit die Tiere ihre Kloa-

9 *Pleurodeles waltl*

Paarung von *Pleurodeles waltl* im Wasser
♀ oben, ♂ unten

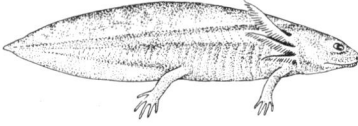

Larve von *Pleurodeles waltl* (9)

ken annähern können. Die beträchtliche Eimenge (150 bis 800 Eier pro Laichsaison) wird einzeln oder in Klümpchen an Wasserpflanzen, Steinen oder im Wasser liegende Holzteile angeheftet. Der Durchmesser der Eier liegt knapp unter 2 mm. Die Inkubationszeit des Laichs beträgt etwa 10 bis 14 Tage. Die Larven verwandeln sich nach 3 bis 4 Monaten bei einer Länge von ca. 7 cm.

Im Unterschied zu den Wassermolchen der Gattung *Triturus* müssen die Spanischen Rippenmolche nach der Metamorphose keinen obligatorischen Landaufenthalt durchmachen, um geschlechtsreif zu werden. Mitunter übersommern aber Rippenmolche an Land, wenn ihre Wohngewässer austrocknen. Den Winter verbringen sie in der Regel nur im Wasser.

Besonderes: Die nahe verwandte, kleinere Art in Algerien ist eventuell nur eine Unterart des Spanischen Rippenmolches. Rippenmolche, die ergriffen werden, können einen leisen Quak-Laut von sich geben.

Gattung *Salamandra*
Eigentliche Salamander

Typische Landsalamander mit deutlich segmentiertem Rumpf, kräftigen Gliedmaßen mit freien Fingern und Zehen und rund-ovalem Schwanz, sehr deutlichen Ohrdrüsenwülsten und großen Froschaugen. Die Schwanzlänge ist stets geringer als die Kopf-Rumpf-Länge. Die vorderen Gliedmaßen tragen 4 Finger, die hinteren 5 Zehen. Die Grundfarbe ist immer schwarz oder schwarzbraun. Nur 2 Arten.

10 *Salamandra salamandra*
Feuersalamander
Kennzeichen: Körperlänge durchschnittlich 20 cm. Rekordmaße bei israelischen Exemplaren bis 31 cm. Stets mit gelber Flecken- oder Streifenzeichnung, als Ausnahmeerscheinung auch Exemplare, bei denen der Anteil der gelben Färbung überwiegt. Ebenso selten Schwärzlinge, die aber im Gegenlicht stets die von schwarzen Pigmentkörpern überlagerten eigentlich gelben Zeichnungsteile „verraten". Dadurch kann eine Verwechslung mit dem schwarzbraunen, kleineren Alpensalamander (11) ausgeschlossen werden. Von dem ebenfalls mit gelben Längs-

a 10a *Salamandra s.
salamandra*
b 10e *S. s. gallaica*
c 10g *S. s. terrestris*
(rote Mutante)
d 10b *S. s. almanzoris*
e 10f *S. s. gigliolii*
f 10d *S. s. fastuosa*
g 10c *S. s. bejarae*

a b c

d e f g

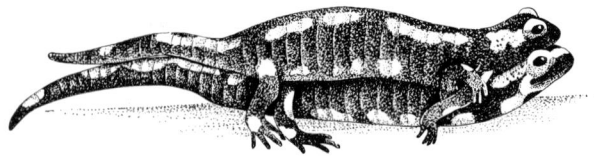

Paarung von *Salamandra salamandra* an Land
♀ oben, ♂ unten

Samenkegel (Spermatophore) von *Salamandra salamandra*. Nur auf der Spitze des Gallertkegels befinden sich Spermien

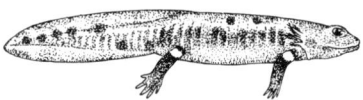

Larve von *Salamandra salamandra* (10)

streifen gezeichneten Goldstreifen-Salamander (3) und dem Kaukasus-Salamander (7) durch den wesentlich plumperen Körperbau, auffallende Kurzschwänzigkeit und die Grundfärbung (niemals braun) sicher zu unterscheiden.

Vorkommen: Europa, außerdem in NW-Afrika und an der NW-Küste Kleinasiens. Isolierte Vorkommen in Persien.

Charaktertier der europäischen Mittelgebirge (in den Alpen bis 800 m), in bewaldeten Tälern mit Wasserläufen. Verschiedene Populationen leben im Süden des Artareals auch in Hochgebirgen bis zu 2 000 m Höhe in waldfreien Gebieten, als Ausnahme auch nahezu aquatisch.

Lebensweise: Vorwiegend nachts und bei Regenwetter auch tagaktiv („Regenmännchen"). Paarungsspiele im April/Mai an Land, wobei die Männchen die Weibchen auf dem Rücken zu tragen versuchen, schließlich erfolgt das Ab-

setzen eines Spermaträgers vom Männchen, der vom Weibchen aufgenommen wird. Im Sommer werden meist Larven, selten Eier, von den Weibchen in saubere, kühle und sauerstoffreiche Fließgewässer abgesetzt. Die graubraunen Larven sind noch ohne die charakteristische Zeichnung der Erwachsenen. Sie bevorzugen den Grund von Vertiefungen im kaskadenartigen Verlauf von Bergbächen (Kolke).

Nahrung der Larven sind Kleinkrebse, Insektenlarven usw., während die Erwachsenen vorwiegend Regenwürmer, Nacktschnecken und langsame Gliedertiere sowie deren Larven verzehren. Die Larven brauchen von 2 Monaten bis zu 2 Jahren (abhängig von Nahrungs- und Temperaturverhältnissen) bis zur Metamorphose und Umfärbung. Geschlechtsreife erreichen die sehr verborgen lebenden Jungsalamander erst nach 2 bis 3 Jahren. Im Herbst sind Massenwanderungen in gemeinsame Winterquartiere (Höhlen, Quell-Löcher, sogar Brunnenröhren, aufgelassene Keller, Bergwerksstollen usw.) häufig zu beobachten. Freßfeinde sind gelegentlich Ringelnatter (187), Igel und verschiedene Vögel. Meistens aber wird der Feuersalamander wegen seines stark reizenden, giftigen Hautsekretes als Beutetier verschmäht. Der deutsche Name beruht auf der abergläubischen Ansicht, daß ins Feuer geworfene Salamander dieses zu löschen vermögen. Infolge Umweltveränderungen (Abholzungen von Wäldern, noch mehr aber durch Abwasserbelastungen der Brutgewässer) ist der Feuersalamander in seiner Existenz stark bedroht. In den meisten Staaten seines Areals wird er streng geschützt.

Besonderes: Wird in seinem großen Areal in etwa 13 z. T. sehr gut, z. T. schwer unterscheidbare Unterarten gegliedert, von denen 10 bis 11 in Europa vorkommen. Besonders reichhaltig an Unterarten ist die spanische Herpetofauna. Den größten, zentralen Teil der Iberischen Halbinsel bewohnt **10c** *S. s. bejarae,* während der Norden (Pyrenäen und Kantabrisches Gebirge) von **10d** *S. s. fastuosa* besiedelt wird. Diese Unterart ist besonders interessant, da sie zumindest in der Population von Oviedo wie der Alpensalamander jeweils zwei voll entwickelte Jungsalamander statt Larven zur Welt bringt. Nordwest-Spanien und Portugal werden von einer weiteren Unterart, **10e** *S. s. gallaica,* besiedelt. Es ist sehr wahrscheinlich, daß sich diese Unterarten noch in weitere Unterarten gliedern las-

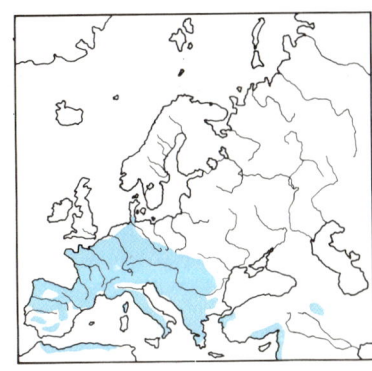

zu 10

sen, wie jüngste Untersuchungsergebnisse ergaben. Die merkwürdigste spanische Unterart ist **10b** *S. s. almanzoris,* der in der Laguna de Gredos in über 2000 m Höhe überwiegend aquatisch lebt. Diese Unterart ist relativ klein und zeigt nur sehr wenige, kleine gelbe Zeichnungselemente. In Mittel- und Süditalien lebt **10f** *S. s. giglioli,* der durch sehr breite gelbe Längsstreifen auffällt. Ebenfalls längsgeordnete Flecken oder durchgehende Streifen hat die

10c Salamandra s. terrestris

Unterart **10g** *S. s. terrestris*, die das westliche Mitteleuropa und Westeuropa besiedelt. Ostgrenze dieser Form ist der Harz und Thüringer Wald. Östlich davon verläuft eine breite Mischzone durch das Gebiet der DDR, bis in der ČSSR und Polen die Nominat-Unterart **10a** *S. s. salamandra* mit ihrer unregelmäßigen Fleckung aus kleinen Flecken auftritt. Sie besiedelt den gesamten osteuropäischen Arealanteil. Auf der Balkanhalbinsel läßt sie sich wahrscheinlich in mehrere weitere Unterarten gliedern.

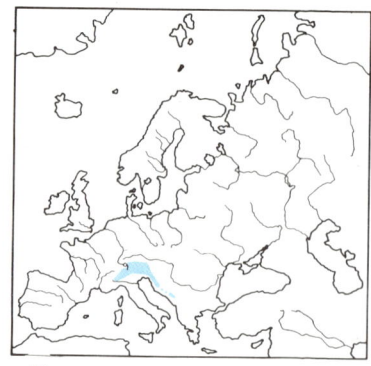

zu 11

11 *Salamandra atra*
Alpensalamander

Kennzeichen: Stets einfarbig braunschwarz bis tiefschwarz ohne jegliche Zeichnungen. Körperbau schlanker, oft „mager" aussehend, dadurch auch nicht mit den selten auftretenden Schwärzlingen des Feuersalamanders (10) zu verwechseln. Nur selten mit ihm gemeinsam vorkommend. Länge ca. 12 cm, maximal 16 cm.

Vorkommen: Von den Alpen bis in die nordwestliche Balkanhalbinsel. Charaktertier der mittleren und höheren Gebirgslagen (von 400 m an selten, häufiger ab 800 m bis 3000 m Höhe). Er ist nicht an Gewässer gebunden, bevorzugt aber feuchte Matten, Krüppelholzbestände, feuchte Schotterfelder und moorige Terrains.

Lebensweise: Nur nächtlich oder bei schlechtem Wetter aktiv („Regenmännlein"). Als Nahrung dienen Regenwürmer, Nacktschnecken und nicht zu schnelle Kerbtiere. Geschickter und schneller im Beuteerwerb als der Feuersalamander. Die Paarungsspiele ähneln denen des Feuersalamanders. Er bringt nach einer Tragzeit von 2 bis 4 Jahren (nach unterschiedlichen Angaben verschiedener Beobachter, die sicher abhängig von Höhenlage und Verbreitungsgebiet sind) 2 bis 4 voll ausgebildete Jungtiere zur Welt, die 40 bis 50 mm messen.

11 *Salamandra atra*

12 *Salamandrina terdigitata*

Gattung *Salamandrina*
Brillensalamander

Einzige Art:
12 *Salamandrina terdigitata*
Brillensalamander
Kennzeichen: Sehr kleiner Landsalamander mit einer Gesamtlänge von 7 bis 11 cm. Der Körper wirkt relativ breit und stark abgeflacht. Auffällig sind die 10 bis 12 erhabenen Rippenwülste, die den Körper deutlich segmentieren. Sehr markant ist die ebenfalls hervortretende Wirbelsäule, wodurch die Brillensalamander „abgemagert" wirken. Die Haut ist durch starke Bedeckung mit körnigen Warzen rauh und nicht wie bei anderen Salamandern glänzend. Der Kopf trägt deutliche Ohrdrüsenwülste und schwach ausgeprägte Froschaugen. Alle Gliedmaßen haben nur 4 freie Finger bzw. Zehen; das ist nur noch beim Sibirischen Winkelzahnmolch (1) zu finden. Der Schwanz macht die reichliche Hälfte der Gesamtlänge aus. An der Basis fast rund, wird er später deutlich seitlich zusammengedrückt. Er ist ebenfalls deutlich segmentiert. Die Färbung der Oberseite ist einfarbig braun bis schwarz, nur über den Kopf läuft zwischen den Augen ein helleres (gelbliches bis rötliches) W-förmiges Abzeichen (Brille). Die Unterseiten der Gliedmaßen und des Schwanzes sind intensiv rot, der Bauch und die Kehle hingegen weißlich bis gelb mit dunkler Fleckenzeichnung.
Vorkommen: Endemisch im westlichen Italien von Ligurien bis Kalabrien. Mittelgebirgsbewohner. Er liebt Täler mit

Freßfeinde ähnlich denen des Feuersalamanders. Er wird aber häufiger als jener erbeutet, da sein Geschmack offensichtlich nicht so unangenehm ist.
Da seine alpinen Lebensräume meist in größere Landschafts- und Naturschutzgebiete eingebunden sind, ist er weniger durch Umweltveränderungen bedroht. Trotz der geringen Reproduktionsrate scheint sein Fortbestand gesicherter zu sein als der des Feuersalamanders.
Besonderes: In den Staaten seines Areals genießt er strengen Schutz.

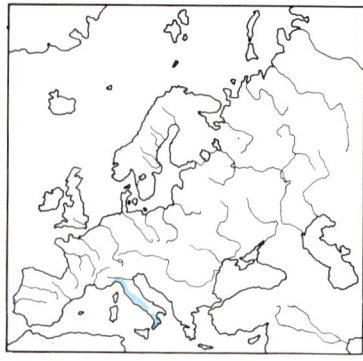

zu 12

starkem Staudenwuchs in der Nähe von kühlen Bächen, wird aber gelegentlich auch in relativ trockenen Verstecken (Legesteinmauern, Baumstubben, Falllaub) gefunden.

Lebensweise: Nachts und bei schlechtem Wetter aktiv. Die Tiere bewegen sich langsam und flüchten kaum, eher stellen sie sich bei Gefahr tot oder zeigen den „Unkenreflex" (regloses Verharren mit nach oben gekrümmtem Schwanz, um dessen leuchtend rote Unterseite zu präsentieren). Die Brillensalamander schwimmen schlecht und können durchaus ertrinken. Ihre körnige Haut läßt Wassertropfen abperlen und feuchtet sich nicht an.

Warnreaktion bei *Salamandrina* („Unkenreflex")

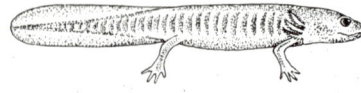

Larve von *Salamandrina terdigitata* (12)

Die Vermehrung wird mit einer Balz an Land eingeleitet, bei der die Tiere sich kreisförmig umlaufen. Das Männchen umschlingt das Weibchen in der Kloakengegend mit dem Schwanz. Die 10 bis 12 zusammenhängenden Eier werden im Flachwasser eines Baches an Steine geheftet. Die Larven verwandeln sich bei 25 bis 30 mm Länge. Als Nahrung dienen vorwiegend Kerbtiere, weniger Würmer. Die kurze Überwinterung (Dezember bis Februar) erfolgt häufig in Massenansammlungen ineinander verschlungener Tiere unter Baumstubben oder Steinen.

Besonderes: Der wissenschaftliche Name *terdigitata* (lat. = dreizehig) ist irreführend, muß aber zufolge der Nomenklaturgesetze beibehalten werden.

Brillensalamander leben innerhalb ihres Areals in oft nur kleinen, voneinander isolierten Populationen, deren Schicksal von der Erhaltung der Gebirgswälder und der Sauberhaltung der Bergbäche abhängt.

Gattung *Triturus* Wassermolche

Kleine bis mittelgroße Schwanzlurche mit 2 jahreszeitlich unterschiedlichen Lebensphasen: die aquatische Phase (Frühling bis Frühsommer), in der die Molche ein perfektes Unterwasserleben führen, und die terrestrische Phase, in der die Molche wie Landsalamander leben. Mit dem Milieuwechsel ist ein tiefgreifender Gestaltwandel verbunden, der die Bestimmung der Arten erschwert. Während der aquatischen Phase ist die drüsenreiche Haut meist glatt und schleimig, während des terrestrischen Lebens kleinkörnig bis samtig, meist trocken, mitunter sogar wasserabweisend.

Der Kopf ist flach und meist ohne erkennbare Ohrdrüsenwülste, die Augen sind nicht froschartig vorspringend. Bei einigen Arten verlaufen von der Schnauzenspitze schwanzwärts Längsfurchen über den Kopf, die Hilfsmittel

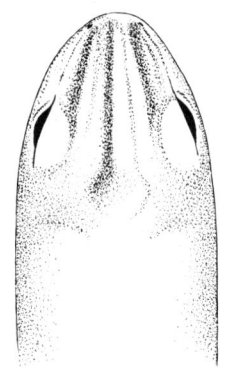

Kopfoberseite eines Wassermolches mit 3 Längsfurchen

zur Bestimmung sein können. Der Rumpf ist nur unauffällig segmentiert. Der Schwanz ist stets seitlich abgeflacht und zweischneidig. Konstant auftretender Geschlechtsunterschied sind bei den Männchen die deutlich verdickten (und meist dunkleren) Kloakenwülste.

Gattungscharakteristisch ist die Ausbildung des Hochzeitskleides der Männchen während der aquatischen Phase. Auf dem Rücken bilden sich Haut-kämme oder Hautleisten, und die Schwanzschneiden verbreitern sich stark. Mitunter treten am Rumpf längsverlaufende Drüsenwülste hervor, wodurch der Rumpfquerschnitt kantig wird. An den Zehen der hinteren Gliedmaßen können sich Schwimmhäute oder -säume entwickeln. Viele Arten besitzen einen Schwanzendfaden. Die aufgeführten männlichen Geschlechtsmerkmale treten bei den einzelnen Arten unterschiedlich kombiniert in Erscheinung. Außerdem unterscheiden sich die Männchen stets durch die größere Farbigkeit des Hochzeitskleides und meist durch geringere Größe von den Weibchen. Infolge der schlichteren und sehr ähnlichen Färbung sind die Weibchen mancher Arten, insbesondere die Angehörigen der Teichmolch-Gruppe, außerordentlich schwierig voneinander zu unterscheiden, vor allem während ihrer terrestrischen Phase.

Die Lebensweise der Arten stimmt weitgehend überein. Auffällig und gut zu beobachten ist die Balz. Mitunter werben mehrere Männchen um ein Weibchen. Dabei versuchen sie, vor dem Weibchen zu posieren, und tragen

Balz von *Triturus vulgaris* im Wasser
Diese Balzform tritt bei allen *Triturus*-Arten ähnlich auf. ♂ oben, ♀ unten

Gelege von Wassermolchen

durch Wedeln mit dem eingeschlagenen Schwanz aus der Kloake austretende Duftstoffe dem Weibchen zu. Reagiert es darauf interessiert, so setzt das Männchen schließlich eine Spermatophore ab. Dieser Samenträger wird dann vom Weibchen mit der Kloake aufgenommen. Ein Körperkontakt, wie er bei der Balz anderer Schwanzlurche zu beobachten ist, findet nicht statt. Die Weibchen legen die klebrigen Eier meist einzeln an Wasserpflanzen ab. Häufig werden dabei die Blätter der Pflanzen taschenförmig zusammengebogen. Fehlen Pflanzen, werden die Eier auch an Steine, Wurzeln u. ä. geheftet. Nach 8 bis 14 Tagen schlüpfen die Larven. Sie tragen Außenkiemen und 4 Gliedmaßen. Die Metamorphose erfolgt in der Regel noch im gleichen Sommer, mitunter bereits nach 4 bis 6 Wochen. Die relativ kleinen Jungmolche (14 bis 40 mm) leben bis zur Geschlechtsreife, die mit 2 bis 5 Jahren eintritt, in der Regel streng terrestrisch. Verhältnismäßig häufig tritt als Ausnahme die unvollkommene Metamorphose auf. Dabei werden die Molche als Larven geschlechtsreif (Neotenie). Prädestiniert für das Auftreten neotenischer Exemplare sind verschiedene Populationen von Arten der Teichmolchgruppe sowie des Bergmolches. Mitunter ist die Neotenie mit teilweisem oder vollständigem Pigmentausfall verbunden, so daß diese Exemplare gelblich (flavistisch) oder weiß (albinotisch) sein können. Die Ursachen für Neotenie und Neigung zum Pigmentausfall sind in Störungen des Hormonhaushaltes der Molche zu suchen, die ihrerseits wieder z. T. durch Umweltfaktoren (Wasserchemie, Wassertemperaturen u. a.) ausgelöst werden können.

Das terrestrische Leben der Molche verläuft wie das typischer Landsalamander. Sie sind während dieser Zeit nachts und bei schlechtem Wetter aktiv, sonst unter Steinen, Baumstubben, Wurzelballen von Gräsern und Stauden, auch im Fallaub u. ä. verborgen und werden nur zufällig gefunden. Häufig befinden sich die Verstecke in nächster Nähe der Laichgewässer. Montane Arten wie Karpatenmolch (17) und Fadenmolch (15) oder Tieflandarten in sommertrockenen Landschaften wie Teichmolch (18) oder Italienischer Molch (16) werden häufig in Verstecken gefunden, in deren Nähe die zum Laichen benutzten Kleinstgewässer (Wagenspuren, Pfützen) völlig ausgetrocknet sind. Terrestrisch lebende Molche fressen Regenwürmer, Insektenlarven, Nacktschnecken, Insekten und Spinnen, während in der Phase ihres Wasserlebens vorzüglich Kleinkrebse („Wasserflöhe"), Regenwürmer, Tubifex u. ä. als Nahrungsbasis dienen. Natürliche Feinde sind Raubfische (Hechte, Barscharten), aber auch Fried-

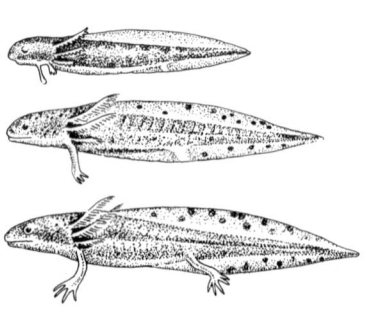

Entwicklung einer Molchlarve *(Triturus)*

fische (in Südeuropa *Gambusia*-Arten) und räuberische Wasserinsekten bzw. deren Larven (Gelbrandkäfer, Libellenlarven), die vor allem den Larven nachstellen. Wassernattern fressen nur gelegentlich Molche. Der Schutz der Kleingewässer vor chemischen Verunreinigungen und vor Austrocknung und die Verhinderung des Aussetzens von Fischbrut in Molchgewässern sind wichtigste Schutzmaßnahmen.

Die Gattung *Triturus* umfaßt 9 Arten, die alle in Europa und unmittelbar angrenzenden vorderasiatischen Gebieten vorkommen. Man unterscheidet meist die nur von einer Art gebildete Bergmolch-Gruppe (13), die Teichmolch-Gruppe mit Spanischem Wassermolch (14), Fadenmolch (15), Italienischem Molch (16), Karpatenmolch (17) und Teichmolch (18) und die Kammolch-Gruppe mit Kammolch (19), Marmormolch (20) und Bandmolch (21).

Bestimmungsschlüssel für
erwachsene Molche (Triturus)
in der Wassertracht

1 Gesamtlänge mindestens 10 bis 12 cm, Maximalgröße bis 18 cm. Rückenfärbung dunkel (schwarz bis dunkel rotbraun oder mit schwarz und grün versetzter Marmorierung), Männchen stets mit hohem gezacktem oder glattem Rückenkamm, niemals mit Schwanzendfäden   2

1' Gesamtlänge höchstens 10 bis 12 cm, meist darunter (5 bis 8 cm). Rückenfärbung hell, oft sandfarben, gelblich bis oliv, mitunter auch grau, nur in einem Falle auch hellblau (Bergmolch-Männchen), niemals tiefschwarz oder schwarzgrün marmoriert. Männchen nur beim Teichmolch mit hohem Kamm, sonst nur niedrige Hautleisten, häufig Schwanzendfäden vorhanden   4

2 Rücken intensiv grün im Wechsel mit schwarz marmoriert, Bauchseite bräunlich bis schwärzlich, niemals rötlich oder kräftig orange. Rückenkamm hoch, wellig, abwechselnd gelb-schwarz senkrecht gebändert. Nur Westeuropa (Frankreich und Iberische Halbinsel)   20 *T. marmoratus*

2' Rücken schwarz oder höchstens dunkelgrau bzw. dunkel rotbraun, niemals grün marmoriert. Rückenkamm hoch, meist stark gezackt, in der Farbe des Rückens oder schwarz und bräunlich senkrecht gebändert. Im ganzen Gebiet außer der Iberischen Halbinsel   3

3 An den Flanken stets in beiden Geschlechtern ein dunkel eingefaßtes, weißes oder hellgraues Flankenband zwischen Vorder- und Hintergliedmaßen, nur im Kaukasus-Gebiet   21 *T. vittatus*

3' Flanken wie der Rücken gefärbt, helles Flankenband fehlt stets, dafür oft zahlreiche kleinste weiße Pünktchen an den Flanken auf dunklem Untergrund. Im Kaukasusgebiet neben *T. vittatus* auftretend.
    19 *T. cristatus*

4 Rücken blau bis grauschwarz oder auch mit olivgrüner Marmorierung auf derartigem Grunde (nur bei Weibchen), Männchen mit niedriger gelb-schwarz gebänderter kontrastreicher Rückenleiste statt Kamm. Bauchseite kräftig orangerot, ungefleckt, nur die Kehlregion mitunter gefleckt.   13 *T. alpestris*

4' Rücken gelb bis bräunlich-oliv, niemals blau. Bauchseite gelblich bis intensiv orangerot, dann aber kräftig gefleckt. Gelbbäuchige Arten auch mit ungefleckter Bauchseite.   5

5 Männchen mit Rückenkamm, der hoch und gezackt sein kann. Wenn er glattrandig verläuft, endet er meist in einem deutlichen Schwanzendfaden. Stets Schwimmsäume an den Zehen der hinteren Gliedmaßen. Rückenfärbung der Männchen oft hellgrau bis gelblich, Weibchen gelbbraun bis oliv. Fehlt auf der Iberischen Halbinsel.
    18 *T. vulgaris*

5' Männchen ohne Rückenkamm, stattdessen höchstens eine niedrige glatte Hautleiste von gleicher Farbe wie der Rücken. Schwanzendfaden und Schwimmsäume an den hinteren Zehen können vorhanden sein oder auch fehlen   **6**

6 Männchen ohne Schwanzendfaden, nur markant abgestumpftes Schwanzende, meist bei beiden Geschlechtern, keine Schwimmsäume an den Zehen. Nur auf der Iberischen Halbinsel   **14** *T. boscai*

6' Männchen stets mit deutlichem Schwanzendfaden, die Weibchen sind schwer zu bestimmen (siehe Artbeschreibung)   **7**

7 Schwanzendfaden dornartig auslaufend, keine Schwimmsäume an den Zehen, kein Kamm oder Rückenleiste, sondern eine Längsfurche über der Wirbelsäule. Nur Mittel- und Süditalien   **16** *T. italicus*

7' Schwanzendfaden deutlich abgesetzt und als Anhängsel geformt   **8**

8 Männchen mit dunklen Schwimmsäumen an den Zehen der hinteren Gliedmaßen, nur in Westeuropa bis zum westlichen Mitteleuropa (bis Thüringer Wald), Iberische Halbinsel   **15** *T. helveticus*

8' Männchen ohne Schwimmsäume an den Zehen, nur im östlichen Europa (Karpaten und deren Ausläufer)   **17** *T. montandoni*

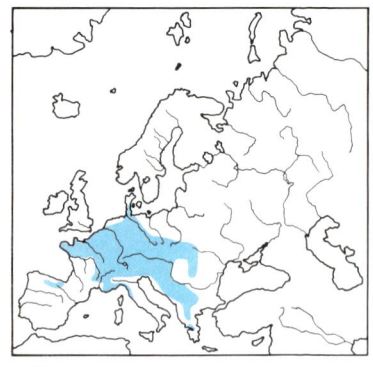

zu 13

Bergmolch-Gruppe

13 *Triturus alpestris*
Bergmolch

Kennzeichen: Bis 11 cm lang, mit auffälligen Geschlechtsunterschieden. Die deutlich kleineren Männchen haben keinen Kamm, sondern eine bis 2 mm hohe gelb-schwarz gebänderte Hautleiste, die in starkem Kontrast zur hellblauen bis blaugrauen oder schwarzblauen, selten olivgrünen Flankenfärbung steht. Bauchwärts sind ihre Flanken durch eine dichte Reihe relativ großer weißer Punkte abgeschlossen. Das deutlich größere Weibchen hat auf

13 a *Triturus a. alpestris*

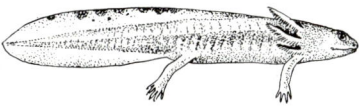

Larve von *Triturus alpestris* (13)

blaugrauem, oft aber ins olivgrüne bis bräunlich-violett tendierendem Grund unregelmäßige dunklere Marmorierung. Die Bauseite ist gelborange bis kräftig orangerot und meist völlig ungefleckt. Bei einigen Unterarten treten jedoch dunkle Flecken in der Kehlregion auf.

Verwechslungen sind bei den Weibchen vor allem mit denen des Karpatenmolches (17) möglich, zumal beide Arten oft gemeinsam vorkommen. Der Kopf des Bergmolches ist aber stets glatt, während der Karpatenmolch 3 Längsfurchen auf der Oberseite des Kopfes besitzt.

Vorkommen: Nominatform **13a** *T. a. alpestris* in Mitteleuropa von Nord- und Ostfrankreich bis in die UdSSR (Moldavien), nördlich bis Süddänemark, **13b**, *T. a. apuanus* südlich bis Norditalien, weitere Unterarten auf dem Balkan bis Mittelgriechenland. Isoliertes Vorkommen in Nordwest-Spanien (Kantabrisches Gebirge). Lebt sowohl im Flachland wie im Gebirge bis 2500 m Höhe in unterschiedlichsten stehenden Kleingewässern, die sowohl sehr kühl als auch warm sein können.

Lebensweise: Gattungstypisch lebender Wassermolch, der bei günstigen Umständen zu ständig aquatischer Lebensweise neigt. Aufgrund seiner großen Anpassungsfähigkeit an verschiedenartige Umweltbedingungen kommt er sowohl mit Tieflandarten wie Teichmolch (18) oder Mittelgebirgsarten wie Fadenmolch (15) und Karpatenmolch (17) vergesellschaftet als auch im subalpinen Bereich allein vor. Neben der Neigung zur gänzlich aquatischen Lebensweise ist die Neotenie relativ häufig zu beobachten. Einige isolierte neotenische Populationen in Jugoslawien wer-

den als eigenständige geographische Unterarten betrachtet, z. B. **13c** *T. a. montenegrinus* vom Bukomirsko-See (Montenegro) in 1400 m Höhe.

Besonderes: Der Bergmolch wird in 9 geographische Unterarten gegliedert, von denen die meisten auf einzelne Gebirgsseen des Balkans beschränkt sind. Einige davon sind durch das Einsetzen von Forellen stark in ihrer Existenz bedroht.
Besonders farbenprächtig ist der Norditalienische Bergmolch **13b** *T. a. apuanus.*

Teichmolch-Gruppe

14 *Triturus boscai*
Spanischer Wassermolch
Kennzeichen: 7 bis 10 cm lang mit gering entwickeltem Unterschied der Geschlechter. Den etwas kleineren Männchen fehlen Kamm und Schwimmsäume an den Zehen. Sie haben aber einen scharf abgesetzten Schwanzenddorn, der nur selten in einen kurzen Faden ausläuft. Die Rückenseite beider Geschlechter ist gelbbraun bis oliv, darauf stehen dunklere, unregelmäßige verwaschene Flecken. An Land zeigen sie oft einen schmalen helleren Dorsalstreifen. Die Bauchseite ist beim Weibchen gelb, beim Männchen orange, an den Seiten zu den dunklen Flanken des Rückens hin durch einen unscharfen weißen Streifen abgesetzt.

zu 14

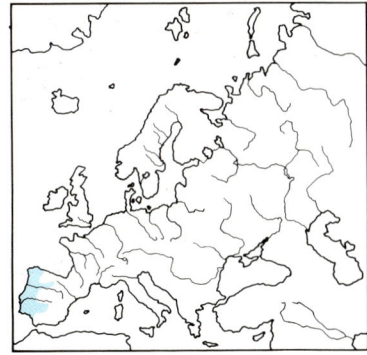

Die Bauchseiten sind in der Übergangs-
zone vom orange bzw. gelben zentralen Feld zum weißen Seitenstreifen von
großen dunklen Fleckenreihen flankiert. Die Schwanzspitze des Männchen ist meist weiß. In der Landtracht
fallen am Kopf die relativ deutlichen
Ohrdrüsen auf. Eine Verwechslung ist
eventuell mit dem Fadenmolch (15)
denkbar, der sich aber durch 3 Kopffurchen (beim Spanischen Wassermolch
nur eine) und den Schwanzendfaden
des Männchens sowie die deutlichen
Schwimmsäume der Zehen sicher unterscheidet. Verwechslung mit dem
Bergmolch (13) ist durch die Rückenleiste des Bergmolch-Männchens sowie
die Gestalt des Schwanzendes kaum
möglich.

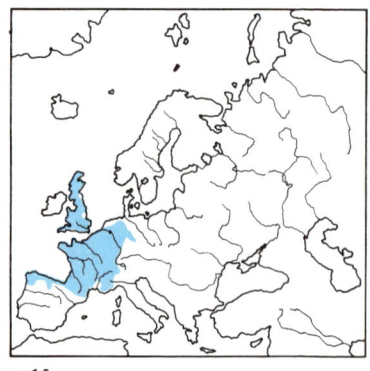

zu 15

Vorkommen: Endemisch im Westen der
Iberischen Halbinsel in ihrer ganzen
Nord-Süd-Ausdehnung.
Bewohnt kleine stehende Gewässer in
Mittelgebirgslagen genauso wie seichte,
nicht zu stark strömende Fließgewässer. Seine Ansprüche an die Wasser-
qualität (Klarheit und Reinheit, Vorzugstemperatur unter 20 °C) sind relativ
hoch.
Lebensweise: Als „Kaltwasser"-Molch
des Mittelgebirges ähnelt er bezüglich
der Lebensweise am meisten dem Fadenmolch (15) und dem Karpatenmolch (17). Im Unterschied zu diesen
führt er jedoch häufiger ein vollkom-

men aquatisches Leben, wenn es die
Umweltbedingungen zulassen. Ebenso
neigt er zur Neotenie. Damit ist er biologisch mehr dem Bergmolch (13) ähnlich.

15 *Triturus helveticus*
Fadenmolch

Kennzeichen: Gesamtlänge bis 9 cm, mit
gut ausgebildeten Geschlechtsunterschieden. Rücken gelblich bis oliv mit
dunklen Flecken, die sich mitunter beiderseits zu je einem dunklen Streifen
ordnen. Der Kopf meist mit 3 deutlichen Längsfurchen (vgl. Abb. S. 93)
und einem dunklen Schläfenstreifen
vom Auge weg. Die Bauchseite ist gelb
bis schwach orange, mit kleinen dunklen Flecken in Flankennähe, so daß nur

14 *Triturus boscai*

15 *Triturus helveticus*

die Mittelzone ungefleckt bleibt. Kehle meist weißlich. Die Männchen mit einer niedrigen Hautleiste statt eines Kammes, die ohne Unterbrechung in die sehr hohe obere Schwanzschneide übergeht. Schwanzendfaden am markant abgestumpften Schwanz sehr deutlich und lang. Außerdem haben die Männchen breite dunkle Schwimmsäume an den Zehen der Hintergliedmaßen. Allerdings können bei manchen Populationen (vor allem im Norden der Iberischen Halbinsel) die Schwimmsäume nur minimal entwickelt sein. Eine Verwechslung mit dem Teichmolch (18), insbesondere bei den Weibchen, ist leicht möglich. Sicher können die Weibchen an den gegenüberliegenden Ballen der beiden äußeren Zehen der hinteren Gliedmaßen unterschieden werden. Sie sind beim Fadenmolch stets auffällig hell markiert, während sie beim Teichmolch nicht auffallen. Der Spanische Wassermolch (14) hat im Unterschied zum Fadenmolch nur eine Kopffurche.

Vorkommen: Westeuropa vom Norden der Iberischen Halbinsel, nördlich bis in die Beneluxländer, östlich bis zur Westschweiz, Harz, dem Thüringer Wald und Nordrhein-Westfalen. In Großbritannien bis Schottland, aber nicht auf Irland. Er bewohnt Kleinstgewässer mit kühlen Temperaturen von der Küste (sogar in leichtem Brackwasser) bis in höhere Gebirgslagen (Alpen bis 1000 m, Pyrenäen bis 2000 m). In Mitteleuropa bevorzugt der Fadenmolch Kleinstgewässer (Wagenspuren, Pfützen, Tümpel und Weiher) der Mittelgebirgslagen.

Lebensweise: Gattungstypisch lebender Molch, der allerdings oft eine ausge-

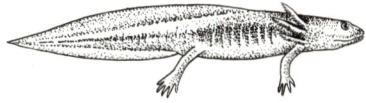

Larve von *Triturus helveticus* (15)

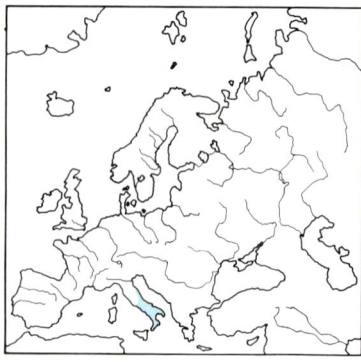

zu 16

16 *Triturus italicus*
Italienischer Wassermolch

Kennzeichen: Einer der kleinsten Schwanzlurche Europas. Gesamtlänge bis 8 cm, meist nur 6 cm. Der Geschlechtsdimorphismus ist weit geringer ausgeprägt als bei allen anderen Wassermolchen. Die Männchen tragen weder einen Kamm noch einen Hautsaum auf dem Rücken. Lediglich die Längsdrüsenwülste sind schwach entwickelt und die Schwanzschneiden wesentlich breiter als die der Weibchen. Schwimmsäume an den Zehen fehlen den Männchen ebenfalls. Der Schwanz endet ähnlich wie beim Spanischen Wassermolch (14) in einem kurzen Dorn oder einem kurzen Faden. Die Grundfarbe des Rückens ist bei beiden Geschlechtern bronzebraun bis bronzegrünlich, beim Männchen etwas dunkler als beim Weibchen. Darauf stehen dunklere Flecken, die beim Männchen mitunter zu breiten dunklen Flächen verschmelzen. Die Bauchseite ist goldgelb mit dunklen Flecken. Auffällig ist die intensiver gefärbte Kehle (safrangelb bis orange), wodurch sich die Art vom Teichmolch (18) unterscheidet. Die Fleckung der Flanken wird in der Paarungszeit bei beiden Geschlechtern durch goldbronzene helle Tupfen bereichert. Besonders markant ist ein größerer heller Fleck hinter dem Auge. Dieses auffallende Merkmal fehlt dem Teichmolch, der dafür 3 Kopffurchen und Seitenstreifen besitzt. Unterschiedlich ist auch der Verlauf der Trennlinie zwischen heller Kopfunterseite (Kehlseite) und dunkler Kopfplatte hinter der Maulspalte.

Vorkommen: Endemisch in Mittel- und Süditalien, fehlt aber auf Sizilien. Er bewohnt kleine stehende Gewässer, auch kleinste temporäre Wasseransammlungen mit starker Erwärmung. Ebenso findet man ihn aber auch in tiefen kühlen Zisternen, die ganzjährig Wasser führen. Am verbreitetsten ist der Molch im südostitalienischen Flachland, er geht aber auch bis zu 1 500 m ins Gebirge.

dehnte terrestrische Lebensphase durchmacht, wenn seine Wohngewässer sehr klein sind und rasch austrocknen. Die Larvenentwicklung vollzieht sich dann sehr rasch (in ca. 6 Wochen). (Abb. 516) Die Jungmolche hausen als Winzlinge von 14 mm in Schlupfwinkeln an Land.

Besonderes: Es werden 2 Unterarten unterschieden, wovon die eine auf den Nordwesten der Iberischen Halbinsel beschränkt ist, während die Nominat-Unterart das ganze übrige Areal bewohnt.

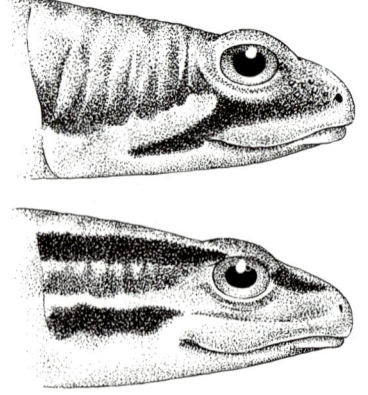

Kopf von Triturus italicus (16) und *Triturus vulgaris* (18)
Beachte den Verlauf des hellen Seitenstreifens!

Lebensweise: Die gattungstypische Lebensweise hängt in ihrem Ablauf stark von der Art des Laichgewässers ab. In warmen Kleinstgewässern, die rasch versiegen, laufen die aquatische Lebensphase und die Larvenentwicklung sehr schnell (in 4 bis 6 Wochen) ab. Die winzigen Jungmolche können schon mit 9 mm Länge das Wasser verlassen. In kühleren Zisternen dauert die aquatische Phase wesentlich länger, mitunter kann sie sogar ganzjährig sein. In solchen Habitaten treten gelegentlich auch neotenische Exemplare auf.

Besonderes: Seine Verwandtschaftsbeziehungen zu den anderen Angehörigen der Teichmolch-Gruppe, besonders zum Teichmolch (18), scheinen nicht so eng zu sein, wie man früher annahm. Er verkörpert neben dem Spanischen Wassermolch **(14)** den ursprünglichsten Typ innerhalb seiner Gattung.

17 *Triturus montandoni*
Karpatenmolch

Kennzeichen: Bis zu 10 cm lang, mit auffälligen Geschlechtsunterschieden in Färbung und Gestalt. Die kleineren Männchen besitzen anstelle eines Kammes nur eine niedrige Hautleiste, die in die obere Schwanzschneide übergeht, ähnlich wie beim Fadenmolch (15). Der Karpatenmolch kann in vieler Hinsicht als östliches Pendant des Fadenmolches angesehen werden. Beider-

16 *Triturus italicus*

seits der Hautleiste verlaufen 2 Drüsen-
stränge, durch die eine abgeflachte,
kantig abgesetzte Rückenebene entsteht. Der Schwanz des Männchens
läuft in einen deutlich abgesetzten, langen Endfaden aus.

Die Rückenfärbung ist graubraun bis
helloliv mit großen dunklen Flecken,
die mitunter zu Flächen zusammenlaufen
fen können. Die Bauchseite ist flecken-
los und kräftig orange gefärbt. Die untere Schwanzschneide ist perlmuttweiß
gesäumt, so daß sich die dunklen Flekken darauf besonders deutlich abheben.

Die Rückenpartie der Weibchen und
der Jungtiere ist meist von einem sehr
breiten gelblichen bis olivgrünen hellen
Band bedeckt, dessen Ränder stark zer-
klüftet und dunkel eingefaßt an den
Flanken verlaufen. Dieses Rückenband
geht stets auch auf die Oberseite des
Schwanzes über. Mitunter ist aber das
Rückenband in Einzelflecken zerrissen,
so daß eine ähnliche Marmorierung wie
beim Weibchen des Bergmolches (13)
entstehen kann.

Verwechslungen können mit dem
Teichmolch (18) beim Übergang zur
Landtracht vorkommen. Jedoch sind
beim Karpatenmolch meist Reste des
Schwanzfadens, beim Teichmolch Reste der Schwimmsäume an den Zehen,
die dem Karpatenmolch stets fehlen, zu
erkennen. Vom Bergmolch lassen sich
ähnlich gefärbte Weibchen durch die 3

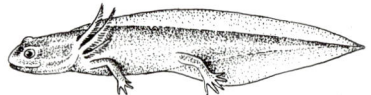

Larve von *Triturus montandoni* (17)

Kopffurchen des Karpatenmolches sicher unterscheiden.

Vorkommen: Lebt endemisch in den Gebirgen des Karpatenbogens von der Hohen Tatra (und dem Odergebirge?) bis
nach Rumänien und Moldavien. Er bevorzugt Tümpel, Gräben und Kleinstgewässer wie Wagenspuren, Wegpfützen
u. ä. in Mittelgebirgslagen zwischen
600 und 1 200 m Höhe, kann aber zwischen 200 und 2 000 m Höhe gefunden
werden. Während er in niedrigen Lagen
mit dem Teichmolch vergesellschaftet
ist, lebt er in höheren Lagen meist mit
dem Bergmolch zusammen. In Nadel-
waldgebieten zwischen 800 und 1 000 m
Höhe dominiert er aber.

Lebensweise: Aufgrund der Vorliebe für
schnell versiegende Kleinstgewässer ist
die aquatische Lebensphase und die
Larvenentwicklung oft recht kurz (4 bis
6 Wochen). Die winzigen Jungmolche
messen dann nur 11 bis 14 mm. Terrestrisch lebende Karpatenmolche werden häufig in sehr trockenen Gebirgs-
forsten unter Reisig, Borkenstücken,
Baumstubben und -stämmen gefunden.
Diese Tiere sehen oft sehr mager aus;
ihre samtig trockene Haut ist stark wasserabweisend.

Besonderes: Bastarde mit dem Teichmolch (18) wurden wiederholt gefunden. Weibliche Bastarde sind infolge
der Ähnlichkeit der Elternarten oft sehr
schwer zu identifizieren.

18 *Triturus vulgaris*
Teichmolch

Kennzeichen: Gesamtlänge je nach Unterart 6 bis 11 cm, mit stark ausgepräg-
ten Geschlechtsunterschieden in der
Wassertracht. Die Männchen der Unterarten weichen stark voneinander ab,
die Weibchen ähneln sich so stark, daß
sie kaum sicher bestimmbar sind.

zu 17

Der Kopf des Teichmolches weist drei Längsfurchen auf, wie es auch für den Fadenmolch (15) und den Karpatenmolch (17) charakteristisch ist (vgl. Abb. S. 93). An den Kopfseiten zieht sich ein dunkler Längsstrich entlang, der durch das Auge führt. Auch in diesem Merkmal ähneln sich Teich- und Fadenmolch stark. Die Männchen des Teichmolches bilden jedoch stets einen mehr oder weniger stark entwickelten Kamm aus. Er geht ohne Einkerbung in die obere Schwanzschneide über und bildet so den Schwanzkamm. Seine Gestalt und Größe ist spezifisch für die Unterarten. Stets jedoch ist die untere Hälfte des Schwanzes der Teichmolch-Männchen gleichartig gefärbt: die perlmuttweißliche und blau abgesetzte Zebrastreifung wird von einem orangefarbenen Saum eingefaßt. In der Rükkenfärbung der Männchen überwiegen graue vor bräunlichen Farbtönen, während die Weibchen eine sandgelbe bis olivbraune Grundfärbung zeigen. Die Bauchseite der Weibchen ist kräftig gelb bis orange, die der Männchen intensiv orange bis rot gefärbt. Zumin-

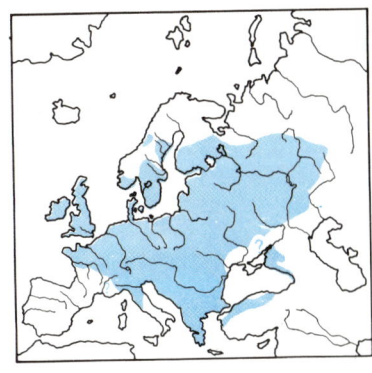

zu 18

dest tritt stets ein kräftig gefärbter Mittelstreifen auf der Bauchseite auf. Die seitlichen Partien können hellgrau bis weißlich sein. Die Bauchseite ist in der Regel dunkel gefleckt, wobei die Bauchflecken der Männchen wesentlich größer und intensiver sind.

Unterscheidungsmerkmale der Männchen der verbreitetsten Unterarten:

18 a T. v. vulgaris: 9 bis 11 cm, Rückenkamm sehr hoch und wellenförmig gezackt, beginnt bereits in der Nacken-

17 *Triturus montandoni*

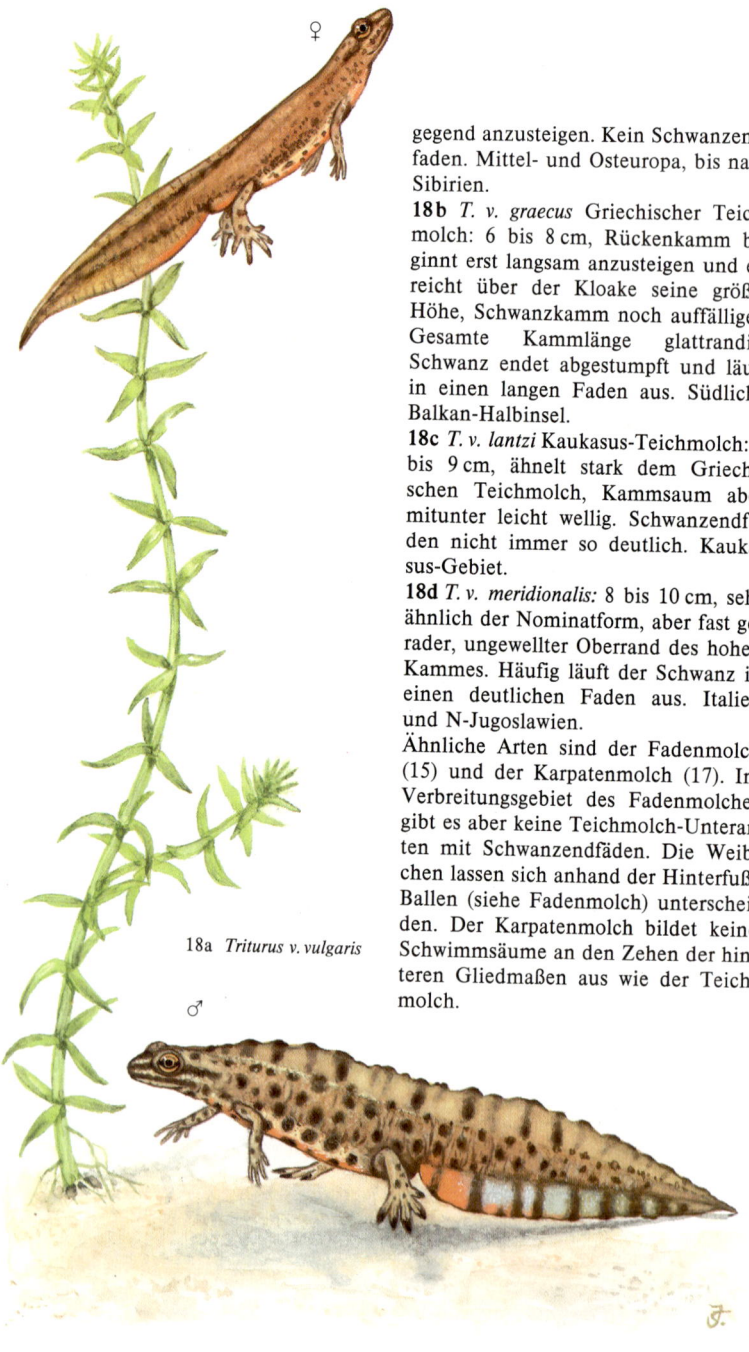

gegend anzusteigen. Kein Schwanzendfaden. Mittel- und Osteuropa, bis nach Sibirien.

18b *T. v. graecus* Griechischer Teichmolch: 6 bis 8 cm, Rückenkamm beginnt erst langsam anzusteigen und erreicht über der Kloake seine größte Höhe, Schwanzkamm noch auffälliger. Gesamte Kammlänge glattrandig. Schwanz endet abgestumpft und läuft in einen langen Faden aus. Südliche Balkan-Halbinsel.

18c *T. v. lantzi* Kaukasus-Teichmolch: 7 bis 9 cm, ähnelt stark dem Griechischen Teichmolch, Kammsaum aber mitunter leicht wellig. Schwanzendfaden nicht immer so deutlich. Kaukasus-Gebiet.

18d *T. v. meridionalis:* 8 bis 10 cm, sehr ähnlich der Nominatform, aber fast gerader, ungewellter Oberrand des hohen Kammes. Häufig läuft der Schwanz in einen deutlichen Faden aus. Italien und N-Jugoslawien.

Ähnliche Arten sind der Fadenmolch (15) und der Karpatenmolch (17). Im Verbreitungsgebiet des Fadenmolches gibt es aber keine Teichmolch-Unterarten mit Schwanzendfäden. Die Weibchen lassen sich anhand der Hinterfuß-Ballen (siehe Fadenmolch) unterscheiden. Der Karpatenmolch bildet keine Schwimmsäume an den Zehen der hinteren Gliedmaßen aus wie der Teichmolch.

18a *Triturus v. vulgaris*

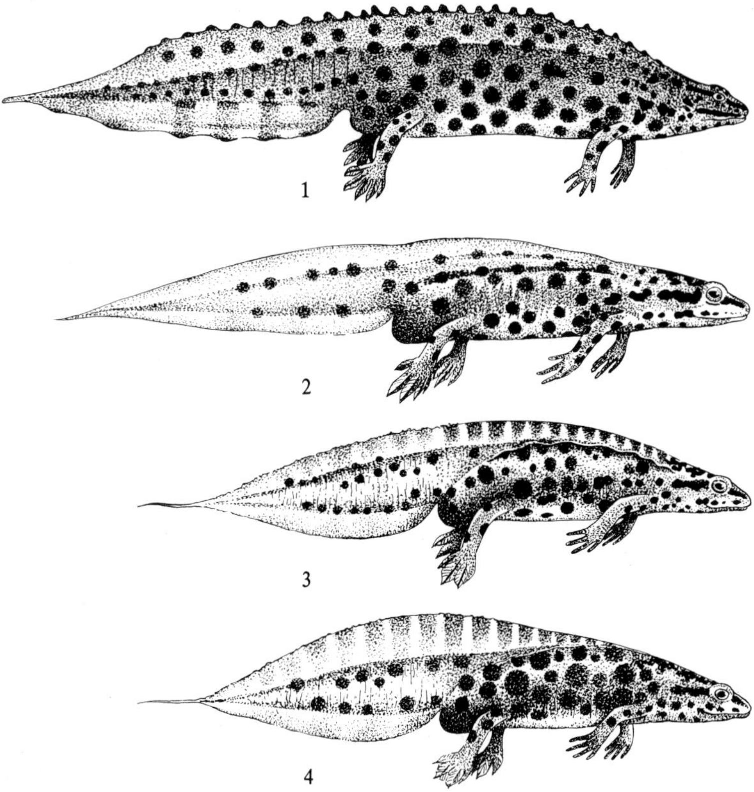

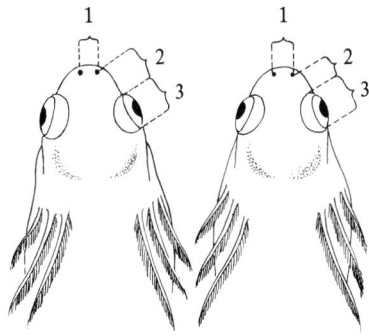

Unterarten von *Triturus vulgaris* (18)
1 *T. v. vulgaris* (18a), 2 *T. v. meridionalis*
(18d), 3 *T. v. graecus* (18b), 4 *T. v. lantzi* (18c)

Larven von *Triturus vulgaris* (18)
Abstand 1 < 2 = 3 und *Triturus helveticus* (15)
Abstand 1 = 2 < 3

Vorkommen: West- und Mitteleuropa einschließlich aller britischen Inseln, Südhälfte Skandinaviens, im Süden bis Mittelitalien und auf dem gesamten Balkan. Ostwärts bis Sibirien, Kaukasus-Gebiet und Teile der asiatischen Türkei. Fehlt in SW-Frankreich und auf der Iberischen Halbinsel.

Er besiedelt vorzugsweise stark verkrautete Klein- und Kleinstgewässer, die sich auch sehr stark erwärmen können. Im Norden seines Areals bevorzugt er das Flachland, geht im Süden jedoch bis zu 2000 m ins Gebirge. Am häufigsten zu beobachtender Wassermolch Europas, der auch regelmäßig in Kulturlandschaften angetroffen wird (Gärten, Parks, Gräben usw.).

Lebensweise: Gattungstypisch. In rasch versiegenden Kleinstgewässern erfolgt

19a *Triturus c. cristatus*

eine sehr schnelle Larvenentwicklung (6 bis 8 Wochen). Ähnlich wie bei Faden- und Karpatenmolch ist die Haut in der Landtracht stark wasserabweisend.

Besonderes: Es werden 5 bis 7 Unterarten unterschieden, deren Status z. T. noch unklar ist. Natürliche Bastarde mit dem Fadenmolch (15) und dem Karpatenmolch (17) wurden wiederholt gefunden. Sie stehen in den Merkmalen zwischen den Elternarten, sind aber besonders im weiblichen Geschlecht oft schwer zu erkennen.

Kammolch-Gruppe

19 *Triturus cristatus*
Kammolch

Kennzeichen: Großer dunkler Molch (12 bis 18 cm), dessen Männchen stets einen hohen Kamm ausbilden. Der Rückenkamm ist über der Schwanzwurzel durch eine tiefe Einbuchtung vom Schwanzkamm (obere Schneide des Schwanzes) unterbrochen. Die Rückenfärbung ist stets dunkel, meist schwärzlich, oft mit verwaschenen, noch dunkleren Flankenflecken. Die kräftig gelborange bis orangerote Bauchseite ist mehr oder weniger intensiv dunkel gefleckt. Der Schwanz des Männchens ist stets von einem zentralen perlmuttweißen Farbkeil geschmückt, der sich zur Spitze hin verjüngt.

Die Landtracht ist meist sehr dunkel bis pechschwarz. Es sind 4 geographische Unterarten deutlich zu unterscheiden.

19a *T. c. cristatus:* Männchen mit stark gezacktem Kamm, zahlreichen kleinen weißen Pünktchen an den Flanken. Rückenfarbe dunkelgrau bis schwarz, meist mit sehr kleinen noch dunkleren Flecken oder ungefleckt. An Land pechschwarz. Nord- und Mitteleuropa, nördl. Osteuropa.

19b *T. cristatus carnifex* Alpen-Kamm-molch: Rückenkamm nur wellig oder fast glatt, große schwarze Flecken auf dunkelgrauem oder schwarzbraunem Grund. Nur Italien und nordöstliches Alpengebiet (SO-Bayern, Österreich, NW-Jugoslawien).

19c *T. cristatus dobrogicus* Donau-Kammolch: graziler, schlanker und kleiner als alle anderen Kammolche. Rückenfarbe oft viel heller, stets bräunlich bis dunkel rotbraun, Kamm stark gezackt. Bauch intensiv rot, Bauchflecken können zu dunklen Längsbändern verschmelzen. Donau-Tiefebene von Österreich bis Rumänien.

19d *T. cristatus karelini* Balkan-Kamm-molch: sehr kräftiger, robuster Kammolch. Kamm gezackt. Rückenfarbe oft hellgrau mit großen schwarzen Flecken an den Flanken. Jungtiere und Weibchen in Landtracht mit auffälligem, intensiv gelbem Dorsalstreifen entlang der Wirbelsäule. Balkanhalbinsel, Krim, Kaukasus und Vorderasien.

Eine Verwechslung im Kaukasusgebiet höchstens mit dem Bandmolch (21) möglich, aber durch Fehlen des weißen

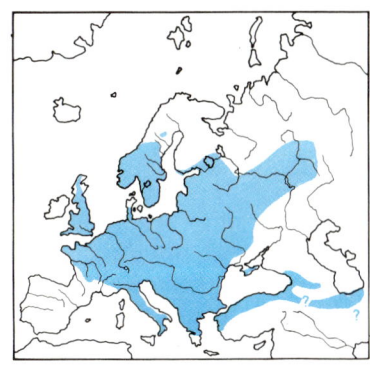

zu 19

Flankenbandes sicher von jenem zu unterscheiden. Schwierigkeiten in der Bestimmung bereiten in Frankreich natürliche Bastarde mit dem Marmormolch (20), die dort im Überschneidungsgebiet der Arten auftreten können. Sie zeigen Merkmale beider Elternarten und wurden früher fälschlich als eigene Art, „*Triturus blasii*", angesehen.

Vorkommen: Europa außer der Iberischen Halbinsel und dem angrenzendem S- und SW-Frankreich. Auch im Kaukasus und angrenzendem Vorderasien. Bevorzugt größere und tiefere stehende oder langsam fließende Gewässer (verkrautete Nebenarme von Flüssen, besonders zutreffend auf den Donau-Kammolch). Im Flachland und im Gebirge bis zu 2000 m, besonders im Süden und Südosten seines Areals.

Lebensweise: Aquatische Lebensphase in der Regel von Ende Februar bis

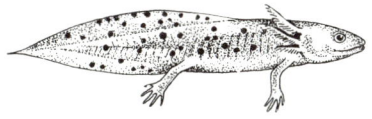

Larve von *Triturus cristatus* (19)

19d *Triturus cristatus karelini* juv., Landtracht

108

zu 20

August. Mitunter auch ganzjährig aquatisch, besonders der Donau-Kammolch und der Balkan-Kammolch. Er bewältigt auch größere Beutetiere, z. B. kleinere Molcharten und deren Larven. In der Landphase meist unweit vom Laichgewässer anzutreffen. Natürliche Feinde sind vor allem Wassernattern und Raubfische.
Besonderes: Die 4 Unterarten gehen z. T. fließend ineinander über. Der Donau-Kammolch ist als Unterart mit

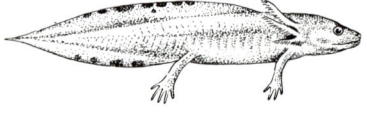

Larve von *Triturus marmoratus* (20)

dem kleinsten Areal durch wasserbauliche und landwirtschaftliche Veränderungen am stärksten in seiner Existenz bedroht und schutzbedürftig.

20 *Triturus marmoratus*
Marmormolch
Kennzeichen: Großer Wassermolch (12 bis 16 cm), der sich durch die intensive grünschwarze Marmorierung seiner Wasser- und Landtracht von allen anderen Molchen deutlich unterscheidet. Das Männchen bildet einen hohen, ungezackten, aber welligen Rückenkamm aus, der über der Schwanzwurzel durch eine tiefe Kerbe vom Schwanzkamm getrennt ist. Der Kamm mit seiner schwarzgelben Zebrastreifung steht in Kontrast zur Rückenzeichnung. Weibchen und Jungtiere fallen durch einen orange bis gelben Dorsalstreifen auf. Die Bauchseite ist grau oder bräunlich mit verwaschenen dunklen Flecken, niemals intensiv orange-rot. Das Grün in der Färbung des Rückens ist an Land oft intensiver. Landtracht mit samtiger, matter Haut.
Vorkommen: Auf Westeuropa (Iberische Halbinsel, Frankreich) beschränkt. Bevorzugt mehr das Tiefland (meidet die Pyrenäen), nimmt oft auch im Unterschied zum Kammolch (19) mit nur zeitweilig wasserführenden, kleineren Laichgewässern vorlieb. Im Süden seines Areals lebt er aber auch in Brunnen und Zisternen.

20 *Triturus marmoratus* juv. ♀, Landtracht

♂

♀

Lebensweise: Gattungstypisch. In ständig wasserführenden Laichgewässern mit gutem Nahrungsangebot erreichen die Larven oft 70 mm Länge vor der Metamorphose.

Besonderes: Die in Südspanien vorkommende kleinere, ansonsten der Nominatform äußerst ähnliche Form wird als Unterart betrachtet. In Nordwestfrankreich treten gelegentlich Bastarde mit dem Kammolch auf. Diese fälschlich als „*Triturus blasii*" bezeichneten Bastarde stehen mit ihren Kennzeichen

20 *Triturus marmoratus*

21a *Triturus vittatus ophryticus* juv. ♂, Landtracht

zwischen den Elternarten. Sie neigen zum Riesenwuchs (bis 18 cm) und zur überwiegend (bis ganzjährigen) aquatischen Lebensweise.

21 *Triturus vittatus*
Bandmolch
Kennzeichen: Großer dunkler Wassermolch (bis 16 cm) mit beiderseits auffälligem weißem oder hellgrauem, schwarz eingefaßtem Flankenband zwischen Vorder- und Hintergliedmaßen. Die Rückenfarbe ist oliv bis bronzebraun, mit dunklen Flecken oder dunkler Marmorierung, die Bauchseite orangegelb bis orangerot, dunkel gefleckt. Der Kamm des Männchens ist sehr hoch und bizarr gezackt, mit gelblich-schwarzbrauner Zebrastreifung. Über der Schwanzwurzel ist der Rükkenkamm durch eine tiefe Kerbe vom Schwanzkamm getrennt. Die im Kau-

kasus vorkommende Unterart *T. v. ophryticus* **21 a** ist die größte und schönste der beiden Unterarten.
Eine Verwechslung ist nur in der Landtracht mit dem Kammolch (19) möglich, der sich im Gebiet beider Arten jedoch stets durch das Fehlen des weißlichen Flankenbandes und meist auch durch einen intensiv gelben Dorsalstreifen vom Bandmolch unterscheiden läßt.
Vorkommen: Auf den Kaukasus und Vorderasien in isolierten Vorkommen beschränkt. Er lebt sowohl in sehr kühlen (10 bis 12 °C) und dauernd wasserführenden Bergseen bis in 1300 m

Larve von *Triturus vittatus* (21)

21a *Triturus vittatus ophryticus* ♂

zu 21

Höhe als auch in warmen Restkolken von Bächen, Tümpeln u. ä. Gewässern im Tiefland. Demzufolge ist die Temperaturtoleranz der einzelnen Populationen sehr unterschiedlich, ebenso die Dauer ihres Wasserlebens im Jahresverlauf (in Gebirgsseen ganzjährig).

Lebensweise: Gattungstypisch lebender Molch. Die Männchen sind während der Paarungszeit stärker als andere Wassermolche revierbildend und aggressiv gegeneinander. Die Larven erreichen unter günstigen Umständen vor der Metamorphose bis zu 60 mm Gesamtlänge.

Besonderes: In der UdSSR sind die wenigen Populationen des Kaukasus-Bandmolches streng geschützt (im Rotbuch der Sowjetunion).

Familie *Plethodontidae* Lungenlose Salamander

Lungenlose Salamander sind eine sehr große, außerordentlich vielgestaltige Familie von Schwanzlurchen sehr unterschiedlicher Lebensweise. Die größte Mannigfaltigkeit hat die Familie in Nord- und Mittelamerika, während in Europa nur eine Gattung mit 2 Arten vorkommt. Sie leben endemisch in einem kleinen Gebiet des Mittelmeerraumes (Sardinien, Nord- und Mittelitalien). Die europäischen Arten sind typische Landsalamander mit segmentiertem Rumpf, großem rundlichem

Kopf (mit Froschaugen und Ohrdrüsen-Wülsten) sowie kräftigen Gliedmaßen. Sie sind ein tertiäres Relikt in der europäischen Herpetofauna.

Gattung *Hydromantes* Höhlensalamander

Typische Landsalamander, die im Habitus an Eigentliche Salamander oder Kleinasiatische Salamander erinnern, aber viel graziler sind. Sie tragen im Unterschied zu jenen unvollkommene Schwimmhäute an den Zehen. Ihre Zehen wirken dadurch kurz, was durch ihre gleichmäßige Stärke und das gestutzt aussehende Endglied noch unterstützt wird. Ebenso charakteristisch ist ihr Farbkleid: uniform hell- bis dunkelbraun, nach grau oder olivgrün tendierend, mit verwaschener leichter Marmorierung oder helldunkler Sprenkelung. Am Kopf ist die senkrecht vom Nasenloch auf die Lippe verlaufende schwache Furche (Nasolabialfurche) ein wichtiges Gattungskennzeichen. Bemerkenswert ist die Schleuderzunge, mit der sie ähnlich wie die Goldstreifensalamander (3) ihre Beute „schießen". Höhlensalamander „kleben" meistens mit der Bauchseite und den Füßen am Untergrund, der senkrecht und glatt sein kann (Fels- und Höhlenwände). Der Schwanz ist drehrund, ohne Schneiden und Hautsäume, er endet in einer stumpfen Spitze. Die Gattung umfaßt nur 2 Arten. Ihre nächsten Verwandten in Nordamerika werden neuerdings als eigene Gattung *Hydromantoides* betrachtet. Die Unterscheidung der europäischen Arten ist am sichersten durch ihr Areal gewährleistet, denn beide Arten sind sich sehr ähnlich.

22 *Hydromantes genei*
Sardischer Höhlensalamander
Kennzeichen: Körperlänge bis zu 13,5 cm, damit größer als der Italienische Höhlensalamander (23), die Bauchfärbung ist heller als bei dieser Art.

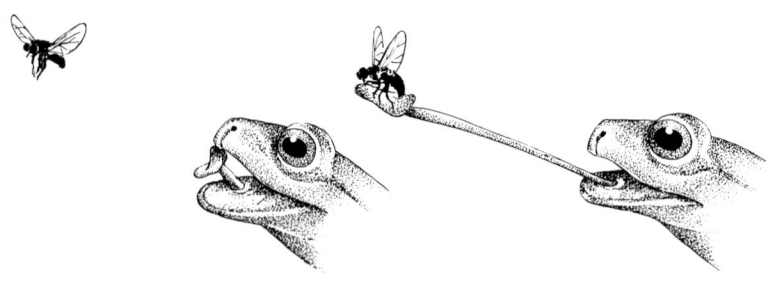

Schleuderzunge und Nasenfurche des Höhlensalamanders

Verbreitung: Sardinien, bergige Gegenden im Süden und Osten der Insel bis 1 000 m Höhe.
Sie bewohnen Felsspalten und Höhlen, die kühl und sehr feucht sein müssen. In feucht-kühlen Laubwaldtälern werden sie auch unter Steinen, Baumstubben u. ä. gefunden.

Lebensweise: Im Freien sind sie tagsüber nur im Frühling, Herbst und Winter bei Regen und Nebel anzutreffen, ansonsten liegt ihre Aktivität in der Nacht. Während heißer Sommermonate ziehen sie sich tief in ihre Schlupfwinkel zurück. Temperaturen von 17 bis 20 °C stellen die obere Grenze des Überlebens dar, 13 bis 15 °C das Optimum. Trotz ihres hohen Feuchtigkeitsbedürfnisses meiden sie Wasseransammlungen, denn sie können nicht schwimmen und ertrinken leicht. Ihre Beute sind vorwiegend flinke Gliederfüßer, besonders Spinnen. Sie werden

zu 22

mit der Schleuderzunge aus Abständen von ca. 5 cm „geschossen".
Die Paarungsspiele finden im Winter und Frühjahr statt. Das Männchen reibt seinen Kopf am Weibchen, so daß eine am Kinn des Männchens befindliche Drüse ihr aromatisches Sekret auf den Körper des Weibchens entleert. Danach umklammert das Männchen das Weibchen vom Rücken her. Schließlich wird ein Spermaträger abgesetzt, den das Weibchen mit der Kloake aufnimmt. Wahrscheinlich werden die wenigen, großen Eier (ca. 5 Eier bis zu 5,5 mm Durchmesser) im Eileiter des Weibchens ausgetragen und nach 10 Monaten abgesetzt. Kurz danach schlüpfen daraus vollständig entwickelte Jungtiere von 24 bis 36 mm Länge. Andere Beobachter sprechen jedoch von der Ablage der Eier in feuchte Gesteinsspalten und einer Bewachung durch das Weibchen. Nach etwa 12 Monaten sollen die Jungen dann als voll entwickelte Salamander schlüpfen. Das entspräche der Fortpflanzungsweise verschiedener nordamerikanischer Verwandten.
Höhlensalamander scheinen in günstigen Lagen in frostfreien Quartieren ohne Winterstarre zu überdauern. Auch der Rückzug in tiefer gelegene Schlupfwinkel während der heißen Sommermonate bringt keine Unterbrechung des ziemlich monotonen Lebensablaufs mit sich.

Besonderes: Die Sardischen Höhlensalamander variieren in verschiedenen Teilen des Artareals (einzelne isolierte Täler) hinsichtlich der Körperproportionen und -färbung, so daß 4 Unterarten beschrieben wurden. Andererseits sind die Unterschiede zwischen dem Italienischen und dem Sardischen Höhlensalamander so gering, daß sie von einigen Spezialisten auch nur als geographische Unterarten einer Art betrachtet werden.

23 *Hydromantes italicus*
Italienischer Höhlensalamander
Kennzeichen: Körperlänge bis zu 12 cm, meist aber geringer. Damit bleibt er merklich kleiner als die nahe verwandte sardische Art. Die Rückenfärbung ist meist kontrastreicher, die Bauchfärbung oft dunkler.
Vorkommen: Im äußersten Südosten Frankreichs (See-Alpen) und im gebirgigen Nord- und Mittelitalien bis 1 800 m Höhe.
Lebensweise: Gleicht vollständig der des Sardischen Höhlensalamanders.

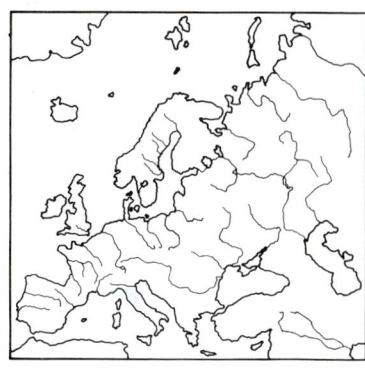

zu 23

Besonderes: Die voneinander isolierten Populationen in Italien und Südfrankreich werden mitunter als 7 Unterarten betrachtet.

Ordnung *Anura*
Froschlurche

Durch den gedrungenen, schwanzlosen Körper, die unbehaarte und unbeschuppte Haut sowie die in Ruhelage stets sitzende oder liegende Körperhaltung zeichnen sich die Froschlurche gegenüber anderen Tiergruppen so deutlich aus, daß Verwechslungen ausgeschlossen sind. Die Frage, ob „Kröte" oder „Frosch", ist müßig, da diese Ausdrücke keine verwandtschaftlichen Gruppierungen bezeichnen. Umgangssprachlich werden die trockenhäutigen, warzigen Tiere als Kröten und diejenigen mit feuchter, glatter Haut als Frösche benannt.
Die schwächer entwickelten Vordergliedmaßen tragen 4 Finger und die in der Regel deutlich längeren Hinterbeine (Sprungvermögen!) 5 Zehen. Bei zahlreichen Arten haben die Männchen kräftigere Vordergliedmaßen als die Weibchen.
Die Haut der Froschlurche ist relativ merkmalsarm und auch in der Färbung häufig sehr variabel. Aus diesen Gründen müssen zur genauen Determination der Arten nicht selten bestimmte Körperproportionen ermittelt werden.

23 *Hydromantes italicus*

Nach unseren derzeitigen Kenntnissen dürften alle Froschlurche auf eine gemeinsame Stammform zurückgehen. Diese ist unter den Labyrinthzähnern *(Labyrinthodonta)* des Perm zu suchen. Der älteste fossil gefundene Lurch, der schon zahlreiche Frosch-Merkmale aufweist, gehört zur Gattung *Triadobatrachus* und stammt aus der Unteren Trias Madagaskars. Im Unteren Jura, vor etwa 180 Millionen Jahren, traten bereits Lurche mit allen den heutigen Anuren eigenen Merkmalen auf.

Die Diskussion über die systematische Gliederung der Froschlurche ist noch in vollem Gange. Nach neueren Vorstellungen werden 3 Unterordnungen mit insgesamt 24 Familien unterschieden, wobei vor allem anatomische Merkmale zur Klassifikation herangezogen werden.

Das Zueinanderfinden der Geschlechter zur Fortpflanzung wird durch die für fast alle Arten charakteristischen Paarungsrufe der Männchen gefördert. Bei der Paarung wird das Weibchen von dem auf ihm sitzenden Männchen in der Brust- oder Lendenregion umklammert.

Die Besamung der Eier geht außerhalb des Körpers vonstatten. Das Weibchen signalisiert den Austritt der Eier aus der Kloake durch eine typische Körperbewegung (es macht ein Hohlkreuz und drückt dabei den Kopf nach oben), welche das klammernde Männchen veranlaßt, seine Hinterfüße „trichterförmig" gegeneinanderzulegen und Samenflüssigkeit durch diesen Trichter hindurch auf die Eier fließen zu lassen. Die

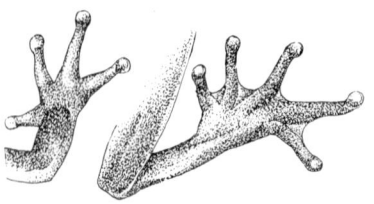

Finger und Zehen mit für die Gattung Hyla typischen Verdickungen an den Spitzen

Dauer der Embryonalentwicklung ist stark temperaturabhängig und kann wenige Tage bis mehrere Wochen in Anspruch nehmen. Im Gegensatz zu den jungen Schwanzlurchembryonen, die eine konvexe Rückenlinie (Karpfenrücken) zeigen, ist die der Froschlurchembryonen konkav (Hohlkreuz).

Die Individualentwicklung durchläuft bei den meisten Arten zwei grundsätzlich verschiedene Stadien:

– die im Wasser lebende, vorwiegend Pflanzenteile und Geschwebe fressende, mit Ruderschwanz und Hornkiefern ausgestattete Larve oder Kaulquappe und

– den Lurch mit der typischen Froschgestalt, der mehr oder weniger an das Landleben angepaßt ist und Insekten, Spinnen, Schnecken, Würmer und anderes Kleingetier frißt.

Die Nahrung vieler Froschlurche enthält zahlreiche für menschliche Belange schädliche Käfer, Falter, Zweiflügler, Schnabelkerfe, Ameisen und Schnecken. Da diese nicht selten inmitten landwirtschaftlicher oder gärtnerischer Kulturen erbeutet werden, stellen die Froschlurche einen wichtigen Faktor in der biologischen Schädlingsbekämpfung dar.

Der Verbreitungsschwerpunkt der etwa 3000 Arten liegt in den feuchten tropischen und subtropischen Gebieten der Erde. Nur extrem trockene oder kalte Zonen wie die Wüsten, die Polargebiete, die hochalpinen Regionen sowie das Meerwasser werden im allgemeinen nicht besiedelt.

Tabelle zur Bestimmung
der Gattungen

1 Unterseite des Körpers ohne grell gelbe oder rote Farbflecken   2
1' Unterseite des Körpers mit grell gelb, orange oder rot gefärbten Flecken   *Bombina* (S. 137)
2 Zehen und Finger ohne verbreiterte Endglieder   3
2' Zehen und Finger mit verbreiterten und verdickten Spitzen   *Hyla* (S. 155)

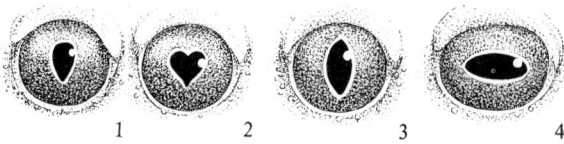

1   2   3   4

Pupillenformen von Froschlurchen
1, 2 Gattungen *Bombina* und *Discoglossus*; 3 *Pelobates, Pelodytes, Alytes;* 4 *Hyla, Bufo, Rana*

3   Schwimmhäute an den Hintergliedmaßen die Zehen zumindest an der Basis breit verbindend   4

3'   Schwimmhäute an den Hintergliedmaßen als schmale Hautsäume an den Zehenseiten ausgebildet
                Pelodytes (S. 146)

4   Fersenhöcker nicht scharfkantig, kürzer als die 1. Zehe   5

4'   Fersenhöcker scharfkantig, hochgewölbt und gleich lang oder länger als die 1. Zehe   *Pelobates* (S. 142)

5   Pupille hat eine waagerecht ovale Form   7

5'   Pupille hat eine senkrecht ovale Form   6

6   Haut der Oberseite warzig und trocken, Hintergliedmaßen kurz, Quotient aus Kopf-Rumpf-Länge : Unterschenkellänge größer als 2,5
                Alytes (S. 134)

6'   Haut der Oberseite glatt und feucht, Hintergliedmaßen lang, Quotient aus Kopf-Rumpf-Länge : Unterschenkellänge kleiner als 2,5
                Discoglossus (S. 140)

7   Haut warzig und trocken, 2 große „Ohrdrüsenwülste", Hintergliedmaßen kurz, Quotient aus Kopf-Rumpf-Länge : Unterschenkellänge größer als 2,5
                Bufo (S. 149)

7'   Haut glatt und feucht, 2 Rückendrüsenleisten vorhanden, Hintergliedmaßen lang, Quotient aus Kopf-Rumpf-Länge : Unterschenkellänge kleiner als 2,5
                Rana (S. 159)

Bestimmung des Laiches der Froschlurche

Bis auf die Geburtshelferkröten, deren mit einer sehr dünnen und zähen Hülle umschlossenen Eier sich an der Luft entwickeln, legen alle übrigen europäischen Froschlurche ihre Eier einzeln, in Klumpen oder in Schnüren ins Wasser ab. Jedes Ei ist von einer klebrigen Schleimsubstanz umgeben, welche im Wasser zu einer mehr oder weniger starken „Gallerthülle" aufquillt. Das Laichen erfolgt jährlich meist nur einmal in den Monaten März bis Mai in flachen, leicht durchwärmbaren Zonen von Weihern, Seen, Teichen, Gräben und Tümpeln. Bei vielen Arten finden sich während der oftmals nur 1 bis 2 Wochen dauernden Hauptlaichzeit die Geschlechter zu Gruppen zusammen, so daß sich auch ihre Eier in ganz bestimmten Bezirken der Gewässer konzentrieren. Sowohl die Farbe als auch Größe und Anzahl der Eier variieren nicht unbeträchtlich, wodurch eine sichere Abgrenzung der Arten meist nicht möglich ist. Die Gattungen lassen sich jedoch deutlich anhand des Laiches unterscheiden.

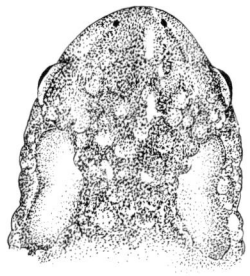

Kopfoberseite mit stark entwickelten Ohrdrüsen von *Bufo bufo* (36)

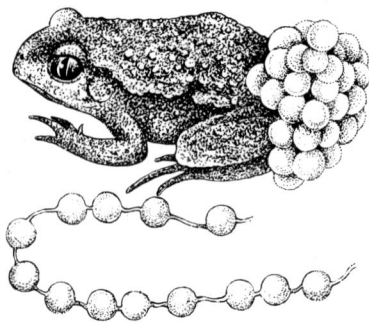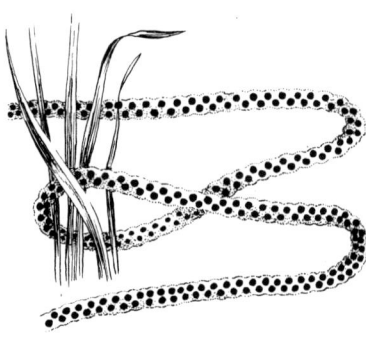

Männchen von *Alytes obstetricans* (25) mit Eipaket. Darunter Teil einer isolierten Ei-
schnur.

Laichschnur eines Vertreters der Gattung
Bufo

Laich eines Vertreters der Gattung *Bombina*

Laich eines Vertreters des Gattung *Pelobates*

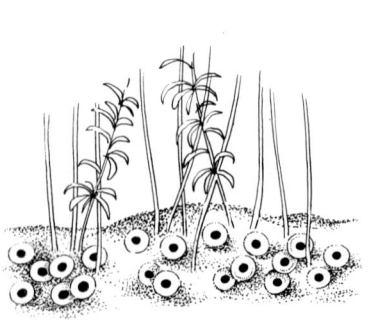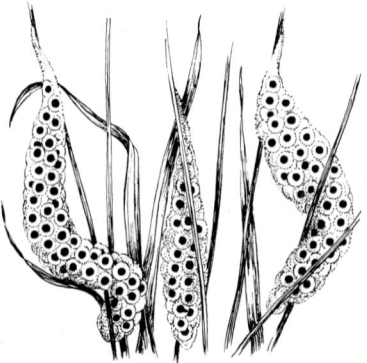

Laich eines Vertreters der Gattung *Discoglossus*

Laich eines Vertreters der Gattung *Pelodytes*

Laichklumpen eines Vertreters der Gattung *Hyla*

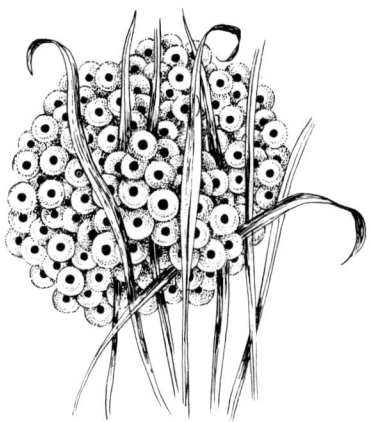

Laich eines Vertreters der Gattung *Rana*

Tabelle zur Bestimmung der Gattungen

1 Eier werden in Form eines lockeren Paketes vom Männchen auf dem Lande bis zum Schlupf der Larven herumgeschleppt *Alytes* (S. 134)
1' Eier werden einzeln, in Form von Schnüren oder Klumpen ins Wasser abgesetzt 2
2 Eier einzeln oder in lockeren Grüppchen 3
2' Eier in Klumpen oder Schnüren 4

3 Eier vorwiegend an Wasserpflanzen befestigt *Bombina* (S. 137)
3' Eier vorwiegend auf dem Boden des Gewässers liegend
Discoglossus (S. 140)
4 Eier in Schnüren 5
4' Eier in Klumpen 7
5 Schnüre dünn, länger als 1 m, Eier darin in 1 bis 4 regelmäßigen Längsreihen *Bufo* (S. 149)
5' Schnüre dicker, weniger als 1 m lang, Eier in mehr als 4 unregelmäßigen Längsreihen 6
6 Eine dicke wurstförmige Schnur, die meist um Wasserpflanzen gewunden ist *Pelobates* (S. 142)
6' Mehrere dünnere und kürzere an Wasserpflanzen, Wurzeln oder Ästchen befestigte Schnürchen
Pelodytes (S. 146)
7 Kleine kompakte Laichklümpchen, Durchmesser eines Eies einschließlich Gallerthülle unter 5 mm
Hyla (S. 155)
7' Größere lockere Klumpen oder Fladen. Durchmesser eines Eies einschließlich Gallerthülle über 5 mm *Rana* (S. 159)

Bestimmung der Larven der Froschlurche

Form und Anordnung der Mundrandpapillen und der Lippenzahnreihen haben sich als die verläßlichsten Merkmale zur Bestimmung der Larven der europäischen Froschlurcharten erwiesen. Daneben spielen aber auch die Lage des Atemrohrs, der Analöffnung, der Augen und der Nasenlöcher, die Form und Ausdehnung der Schwanzflosse und die Färbung eine Rolle. Einige Larven lassen sich anhand von Form und Größe des Fersenhöckers bestimmen, wenn die Hinterbeine schon gut ausgebildet sind. Mit Hilfe des folgenden verbalen Bestimmungsschlüssels kann ohne Schwierigkeiten die Gattungszugehörigkeit der Larven ermittelt werden, wenn als optische Hilfsmittel eine Lupe bzw. ein Binokular (Stereomikroskop) zur Verfügung ste-

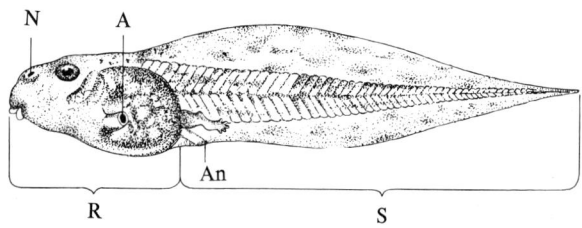

Froschlurchlarve mit seitenständiger Atemöffnung:
N Nasenloch, A Atemöffnung, An Analöffnung, R Rumpf, S Schwanz

hen. Für die Bestimmung der einzelnen Arten sind die Abbildungen der Mundfelder (s. S. 120 ff.) zu vergleichen.

Tabelle zur Bestimmung der Gattungen

1 Atemloch auf der Bauchunterseite, Mundrandpapillen umgeben Mund völlig oder sind in der Mitte der Oberlippe schmal unterbrochen, Lippenzahnreihen größtenteils 2zeilig   2
1' Atemloch auf der linken Körperseite, Lippenzähne in allen Zahnreihen 1zeilig   4

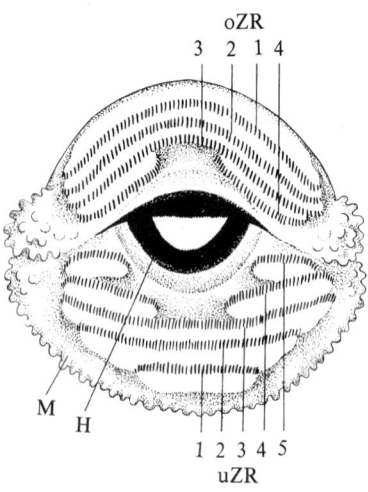

Mundfeld einer Froschlurchlarve:
M Mundrandpapillen, H Hornkiefer, oZR Zahnreihen 1 bis 4 der Oberlippe, uZR Zahnreihen 1 bis 5 der Unterlippe

2 Mundrandpapillen oben schmal unterbrochen, Atemloch im gleichen Abstand von Maulspitze und Rumpfhinterende
   Discoglossus (S. 140)
2' Papillensaum nirgends unterbrochen, Atemloch nicht in der Mitte des Bauches   3
3 Atemloch dem Hinterende des Rumpfes näher als der Maulspitze, gesamter Körper von einem Netz feiner Pigmentlinien überzogen
   Bombina (S. 137)
3' Atemloch der Maulspitze näher als dem Körperhinterende, Haut ohne netzförmige Zeichnung
   Alytes (S. 134)
4 Mundrandpapillen nur an den Mundseiten, auf Unter- und Oberlippe ein breiter papillenfreier Abschnitt   *Bufo* (S. 149)
4' Mundrandpapillen auf der Unterlippe einen durchgehenden Saum bildend   5
5 3 bis 4 Zahnreihen auf der Unterlippe   6
5' Mehr als 4 Zahnreihen auf der Unterlippe   7
6 Analöffnung endet rechts vor der unteren Schwanzflossenbegrenzung, oberer Flossenraum reicht bis ins vordere Körperdrittel, Augen an den Kopfseiten, 3 Zahnreihen auf der Unterlippe, Färbung grünlich
   Hyla (S. 155)
6' Analöffnung und untere Flossensaumbegrenzung bilden eine Linie, oberer Flossensaum reicht höchstens bis zur Körpermitte, Augen

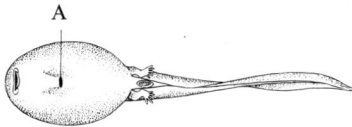

Bauchansicht einer Froschlurchlarve mit bauchständiger Atemöffnung (A)

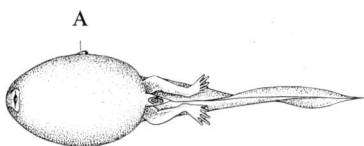

Bauchansicht einer Froschlurchlarve mit seitenständiger Atemöffnung (A)

auf der Oberseite des Kopfes, 3 oder 4 Zahnreihen auf der Unterlippe
Rana (S. 159)

7 Papillenfreier Abschnitt auf der Oberlippe sehr breit, 1. obere Zahnreihe breiter als Hornkiefer
Pelodytes (S. 146)

7' Papillenfreier Abschnitt auf der Oberlippe sehr schmal, 1. obere Zahnreihe wesentlich schmaler als Hornkiefer *Pelobates* (S. 142)

Tabelle zur Bestimmung der Arten der Gattung Rana

1 Auf der Unterlippe 3 Zahnreihen 2
1' Auf der Unterlippe 4 Zahnreihen 3
2 Augenabstand weit, Quotient aus Rumpfbreite : Pupillenabstand kleiner als 1,65, untere Zahnreihe 3 nahezu immer mit Mittelspalt, Umwandlung mit 5 bis 8 cm zuweilen bis 12 cm
R. kl. *esculenta*-Synklepton (S. 170)
Hierzu gehören *R. lessonae* (51), *R. ridibunda* (54), *R.* kl. *esculenta* (50) *R. perezi* (52) (zeichnet sich durch häufiges Fehlen der oZR 2 aus), Grafs Hybridfrosch, Italienischer Wasserfrosch, Italienischer Hybridfrosch und die Balkanwasserfrösche. *R. ridibunda* und *R. lessonae* lassen sich morphologisch unterscheiden (vgl. Tabelle).
R. catesbeiana (58) zeigt die gleiche Zahnformel wie die europäischen Wasserfrösche, ihre Larven werden im Durchschnitt jedoch beträchtlich größer
2' Augenabstand geringer, Quotient aus Rumpfbreite : Pupillenabstand größer als 1,65, uZR 3 häufig ohne

Bestimmungstabelle für Larven von *Rana lessonae* (51) und *R. ridibunda* (54) nach den Merkmalen Pupillenabstand zu Abstand Nasenloch-Pinealorgan (I), Nasenlochdurchmesser (II) und Verhältnis Länge 1. Zehe zur Länge des Fersenhöckers (III)

Rumpflänge mm	I		II mm		III	
	51	54	51	54	51	54
4,0 bis 5,9	> 2,50 >		< 0,14 <		trifft nur zu für Larven mit weitentwickelten Hinterbeinen	
6,0 bis 7,9	> 2,60 >		< 0,16 <			
8,0 bis 9,9	> 2,70 >		< 0,19 <			
10,0 bis 11,9	> 2,80 >		< 0,22 <			
12,0 bis 13,9	> 2,85 >		< 0,25 <			
14,0 bis 15,9	> 2,90 >		< 0,27 <			
16,0 bis 17,9	> 2,95 >		< 0,28 <			
18,0 bis 19,9	> 3,00 >		< 0,29 <		< 2,3	> 2,6
20,0 bis 21,9	> 3,05 >		< 0,30 <			
22,0 bis 23,9	> 3,10 >					

Mittelspalt, Gesamtlänge nicht über
4,5 cm   42 *R. arvalis*
3 Auf der Oberlippe in der Regel 3
  Zahreihen   5
3' Auf der Oberlippe in der Regel mehr
   als 3 Zahnreihen   4
4 Meist 4 Zahnreihen auf der Oberlippe, Schwanzflosse niedrig und auf
  dem Rücken nicht bis über die
  Atemöffnung reichen, Quotient
  aus Gesamtlänge : Höhe der
  Schwanzflosse größer als 4,8
                      48 *R. temporaria*
4' Oft 5 Zahnreihen auf der Oberlippe,
   Mittelspalt in der oZR 2 schmaler
   als bei *R. temporaria*
                         44 *R. graeca*
5 Zuweilen dunkler Höcker am oberen
  Rand des Hornschnabels, Schwanzflosse hoch (Gesamtlänge zu Flos-
  senhöhe weniger als 4,8) und auf
  dem Rücken bis über die Atemöffnung reichend. Von NO-Spanien bis
  in die Karpaten
                       43 *R. dalmatina*
5' Mit begrenztem Verbreitungsgebiet
                                     6
6 Nur in Norditalien, der Südschweiz
  und NW-Jugoslawien 46 *R. latastei*
6' uZR 1 sehr kurz, nur im Kaukasusgebiet   47 *R.macrocnemis*
6" Nur im Norden der Iberischen Halbinsel   45 *R.iberica*

Bombina bombina (27)
Oberlippe zeigt eine dreieckige Form, uZR 3
häufig in der Mitte unterbrochen, der obere
Flossensaum reicht bis auf das vordere Rük-
kendrittel.

Bombina variegata (28)
Oberlippe ist mehr halbkreisförmig, uZR 3
nur selten in der Mitte unterbrochen, der
obere Flossensaum reicht nur bis zur Rük-
kenmitte.

Discoglossus pictus (29)
Papillensaum in der Mitte der Oberlippe
deutlich unterbrochen

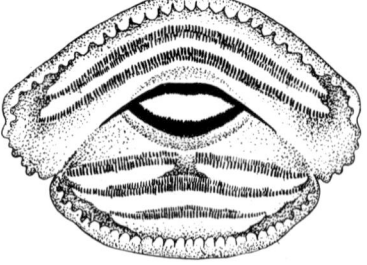

Alytes obstetricans (25)
Zahnreihen größtenteils zweizeilig, uZR 3
häufig in der Mitte unterbrochen.
Die 2. Art dieser Gattung, *A. cisternasii,* kann
nicht sicher abgegrenzt werden.

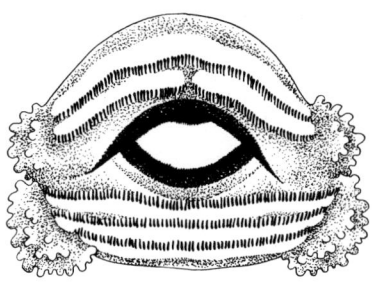

Bufo bufo (36)
Zahnreihen der Unterlippe alle etwa gleich breit, Unterbrechung der oZR 2 sehr schmal, Quotient aus der Breite der uZR 1 : Breite der Unterbrechung der oZR 2 größer als 6,0. Gesamtlänge bis 3,5 cm.

Hyla arborea (39)
Der grünliche Farbton, die seitlich sitzenden Augen, der nach oben und nach unten stark konvexe Flossensaum und die langausgezogene Schwanzflossenspitze sind charakteristisch für die Laubfrösche.
Gesamtlänge bis 5,0 cm.

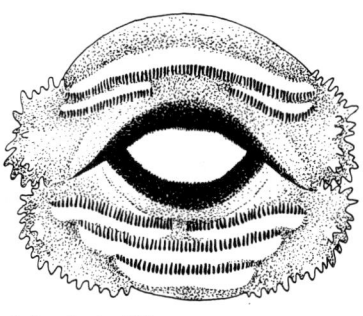

Bufo calamita (37)
uZR 1 nur $\frac{1}{2}$ bis $\frac{3}{4}$ der Breite der uZR 2, Unterbrechung der oZR 2 relativ breit, Quotient aus der Breite der uZR 1 : Breite der Unterbrechung der oZR 2 kleiner als 4,0.
Gesamtlänge bis 3,0 cm.

Hyla meridionalis (40)
hat einen breiteren Mittelspalt in der oZR 2 sowie häufig längs verlaufende Pigmentstreifen an den Flossenkanten und in der Schwanzmitte.

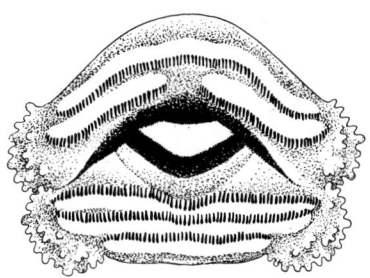

Bufo viridis (38)
Intermediär zwischen *B. bufo* (36) und *B. calamita* (37) mit Übergängen in der Breite und

Anordnung der Zahnreihen zu *B. calamita*, aber wesentlich größer werdend als diese. Quotient aus der Breite der uZR 1 : Breite der Unterbrechung der oZR 2 kleiner als 6,0. Gesamtlänge bis 4,5 cm.

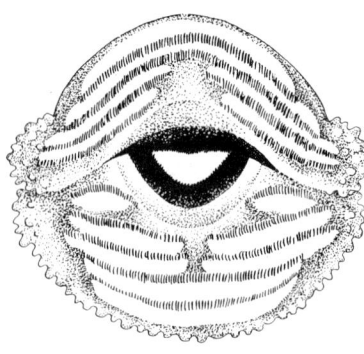

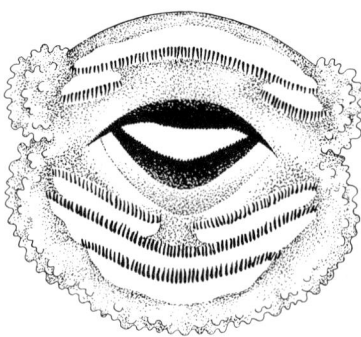

Pelodytes punctatus (35)
Stets mehr als 4 Zahnreihen auf der Unterlippe (Echte Frösche höchstens 4 Zahnreihen).

Rana lessonae (51)

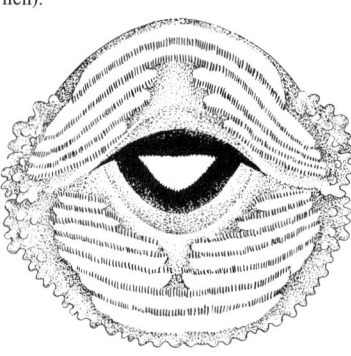

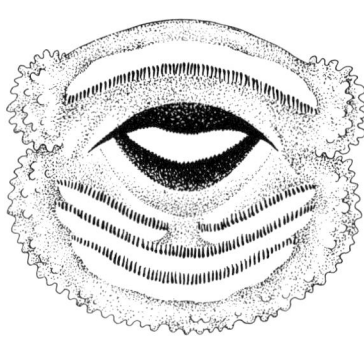

Pelodytes caucasicus (34)
Unterscheidet sich von *P. punctatus* (35) durch die größere Anzahl der Zahnreihen.

Rana perezi (52)

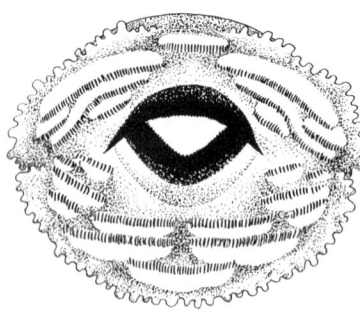

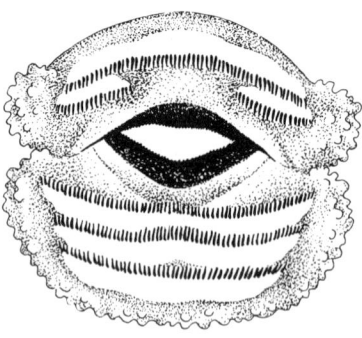

Pelobates fuscus (32)
Die Anordnung der Lippenzahnreihen, die sehr kräftigen und breit dunkel gefärbten Hornkiefer sowie die beachtliche Größe älterer Larven schließt Verwechslungen mit Angehörigen anderer Gattungen aus. *Pelobates*

Rana arvalis (42)

cultripes (31) hat eine geringere Schwanzlänge, und ältere Exemplare haben schwarze Grabschaufeln. Für *P. syriacus* sind keine sicheren Unterschiede bekannt.

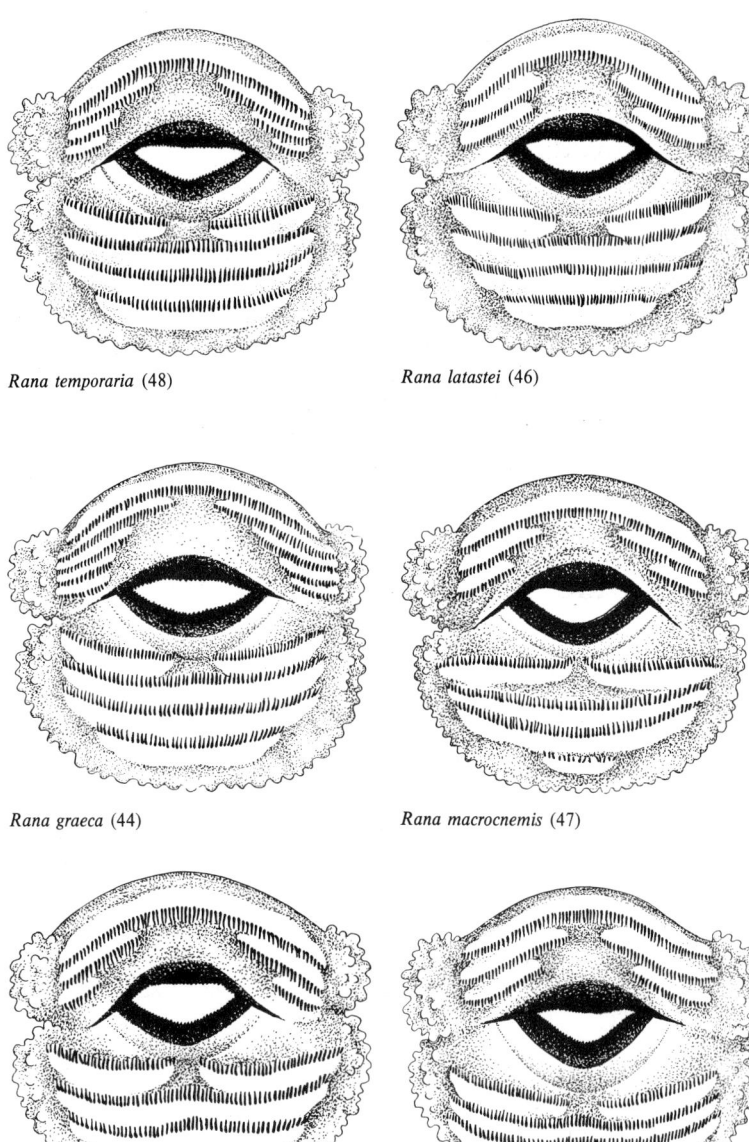

Rana temporaria (48)

Rana latastei (46)

Rana graeca (44)

Rana macrocnemis (47)

Rana dalmatina (43)

Rana iberica (45)

124

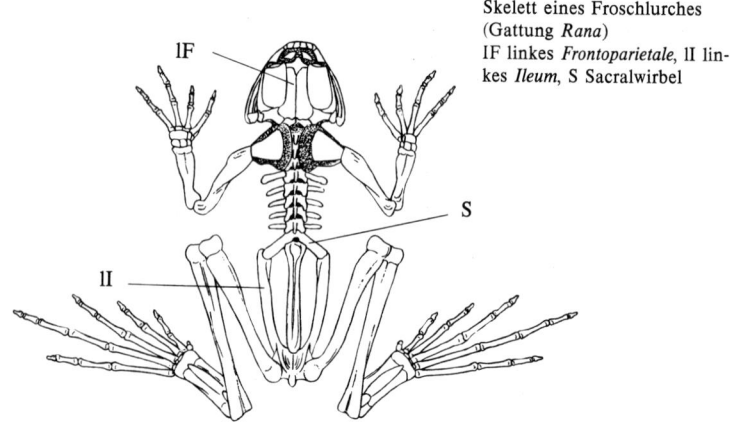

Skelett eines Froschlurches
(Gattung *Rana*)
IF linkes *Frontoparietale*, II linkes *Ileum*, S Sacralwirbel

Bestimmung der Froschlurche anhand ihrer Knochen

Froschlurche werden nicht selten von Eulen, Greifvögeln oder Raubsäugern gefressen. Ihre Knochen werden nur zum Teil verdaut, so daß sie in unversehrtem Zustand in den Gewöllen oder Exkrementen dieser Tiere gefunden werden können. Auf den folgenden Abbildungen werden verschiedene Knochen von europäischen Froschlurchen vorgestellt. Es wurden solche Elemente ausgewählt, die zum einen relativ unversehrt in Nahrungsrückständen auftreten und zum anderen durch ihre charakteristische Gestalt eine Bestim-

mung der Gattung, nicht selten auch der Art der dazugehörigen Tiere ermöglichen. Am aussagekräftigsten in dieser Hinsicht haben sich *Ileum* (Darmbein), *Frontoparietale* (Stirn- und Scheitelbein) und *Sacrum* (Sacral- oder Kreuzbeinwirbel) erwiesen. Das *Ileum* ist ein Element des Beckengürtels. Es ist paarig angelegt, außerordentlich langgestreckt und verläuft parallel zur Wirbelsäule. Vorn mit den Querfortsätzen des Kreuzbeinwirbels verbunden, bildet es in seinem hinteren Abschnitt gemeinsam mit Sitz- und Schambein *(Ischiopubis)* die Gelenkpfanne *(Acetabulum)* für das Hüftgelenk. Gestalt und Lage von *Tuber superior* und *Vexillum* und die

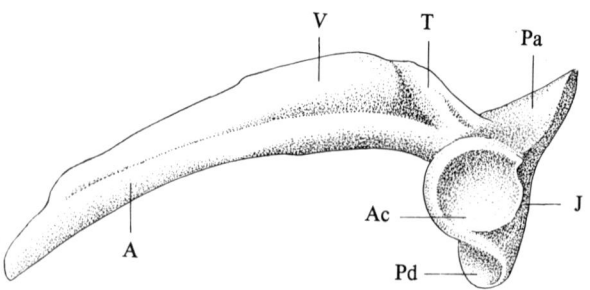

Linkes *Ileum* eines Froschlurches:
A *Ala*, V *Vexillum*, T *Tuber superior*, J *Junctura ilioischiadica*, Ac *Acetabulum*, Pa *Pars ascendens ilii*, Pd *Pars descendens ilii* (Ac + Pa + Pd = *Corpus ilii*)

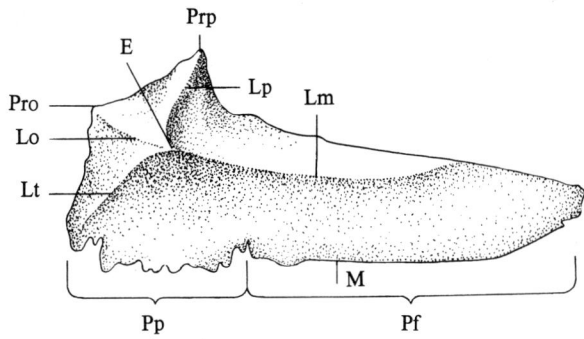

Linkes *Frontoparietale* eines Froschlurches:
E *Eminentia parietalis,* Lm *Linea medialis,* Lo *Linea occipitalis,* Lp *Linea prooticalis,* Lt *Linea transversalis,* M *Margo sagittalis,* Pf *Pars frontalis,* Pp *Pars parietalis,* Pro *Processus occipitalis,* Prp *Processus prooticalis*

Form der Verbindungsfläche zum *Ischium (Junctura ilioischiadica)* sind wichtige Merkmale zur Bestimmung der verschiedenen Arten.

Die *Frontoparietalia* bestehen aus völlig miteinander verwachsenen *Parietale* und *Frontale* und sind bei den meisten Gruppen paarig ausgebildet. Sie bilden den oberen Teil der Schädelkapsel und schützen das daruntergelegene Gehirn, dessen Konturen sich auf ihrer Unterseite abzeichnen. Sowohl der Umriß als auch das Relief von Ober- und Unterseite der *Frontoparietalia* sind bedeutsam für die Abgrenzung der Taxa. Das *Sacrum* ist in der Regel der letzte Wirbel vor dem stabförmigen letzten Wirbelsäulenabschnitt, dem *Urostyl.* An seinen Querfortsätzen *(Sacraldiapophysen)* sind die *Ilia* befestigt. Von diagnostischem Interesse sind besonders die Ausbildung der Gelenkhöcker sowie die Form der Querfortsätze.

Zur Artbestimmung ist es günstig, möglichst mehr als eines dieser Elemente heranzuziehen. Die Zeichnungen der Knochenelemente und die Bestimmungstabellen wurden in enger Anlehnung an Böhme (1977) gestaltet.

Tabelle zur Bestimmung der Gattungen anhand des Ileum

1 *Pars descendens ilii* (Pd, s. S.124) bei Sicht auf die *Junctura ilioischiadica* wesentlich stärker ausgeprägt als *Pars ascendens ilii* (Pa, s. S.124) 2

1' *Pars descendens ilii* gleichstark oder schwächer ausgeprägt als *Pars ascendens ilii* 4

2 *Ala* mit niedrigem *Vexillum* *Discoglossus* (S. 140)

2' *Ala* ohne *Vexillum* 3

3 Durchmesser des *Acetabulum* kleiner als der doppelte Durchmesser der *Ala, Acetabulum* nicht bis zum unteren Rand der *Pars descendens ilii* reichend *Alytes* (S. 134)

3' Durchmesser des *Acetabulum* größer als der doppelte Durchmesser der *Ala, Acetabulum* bis zum unteren Rand der *Pars descendens ilii* reichend *Bombina* (S. 137)

4 *Ala* mit *Vexillum* *Rana* (S. 159)

4' *Ala* ohne *Vexillum* 5

5 *Tuber superior* nicht oder nur sehr schwach ausgeprägt 6

5' *Tuber superior* deutlich ausgeprägt 7

6 Rinnenartige Vertiefung auf der *Ala* kurz vor dem Übergang zum *Corpus* vorhanden *Pelobates* (S. 142)

6' Keine rinnenartige Vertiefung auf der *Ala* *Pelodytes* (S. 146)

7 *Tuber* nach oben gerichtet *Bufo* (S. 149)

7' *Tuber* seitwärts zum *Acetabulum* geneigt *Hyla* (S. 155)

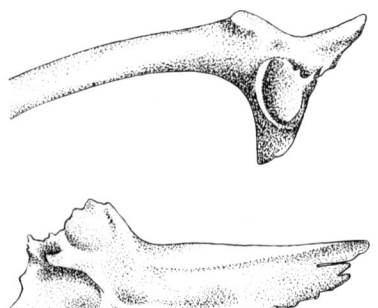

Discoglossus pictus (29)
Linkes Ileum, lang ausgezogene *Pars ascendens ilii*, niedriges *Vexillum* und ein kräftiger, vor dem *Acetabulum* gelegener *Tuber superior*.

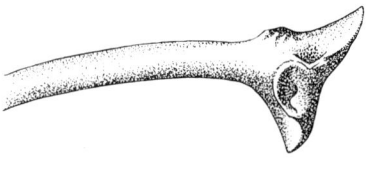

Linkes *Frontoparietale*, charakteristisch sind der bogenförmige Verlauf der *Margo sagittalis* (vordere Fontanelle) und eine Höckerbildung in der oberen Hälfte der *Pars parietalis*.

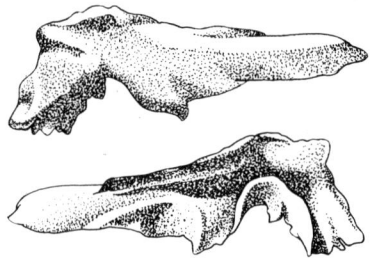

Alytes obstetricans (25)
Linkes *Ileum*, *Vexillum* fehlt, *Tuber superior* kräftig ausgebildet und über dem *Acetabulum* gelegen.

Linkes *Frontoparietale* (dorsale und ventrale Ansicht), charakteristisch sind die beiden großen Einbuchtungen am „unteren" Rand (Fontanellen zwischen linkem und rechtem *Frontoparietale*).

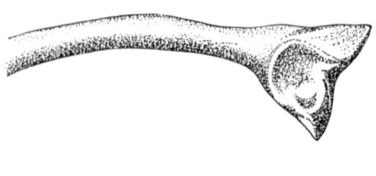

Bombina variegata (28)
Linkes *Ileum*, *Vexillum* fehlt, *Tuber superior* nur sehr schwach ausgebildet.

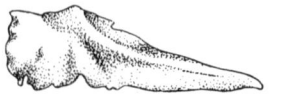

Linkes *Frontoparietale*, sehr dünn und zerbrechlich, deshalb kaum unversehrt in Gewöllen und dgl. zu finden.

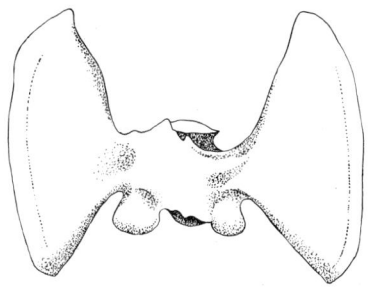

Bombina bombina (27)
Sacralwirbel, vorderer und hinterer *Condylus* nur einfach ausgebildet, die Querfortsätze sind stark verbreitert.

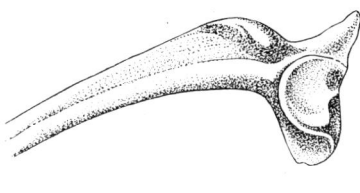

Rana arvalis (42)
Linkes *Ileum*, *Vexillum* verläuft bogig und erreicht höchsten Punkt am *Tuber superior*.

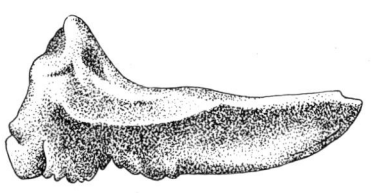

Linkes *Frontoparietale*, *Eminentia parietalis* in der Mitte der *Pars parietalis* gelegen, nur *Linea medialis* kräftig entwickelt und oft bis in unmittelbare Nähe der *Margo sagittalis* reichend.

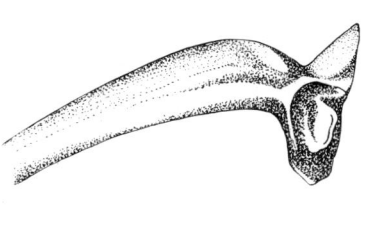

Rana dalmatina (43)
Linkes *Ileum*, *Vexillum* höher als *Tuber superior*, sehr dünnwandig, in gleichmäßigem Bogen verlaufend und schalenförmig gekrümmt. *Pars ascendens ilii* bei Sicht auf die *Junctura* sehr schlank, *Pars descendens ilii* aus seitlicher Sicht breit und nach vorn gerichtet (in der Abb. nach links).

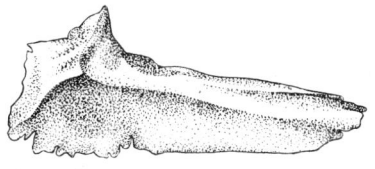

Linkes *Frontoparietale*, *Eminentia parietalis* in der oberen Hälfte der *Pars parietalis* gelegen, *Linea medialis* nach vorn (rechts in der Abb.) oft geteilt, *Linea occipitalis* nicht oder nur undeutlich hervortretend.

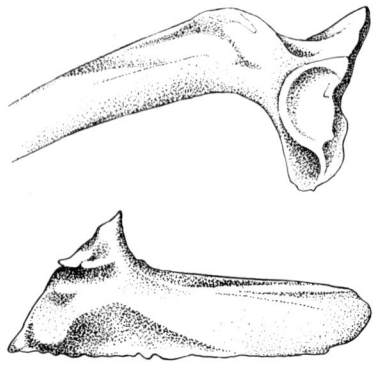

Rana iberica (45)
Linkes *Ileum*, Corpus ilii bei Sicht auf die *Junctura* relativ gedrungen, *Vexillum* breiter als *Ala*.

Linkes *Frontoparietale*, alle *Lineae* relativ schwach hervortretend, am *Processus occipitalis* eine flache rinnenförmige Vertiefung.

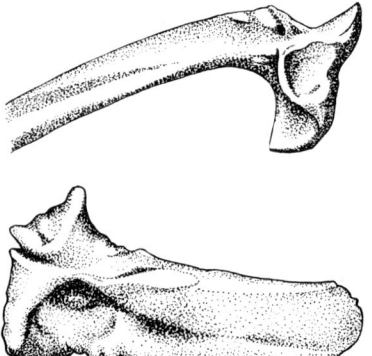

Rana graeca (44)
Linkes *Ileum*, *Corpus ilii* relativ gedrungen, *Vexillum* schmaler als *Ala* und seine obere Begrenzung parallel zur *Ala* verlaufend, *Tuber* überragt meist *Vexillum*.

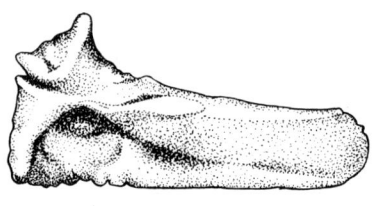

Linkes *Frontoparietale*, ähnlich wie bei *R. temporaria* (48), jedoch die *Lineae* weniger deutlich ausgeprägt und *Pars frontalis* breiter.

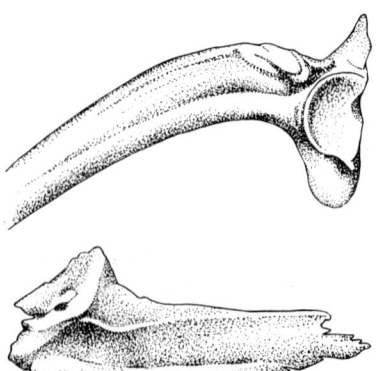

Rana latastei (46)
Linkes *Ileum*, *Corpus* (insbesondere *Pars ascendens ilii*) bei Sicht auf die *Junctura* breiter als bei *R. dalmatina* (43), *Vexillum* höher als *Tuber* und gleichmäßig bogenförmig verlaufend.

Linkes *Frontoparietale*, *Linea medialis* zeigt bogigen Verlauf und tritt in der *Pars parietalis* nur schwach hervor.

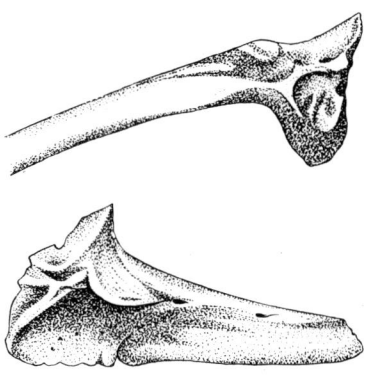

Rana temporaria (48)
Linkes *Ileum, Corpus ilii* bei Sicht auf die *Junctura* relativ schlank, *Pars descendens ilii* mit ausgeprägter Wölbung in der Mitte.

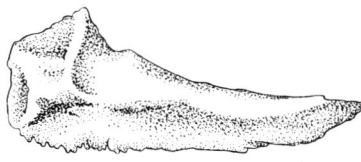

Linkes *Frontoparietale, Eminentia parietalis* in der oberen Hälfte der *Pars parietalis* gelegen, alle *Lineae* kräftig entwickelt, vom *Processus prooticalis* zum *Processus occipitalis* oft eine bogig verlaufende rinnenartige Vertiefung.

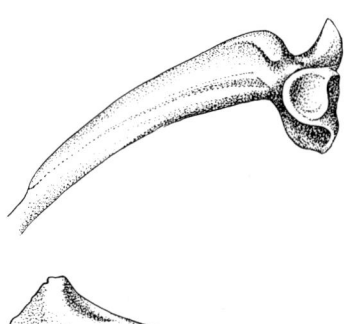

Rana kl. *esculenta* (50)
Linkes *Frontoparietale*, Merkmalsausprägung intermediär zwischen *R. ridibunda* (54) und *R. lessonae* (51), durch zahlreiche Übergänge des öfteren nicht von der einen oder der anderen Art zu trennen. Das gleiche trifft auf das *Ileum* zu.

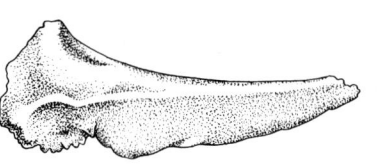

Rana lessonae (51)
Linkes *Ileum, Tuber* kräftig seitlich hervortretend, über dem Vorderrand des *Acetabulum* gelegen.

Linkes *Frontoparietale*, graziler als bei *R. ridibunda* (54), nur *Linea medialis* und *Linea transversalis* ausgebildet, *Processus occipitalis* schwach entwickelt, *Pars frontalis* kürzer als bei *R. ridibunda* und *Margo sagittalis* sichelförmig gebogen.

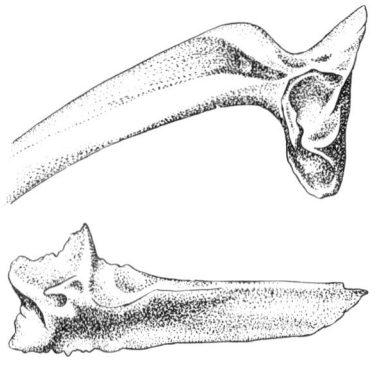

Rana ridibunda (54)
Linkes *Ileum*, *Vexillum* höher als *Ala* und bogig verlaufend, *Tuber* kräftig entwickelt, vor dem Vorderrand des *Acetabulum* gelegen und seitlich abgeflacht.

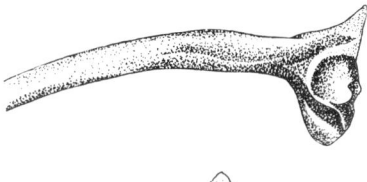

Linkes *Frontoparietale*, dickwandiger als bei den Braunfröschen, alle *Lineae*, besonders aber die *Linea medialis* sehr deutlich ausgeprägt, *Processus occipitalis* sehr kräftig entwickelt, bei älteren Exemplaren häufig zahnartige Bildung zwischen *Linea prooticalis* und *Linea occipitalis*, *Pars frontalis* relativ länger als bei *R. lessonae*, *Margo sagittalis* gerade.

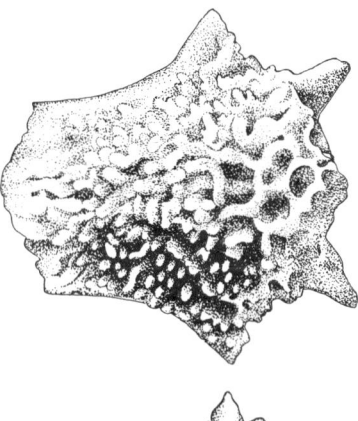

Pelobates fuscus (32)
Linkes *Ileum*, *Vexillum* und *Tuber superior* fehlen, rinnenartige Einschnürung auf der *Ala* am Übergang zum *Corpus ilii*.

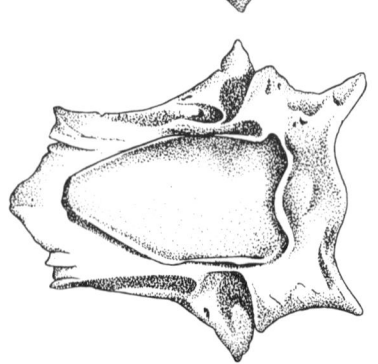

Pelobates fuscus (32)
Frontoparietalia, Oberseite

Frontoparietalia Unterseite

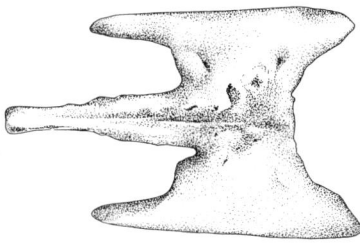

Pelobates fuscus (32)
Sacralwirbel, die Querfortsätze sind flügelartig verbreitert und verlängert, *Sacrum* gewöhnlich mit dem *Urostyl* verwachsen und dann als *Synsacrum* bezeichnet.

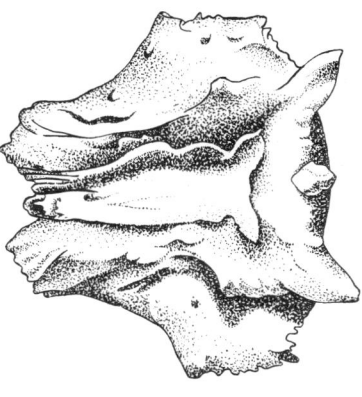

Pelobates cultripes (31)
Frontoparietalia, Unterseite

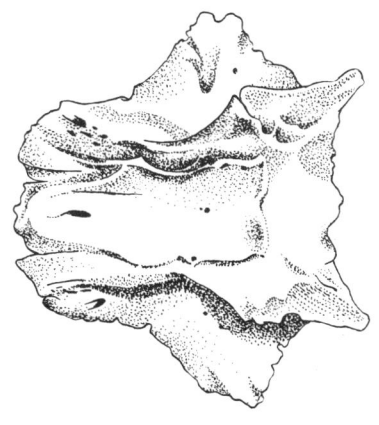

Pelobates syriacus (33), *Frontoparietalia* Unterseite
Bei allen Arten der Gattung *Pelobates* sind die beiden *Frontoparietalia* zu einem Element verschmolzen, dessen Oberseite mit zahlreichen Knochenhöckern bedeckt ist. Auf seiner Unterseite sind die Umrißlinien des Gehirnabdrucks zu sehen, die neben der Gesamtform des Elementes ebenfalls artcharakteristisch sind.

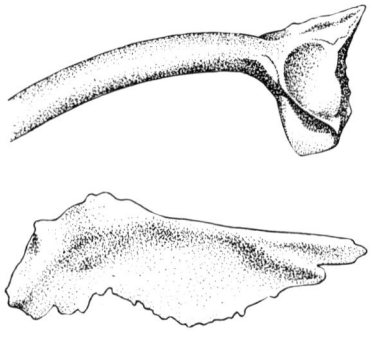

Pelodytes punctatus (35)
Linkes *Ileum*, *Tuber superior* und *Vexillum* fehlen, im Gegensatz zur Gattung *Pelobates* keine Rinnenbildung auf der *Ala*.

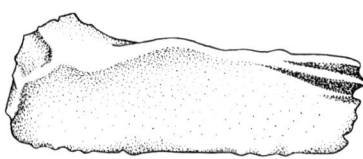

Linkes *Frontoparietale*, 2 Einbuchtungen in der *Margo sagittalis* (vordere und hintere Fontanelle), kein auffallendes Relief auf der Oberseite.

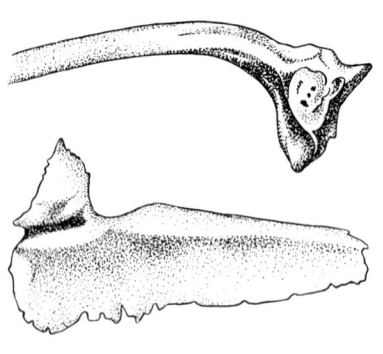

Pelodytes caucasicus (34)
Linkes *Frontoparietale*, nahezu rechteckige Form, kein auffallendes Relief auf der Oberseite. Am *Ileum* sind keine sicheren Unterschiede zu *P. punctatus* bekannt.

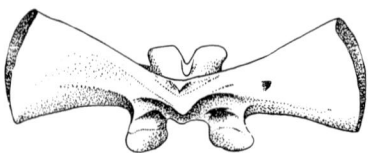

Bufo bufo (36)
Linkes *Ileum*, *Tuber superior* über dem *Acetabulum* gelegen, oft mit mehreren Spitzen.

Linkes *Frontoparietale*, deutliche Rinne in der oberen Hälfte der *Pars parietalis*, keine weiteren Reliefbildungen auf der Oberseite.

Sacralwirbel, die Querfortsätze sind mäßig verbreitert, artcharakteristisch ist das Relief auf dem Mittelteil des Wirbels (Neuralbogen).

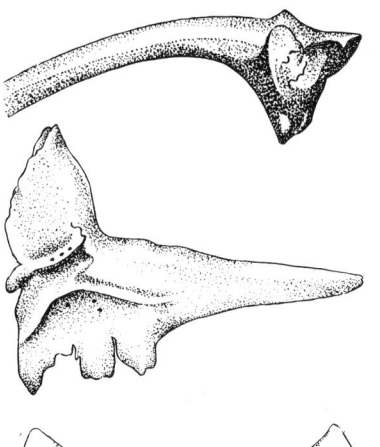

Bufo calamita (37)
Linkes *Ileum, Tuber superior* nur mit einer scharfen Spitze.

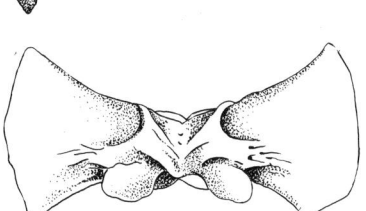

Linkes *Frontoparietale*, mit dem *Prooticum* verwachsen und dadurch Bildung eines längeren Schaftes, Rinnenbildung auf der *Pars parietalis* vorhanden, *Pars frontalis* mehr oder weniger zugespitzt (große vordere Fontanelle)

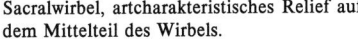

Sacralwirbel, artcharakteristisches Relief auf dem Mittelteil des Wirbels.

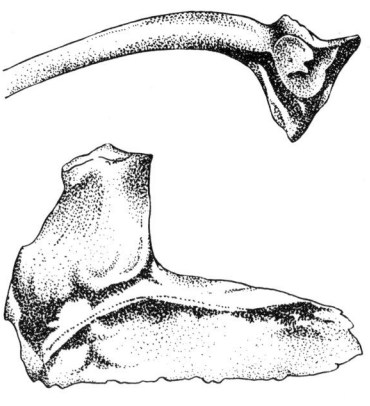

Bufo viridis (38)
Linkes *Ileum, Tuber superior* oft mehrspitzig, deutliche Einschnürung der *Ala* am unteren Übergang zum *Corpus ilii.*

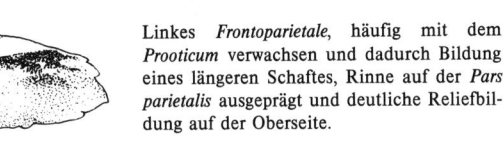

Linkes *Frontoparietale*, häufig mit dem *Prooticum* verwachsen und dadurch Bildung eines längeren Schaftes, Rinne auf der *Pars parietalis* ausgeprägt und deutliche Reliefbildung auf der Oberseite.

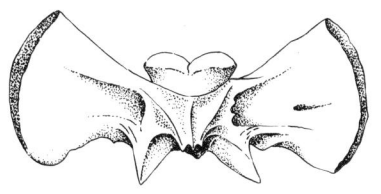

Sacralwirbel, artcharakteristisches Relief auf dem Mittelteil des Wirbels.

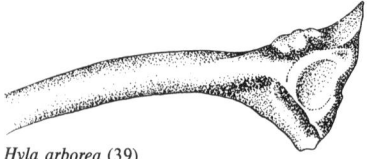

Hyla arborea (39)
Linkes *Ileum, Tuber superior* gut entwickelt und seitlich sitzend, breit ausgezogener unterer Übergang zwischen *Ala* und *Corpus ilii.*

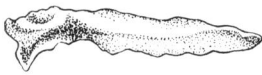

Linkes *Frontoparietale*, schmale, sehr zerbrechliche Knochenspange, die kaum einmal unversehrt in Nahrungsrückständen anzutreffen ist.

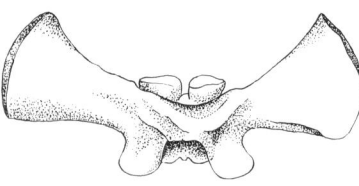

Sacralwirbel, ähnlich wie bei der Gattung *Bufo*, jedoch im Mittelteil des Wirbels weniger skulptiert und wesentlich kleiner als bei adulten Exemplaren jener Gattung.

Familie *Discoglossidae*
Scheibenzüngler

Nach Merkmalen des Skelettes (Wirbel opistocoel, d. h. nur hinten eingebuchtet) und des Verhaltens die urtümlichste der europäischen Froschlurch-Familien. Ihre insgesamt nur 13 Arten verteilen sich auf die Unken, Scheibenzüngler, Geburtshelferkröten und die in Ostasien lebende Gattung *Barbourula.*
Einzige Lurchfamilie, deren Vorkommen hauptsächlich auf Europa beschränkt ist (fossil nachgewiesen seit dem Oligozän). Charakteristische Merkmale sind ferner die dicke, scheibenförmige Zunge, die mit der gesamten bzw. vorderen Hälfte der Unterseite am Boden der Mundhöhle festgewachsen ist und deshalb nicht zum Beutefang vorgeschnellt werden kann, und das Vorhandensein von echten Rippen. Das Atemrohr der Kaulquappen endet etwa in der Mitte der Bauchunterseite (als ein ursprünglicher Zustand zu werten). Während der Paarung wird das Weibchen nicht wie bei den meisten anderen Froschlurchen hinter den Vorderbeinen, sondern in der Lendengegend umklammert. Es erfolgen mehrere Paarungen innerhalb einer Fortpflanzungsperiode. Die Zahl der Eier ist gering.

Gattung *Alytes*
Geburtshelferkröten

Durch zahlreiche kleinere und größere Warzen auf dem Rücken, den Flanken und den Extremitäten sowie die kurzen Hinterbeine bestehen Verwechslungsmöglichkeiten mit den Echten Kröten. Von diesen unterscheiden sie sich durch die schlankere Gestalt, eine senkrechte Pupille, die scheibenförmige Zunge, die mit ihrem Vorderteil am Mundhöhlenboden festgewachsen ist, und das Fehlen der zahlreichen Höckerchen auf den Handflächen. Trommelfell und Ohrdrüsen sind äußerlich mehr oder weniger sichtbar. Die Gaumenzähne stehen in je einer kurzen Reihe hinter den inneren Nasenöffnungen. Die Männchen besitzen weder Schallblasen noch Brunstschwielen. Die Atemöffnung der Larven liegt fast in der Bauchmitte, dem Vorderende des Rumpfes näher als dem Hinterende. Auffallendstes Merkmal ist ihr eigentümliches Fortpflanzungsverhalten. 2 Arten im mittleren und südwestlichen Europa sowie Nordafrika.

24 *Alytes cisternasii*
Iberische Geburtshelferkröte
Kennzeichen: Auf den Handtellern befinden sich im Unterschied zur Gemeinen Geburtshelferkröte (25) nur 2 schwielenartige Erhebungen. Sie ähnelt in den meisten Merkmalen jener Art,

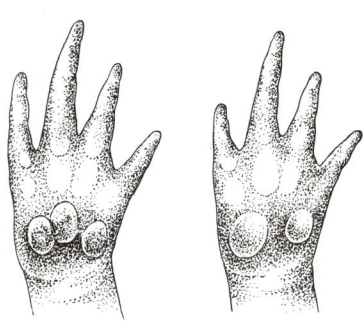

Unterscheidung nach der Zahl der Schwielen auf den „Handtellern" und der Länge des 4. Fingers:
Alytes obstetricans (25), *A. cisternasii* (24)

ist jedoch etwas robuster gebaut und kleiner (bis 45 mm Kopf-Rumpf-Länge), besitzt kürzere Beine, und die Färbung der Oberseite ist mehr bräunlich und nicht gräulich wie bei jener.
Vorkommen: Nur im mittleren und westlichen Teil der Iberischen Halbinsel. In Weingärten, Steinbrüchen, Wäldern und anderen (auch sandigen) Biotopen.
Lebensweise: Die Fortpflanzung findet hauptsächlich in den Monaten September bis März statt. Die 40 bis 120 Eier pro Gelege sind mit 12 mm Durchmesser etwas kleiner als die von *A. obstetricans (25),* und ihre Entwicklungsdauer ist etwas länger.
Besonderes: Hat unter den vom Men-

schen verursachten Umweltschäden sehr zu leiden und ist infolge ihres kleinen Artareals sowie geringer Populationsdichte vom Aussterben bedroht.

25 *Alytes obstetricans*
Gemeine Geburtshelferkröte
Kennzeichen: Die Kopf-Rumpf-Länge der auf der gesamten Oberseite mit Warzen bedeckten Tiere erreicht maximal etwa 55 mm. Oberseits herrscht ein grauer Farbton vor, der ins Gelbliche, Bräunliche oder (seltener) Grünliche spielen kann, mit wenigen unauffälligen dunkelgrauen Flecken. Auf den Rückenseiten zieht sich je eine Reihe größerer, oft rötlich gefärbter Warzen vom Trommelfell bis zum Ansatz der Hinterbeine hin. Die Unterseite des Rumpfes ist gewöhnlich ungefleckt weißlich oder gelblich, die der Hintergliedmaßen fleischfarben. Männchen und Weibchen sind äußerlich nicht voneinander zu unterscheiden.
Meist erst nach Einbruch der Dunkelheit hört man die Paarungsrufe der Geburtshelferkröten. Es sind kurze melodische Pfiffe hoher Tonlage, die große Ähnlichkeit mit dem Radio-Zeitzeichen haben und in der Nähe des auf dem Lande gelegenen Tagesverstecks geäußert werden. Außer den Paarungsrufen wurden Erregungs-, Befreiungs- und Schreckrufe beschrieben. Während des Paarungsvorspiels soll das Weibchen ähnlich rufen wie das Männchen,

zu 24

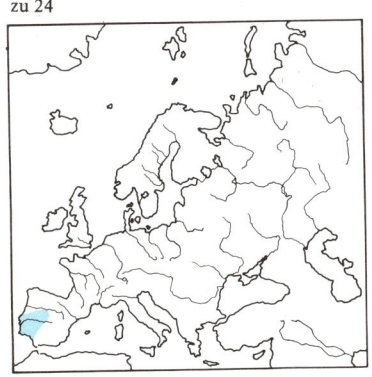

zu 25

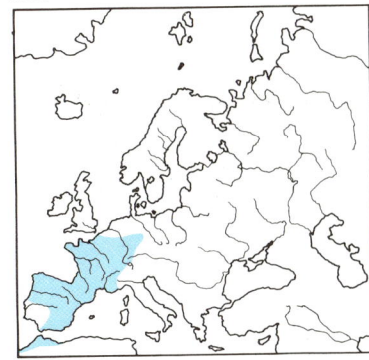

wodurch es zu einer Art „Wechselgesang" kommen kann.

Vorkommen: Vorwiegend Südwesteuropa mit Vorkommen in Portugal, Spanien, Frankreich, aber auch Belgien, Luxemburg, Niederlande, BRD, DDR, Schweiz und Marokko.

Hält sich die meiste Zeit ihres Lebens außerhalb von Gewässern auf. Sie bevorzugt Hügel- und Berglandschaften (in Südeuropa bis 2000 m) und versteckt sich tagsüber unter Steinen, moderndem Holz oder in kleinen Erdhöhlen. Obwohl nach der Metamorphose nur selten direkt in Gewässern anzutreffen, leben sie doch gewöhnlich nicht weit von Kiesgruben, Teichen, Bächen oder Gräben entfernt.

Lebensweise: Sie verlassen erst abends ihre Verstecke, um in der Dunkelheit laufend und springend auf die Suche nach Nahrung zu gehen. Sie paaren sich mehrmals im Jahr, hauptsächlich in den Monaten April bis August. Nachdem die großen Eier, die mittels elastischer Fäden untereinander verbunden sind, ausgestoßen wurden, wickelt sie sich das Männchen mit strampelnden Bewegungen um die eigenen Hinterbeine. Die 20 bis 80 Eier, die auch von zwei Partnerinnen stammen können, werden von ihm 3 bis 6 Wochen herumgeschleppt, bis die Embryonalentwicklung der Keime abgeschlossen ist. Dann sucht es meist kleinere Gewässer auf, um die Eischnüre mit den schlüpfenden Larven abzustreifen. Die beim Schlupf etwa 15 mm langen Larven sind relativ weit entwickelt. Ihre Umwandlung erfolgt gewöhnlich erst im nächsten Jahr bei einer Länge von 5 bis 8 cm.

Besonderes: Die Pyrenäenhalbinsel wird von einer eigenen Unterart, **25b** *A. o. boscai* bewohnt, während das übrige Areal von der Nominatform **25a** *A. o. obstetricans* besetzt ist.

Gattung *Baleaphryne* Balearenkröten

Einzige Art:

26 *Baleaphryne muletensis*
Balearenkröte

Im Jahre 1979 wurde von spanischen Wissenschaftlern anhand von Skelettmaterial aus dem mittleren und oberen Pleistozän Mallorcas dieser Froschlurch nach fossilen Überresten beschrieben, der engere verwandtschaftliche Beziehungen zu den Geburtshelferkröten aufweisen soll. Neue Nachforschungen auf Mallorca ergaben, daß diese Art dort offenbar heute noch le-

24 *Alytes cisternasii*

25a *Alytes o. obstetricans*

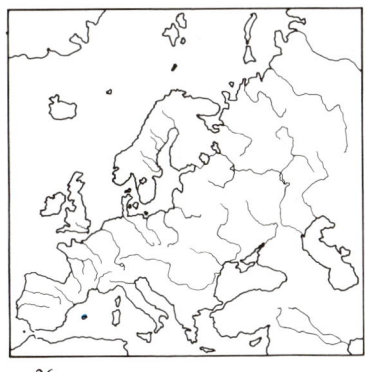

zu 26

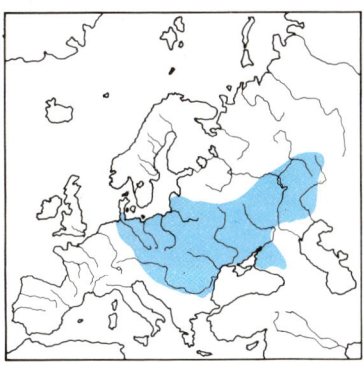

zu 27

bend existiert (Funde von Larven und Jungtieren sowie einem ausgewachsenen Exemplar liegen vor). Eine endgültige Klärung des systematischen Status dieser „Mallorca-Geburtshelferkröte" steht noch aus.

Gattung *Bombina*
Unken

Äußerlich ist kein Trommelfell sichtbar, auffällige Ohrdrüsen fehlen. Die Pupillen sind in der Regel dreieckig. Die Oberkieferzähne stehen in zwei kleinen Grüppchen etwas nach hinten versetzt zwischen den inneren Nasenöffnungen. Der Körper ist abgeflacht, hat auf der Oberseite stark entwickelte Warzen und auf der Unterseite grelle (gelbe bis rote) Farbflecken. Die Zunge ist mit der gesamten Unterseite am Mundhöhlenboden festgewachsen.
Unken sind außer während des Winterschlafes fast nur in und an Gewässern zu finden. Neben den beiden europäischen leben in Asien noch 3 weitere Arten.

27 *Bombina bombina*
Rotbauchunke

Kennzeichen: Die orange, rot, manchmal aber auch gelb gefärbten Flecken nehmen weniger als die Hälfte der Fläche der Körperunterseite ein. Die Finger- und Zehenspitzen bleiben in der Regel ungefärbt. Das Verhältnis von

Körperlänge zur Unterschenkellänge beträgt meist mehr als 3:1. Auf den Warzen der Oberseite sitzt je ein kleines, wenig hervorragendes schwarzes Hornhöckerchen. Die Körperseiten sowie die dunklen Bezirke der Unterseite sind mit weißlichen Punkten übersät. Die Männchen besitzen innere Schallblasen und während der Paarungszeit dunkle Hornschwielen auf der Innenseite der Vordergliedmaßen sowie des 1. und 2. Fingers. Kopf-Rumpf-Länge selten über 5 cm.
Die Stimme ist ein eintöniges, aber klangvolles uuh – uhh – uhh, das besonders dann recht laut klingt, wenn die Männchen, den ganzen Körper als Resonanzboden benutzend, aufgeblasen auf der Wasseroberfläche liegen. Die Intervalle zwischen den Rufen sind bei höheren Wassertemperaturen gewöhnlich kürzer als bei niedrigen. Pro Minute werden jedoch niemals mehr als 40 Rufe geäußert. Rufen zahlreiche Tiere im Chor, so hört man ein lautes, schwingendes uuhuuhuuh. In Europa nur mit der Gelbbauchunke zu verwechseln, mit der sie sich auch erfolgreich kreuzt. In solchen Fällen (bekannt z. B. aus Polen und Rumänien) kann es zur Bildung ganzer Populationen mit intermediären Merkmalen kommen.
Vorkommen: Das Verbreitungsgebiet reicht im Westen bis zur Weser und nach Dänemark, im Norden bis zum

Finnischen Meerbusen, im Osten bis zum Ural, im Südosten bis zum Schwarzen Meer und im Süden bis Nordjugoslawien und Bulgarien. Bevorzugte Aufenthaltsorte sind kleinere, pflanzenreiche Gewässer der Tiefländer. Aber auch die Uferbereiche größerer Flußarme und Seen werden besiedelt, wenn das Wasser leicht durchwärmbar ist und lehmiger oder schlammiger Untergrund und reiche Vegetation gegeben sind.

Lebensweise: Im Frühjahr und Sommer an und in Gewässern lebend. Tag- und nachtaktiv bei Temperaturen zwischen 10 und 30°C. Der Winterschlaf erfolgt auf dem Lande in Tierhöhlen oder im lockeren Erdreich. Er wird in der Zeit zwischen Ende März und Anfang Mai beendet. 2 bis 3 Wochen danach kommt es zur ersten Paarung, bei der das Weibchen mehrere kleine Eiklümpchen an Wasserpflanzen oder am Gewässergrund absetzt. Die Zahl der Eier liegt pro Weibchen und Saison nicht höher als 300. Bis zur Metamorphose, bei der die Larven 3,5 bis 5 cm lang sind, vergehen 2 bis 3½ Monate. Larven aus späteren Gelegen können überwintern, Riesenlarven kommen vor. Im September/Oktober ziehen sich die Rotbauchunken zur Winterruhe zurück.

Bei Gefahr biegen die Rotbauchunken ihren Rücken zuweilen zu einem „Hohlkreuz" durch und drehen Vorder- und Hinterbeine so nach oben, daß die grellfarbenen Flecken der Unterseite teilweise sichtbar werden. Ausnahmsweise werfen sie sich auch auf den Rücken. Dieses Verhalten wird Unkenreflex genannt und als Warnreaktion gegenüber Feinden gedeutet. Das Hautsekret ist giftiger als bei den übrigen europäischen Froschlurchen und wirkt auch auf die Schleimhäute des Menschen äußerst unangenehm.

28 *Bombina variegata*
Gelbbauchunke
Kennzeichen: Innerhalb Europas kann sie nur mit der Rotbauchunke (27) verwechselt werden. Von dieser unterscheidet sie sich durch die gelbe Farbe der Unterseite (mehr als 50% der Fläche), die Gelbfärbung wenigstens einer oder einiger Finger- und/oder Zehenspitzen, das Vorkommen von mehreren schwarzen Hornhöckerchen oder -stacheln auf den Warzen, längere Unterschenkel (Körperlänge : Unterschenkellänge weniger als 3:1) und das Fehlen von Schallblasen bei den Männchen. Ihre Oberseite ist meist heller (grau, bräunlich, grünlich) gefärbt, die weißlichen Punkte fehlen auf der Unterseite weitgehend, und die gelben Farbflächen sind häufiger miteinander verbunden als bei der Rotbauchunke. Brunstschwielen befinden sich mit Ausnahme des 4. Fingers an allen Fingern der Vorderbeine, an den Unterarmen und auf

Schreckstellung
(Unkenreflex)

27 *Bombina bombina*

den 3 mittleren Zehen der Hinterbeine der Männchen. Kopf-Rumpf-Länge bis 5,5 cm. Bei Gefahr zeigt sie wie die Rotbauchunke den Unkenreflex.

28a *Bombina v. variegata,*

Schreckstellung

Im Laufe des Sommers sind mehrere Rufperioden zu unterscheiden. Die Tiere können sowohl am Tage als auch in der Nacht rufen. Die minimale „Ruftemperatur" liegt bei 11°C, die maximale bei 30°C. Ein sicheres Unterscheidungsmerkmal der Paarungsrufe von Rot- und Gelbbauchunke ist das Tempo der Ruffolgen. Gelbbauchunken äußern umgerechnet immer mehr als 40 Rufe in der Minute.

Vorkommen: Vorwiegend Mittel- und Südeuropa. Im Westen bis in die Nähe der französischen Atlantikküste, im Norden bis ins Weserbergland und in den Harz, im Osten bis zum Schwarzen Meer. Die südlichsten Vorkommen liegen auf Sizilien und einigen griechischen Inseln.

Typische Bewohner des Hügel- und Berglandes (bis 1900 m). Sie kommen mitunter aber auch im Flachland vor. Bevorzugte Aufenthalts- und Laichbiotope sind Kleingewässer, wie Weiher, Tümpel, Teiche, Bäche, Straßengräben. Selbst in wassergefüllten Wagenspuren

oder größeren Pfützen wurden sie schon laichend angetroffen. Schmutziges oder stark verkrautetes Wasser wird nicht gemieden, schnell fließende oder im Walde gelegene Gewässer werden jedoch seltener aufgesucht.

Lebensweise: Obwohl während der Frühjahrs- und Sommermonate vorwiegend an und in Gewässern lebend, entfernt sie sich doch öfter von denselben und wandert besonders bei stärkeren Regenfällen auch größere Strecken über Land, hauptsächlich um neue Wohngebiete aufzusuchen. Gelbbauchunken sind tag- und dämmerungsaktiv. Überwinterung, Paarung und Ernährung sind ähnlich wie bei der Rotbauchunke

zu 28

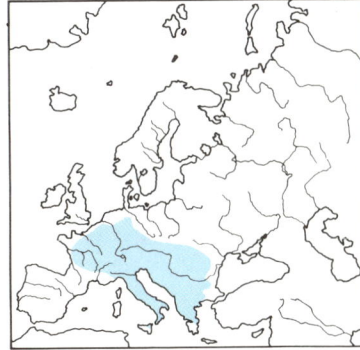

(27), die Larvenentwicklung geht einige Tage schneller als bei jener vonstatten. Die Geschlechtsreife tritt nach 2 Lebensjahren ein.

Besonderes: Neben der im größten Teil des Artareals lebenden Nominatform **28a** *B. v. variegata* werden im Süden des Verbreitungsgebietes weitere 3 Unterarten unterschieden: **28c** *B. v. pachypus* auf der Apenninen-Halbinsel und auf Sizilien, **28b** *B. v. kolombatovici* in Dalmatien und **28d** *B. v. scabra* auf der südlichen Balkanhalbinsel bis nach Bulgarien.

zu 29

Gattung *Discoglossus*
Scheibenzüngler

Kleine, farbenfrohe Froschlurche mit relativ glatter Haut. Sie halten sich vorwiegend an und in Gewässern auf. Von den bei flüchtiger Betrachtung ähnlichen Echten Fröschen unterscheiden sie sich u. a. durch eine senkrecht-ovale oder dreieckige Pupille, die Anordnung der Gaumenzähne (hinter und nicht zwischen den inneren Nasenöffnungen) und die scheibenförmige, fast vollständig mit dem Mundhöhlenboden verwachsene Zunge. Das Trommelfell ist äußerlich oft nicht klar erkennbar. Zu dieser in Vorderasien, Südwesteuropa und im westlichen Nordafrika lebenden Gattung gehören 4 Arten.

29 *Discoglossus pictus*
Gemalter Scheibenzüngler

Kennzeichen: Bis zu 7 cm lang werdend. Sie haben eine gelbliche, gräuliche, grünliche oder rötliche Oberseite, die mit dunkelbraunen, oftmals hell gesäumten Flecken übersät ist. Die Flecken sind bei manchen Exemplaren zu 2 breiten Längsbinden verschmolzen, die durch einen hellen Mittelstreifen (Aalstrich) unterbrochen sind. Charakteristisch sind 2 mehr oder weniger durchgehende Drüsenleisten, die hinter den Augen beginnen und sich bis zur Lendengegend hinziehen, sowie weitere längliche Drüsenleistchen auf der ansonsten glatten Oberseite. Die Unterseite ist meist hell und ungefleckt. Die Männchen haben während der Paarungszeit schwielenartig verdickte Daumen und „Zeigefinger" sowie Brunstschwielen bzw. -pickel an Kehle, Bauch und Zehenschwimmhäuten.

Die Männchen besitzen keine Schallblasen, deshalb ist ihre Stimme nicht laut. Ihre Paarungsrufe, die hauptsächlich über Wasser und in der Dämmerung oder Dunkelheit geäußert werden, klingen etwa wie ra-ra-ra und werden in schneller Folge wiederholt. Nicht paarungsbereite Weibchen, die umklammert oder festgehalten werden, können sowohl unter als auch über Wasser Befreiungsrufe ausstoßen.

Vorkommen: Iberische Halbinsel mit Ausnahme des Nordostens, Südwestfrankreich, Sizilien und Malta. Außer in Europa kommt die Art auch in NW-Afrika vor. In ihrer Lebensweise sind sie eng an die Uferregionen der unterschiedlichsten stehenden und fließenden Gewässer gebunden und entfernen sich nur ausnahmsweise von ihnen.

Lebensweise: Die Winterruhe ist gewöhnlich nur kurz. Sie erscheinen schon im Februar wieder in den Laichgewässern. Die Laichzeit erstreckt sich vom Frühjahr bis zum Spätsommer. Die Gesamtzahl der pro Weibchen und Saison abgelegten Eier liegt zwischen 500 und 1000. Die Eier werden einzeln an Wasserpflanzen abgelegt oder sinken als dünne Schicht auf den Gewässergrund. Je nach der Höhe der Temperatur dauert die Embryonalentwicklung 4 bis 8 Tage und die Larvenentwicklung bis zur Metamorphose nur 3 bis 8 Wochen. Die Geschlechtsreife tritt im 2. Lebensjahr ein. Bei Gefahr verstecken sie sich im Bodenschlamm der Gewässer oder im Pflanzenwuchs. Sie sind sowohl tag- als auch nachtaktiv.

30 *Discoglossus sardus*
Sardischer Scheibenzüngler
Kennzeichen: Bis zu 7,5 cm Körperlänge, damit etwas größer und auch robuster als der Gemalte Scheibenzüngler **(29)**. Die Oberseite ist meist gefleckt, seltener einfarbig, jedoch niemals gestreift. Oftmals befindet sich ein verwaschener weißlicher Fleck auf dem Vorderrücken. Die Merkmalkomplexe beider Arten der Scheibenzüngler variieren beträchtlich und können ineinander übergehen, so daß eine genaue Bestimmung mancher Tiere nur bei Kenntnis der geographischen Herkunft möglich ist.

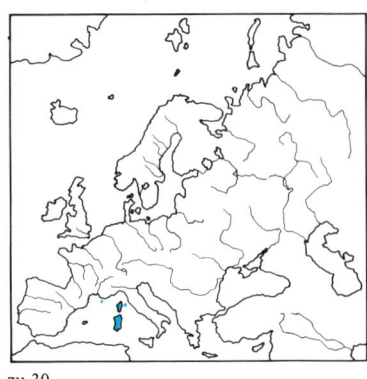

zu 30

ten Scheibenzüngler **29,** doch wird er etwas später geschlechtsreif. Er legt weniger Eier, zieht etwas niedrigere Temperaturen vor und zeigt meßbare Unterschiede in den Paarungsrufen.
Besonderes: Verwechslungen sind mit dem Gemalten Scheibenzüngler **(29)** möglich. Vergleiche der Skelette sowie Kreuzungsexperimente trennen jedoch beide Arten eindeutig. 1984 wurde von

29 *Discoglossus pictus,*
Färbungsvarianten

Vorkommen: Sardinien, Korsika, Giglio, Monte Cristo, Iles d'Hyères. Bewohnt ähnliche Habitate wie die vorangehende Art und kommt im Gebirge bis über 1000 m Höhe vor.
Lebensweise: Ähnlich wie beim Gemal-

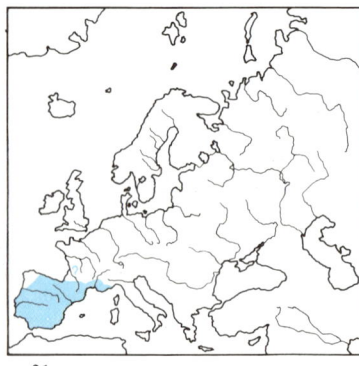

zu 31

Korsika eine weitere Art, *Discoglossus montalentii* LANZA et al. beschrieben, die neben *D. sardus* dort vorkommt.

Familie *Pelobatidae*
Krötenfrösche

Urtümliche Gruppe, deren Vertreter vielfach eine krötenähnliche Gestalt, aber eine glatte, feuchte Haut und vertikale Pupillenschlitze besitzen. Subartikularhöckerchen fehlen. Der Sacralwirbel besitzt breite flügelartige Querfortsätze und ist gewöhnlich mit dem Urostyl verwachsen. Die große Zunge ist herausklappbar und nur mit ihrem Vorderteil angewachsen.

Bei der Paarung wird das Weibchen unmittelbar vor den Hinterbeinen umklammert. Der Laich wird in kurzen dicken Schnüren abgesetzt. Das Atemloch der Kaulquappen befindet sich in der vorderen Hälfte der linken Körperseite.

Zu der in Europa, Asien, Nordamerika und Nordwestafrika vorkommenden Familie werden 12 Gattungen mit etwa 60 Arten gezählt. Sie ist fossil seit dem Miozän Europas bekannt.

Gattung *Pelobates*
Schaufelkröten

Kurze Hinterbeine, ein rundlicher Rumpf, glatte und schlüpfrige Haut sowie eine große hornige Grabschaufel an der Basis der 1. Zehe sind charakteristische Merkmale. Ohrdrüsen und Trommelfell sind äußerlich nicht sichtbar, Schallblasen fehlen.

Vorwiegend nachtaktiv, den Tag verbringen sie tief im Erdboden vergraben. Nur während der Fortpflanzungsperiode halten sie sich im Wasser auf.

Die Gattung kommt mit 4 Arten in Europa, Nordafrika und im Vorderen Orient vor.

31 *Pelobates cultripes*
Messerfuß
Kennzeichen: Kopf-Rumpf-Länge bis 9 cm. In vielen Merkmalen, wie Körperbau und -proportionen, Form der Pupille, Beschaffenheit der Haut u. a.

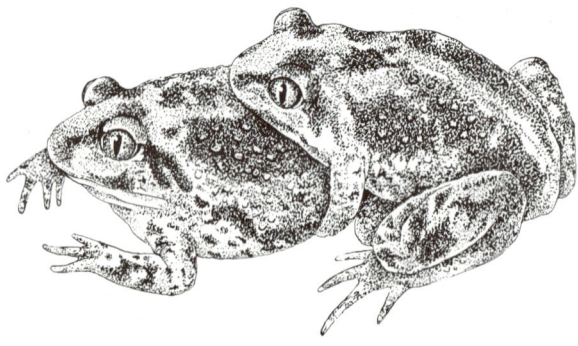

Das Männchen von *Pelobates fuscus* (32) umklammert das Weibchen während der Paarung in der Lendengegend (Amplexus lumbalis)

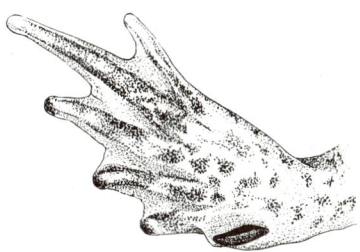

Pelobates cultripes (31), Unterseite des linken Hinterfußes mit schwarzem Fersenhöcker an der Basis der 1. Zehe

kaum von der Knoblauchkröte **(32)** zu unterscheiden. Wichtigste Kennzeichen sind die schwarz gefärbten Grabschaufeln (daran kann man auch schon ältere Larven erkennen) und das Fehlen der Aufwölbung in der Scheitelregion. Rote Punkte und Flecken auf der Körperoberseite wie bei der Knoblauchkröte treten beim Messerfuß kaum einmal auf. Die großen unregelmäßigen Flecken auf der Oberseite und den Flanken sind nicht selten oliv- oder dunkelgrün gefärbt.
Die Stimme soll ähnlich wie das Glukken einer Henne klingen und wird mit ko-ko-ko umschrieben.
Vorkommen: Nur auf der Iberischen Halbinsel und im südwestlichen Frankreich. Bewohnt sowohl Dünenhabitate der Küste als auch Kulturlandschaften (z. B. Spargelfelder) und Sumpfgebiete.
Lebensweise: Vorwiegend nächtlich und besonders nach Regen aktiv, meidet wie die folgende Art außerhalb der Laichzeit Gewässer. Sie überwintert von Oktober bis Februar in bis zu 1 m tiefen und senkrecht nach unten gegrabenen Erdlöchern. Paarung, Laich und Größe der Larven wie bei der Knoblauchkröte **(32)**.

32 *Pelobates fuscus*
Knoblauchkröte
Kennzeichen: Besitzt einen relativ großen Kopf und weit hervorstehende Augen mit senkrechtem Pupillenspalt. Charakteristisch sind ferner die hoch-

aufgewölbte Nase und Stirn, wobei in der Scheitelregion noch eine besondere Aufwölbung zu erkennen ist. Die scharfkantige, hornige Grabschaufel an den mit wohlausgebildeten Schwimmhäuten versehenen Hinterfüßen ist gelblich gefärbt und länger als die 1. Zehe. Die Männchen erreichen bis zu 7 cm und die Weibchen bis zu 8 cm Kopf-Rumpf-Länge. Die Männchen bilden zwar keine Brunstschwielen aus, zeigen jedoch während der Paarungszeit eine erhabene, ovale Drüse am Oberarm. Färbung und Zeichnung der Oberseite sind variabel. Die Grundfarbe ist gelblich-gräulich mit größeren bräunlichen Flecken unterschiedlicher

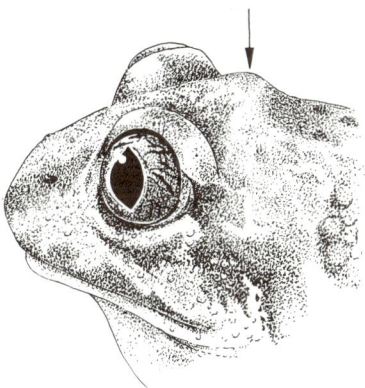

Pelobates fuscus (32) mit charakteristischer Aufwölbung hinter den Augen

zu 32

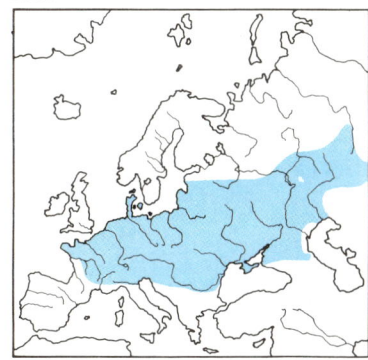

32a *Pelobates f. fuscus*

Form und Anordnung. Nicht selten sind rote Punkte und Fleckchen. Berührt man die Tiere, so sondern sie vornehmlich zur Paarungszeit ein nach Knoblauch riechendes Sekret ab.

Nur während der Laichzeit sind die verstärkt nachts und unter Wasser geäußerten einförmigen Laute zu hören. Es handelt sich um Rufserien, die jeweils aus 2 bis 4 Einzelrufen bestehen. Letztere sind einsilbig und klingen etwa wie die Nachahmung des Klapperns von Pferdehufen mit der Zunge: dlock-dlock-dlock. In Schrecksituationen kann ein heller Schrei ausgestoßen werden.

Vorkommen: Hauptsächlich im Flachland Mittel- und Osteuropas. Die westlichsten Vorkommen liegen im nordwestlichen Frankreich, die nördlichsten in Dänemark und der Estnischen SSR, die östlichsten im westsibirischen Tiefland und in der Kasachischen SSR, die südlichsten in Oberitalien und Bulgarien. Die Art bevorzugt zwar sandige Habitate, ist aber ökologisch sehr anpassungsfähig, so daß auch lehmige oder moorige Böden in der Kulturlandschaft sowie in ursprünglichen Steppen- oder Waldbiotopen besiedelt werden. Nur dichte Waldungen und felsiger Untergrund werden im allgemeinen gemieden.

Lebensweise: Knoblauchkröten graben sich mittels der scharfkantigen Grabschaufeln bis zu 1 m Tiefe ins Erdreich ein und kommen erst abends und nachts aus diesen Verstecken hervor, um auf Futtersuche zu gehen. Nur zur Paarungszeit im März und April (ausnahmsweise schon im Februar oder erst im Mai) halten sich die Tiere im Wasser auf. Sie stellen dabei keine besonderen Ansprüche an die Qualität der Gewässer und rufen selbst noch in Ansammlungen landwirtschaftlicher Abwässer. Bei der Paarung wird das Weibchen in der Lendengegend umklammert. Der Laich wird in Form von 1 bis 2 kurzen dicken Schnüren abgegeben, die insgesamt 1000 bis 3000 Eier enthalten und unter der Wasseroberfläche an Pflanzen befestigt werden. Die Kaulquappen wandeln sich gewöhnlich von Ende Juni bis Ende August um und sind mit einer Länge von 8 bis 12 cm neben den Larven der beiden anderen Schaufelkrötenarten die größten unter den europäischen Froschlurchen. Nicht selten kommen Riesenlarven vor, die

zu 33

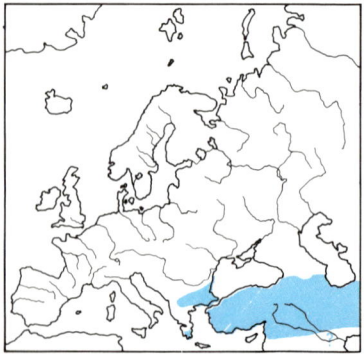

bis zu 18 cm lang werden und als Larven überwintern können. Die Geschlechtsreife tritt je nach geographischer Lage und ökologischer Situation mit 2 bis 4 Jahren ein. Die Überwinterung erfolgt in selbstgegrabenen Höhlen auf dem Lande.

Besonderes: In Norditalien wird eine Unterart, **32 b** *P. f. insubricus* abgegrenzt, die aber feldherpetologisch kaum zu unterscheiden ist und nur noch in wenigen kleinen Populationen vorkommen soll. Den übrigen Teil des Areals besetzt die Nominatform **32 a** *P. f. fuscus.*

33 *Pelobates syriacus*
Syrische Schaufelkröte
Kennzeichen: Im Unterschied zur Knoblauchkröte **(32)** keine hochgewölbte Scheitelregion. Die Schwimmhäute der Hinterfüße sind mit Einbuchtungen versehen. Die Flecken der Oberseite sind oftmals grünlich und verschmelzen weniger stark miteinander als bei der Knoblauchkröte. Die Grabschaufeln sind besonders mächtig ausgebildet. Die Unterseite ist weißlich gefärbt und meist ungefleckt. Stimme wie die Knoblauchkröte, nur lauter.

Vorkommen: Balkan und Vorderasien einschließlich eines schmalen Streifens im südwestlichen Grenzgebiet der UdSSR zwischen Schwarzem Meer und Kaspischem Meer. Bevorzugt lockere Böden der Steppen, Halbwüsten und lichten Waldungen, wo sie sich tagsüber eingräbt. Ihre ökologische Plastizität gestattet ihr jedoch auch den Aufenthalt in steinigem Gelände.

31 *Pelobates cultripes*

33b *Pelobates syriacus balcanicus*

32a *Pelobates f. fuscus*, Farbvariante

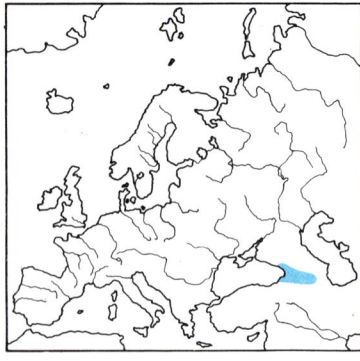

zu 34

Lebensweise: Am Tage vergräbt sie sich oder versteckt sich zwischen Steinen, nachts geht sie auf Futtersuche. Gewässer sucht sie nur zur Fortpflanzungszeit auf und ist dann auch tagsüber aktiv. Die Syrische Schaufelkröte laicht gern in klaren tieferen Gewässern mit nur spärlichem Pflanzenwuchs. Sie überwintert einzeln im Boden oder unter Steinen von Oktober/November bis Februar/März. Die Eiablage erfolgt bis Mitte Mai. Die Entwicklungszeit bis zur Metamorphose beträgt 2 bis 3 Monate, die Kaulquappen sind dann 7 bis 10 cm lang. Überwinternde Larven und solche mit Riesenwuchs bis zu 16,5 cm Länge sind bekannt. Die Nahrung besteht vorwiegend aus Insekten und Mollusken, weniger häufig werden Regenwürmer, Spinnen und Tausendfüßler gefressen.

Besonderes: Im Gebiet 2 Unterarten, wovon die Nominatform **33a** *P. s. syriacus* in Vorderasien einschließlich der Armenischen und Aserbaidshanischen SSR und **33b** *P. s. balcanicus* auf der Balkanhalbinsel vorkommen. Im Roten Buch der UdSSR verzeichnet.

Gattung *Pelodytes*
Schlammtaucher

Die Auffassungen über die taxonomische Bewertung der nur 2 Arten umfassenden Gattung sind nicht einheitlich. Sie wird von manchen Autoren zur Familie *Pelobatidae* gestellt, von anderen aber aufgrund morphologischer und osteologischer Besonderheiten als eine eigene Familie, *Pelodytidae*, betrachtet. Die Areale der beiden Arten liegen weit auseinander (Kaukasus und Westeuropa).

Durch die langen Hinterbeine und das flache Maul wirken sie insgesamt froschähnlich. Die Oberseite ist mit kleinen Warzen bedeckt, die des öfteren in Längsreihen angeordnet sind und sich über die Flanken, Oberschenkel und das hintere Viertel der Bauchseite hinziehen. Ein äußeres Trommelfell ist vorhanden, und die Pupille hat eine senkrecht ovale Form. Der Fersenhöcker ist klein, und die Schwimmhäute sind nur in Form schmaler Hautsäume an den Hinterzehen ausgebildet. Die Männchen besitzen innere Schallblasen und Brunstschwielen an verschiedenen Körperteilen.

34 *Pelodytes caucasicus*
Kaukasischer Schlammtaucher

Kennzeichen: Der Körper ist flach, maximal 5,5 cm lang, die halbrunde Schnauze steht relativ weit hervor. Die Oberseite von Kopf, Rumpf und Extremitäten ist oliv-grau gefärbt und mit unregelmäßigen dunkelgrünen Flecken, innerhalb deren sich häufig kleine, helle, in der Längsrichtung des Körpers verlaufende Drüsen befinden, bedeckt. Manchmal sind rote Flecken und Punkte auf der Oberseite anzutreffen. Die Unterseite ist gewöhnlich einfarbig weißlich, nur während der Paarungszeit sind dunkelbraune Schwielen auf der Brust, den Ober- und Unterarmen sowie dem 1. und 2. Finger der Männchen zu finden.

Die Stimme soll dem schnellen Klappern des Deckels auf einem kochenden Wasserkessel ähneln und relativ laut sein.

Vorkommen: Westlicher Kaukasus, nördliches Aserbaidshan, Bergland südwestlich von Tbilissi sowie einige isolierte Vorkommen in der angrenzenden Türkei. Lebt in der Laubwaldzone und

zu 35

in der unteren Mischwaldzone bis zu den subalpinen Matten in 2 300 m. Bevorzugte Aufenthaltsorte sind schattige, feuchte Uferregionen von fließenden, aber auch stehenden Gewässern.

Lebensweise: Sie sind hauptsächlich nachtaktiv und verstecken sich tagsüber unter Steinen, Wurzeln oder in Erdhöhlen. Während der Fortpflanzungszeit, die von Juni bis August dauert, halten sich die Männchen meist abends und nachts im oder am Laichgewässer auf und lassen hier ihre Rufe ertönen. Das Gelege besteht aus 2 bis 6 wurstförmigen Laichschnüren von jeweils 3 bis

8 cm Länge. Es kann an den verschiedensten, im Wasser befindlichen Gegenständen (Äste, Steine) und Wasserpflanzen befestigt werden. Im Mittel legt jedes Weibchen etwa 400 Eier. Die Kaulquappen brauchen 75 bis 80 Tage bis zur Metamorphose, d. h., die Umwandlung erfolgt meist erst im folgenden Jahr. Die Gesamtlänge der Larven liegt dann bei 4,5 bis 5 cm. Als Nahrung dienen verschiedene auf dem Lande, aber auch im Wasser lebende Wirbellose.

Besonderes: Aufgrund des endemischen Charakters und seiner Seltenheit wurde der Kaukasische Schlammtaucher in das Rote Buch der UdSSR aufgenommen.

35 *Pelodytes punctatus*
Westlicher Schlammtaucher
Kennzeichen: Erreicht nur bis maximal 5 cm Kopf-Rumpf-Länge. Die Männchen bleiben etwas kleiner als die

34 *Pelodytes caucasicus*

35 *Pelodytes punctatus*

Weibchen, sonst in vielen Merkmalen der vorigen Art sehr ähnelnd. Die dunkelbraunen Brunstschwielen der Männchen sind außer auf der Brust und an den Vorderbeinen auch am Kinn ausgebildet. Außerdem erscheinen bei ihnen während der Laichzeit kleine dunkle Pickel auf dem hinteren Bauchabschnitt und auf der Unterseite der Zehen. Oberhalb des Trommelfells befindet sich eine schmale Ohrdrüse, die sich nach hinten in einer mehr oder weniger stark unterbrochenen Drüsenleiste fortsetzt. Die Färbung ist oberseits grau, bräunlich oder oliv mit kleinen, unregelmäßig angeordneten grünlichen Flecken. Während der Paarungszeit klingen die unter Wasser geäußerten Rufe der Männchen wie koak-koak. Ihre Rufe auf dem Lande werden mit kri-i-i-ik umschrieben und sollen dem Quietschen ähneln, welches beim Entkorken einer Flasche entsteht.

Vorkommen: Pyrenäenhalbinsel, Frankreich, nordwestliches Italien und Südbelgien (?). Bevorzugt feuchte, schattige Habitate in der Ebene oder im Hügelland, stets in der Nähe von Gewässern. Die Gewässer selbst werden nur während der Laichzeit aufgesucht.

Lebensweise: Schlammtaucher sind hauptsächlich nachtaktiv und verlassen ihr Versteck unter Steinen oder in Erdhöhlen geringer Tiefe am Tage nur bei feuchtem Wetter. Sie schwimmen, springen und klettern sehr gut und halten sich nachts nicht selten auf Büschen oder Felsbrocken auf. Die Überwinterung erfolgt von Oktober/November bis Februar/März. Die Laichperiode ist gewöhnlich bis Mai beendet. Nicht selten paaren sich die Tiere mehr als einmal in der Saison, wodurch auch Paarungen im Sommer zu beobachten sind.

Die Form des Geleges ähnelt der des Kaukasischen Schlammtauchers (34). Es soll jedoch mehr, nämlich 1000 bis 1600 Eier enthalten. Die Larven erreichen eine Länge von 5 bis 6,5 cm.

Familie *Bufonidae*
Echte Kröten

Zu den höher entwickelten Froschlurchen gestellte, etwa 450 Arten umfassende und kosmopolitisch (mit Ausnahme von Australien, Antarktika und Madagaskar) verbreitete Familie, die in Europa seit dem Eozän bekannt ist. Die Wirbel sind vorn ausgehöhlt *(procoel)*, und der Kreuzbeinwirbel besitzt meist verbreiterte Querfortsätze. Keine Zähne auf dem Ober- oder Unterkiefer. Das Weibchen wird bei der Paarung hinter den Vorderbeinen umklammert. Der Laich wird in Form von zwei langen Schnüren abgesetzt. Die Zahl der Eier ist groß, und das Atemloch der Larven liegt etwa in der Mitte der linken Körperseite.

Gattung *Bufo*
Echte Kröten

Sie enthält etwa 250 Arten und gehört damit zu den artenreichsten Froschlurch-Gattungen überhaupt. In Europa kommen 3 Arten vor. Charakteristisch sind der plumpe Körperbau mit den kurzen Beinen, das breite und hohe Maul, die warzige, relativ trockene Haut, die horizontale Pupille, die großen, oberhalb der mehr oder weniger sichtbaren Trommelfelle gelegenen Ohrdrüsen und die zahlreichen Höckerchen auf den Unterseiten der Hände und Füße. Bei ihnen fallen die kräftiger ausgebildeten Vordergliedmaßen der Männchen besonders auf. Die Lebensweise ist vorwiegend terrestrisch und nächtlich. Durch das Verzehren zahlreicher Schadinsekten sind die Vertreter dieser Gattung besonders nützlich für den Menschen. Zur Paarungszeit leben sie oftmals in großen Ansammlungen wenige Tage oder Wochen in den Laichgewässern.

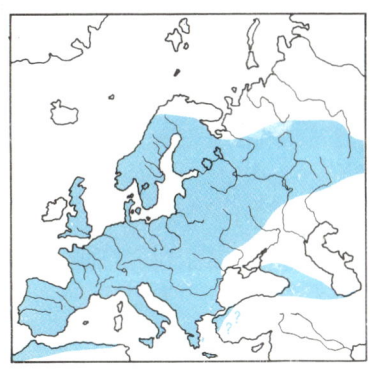

zu 36

36 *Bufo bufo*
Erdkröte

Kennzeichen: Die Ohrdrüsen sind groß und weichen häufig nach hinten auseinander. Die Gelenkhöckerchen an den Hinterfüßen sind z. T. paarig angeordnet. Die Männchen werden bis 9 cm, die Weibchen bis 15 cm lang. Die Männchen haben während der Paarungszeit schwarze Hornschwielen auf dem Daumen und den beiden folgenden Fingern. Die Färbung der Oberseite reicht von verschiedenen Grau-, über Gelb- bis zu Brauntönen, nicht selten treten dunkelbraune oder schwärzliche Flecken auf. Die Unterseite ist einfarbig hellgrau, zuweilen mit dunkler Marmorierung. Die Iris ist dunkelgelb bis rötlich, Schallblasen fehlen.

Sowohl am Tage als auch in der Nacht sind während der Paarungszeit die kurzen, hohen Rufe der Männchen zu hören, die vorwiegend dann geäußert werden, wenn die Tiere sich gegenseitig

36a *Bufo b. bufo*

36c *Bufo b. spinosus*

berühren oder wenn sie sich Umklammerungsversuchen entziehen. Ihre ausschließliche Deutung als Befreiungsruf scheint jedoch nicht zwingend, da sie auch in anderen Situationen geäußert werden. Ob sich der eigentliche Paarungsruf vom Befreiungsruf unterscheidet und nur selten zu hören ist, muß noch untersucht werden

Vorkommen: Erdkröten sind sehr anpassungsfähig und kommen in den ökologisch und geographisch unterschiedlichsten Gebieten Europas vor. Sie fehlen nur in Irland, auf einigen Mittelmeerinseln und im nordöstlichen Skandinavien. Sie sind in stark anthropogen beeinflußten Kulturlandschaften Mitteleuropas genauso anzutreffen wie in den ursprünglichen Tundrenbiotopen Nordeuropas oder in den Waldzonen vieler Gebirge. Teilweise kommen sie sogar oberhalb der Waldgrenze bis in 3 000 m Höhe vor.

Lebensweise: In günstigen Jahren und Gebieten schon Ende Februar, in Mitteleuropa gewöhnlich aber erst im März oder Anfang April wandern die Erdkröten zu den Laichgewässern. Zuerst handelt es sich um unverpaarte Männchen, denen nach einigen Tagen die oftmals schon verpaarten Weibchen folgen. Während letztere bald nach der Laichabgabe die Gewässer wieder verlassen, halten sich erstere 1 bis 2 Wochen hier auf, wodurch ein großer Männchen-Überschuß in den Laichgewässern entsteht. Der Paarungstrieb der Männchen ist so stark ausgeprägt, daß sie während dieser Zeit alle möglichen im Wasser befindlichen und sich bewegenden Objekte, wie Froschlurche anderer Arten, tote Tiere verschiedener Spezies oder auch im Wasser treibende Gegenstände umklammern. Vielfach wird ein Weibchen von mehreren Männchen umklammert. Die Erdkröten legen ihre 3 000 bis 8 000 Eier in Form von 3 bis 5 m langen Doppelschnüren, innerhalb deren die Eier je nach Dehnungsgrad der Schnüre in 2 bis 4 Reihen angeordnet sind und die zwischen Schilfstengeln, anderen Wasserpflanzen, Ästen

oder dgl. „aufgehängt" werden. Die Larvenzeit beträgt 2 bis 3 Monate, die maximale Länge der Larven 3,5 cm, die Kopf-Rumpf-Länge der frisch verwandelten Jungtiere 8 bis 10 mm. Die Larven treten meist in großen Schwärmen auf. Geschlechtsreif in Abhängigkeit vom Nahrungsangebot und der Dauer der Vegetationsperiode nach 2 bis 4 Jahren.

Zur Winterruhe ziehen sich die Erdkröten in Mitteleuropa im Oktober zurück. Sie wird oft von mehreren Exemplaren, nicht selten auch in Gesellschaft anderer Arten, in Erdhöhlen, unter Steinen, zwischen Baumwurzeln u. ä. verbracht. Die Nahrung, die vor dem Zuschnappen gewöhnlich erst mit beiden Augen ein Weilchen fixiert wird, besteht vorwiegend aus Käfern, Ameisen, Fliegen und Schnecken. Darunter befinden sich zahlreiche für menschliche Belange schädliche Arten.

Besonderes: Neben der Nominatform **36a** *B. b. bufo* werden in Europa 3 weitere Unterarten unterschieden. **36d** *B. b. verrucosissimus* aus dem Kaukasus hat eine besonders warzenreiche Oberseite, **36c** *B. b. spinosus* lebt im Mittelmeerraum und zeichnet sich durch eine bedeutende Körpergröße (bis 18 cm Kopf-Rumpf-Länge) und stachlige Warzen aus, **36b** *B. b. gredosicola* kommt in der Sierra de Gredos (Zentral-Spanien) vor.

37 *Bufo calamita*
Kreuzkröte

Kennzeichen: Bleibt kleiner als die Erdkröte (36) (Männchen bis 8 cm, Weibchen ausnahmsweise bis 10 cm Kopf-Rumpf-Länge) und unterscheidet sich von dieser vor allem durch einen deutlich abgesetzten gelblichen Längsstrich in der Rückenmitte, die gelb-grünliche Farbe der Iris, die meist parallel verlaufenden Ohrdrüsen und die große, kehlständige Schallblase der Männchen. Diese Schallblase als Resonator benutzend, rufen die Männchen vorwiegend abends und nachts im Laichgewässer. Sehr oft vereinigen sie sich dabei zum

37 *Bufo calamita*

Chorgesang. Die lauten, unter günstigen Bedingungen mehrere Kilometer weit hörbaren, rätschenden Rufe klingen wie ärrr-ärrr-ärrr.

Vorkommen: Hauptverbreitungsgebiet ist das mittlere und südwestliche Europa. Sehr gern in Sanddünen an der Meeresküste sowie in Sandgruben. Sie bevorzugen also lockere Böden, sind sporadisch aber auch in Kiesgruben, Steinbrüchen, Feldern und Parks anzutreffen.

Lebensweise: Vorwiegend nächtlich aktiv und nur zur Paarungszeit, die zwischen März und August (Höhepunkt im Mai/Juni) liegt, in Gewässern. Als Laichgewässer werden Weiher in stillgelegten Sand- und Kiesgruben bevorzugt, nicht selten kommt es aber auch zur Laichablage in temporären Kleingewässern auf Feldern, Wiesen und Parks. Die 3 000 bis 10 000 Eier werden in Gestalt von 2 einfachen Laichschnüren (Länge bis 2 m), in denen die Eier je

Rufendes Männchen von *Bufo calamita* (37) mit kehlständiger Schallblase

nach Dehnungsgrad der Schnüre 1- oder 2reihig liegen, zwischen Wasserpflanzen aufgehängt. Je nach Höhe der Temperatur brauchen die Larven 3 bis 7 Tage bis zum Schlüpfen. Die Entwicklungsdauer bis zur Metamorphose, bei der sie weniger als 3 cm lang sind, beträgt nur 1 bis 2 Monate. Infolge dieser kurzen Dauer kommt es nicht selten auch in kleineren Gewässern, die nach einiger Zeit wieder austrocknen, zu einer erfolgreichen Entwicklung der Larven.

Kreuzkröten verbringen den Tag meist eingegraben, abends und nachts sind sie sehr agil und wandern viel umher. Diese Eigenschaft erlaubt ihnen auch die Erstbesiedlung neu entstandener Gewässer.

In manchen Gegenden (z. B. im Rhein-Main-Gebiet) laichen sie im gleichen Habitat wie die Wechselkröten (38). Hier kommen auch immer wieder le-

zu 37

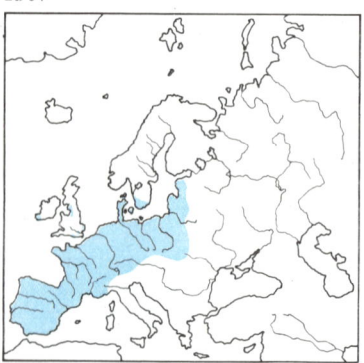

bensfähige und offenbar begrenzt fruchtbare Bastarde zwischen diesen beiden Arten vor. Bastardierungen mit der Erdkröte (36) sind seltener, doch sind auch aus dieser Kombination erwachsene, aber offenbar völlig sterile Nachkommen bekannt.
Die Geschlechtsreife tritt nach 2 bis 4 Jahren ein. Die Nahrung ist ähnlich wie bei der Erdkröte. Die Art bewegt sich meist schnell laufend und nicht springend fort und zeigt eine hohe Toleranz gegenüber salzigem Wasser und Austrocknung.

38 *Bufo viridis*
Wechselkröte
Kennzeichen: Von der grauen, grünlichen oder bräunlichen Grundfärbung der Oberseite hebt sich deutlich ein dunkelgrünes Fleckenmuster ab. Auf der hellgrauen Unterseite finden sich nicht selten dunkelgraue Flecken. Die mehr oder weniger parallel verlaufenden Ohrdrüsen stehen weniger hervor als bei der Erdkröte (36). Die Iris ist grünlich mit schwarzen Sprenkeln, und die Höckerchen auf der Unterseite der Zehengelenke stehen einzeln und nicht

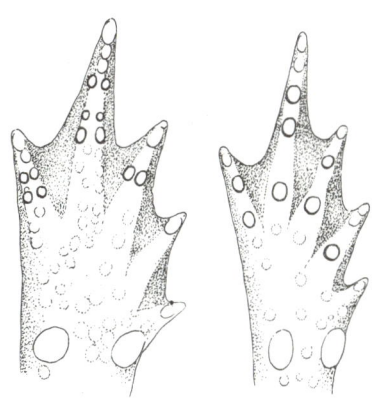

Subartikularhöckerchen an den Hinterzehen:
paarig bei *Bufo bufo* (36) und *B. calamita* (37), einzeln bei *Bufo viridis* (38)

paarweise, wie es zumindest bei dem vorletzten Gelenk der längsten Zehe von Erd- und Kreuzkröte (37) der Fall ist. Die Männchen werden 8 cm (ausnahmsweise 10 cm), die Weibchen 10 cm (ausnahmsweise 12 cm) lang. Die Männchen besitzen eine innere Schallblase an der Kehle und dunkelbraune

38 *Bufo viridis* ♀

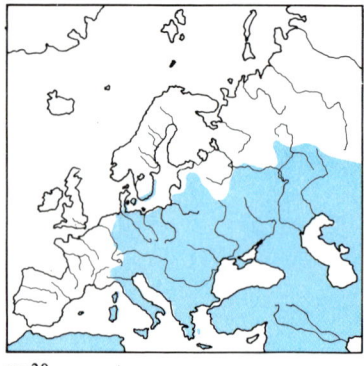

zu 38

Leben unter Halbwüstenbedingungen. Durch ihre Widerstandsfähigkeit gegenüber starken Temperaturschwankungen kann sie sich auch im Hochgebirge fortpflanzen. Als Laichhabitate kommen die verschiedensten Gewässer in Frage, angefangen vom nährstoffarmen und sauberen Kiesgrubenweiher bis zum nährstoffreichen und verschmutzten Dorfteich. Wichtig scheint vor allem eine sonnenexponierte Lage zu sein.

Lebensweise: Als wärmeliebende Art pflanzt sich die Wechselkröte in Mitteleuropa gewöhnlich erst Ende April und im Mai fort, wenn die Wassertemperaturen mindestens 15 °C betragen. Die Anzahl der in Form von 2 m bis zu 4 m langen Schnüren (Eier je nach Dehnungsgrad der Schnüre 2- bis 4reihig) abgelegten Eier beträgt je nach Größe und Ernährungszustand des Weibchens zwischen 2000 und 15000. Die Metamorphose erfolgt nach 2 bis 3 Monaten. Die gerade umgewandelten Jungkröten sind etwa 15 mm lang. Die Geschlechtsreife tritt nach 2 bis 4 Jahren ein, die Männchen sind dann mindestens 4,5 cm und die Weibchen mindestens 5,5 cm lang. Die Überwinterung erfolgt in selbstgegrabenen Höhlen, in Nager-

Paarungsschwielen auf den drei inneren Fingern.

Bei feuchtwarmem Wetter und bedecktem Himmel auch am Tage, hauptsächlich aber abends und in der ersten Nachthälfte sind die Paarungsrufe zu hören. Diese, mit ürürürürür zu umschreibenden, oft im Chor geäußerten Triller ähneln dem Gesang von Kanarienvögeln. Die Dauer eines Trillers kann bis zu 10 s betragen, im Mittel sind es 4 bis 6 s. Pro Minute ertönen durchschnittlich 4 Triller.

Vorkommen: Verbreitungsschwerpunkt sind die südosteuropäischen Steppengebiete. Sie ist jedoch äußerst anpassungsfähig. Ihre Toleranz gegenüber trockenem Klima ermöglicht ihr das

39 *Hyla arborea* ♀, Farbvariante

39a *Hyla a. arborea*

bauen, unter Wurzeln oder Steinen, oft in Gemeinschaft mit anderen Amphibien und Reptilien.

Familie *Hylidae*
Laubfrösche

Mit Ausnahme des tropischen Afrikas und Teilen Südasiens in 36 Gattungen und mehr als 400 Arten weltweit verbreitet. Die Wirbel sind nur vorn eingebuchtet (*procoel*), die Querfortsätze des Kreuzbeins verbreitert. Es ist ein zusätzliches knorpeliges Fingerglied ausgebildet. Zähne sind im Oberkiefer vorhanden. In Europa nur mit der Gattung *Hyla* vertreten und hier seit dem Miozän fossil bekannt.

Gattung *Hyla*
Echte Laubfrösche

Auf allen Kontinenten verbreitet und mit über 300 Spezies die artenreichste aller Amphibien-Gattungen. Sie zeichnet sich durch die scheibenförmig verbreiterten Finger- und Zehenspitzen, die waagerecht ovale Form der Pupillen und ein knorpeliges Brustbein aus. Laubfrösche sind sehr beweglich und halten sich vorzugsweise auf höheren Stauden und Gräsern sowie auf Sträuchern und Bäumen auf. Der Laich wird in Form kleiner Klumpen abgegeben, manche Arten zeigen aber auch eine hochspezialisierte Brutpflege. Im behandelten Gebiet leben 3 Arten.

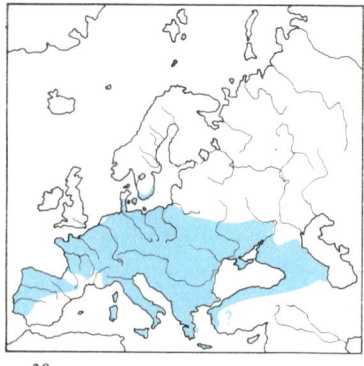

zu 39

39 *Hyla arborea*
Europäischer Laubfrosch
Kennzeichen: Die gattungstypisch verbreiterten und zu Haftorganen umgebildeten Finger- und Zehenspitzen und
die feuchte Bauchhaut befähigen ihn,
sich selbst an senkrechten und sehr
glatten Flächen festzuhalten und fort-
zubewegen. Die meist einfarbig gras-
grüne Oberseite ist völlig glatt, während
die hellgraue Unterseite mit flachen
runden Warzen bedeckt ist. Die Kopf-
Rumpf-Länge überschreitet nur ausnahmsweise 5 cm. Ein dunkler, nach
oben hell abgesetzter Streifen zieht
sich vom Trommelfell über die Flanken
bis zu den Oberschenkeln und grenzt
das Grün der Oberseite deutlich vom
Grau der Unterseite ab. Bei der Nominatform *H. a. arborea* (39a) ist dieser
Streifen kurz vor dem Ansatz der Hinterbeine nach oben und vorn ausge-
buchtet und bildet die sogenannte
Hüftschlinge. Je nach Temperatur und
Stimmung kann die Färbung verschiedene Grün-, Grau- oder Brauntöne an-
nehmen oder auch fleckig sein.
Durch die schallverstärkende Wirkung
der großen, kehlständigen Schallblase
sind die Rufe der Laubfroschmännchen
sehr laut. Es sind rhythmische Rufreihen, pro s 4 bis 6 Rufe. Die Rufe, die
wie ein hartes äpp-äpp-äpp-äpp-äpp
klingen, werden oftmals als „Chorgesang" vorgetragen. Die Männchen rufen vorwiegend während der Paarungs-

zeit nachts im Laichgewässer, nicht
selten aber auch außerhalb der Laichzeit, am Tage und in der Vegetation.
Vorkommen: Mit Ausnahme des Nordens und Teilen des Südwestens in
ganz Europa sowohl im Tiefland als
auch im Gebirge bis etwa 2 000 m vorkommend. Er lebt auf höheren Pflanzen außerhalb des Wassers. Nur während der Fortpflanzungszeit ist er
nachts in Gewässern anzutreffen.
Lebensweise: Die Art ist wärmeliebend
und verläßt in Mitteleuropa gewöhnlich
erst im April das in Erdhöhlen, unter
Wurzeln oder Steinen auf dem Lande
gelegene Winterquartier. Sie pflanzt
sich im Mai/Juni fort, wenn die Wassertemperatur mindestens 16 °C beträgt.
In Südeuropa setzt die Aktivitätsperiode früher ein. Die Paarung findet
vorwiegend nachts im Wasser statt. Die
700 bis 1 100 Eier werden wenige Stunden nach Beginn der Umklammerung
abgesetzt. Als Laichgewässer werden
von Sträuchern, Bäumen oder Röhricht
umstandene Weiher, Gräben, Seeaus-
buchtungen oder Teiche benutzt. Nach
der Fortpflanzungszeit entfernen sich
die sehr sprunggewandten Tiere mitunter mehrere 100 Meter weit von den Gewässern. Während sie den Tag relativ
unbeweglich auf einem Blatt (bevorzugt werden Brombeerblätter) oder Ast
verbringen, nicht selten dem vollen
Sonnenschein ausgesetzt, sind sie
nachts aktiv und bewegen sich dann
auch über weite Strecken fort. Gefressen wird sowohl am Tage als auch in
der Nacht, manchmal wird die Beute
im Sprung erhascht.
Besonderes: Man unterscheidet in
Europa verschiedene Unterarten, über
deren Verbreitung und Status allerdings Unklarheiten bestehen. Nur die
auf Korsika, Sardinien, Elba und Ca-
praia vorkommende **39b** *H. a. sarda*, die
sich durch das Fehlen der Hüftschlinge
auszeichnet, wird allgemein als 2. Sub-
spezies neben der Nominatform **39a**
H. a. arborea akzeptiert.
Laubfrösche sind durch das Vertilgen
zahlreicher Schadinsekten sehr nützli-

che Tiere. Sie stehen wie die meisten Froschlurche in vielen Ländern unter strengem Naturschutz und sind als Wetterpropheten völlig ungeeignet.

40 Hyla meridionalis
Mittelmeerlaubfrosch

Kennzeichen: Vom Europäischen Laubfrosch (39) vor allem durch das Fehlen des dunklen Seitenstreifens und der Hüftschlinge zu unterscheiden, weiterhin durch die größere Schallblase des Männchens, die im Ruhezustand eine erhabene Längsfalte der Kehlhaut bedingt und durch die meist grün gefärbten Kehlseiten. Die Rufe werden als ein tiefes krah-krah-krah umschrieben. Die Intervalle zwischen den einzelnen Rufen sind beträchtlich länger als beim Europäischen Laubfrosch, so daß pro Sekunde höchstens 1 Ruf geäußert wird.

Vorkommen: Nordwest-Italien, Südfrankreich, Südwesten der Iberischen Halbinsel, Balearen, Kanarische Inseln und Madeira. Im Frühjahr werden vegetationsreiche Zonen in Gewässernähe bevorzugt, im Sommer und Herbst kann man sie im gleichen Habi-

zu 40

tat, aber auch weiter vom Wasser entfernt in Feldern, Weinplantagen, Gärten und lichten Waldungen antreffen. Auch der Mittelmeerlaubfrosch hat eine besondere Vorliebe für Brombeerhecken.

Lebensweise: Ähnlich wie der Europäische Laubfrosch (39). Bedingt durch die klimatischen Verhältnisse seines südlicher gelegenen Areals jedoch lokal schon ab Dezember oder Januar geschlechtlich aktiv. Die Paarung erfolgt nachts. Die rufenden Männchen sitzen

40 *Hyla meridionalis* ♀

41 *Hyla savignyi*

manchmal nur wenige Zentimeter voneinander entfernt in den Laichgewässern. Das paarungswillige Weibchen sucht gezielt ein Männchen auf und läßt sich von ihm umklammern. Noch in der gleichen Nacht kommt es zur Ablage des Laiches. Die insgesamt etwa 1 000 Eier werden in einer Vielzahl kleiner Klümpchen von jeweils 10 bis 30 Stück abgelegt, wobei das Paar zur Ablage jedes Laichklümpchens von neuem untertaucht.

41 *Hyla savignyi*
Kleinasiatischer Laubfrosch
Kennzeichen: Ein dunkler, nach oben weißlich abgesetzter Seitenstreifen ist vorhanden. Dieser bildet keine Hüftschlinge und löst sich im hinteren Körperdrittel häufig in Einzelflecken auf. Nicht selten sind auf der grünen Oberseite dunkle Flecken oder Streifen ausgebildet. Das Fersengelenk des am

zu 41

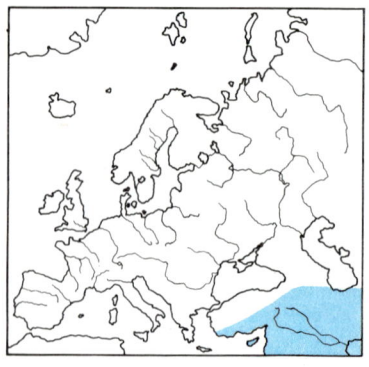

Körper nach vorn gebogenen Hinterbeines reicht bis zum Auge. Kopf-Rumpf-Länge bis 5 cm.
Die Paarungsrufe liegen in allen Merkmalen zwischen denen vom Europäischen Laubfrosch (39) und dem Mittelmeerlaubfrosch (40).
Vorkommen: Südarmenien, südwestliches Aserbaidshan, Türkei, Zypern, Ägypten und Iran. Der genaue Verlauf der Süd- und Ostgrenzen ist noch ungeklärt.
Lebensweise: Wenig bekannt, wahrscheinlich wie beim Europäischen Laubfrosch (39).
Besonderes: Wird von verschiedenen Autoren als eine Unterart von *H. arborea* behandelt.

Familie *Ranidae*
Echte Frösche

Es werden 42 Gattungen mit etwa 400 Arten zu dieser Familie gestellt, die außer in Südaustralien und Neuseeland weltweit verbreitet ist. Die ersten 7 Wirbel sind nur vorn eingebuchtet (*procoel*), der 8. auf beiden Seiten (*amphicoel*). Oberkiefer- und Gaumenzähne sind vorhanden, Rippen fehlen. Der Kreuzbeinwirbel hat zylindrische

Querfortsätze. Durch lange Hinterbeine und wohlentwickelte Schwimmhäute sind es meist gute Springer und Schwimmer.

In Europa nur mit der artenreichen Gattung *Rana* vertreten. Fossil schon im Miozän nachgewiesen.

Gattung *Rana*
Echte Frösche

Mit etwa 200 in allen Erdteilen vertretenen Arten eine der umfangreichsten Gattungen der Froschlurche. Die zweizipflige Zunge ist nur mit ihrem Vorderteil festgewachsen, die Pupille hat eine waagerechte ovale Form, das Trommelfell ist äußerlich gut sichtbar. Die Haut ist meist glatt und feucht. Hinter den Augen beginnend, zieht sich bei vielen Arten auf den Rückenseiten je eine erhabene Drüsenleiste bis in die Flankenregion. Bei der Paarung wird das Weibchen dicht hinter den Vorderbeinen umklammert. Die zahlreichen Eier werden gewöhnlich in Klumpen ins Wasser gelaicht.

Nach Färbung und Lebensweise unterscheidet man in Europa 2 Gruppen:
- die außerhalb der Paarungszeit vorwiegend auf dem Lande anzutreffenden, im Grundton gelblich, bräunlich, rötlich oder gräulich gefärbten Braunfrösche mit einem annähernd dreieckig geformten dunkelbraunen Fleck von den Augen bis über den Ansatz der Vorderbeine und
- die während des ganzen Jahres in oder an Gewässern lebenden, meist gras- oder olivgrün, seltener graubraun gefärbten Grün- oder Wasserfrösche, denen ein dunkelbrauner Schläfenfleck meist fehlt.

Beide Gruppen werden im folgenden getrennt behandelt. Damit werden zum einen reale Verwandtschaftsverhältnisse berücksichtigt und zum anderen die Bestimmung verwechselbarer Arten erleichtert. Besonders die Wasserfrosch-Gruppe mit ihren komplexen Bastardierungsphänomenen legt ein solches Vorgehen nahe.

Zur Zeit werden 6 Braunfroscharten, 5 Wasserfroscharten und 3 Wasserfroschkleptons in Europa unterschieden. Hinzu kommt der in Norditalien eingebürgerte nordamerikanische Ochsenfrosch (58), der keiner der beiden Gruppen zugeordnet werden kann.

Braunfrosch-Gruppe

42 *Rana arvalis*
Moorfrosch

Kennzeichen: Der innere Fersenhöcker ist von fester Beschaffenheit, halbkreisförmig hochgewölbt und lang. Quotient aus Zehenlänge zur Länge des Fersenhöckers kleiner als 2,2. Die seitlichen

Rana arvalis (42) mit spitzem Maul

Rana temporaria (48) mit stumpfem Maul

42a *Rana a. arvalis*

Drüsenleisten auf dem Rücken ragen deutlich hervor und sind meist hell abgesetzt. Häufig ist auch ein breiter heller, bis auf den Kopf reichender Längsstreifen in der Rückenmitte ausgebildet. Der Vorderkopf hat eine spitze Form. Der Bauch ist in der Regel ungefleckt, und die Flanken sind deutlich marmoriert. Das Fersengelenk des nach vorn gebogenen Hinterbeines reicht nicht über die Schnauzenspitze hinaus. Männchen besitzen innere Schallblasen, zur Paarungszeit mit schwarzen Brunstschwielen am verdickten Daumen und mehr oder weniger stark ausgeprägter hellblauer oder violetter Fär-

bung. Die Kopf-Rumpf-Länge beträgt bis 7 cm.

Von den meist in Gruppen in flachen Abschnitten der Laichgewässer sitzenden Männchen werden relativ leise Einzelrufe und Rufreihen geäußert, die an entferntes Hundegebell bzw. an das Glucksen erinnern, das die entweichende Luft einer leeren Flasche, die untergetaucht wird, verursacht: wug-wug-wug-wug-wug. Nicht selten nehmen die Rufe innerhalb der bis zu 6 s dauernden Rufreihen an Lautstärke zu. Die Anzahl der Rufe innerhalb dieser Reihen liegt bei 4 bis 7 pro s.

Vorkommen: In großen Teilen Mittel-,

42a *Rana a. arvalis* .

Nord- und Osteuropas sowie im westlichen Asien. Fehlt in Großbritannien, Irland, dem größten Teil Frankreichs, der Schweiz, Italien, auf der Iberischen Halbinsel und dem Balkan. Er bevorzugt Flußniederungen, Moor- und Sumpfgebiete, feuchte Wiesen, Auwälder und die Randzonen von kleineren und größeren Gewässern des Flachlandes, kommt aber auch in ähnlichen Habitaten der Mittelgebirge vor.

Lebensweise: Tag- und nachtaktiv. Erscheint je nach den klimatischen Bedingungen von Anfang März bis Anfang Mai in den flachen Laichgewässern, wo er sich nur wenige Tage (Weibchen) bzw. Wochen (Männchen) aufhält. Die in 1 bis 2 Klumpen abgegebenen 1000 bis 3000 Eier sinken anfangs auf den Gewässerboden, steigen jedoch nicht selten nach einiger Zeit an die Oberfläche. Die 6 bis 10 mm langen Larven schlüpfen nach 4 bis 14 Tagen und werden bis zur Metamorphose nach 1½ bis 3 Monaten bis zu 4,5 cm lang.

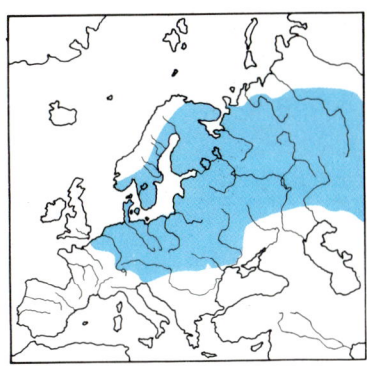

zu 42

Die Überwinterung erfolgt ab September/Oktober vornehmlich in Verstecken auf dem Lande, seltener im Wasser. Geschlechtsreif sind die Tiere nach der 2. oder 3. Überwinterung.

Besonderes: Am Südrand des Artareals von Österreich bis ins Karpatengebiet wird die langbeinige und größer werdende (bis 8 cm Kopf-Rumpf-Länge) Unterart **42b** *R. a. wolterstorffi* unterschieden, während der übrige Teil des Areals von der Nominatform **42a** *R. a. arvalis* bewohnt wird.

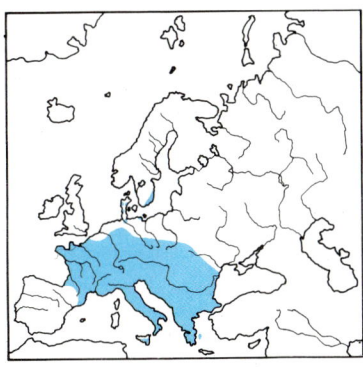

zu 43

43 *Rana dalmatina*
Springfrosch

Kennzeichen: Das sicherste Merkmal, nach dem sich zumindest halbwüchsige und erwachsene Tiere von den anderen Braunfröschen Mitteleuropas unterscheiden lassen, sind die langen, dunkel gebänderten Hinterbeine. Am Körper nach vorn gebogen, überragen die Fersengelenke stets die Schnauzenspitze. Größe und Form des Fersenhökkers liegen zwischen denen von Moor-

frosch (42) und Grasfrosch (48). Der Quotient aus Kopf-Rumpf-Länge : Unterschenkellänge liegt meist unter 1,8, bei den genannten Arten dagegen über 1,8. Der Grundton der Oberseite ist rötlich, bräunlich oder gelblich, selten mit auffälliger Rückenzeichnung, die gesamte Unterseite ist weiß, nur selten mit gefleckten Kehlseiten. Die Männchen haben keine Schallblasen, ihre Daumenschwielen sind grau. Das Trommelfell ist groß und liegt dicht am Auge. Die Kopf-Rumpf-Länge kann ausnahmsweise 9 cm erreichen. Er ruft vorwiegend unter Wasser und nach Einbruch der Dunkelheit. Aufbau und Klang der Rufe ähneln am ehesten denen des Moorfrosches, sie sind jedoch durch die schalldämpfende Wirkung

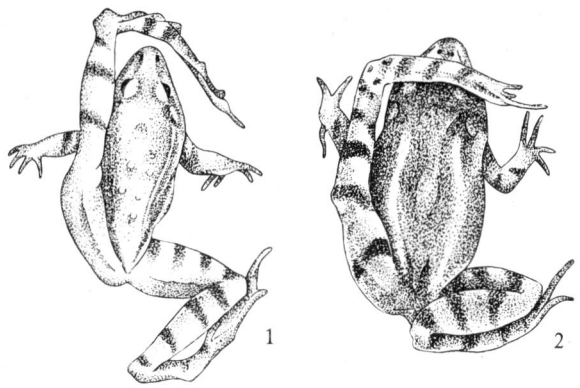

Die Länge eines Hinterbeines mit dem Bezugspunkt „Fersengelenk" wird bei Braunfröschen gemessen, indem ein Hinterbein vorsichtig am gestreckten Körper nach vorn gebogen wird.
1 *Rana dalmatina* (43), 2 *Rana temporaria* (48)

des Wassers und die fehlenden Schallblasen leiser und klingen wie wog-wog-wog-wog-wog. Die Rufreihen können bis zu 12 s dauern, die Anzahl der Rufe beträgt dabei 4 bis 6 pro s. Die Aufeinanderfolge der Rufe ist am Anfang und Ende dieser Rufreihen langsamer als im Mittelteil, ihre Lautstärke nimmt zu. Neben den Rufreihen sind knurrende Einzelrufe zu vernehmen.
Vorkommen: Geschlossenes Verbreitungsgebiet von Nordost-Spanien und Frankreich über den Süden der BRD und die ČSSR bis zu den ukrainischen Karpaten, südwärts bis Sizilien und Griechenland. Isolierte Vorkommen in verschiedenen Teilen der DDR, der nördlichen BRD, Dänemarks und Südschwedens. Hält sich gern in Laub- und Mischwäldern auf und kommt sowohl in sumpfigen als auch trockenen Habitaten vor, im Gebirge bis 1 500 m.
Lebensweise: Die sehr beweglichen Springfrösche laichen ihre 600 bis 1 000 relativ großen Eier in Form mehrerer an Wasserpflanzen, Ästchen u. ä. befestigter Klümpchen in nicht zu flache Kleingewässer.
Der Beginn der Fortpflanzungszeit scheint in den einzelnen Populationen sehr verschieden zu sein. Am häufigsten liegt er im März und April, aber

auch aus Mitteleuropa sind Februardaten bekannt. Die Larven wandeln sich nach 2 bis 3 Monaten bei einer Länge von 5 bis 6,5 cm um. Die Geschlechtsreife tritt nach der 2. oder 3. Überwinterung ein. Der Springfrosch überwintert sowohl im Wasser als auch auf dem Trockenen.
Bei Gefahr macht er einen oder wenige bis 2 m lange Sätze und versucht dann sofort, sich zu verkriechen.

44 *Rana graeca*
Griechischer Frosch
Kennzeichen: Kann mit den teilweise im gleichen Gebiet lebenden anderen Braunfröschen verwechselt werden. Markantestes Unterscheidungsmerkmal gegenüber dem Springfrosch (43) und dem Grasfrosch (48) ist seine dunkel marmorierte Kehle, die in der Mitte einen schmalen, hellen Längsstrich aufweist. Sein Körperbau ist etwas plumper als der des Springfrosches, die Länge der Hinterbeine erreicht jedoch die jener Art und übertrifft damit die des Grasfrosches. Der Trommelfelldurchmesser beträgt nur etwa $\frac{2}{3}$ bis $\frac{3}{4}$ des Augendurchmessers und ist damit wesentlich kleiner als der des Springfrosches. Größere Schwierigkeiten bereitet die Unterscheidung vom Italienischen

Springfrosch (46) (vgl. dort unter Kennzeichen). Die Männchen haben innere
Schallblasen und schwarzbraune Daumenschwielen sowie eine blei- bis
schwarzgraue Hochzeitsfärbung. Kopf-
Rumpf-Länge bis 8 cm.
Die Stimme, die noch nicht genau ana-
lysiert wurde, kann als ein schnelles
geck-geck-geck bzw. kru-kru-kru umschrieben werden.
Vorkommen: Italien und südwestlicher
Balkan, bevorzugt bergiges Gelände
(bis 2000 m). Er lebt hier fast ausschließlich in oder an kühlen Fließgewässern.
Lebensweise: Ähnlich wie die Wasserfrösche springt er bei Gefahr ins Wasser
und versteckt sich mit kräftigen
Schwimmstößen unter dem Uferüber-
hang, unter Steinen oder zwischen
Wasserpflanzen. Paarungszeit von Februar bis April. Die Eier werden an-

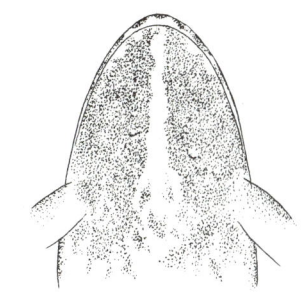

Kehlmuster von *Rana graeca* (44). Ein heller
Längsstreifen ist meist auch bei *R. latastei*
(46) und *R. iberića* (45) ausgeprägt.

fangs einzeln, dann in Form von 1 bis 3
Klumpen abgegeben und an Wasser-
pflanzen, Steinen oder Ästen befestigt.
Ihre Zahl liegt zwischen 200 und 2000.
Die Weibchen verlassen unmittelbar
nach dem Laichakt die Gewässer, die

43 *Rana dalmatina*

44 *Rana graeca*

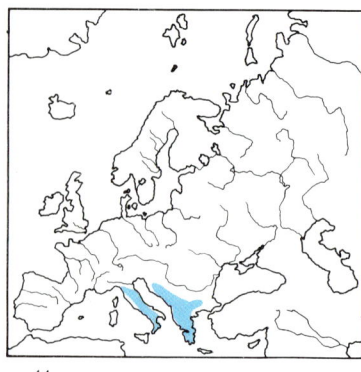

zu 44

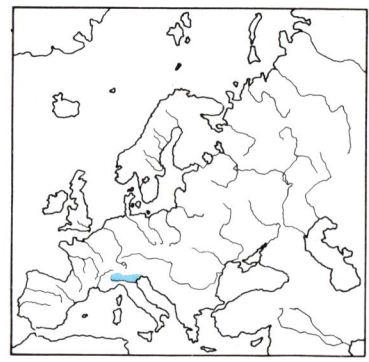

zu 46

Männchen halten sich noch mehrere Wochen hier auf. Die frischgeschlüpften Larven sind etwa 9 mm lang. Die Metamorphose erfolgt nach 2 bis 3 Monaten. In sehr kühlem Wasser kann sie sich jedoch wesentlich verzögern. Die maximale Länge der Larven beträgt 4,5 cm. Die Geschlechtsreife tritt nach der 3. Überwinterung ein.

45 *Rana iberica*
Spanischer Frosch
Kennzeichen: Der einzige Vertreter der Braunfroschgruppe, der mit dieser Art im gleichen Gebiet lebt, ist der Grasfrosch (48). Von diesem unterscheidet er sich vor allem durch die geringe Körpergröße, die längeren Hinterbeine (das Fersengelenk des nach vorn gebogenen Hinterbeines ragt über die

zu 45

Schnauzenspitze hinaus), den sehr kräftig dunkelbraun gefärbten Schläfenfleck, die nur undeutlich hervortretenden Trommelfelle und den weißlichen Streifen, der sich unterhalb des Schläfenfleckes bis vor das Auge erstreckt. Der Daumen und der 2. Finger sind gleich lang (beim Grasfrosch ist der Daumen stets länger). Vom Springfrosch (43), dessen Verbreitungsgrenze allerdings östlich seines Areals verläuft, unterscheidet sich der Spanische Frosch durch seine kräftigere Farbe und Zeichnung, die dunkel gefleckten Körperseiten und Hinterseiten der Oberschenkel sowie die oft dunkel gefleckte oder marmorierte Unterseite, wobei sich in Kehlmitte meist ein heller Streifen abzeichnet. Die Männchen sind ohne Schallblasen und haben während der Paarungszeit nur gering entwickelte, graue Daumenschwielen. Kopf-Rumpf-Länge bis 6 cm.
Die Stimme wurde als ein schnell wiederholtes kock-kock-kock bzw. korr-korr-korr beschrieben.
Vorkommen: Endemisch im nordwestlichen Teil der Iberischen Halbinsel. Er bewohnt hauptsächlich Wiesen, Wälder und steinige Hänge in der Nähe kühler Bergbäche bis 2 000 m Höhe.
Lebensweise: Einzelheiten sind noch weitgehend unbekannt. Er soll im Wasser überwintern und sich im Februar und März fortpflanzen. Die Larven erreichen bis 5 cm Länge und haben eine

45 *Rana iberica*

Entwicklungsdauer von 3 bis 4 Monaten. Charakteristisch ist sein gutes Sprungvermögen.

46 *Rana latastei*
Italienischer Springfrosch
Kennzeichen: Durch die langen Hinterbeine (Fersengelenk überragt Schnauzenspitze) wirkt sein Habitus springfroschähnlich, von diesem ist er jedoch durch ein kleineres, weiter vom Auge entferntes Trommelfell und eine mehr oder weniger stark pigmentierte Kehle, die nur in der Mitte einen schmalen, hellen Streifen frei läßt, unterschieden. Im Vergleich mit dem Griechischen Frosch (44) fallen die schwächere Pigmentierung der Kehle, der vielfach breitere und seltener unterbrochene Kehlstreif sowie eine häufig zwischen den Augen ausgeprägte schwärzliche Querbinde auf. Die Oberseite ist rötlich, bräunlich oder gräulich gefärbt, die Unterseite nicht selten dunkel marmoriert und mit rötlichem Schimmer. Keine auffällige Flankenzeichnung. Die Männchen besitzen innere Schallblasen und während der Paarungszeit dunkelbraune Daumenschwielen. Kopf-Rumpf-Länge bis 7 cm.
Die Stimme soll relativ leise sein und wie keck-keck-keck klingen.
Vorkommen: Norditalien, nordwestliches Jugoslawien und Südschweiz. Bevorzugt Laubwälder der Ebenen, ähnelt in seinen ökologischen Ansprüchen dem Springfrosch (43), ist jedoch wesentlich stärker ans Wasser gebunden als jener. In den Bergen wird er bis in etwa 800 m Höhe angetroffen.

46 *Rana latastei*

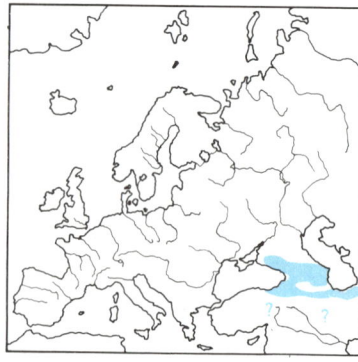

zu 47

Lebensweise: Die Fortpflanzungsperiode liegt zwischen Januar und April. Die Ablage der maximal nur etwa 1 000 Eier erfolgt in kleinen Seen, Weihern, Altarmen von Flüssen, seltener in der Stillwasserzone von Bächen. Der Laich wird in kleinen Klümpchen 10 bis 20 cm unter der Wasseroberfläche an Wasserpflanzen, Ästen und dgl. befestigt. Dadurch kann er nicht zur Oberfläche schwimmen. In milden Wintern kommen die Tiere kaum zur Ruhe, und ein Teil der Weibchen laicht dann im folgenden Frühjahr nicht, weil die Energiereserven verbraucht sind. Die Larvenentwicklung dauert etwa 3 Monate. Die Nahrung besteht aus Insekten, Spinnen, Tausendfüßern, Regenwürmern sowie Land- und Wassermollusken. Sowohl tag- als auch nachtaktiv. Überwinterung erfolgt in Erdhöhlen auf dem Lande.

Besonderes: Infolge der Rodung der Wälder und der Trockenlegung und Verschmutzung der Gewässer ist diese auf ein kleines Areal beschränkte Art in ihrem Fortbestand besonders stark gefährdet.

47 *Rana macrocnemis*
Kleinasiatischer Frosch
Kennzeichen: Wahrscheinlich die einzige Braunfroschart im Kaukasus. Charakterisiert durch die in verschiedenen Brauntönen meist kräftig gefärbte und dunkel gefleckte Oberseite, die häufig fleckigen Körperseiten, den nicht selten auftretenden hellen Aalstrich auf der Rückenmitte, die deutlichen Rückendrüsenleisten und die im Vergleich zum Springfrosch (43) kürzeren Beine (bei nach vorn gebogenem Hinterbein überragt das Fersengelenk seltener die Schnauzenspitze). Die Kehle ist oft gleichmäßig pigmentiert oder (zumindest der Rand des Unterkiefers) gefleckt. Die gesamte Unterseite halbwüchsiger und erwachsener Tiere zeigt einen rötlichen bis roten Farbton. Die Männchen sind mit inneren Schallblasen unter der Kehlhaut ausgestattet. Kopf-Rumpf-Länge bis 9 cm.

47a *Rana m. macrocnemis*

Stimme: Gedämpfte Triller von kurzer Dauer.

Vorkommen: Kaukasus und Teile seines Vorlandes, Transkaukasien, östliche Türkei und westlicher Iran. Besiedelt Bergwälder, Quellsümpfe, die Ufer von Bergbächen und alpine Wiesen bis 3 000 m, kommt aber auch in sumpfigen Habitaten des Gebirgsvorlandes vor.

Lebensweise: Entfernt sich nie weit von Gewässern und ist vorzugsweise in der Dämmerung aktiv. Beendet den in natürlichen oder durch Nagetiere gegrabenen Erdhöhlen verbrachten Winter-

schlechtsreif nach der 2. oder 3. Überwinterung haben sie eine Körperlänge von 5 bis 6 cm.

Besonderes: Die von Boulenger im Jahre 1886 beschriebene zweite Braunfroschart aus dem Kaukasusgebiet, *Rana camerani*, wird heute nicht mehr als eine selbständige Spezies angesehen, da durch zahlreiche intermediäre Exemplare bedingt, keine sichere Abgrenzung beider Arten möglich ist. Diese Form, deren Vorkommen sich mehr auf das südöstliche Kaukasus- und Transkaukasus-Gebiet beschränken sollen, wird von

47 *Rana macrocnemis*

schlaf bald nachdem die Gewässer eisfrei geworden sind und beginnt dann auch gleich mit der Fortpflanzung (Anfang März bis Mitte Mai bei Wassertemperaturen zwischen 5 und 7°C). Die Ablage der 1 200 bis 3 500 Eier erfolgt sowohl am Tage als auch nachts. Die Entwicklungsdauer bis zur Metamorphose beträgt 1 ½ bis 3 Monate. Die Tiere sind unmittelbar nach der Metamorphose etwa 1,2 cm lang. Ge-

einigen Autoren als eine Unterart, **47b**
R. m. camerani, des Kleinasiatischen
Frosches betrachtet.

48 *Rana temporaria*
Grasfrosch

Kennzeichen: Unterscheidet sich in Mitteleuropa von dem gleichfalls hier vorkommenden Moorfrosch (42) vor allem durch den relativ kleinen und flachen Fersenhöcker (Verhältnis Länge der 1. Zehe : Höckerlänge mehr als 2:1) sowie die stumpfe Schnauze und vom Springfrosch (43) durch die kürzeren Hinterbeine (das Fersengelenk des nach vorn gebogenen Beines reicht höchstens bis zur Schnauzenspitze) und die zumindest teilweise gefleckte oder marmorierte Unterseite. Differenzierungsmerkmale gegenüber dem Griechischen und dem Spanischen Frosch (44/45) sowie dem Italienischen Springfrosch (46) werden bei diesen Arten genannt. Die Färbung der Oberseite ist sehr variabel (verschiedene Grau-, Gelb- oder Brauntöne, meist mit unregelmäßigen, dunkelbraunen oder auch schwarzen Flecken). Auf dem Vorderrücken sind nicht selten 2 schmale, winkelförmig angeordnete Drüsenleistchen zu finden. Die seitlichen Rückendrüsenleisten sind seltener hell abgesetzt und ragen weniger stark hervor als

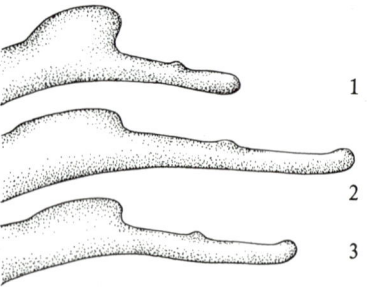

Form und Größe des Fersenhöckers im Verhältnis zur Länge der 1. Zehe als wichtiges Merkmal zur Bestimmung der mitteleuropäischen Braunfrösche
1 *Rana arvalis* (42), 2 *R. temporaria* (48), 3 *R. dalmatina* (43)

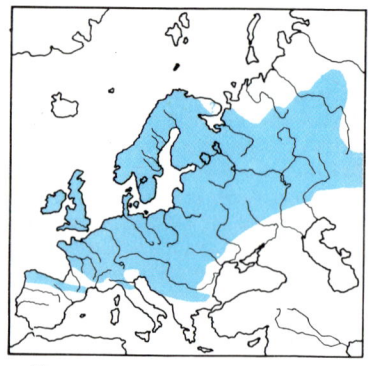

zu 48

beim Moorfrosch. Körperseiten und Unterseite grau, gelblich oder vornehmlich bei den Weibchen rötlich marmoriert oder gefleckt. Die Männchen besitzen 2 innere kehlständige Schallblasen und zur Paarungszeit schwarze Daumenschwielen und eine bläuliche Kehle.

Wie beim Moorfrosch treten in dieser Zeit bei vielen Exemplaren vermehrte Ansammlungen von Lymphflüssigkeit unter der Haut auf, wodurch die Tiere ein „schwabbliges" Aussehen erhalten. Die Weibchen weisen zur Paarungszeit weißliche Pickel auf den Körperseiten, den Hinterbeinen und der hinteren Rückenpartie auf. Kopf-Rumpf-Länge bis 10 cm. Die Paarungsrufe der Männchen, die nur während der Paarungszeit über, manchmal auch unter Wasser, geäußert werden, bestehen aus 0,25 bis 1,5 s dauernden Langlauten mit wechselnder Impulsfolge. Sie können als dumpfes, relativ leises Schnurren oder Knurren umschrieben werden.

Vorkommen: Neben der Erdkröte der in Europa am weitesten verbreitete Lurch, der nur auf großen Teilen der Iberischen und der Apenninen-Halbinsel, des Balkans und der Mittelmeerinseln fehlt. Als einzige Lurchart erreicht der Grasfrosch sogar das Nordkap. Die östliche Verbreitungsgrenze liegt im Gebiet des Ob und Irtysch. Ökologisch ist er sehr anpassungsfähig und kommt demzufolge in den unterschiedlichsten Habitaten von der Ebene bis in die Hochgebirge (bis 2 800 m) vor. Er entfernt sich mitunter weit vom Wasser, zieht jedoch ein kühl feuchtes Terrain gegenüber sonnenexponierten, warmen Standorten vor.

Lebensweise: Er laicht sehr zeitig im Jahr, selbst in Mitteleuropa manchmal schon Ende Februar. Die Männchen erscheinen gewöhnlich vor den Weibchen in den Laichgewässern (Flachwasserzonen von Weihern, Teichen und Seen, aber auch Gräben und temporäre Wasseransammlungen) und halten sich wesentlich länger als jene darin auf.

Die je nach Ernährungszustand und Größe der Weibchen 1 000 bis 4 000 Eier werden in Form von 1 bis 2 Ballen an Wasserpflanzen oder auf den Gewässergrund gelegt. Die Eier steigen aber schon bald an die Oberfläche. Da sich die Tiere überwiegend in Gruppen, nicht selten gemeinsam mit Moorfröschen (42) paaren, sind oft Laichansammlungen zu beobachten, die mehrere Quadratmeter Fläche bedecken. Bei sehr günstigen Bedingungen vergehen $1\frac{1}{2}$, meist aber 2 bis 4 Monate bis zur Metamorphose. Die maximale Länge der Larven beträgt 4,5 cm, die Größe der frisch verwandelten Tiere 1 bis 1,5 cm. Die Geschlechtsreife tritt nach 2 bis 4 Jahren mit einer Minimalgröße der Männchen von 4,5 cm ein.

Vorwiegend dämmerungs- und nachtaktiv.

Die Tiere überwintern oft gruppenweise ab Oktober/November am Grunde von Gewässern, seltener in Höhlen, Steinhaufen u. dgl.

Besonderes: Die innerartliche Gliederung wird z. Z. noch diskutiert. Während die nordspanische Form **48d** *R. t. parvipalmata* von den meisten Autoren als Unterart akzeptiert wird, ist der systematische Status der in den Westalpen vorkommenden und als Unterart, 48c *R. t. honnorati,* beschriebenen Gras-

48a *Rana t. temporaria,*
unterschiedlich gefärbte ♀ ♀

frösche umstritten. Das gleiche trifft für den in den Pyrenäen und dem französischen Zentralplateau nachgewiesenen langbeinigen „Gassers Frosch" (49) zu. Als Unterart erneut bestätigt wurde die kurzbeinige 48b *R. t. canigonensis* aus den französischen Pyrenäen. Den restlichen Teil des Areals besetzt die Nominatform 48a *R. t. temporaria*.

49 *Rana spec.*
Gassers Frosch
vgl. Grasfrosch (48)

Wasserfrosch-Gruppe

Die Gruppe der europäischen Wasserfrösche hat in den letzten 20 Jahren die Aufmerksamkeit von Evolutionsbiologen der ganzen Welt auf sich gezogen. Das liegt zum einen daran, daß der allgemein bekannte Teichfrosch (50) durch Kreuzungsexperimente als eine Bastardform „entlarvt" wurde, und zum anderen an den für den gesamten Wirbeltierbereich einmaligen populationsgenetischen Beziehungen zwischen den verschiedenen Wasserfroscharten und -hybridformen. Die Untersuchung der Populationsgenetik mittels moderner biochemischer Methoden brachte außer weiteren Beweisen für den Bastardcharakter des Teichfrosches – Elternarten Seefrosch (54) und Kleiner Wasserfrosch (51) – die Bestätigung der in Südwesteuropa heimischen *Rana perezi* (52) als selbständige Art sowie die Entdeckung von mindestens 2 bisher noch nicht wissenschaftlich benannten neuen Taxa und 2 weiteren Hybridformen. Die Hybridformen zeichnen sich dadurch aus, daß in den von ihnen gebildeten haploiden Gameten der vollständige Chromosomensatz und damit die Erbinformationen nur eines Elternteiles enthalten sind. Obwohl ursprünglich durch Bastardierung zweier verschiedener Elternformen entstanden, leben die Hybriden heute größtenteils nur noch mit einer Elternform zusammen, mit der sie sich ständig rückkreuzen. Da sie in der Regel

Gameten mit den Erbinformationen der nicht anwesenden Elternform bilden, gehen aus solchen Rückkreuzungen stets wieder Frösche mit allen für die F_1-Bastarde typischen Merkmalen hervor.

Dieser Fortpflanzungsmodus, der bisher nur bei wenigen Fisch- und Amphibienbastarden nachgewiesen wurde, wird als Hybridogenese bezeichnet. Die Bastardformen zeigen nicht die für „biologische" Arten als wesentlich erkannten Charakteristika potentielle Panmixie, Rekombination der elterlichen Gene in der F_1-Generation und evolutive Selbständigkeit. Da sie in der Regel die Gameten anderer Formen oder Arten (zumeist diejenigen einer Elternform) benötigen („stehlen"), um ihre eigene Reproduktion zu ermöglichen, wurde vorgeschlagen, für sie die neue taxonomische Kategorie Klepton (kleptos ist das griechische Wort für Dieb) einzurichten, und sie mit einem zwischen Gattungs- und Artnamen eingeschobenen Kürzel „kl." unverwechselbar zu kennzeichnen. Bisher liegen kaum Hinweise dafür vor, daß es sich bei diesen Hybridformen um im Entstehen begriffene neue „biologische" Arten handeln könnte.

In bestimmten Teilen des Verbreitungsgebietes von *R. kl. esculenta* (50), z. B. im Norden der DDR, gibt es Populationen, die nur von der Bastardform gebildet werden. Bastardierungsexperimente, zytologische und biochemische Untersuchungen haben gezeigt, daß ein mehr oder weniger großer Teil dieser Frösche triploid ist (3 an Stelle von 2 Chromosomensätzen aufweist), und daß die Bastarde reine elterliche Gameten des Kleinen Wasserfrosches (51) oder des Seefrosches (54) oder solche, die beide Genome gleichzeitig enthalten, bilden. Genetische Mechanismen und Selektion führen offenbar zum Tod der Nachkommen mit 2 Chromosomensätzen vom Kleinen Wasserfrosch bzw. Seefrosch. Nur Tiere mit mindestens einem Satz vom Kleinen Wasserfrosch und einem Satz von Seefrosch, d. h. Teichfrosch-Phänotypen, bleiben am Leben. Da also auch in diesen Populationen nicht die für biologische Arten kennzeichnenden Fortpflanzungsmodi und genetischen Prozesse vorliegen, sondern eher die für Kleptons aufgezeigten zutreffen, werden sie hier ebenfalls als solche behandelt.

Zur Zeit sind in Europa nachfolgende Wasserfroscharten und -kleptons bekannt:

Arten

51	*Rana lessonae*	Kleiner Wasserfrosch
52	*Rana perezi*	Iberischer Wasserfrosch
54	*Rana ridibunda*	Seefrosch
55	*Rana* spec. (southern non-hybrid)	Italienischer Wasserfrosch
57	*Rana* spec.	Balkanwasserfrosch (Skutari-Wasserfrosch)

Kleptons

50	*Rana* kl. *esculenta*	Teichfrosch
53	*Rana* kl.	Grafs Hybridfrosch
56	*Rana* kl. (southern hybrid)	Italienischer Hybridfrosch

**50   *Rana* kl. *esculenta*
Teichfrosch**

Kennzeichen: Es handelt sich um eine komplexe Bastardform, die ursprünglich aus Kreuzungen zwischen dem Seefrosch (54) und dem Kleinen Wasserfrosch (51) hervorging. Durch einen besonderen Vererbungsmodus (Hybridogenese) enthalten die diploiden Individuen auch heute noch in ihren Zellkernen jeweils einen vollständigen Chromosomensatz (Genom) vom Kleinen Wasserfrosch und vom Seefrosch und stehen demzufolge in den meisten äußeren Merkmalen zwischen diesen beiden Arten. Triploide Teichfrösche

besitzen entweder 2 Genome vom Kleinen Wasserfrosch und 1 Genom vom Seefrosch, dann ähneln sie auch morphologisch und im Verhalten in der Regel stark dem Kleinen Wasserfrosch, oder aber 2 Seefrosch-Genome und 1 Genom des Kleinen Wasserfrosches, dann ähneln sie stärker dem Seefrosch. Teichfrösche bilden in der DDR entweder gemischte Populationen mit dem Kleinen Wasserfrosch oder mit dem Seefrosch, wobei sie sich im wesentlichen durch Paarungen mit diesen Eltern reproduzieren. Nicht selten sind jedoch auch solche Populationen, in denen ausschließlich oder fast ausschließlich Teichfrosch-Phänotypen leben, die sich untereinander paaren und wo nur solche Nachkommen lebensfähig sind, die sowohl (mindestens) 1 Genom des Kleinen Wasserfrosches als auch 1 Seefrosch-Genom in ihren Zellkernen enthalten, also wieder Teichfrösche sind.

In den meisten Kennzeichen steht der Teichfrosch intermediär zwischen dem Kleinen Wasserfrosch und dem Seefrosch. Manche Tiere lassen sich nach der äußeren Morphologie nicht eindeutig einordnen. Die wichtigsten Merkmale sind die Form und Größe des inneren Fersenhöckers.

Der Quotient aus der Länge der 1. Zehe : Fersenhöckerlänge beträgt meist 2,0 bis 2,8 und der Quotient aus Unterschenkellänge : Fersenhöckerlänge 6,5

zu 50 und 51 (gemeinsames Vorkommen)

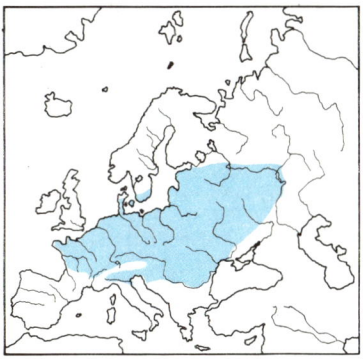

bis 9,0. Der Fersenhöcker ist stärker hochgewölbt als beim Seefrosch, bildet jedoch meist keinen symmetrischen Halbkreis wie beim Kleinen Wasserfrosch, sondern seine höchste Stelle ist in Richtung Zehenspitze verschoben. Die Unterschenkel sind kürzer als beim Seefrosch. Der Quotient aus Kopf-Rumpf-Länge : Unterschenkellänge ist gewöhnlich größer als 2,0. Die Färbung entspricht im wesentlichen der des Kleinen Wasserfrosches, allerdings sind die Männchen während der Paarungszeit nicht so intensiv gelb gefärbt, die Schallblasen sind hell- bis dunkelgrau und nicht weißlich, und die Gelbfleckung der Hinterseite der Oberschenkel sowie der Flanken ist weniger ausgeprägt. Kopf-Rumpf-Länge der Männchen bis 9 cm, der Weibchen bis 11 cm.

Rufendes Männchen von *Rana* kl. *esculenta* mit 2 hinter den Mundwinkeln austretenden Schallblasen

Es werden Paarungs-, Revier-, Befreiungs- und Schreckrufe unterschieden. Die Männchen rufen vorwiegend im Chor. Auch die Weibchen rufen mitunter, jedoch leiser. Die knurrenden Paarungsrufe klingen wie rärärärärä und lassen sich ohne technische Hilfsmittel oft nur schwer von denen des Kleinen Wasserfrosches unterscheiden, zumal die Variationsbreite sehr groß ist und auch durch Körpergröße und Temperatur beeinflußt wird. Die Töne (Impulsgruppen) liegen innerhalb der bis zu 1,5 s dauernden Paarungsrufe dichter zusammen als beim Seefrosch, aber weiter auseinander als beim Kleinen Wasserfrosch (meist zwischen 20 und 30 Impulsgruppen pro s).

Vorkommen: Die geographische Verbreitung deckt sich im wesentlichen mit der des Kleinen Wasserfrosches (51). Im Gegensatz zum Seefrosch (54) und zum Kleinen Wasserfrosch lassen sich in Mitteleuropa keine bevorzugten Habitate angeben. Er kommt in den

50 *Rana* kl. *esculenta* ♀

ökologisch unterschiedlichsten Gewässern (Teiche, Seen, Weiher, Altwässer, Moore, Gräben u. a.) vor und ist hier der häufigste Wasserfrosch. Nur sehr schattige, oligotrophe und vegetationslose Gewässer werden im allgemeinen nicht besiedelt. Er fehlt auch in mittleren und höheren Gebirgslagen.

Lebensweise: Er überwintert innerhalb oder außerhalb von Gewässern und pflanzt sich vom April bis Juni oft durch „Mischpaarungen" mit dem Kleinen Wasserfrosch (51) oder dem Seefrosch (54) fort. Durch hormonelle Fehlentwicklungen bedingte Riesenlarven (maximale Länge bis 18 cm) kommen vor.

Die Geschlechtsreife tritt nach der 2. (vorwiegend Männchen) bzw. 3. (vorwiegend Weibchen) Überwinterung ein. Nicht alle erwachsenen Weibchen laichen jedes Jahr.

Besonderes: Der Teichfrosch läßt sich keiner der gebräuchlichen systematischen Kategorien der Artgruppe zuordnen. Deshalb wurde für diesen und ähnliche Fälle die neue Gruppenbezeichnung „Klepton" vorgeschlagen, wobei Kleptons durch ein zwischen Gattungsgruppen- und Artgruppennamen gestelltes Kürzel „kl." unverwechselbar zu kennzeichnen sind. Damit entfällt die früher vorgeschlagene und

zu 51 (Vorkommen ohne 50)

nicht eindeutige Regelung, den wissenschaftlichen Namen solcher Formen in Anführungszeichen zu setzen.

51 *Rana lessonae*
Kleiner Wasserfrosch
Kennzeichen: Der innere Fersenhöcker ist halbkreisförmig hochgewölbt und groß, die 1. Zehe und der Unterschenkel sind relativ kurz. Der Quotient aus Länge der 1. Zehe : Fersenhöckerlänge ist kleiner 2,1 und der Quotient aus Unterschenkellänge : Fersenhöckerlänge kleiner 7,0. Der Unterschenkel ist kürzer als der Oberschenkel, deshalb berühren sich die Fersengelenke bei rechtwinklig vom Körper abgespreizten

50 *Rana* kl. *esculenta* ♂

51 *Rana lessonae* ♀, blaugrüne Variante

Oberschenkeln nicht. Färbung grasgrün (seltener bronzefarben) mit schwärzlichen runden Pigmentflecken auf der Oberseite. Die Hinterseite der Oberschenkel und z. T. die Flanken zeigen orange oder gelbe Flecken, der Bauch ist oft ungefleckt weißlich. Männchen haben ausstülpbare weißliche Schallblasen hinter den Mundwinkeln. Ihre gesamte Oberseite, besonders jedoch der Kopf, ist zur Paarungszeit zitronengelb, auch in der Iris sind dann kaum noch dunkle Fleckchen erkennbar. Kopf-Rumpf-Länge der Männchen bis 6,5 cm, der Weibchen bis 7,5 cm.

Die meist im Chor vorgetragenen Rufe sind in Mitteleuropa nicht selten schon im April oder noch im Juli bis September, am häufigsten aber während der Laichzeit im Mai und Juni zu hören. Neben einsilbigen Revierrufen uag-uag-uag werden vor allem bis zu 1,5 s dauernde, schnarrende Paarungsrufe geäußert (Anzahl der Töne bzw. Impulsgruppen pro s 30 bis 45). Solche, an Lautstärke zu- und abnehmende, mit Einzelrufen durchsetzte „Schnarr-Konzerte" können von wenigen Sekunden bis zu mehreren Stunden dauern. Ebenso sind die Ruhepausen zwischen den „Konzerten" je nach Tageszeit, Jahreszeit und Witterung sehr unterschiedlich.

Vorkommen: Im größten Teil Mittel- und Osteuropas, bis Westfrankreich, Südschweden (60° n. Br.), in das Kama-Gebiet und nach Nordjugoslawien. Bevorzugt von Wald umgebene pflanzenreiche Moorgewässer, die Ränder von kleineren sumpfigen Wiesen- und Feldweihern sowie Wiesengräben, ist aber auch an größeren Teichen und in der Randzone flacher Seen anzutreffen. Sowohl im Flachland als auch in den Mittelgebirgen.

Lebensweise: Überwintert hauptsächlich in selbstgegrabenen Erdhöhlen oder in ähnlichen Verstecken an Land und erscheint frühestens Ende März in den Wohngewässern. Die Laichzeit, während der sich die geschlechtsreifen Männchen zu Rufgruppen an flachen

Wasserstellen vereinigen, liegt zwischen Ende April und Anfang Juni. Schwerpunkt ist die 2. Maihälfte. Die maximal etwa 4000 Eier werden in Form weniger Klumpen in Wasser bis zu 50 cm Tiefe gelegt. Die Mindesttemperatur für die Embryonalentwicklung beträgt 11°C, die Höchsttemperatur 34°C. Entsprechend der Temperatur kann die Embryonalentwicklung wenige Tage bis mehrere Wochen betragen. Ebenso schwankt je nach Temperatur und Nahrungsangebot die Dauer der Larvenentwicklung zwischen 5 Wochen und mehreren Monaten. Die Larven haben vor der meist im Juli und August stattfindenden Metamorphose eine Gesamtlänge bis 8 cm. Das Vorkommen von Riesenlarven ist wahrscheinlich. Tag- und nachtaktiv.

Die Geschlechtsreife setzt nach der 2. (manchmal auch schon nach der 1.) Überwinterung mit einer Minimalgröße der Männchen von 4 cm und der Weibchen von 4,5 cm ein.

Besonderes: Der Kleine Wasserfrosch wurde vor 20 Jahren noch als artgleich mit dem Teichfrosch (50) gehalten. Erst umfangreiche Kreuzungsexperimente sowie eingehende zytologische und biochemische Untersuchungen zeigten, daß es sich um eine selbständige Art handelt, die allerdings im größten Teil ihres Areals gemeinsame Populationen mit dem Teichfrosch bildet, wobei Kreuzungen zwischen beiden Formen wichtig für den Fortbestand der Teichfrosch-Phänotypen sind.

52 *Rana perezi*
Iberischer Wasserfrosch
Kennzeichen: Ein kleinwüchsiger Wasserfrosch mit variabel gefärbter Oberseite. Während oberseits verschiedene

51 *Rana lessonae* ♀

51 *Rana lessonae,* ♂
in Hochzeitstracht

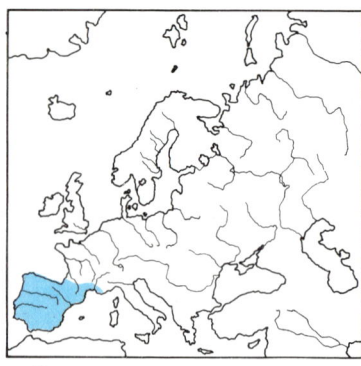

zu 52

zu 53

Braun-, Grün- oder Grautöne mit größeren dunkelbraunen Flecken vorherrschen, ist die Unterseite weißlich und zeigt eine hell- bis dunkelgraue Flekkung oder Marmorierung. Nicht selten ist ein heller Streifen auf der Rückenmitte. Charakteristisch sind die relativ langen Unterschenkel (Quotient aus Kopf-Rumpf-Länge : Unterschenkellänge kleiner 2,0) und die kurzen flachen Fersenhöcker (Quotient aus der Länge der 1. Zehe : Länge des Fersenhöckers größer 2,6 und Quotient aus Unterschenkellänge : Länge des Fersenhöckers größer 9,0). Die Männchen haben graue, ausstülpbare Schallblasen und ebenso gefärbte Daumenschwielen. Kopf-Rumpf-Länge der Männchen bis 7 cm und der Weibchen bis 8 cm.
Die Töne (Impulsgruppen) innerhalb der Paarungsrufe liegen in den für den Teichfrosch (50) charakteristischen Abständen, sie unterscheiden sich also deutlich vom Seefrosch (54).

Vorkommen: Gesamte Iberische Halbinsel, Südfrankreich, Balearen und Pityusen. Auf den Azoren und den Kanarischen Inseln eingebürgert. An stehenden und fließenden, wenig oder stark bewachsenen Gewässern unterschiedlicher Größe, im Flachland und den Gebirgen bis 1 500 m.

Lebensweise: Von Februar bis November aktiv. Er wird unter günstigen Bedingungen lokal auch in den Wintermonaten im Freien angetroffen. Überwintert im Schlamm von Gewässern oder in Verstecken im Uferbereich, wohin er sich auch in der übrigen Jahreszeit bei kühler Witterung zurückzieht.

52 *Rana perezi*

Paarungen finden vorwiegend im März und April statt. Larvenmerkmale, -größe und Entwicklungsdauer sind ähnlich wie beim Seefrosch (54). Die Männchen werden schon mit 4 cm Länge, die Weibchen mit 5 cm geschlechtsreif. Bei Störungen flüchten die Tiere ins Wasser und verstecken sich darin.

Besonderes: Er wurde bis vor wenigen Jahren als Unterart des Seefrosches (54) angesehen. Differenzen in der Struktur bestimmter Eiweiße sowie die unterschiedlichen Paarungsrufe waren Anlaß, ihn als eigene Art abzugrenzen.

53 *Rana* kl.
Grafs Hybridfrosch

Kennzeichen: Äußere Merkmale, nach denen er eindeutig vom Iberischen Wasserfrosch (52) abgegrenzt werden kann, sind nicht bekannt. Er wird größer als dieser, und die Intervalle zwischen den Tönen (Impulsgruppen) der Paarungsrufe sind länger als bei jenem. Mit biochemischen Methoden (Enzymelektrophorese) kann er diagnostiziert werden.

Vorkommen: Bisher nur in Südfrankreich und Nordostspanien nachgewiesen und noch wenig erforscht.

Lebensweise: Wahrscheinlich wie der Iberische Wasserfrosch.

Besonderes: Seine Erbsubstanz stammt jeweils zur Hälfte vom Seefrosch (54) und vom Iberischen Wasserfrosch (52). Er pflanzt sich wahrscheinlich hybridogenetisch als „sexueller Parasit" des Iberischen Wasserfrosches fort. Es ist jedoch nicht ausgeschlossen, daß er, ähnlich wie der Teichfrosch (50) in Teilen seines Areals eigene Populationen zu bilden in der Lage ist.

54 *Rana ridibunda*
Seefrosch

Kennzeichen: Die Weibchen erreichen bis 14 cm und die Männchen bis 12 cm Länge (noch größere Tiere sind ganz seltene Ausnahmen). Sie sind damit neben den Erdkröten die größten euro-

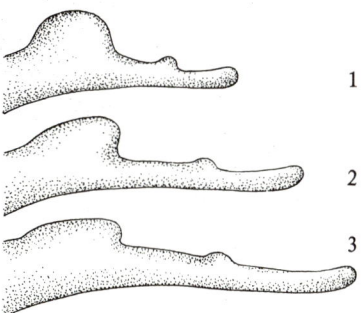

Form und Größe des Fersenhöckers im Verhältnis zur Länge der 1. Zehe als wichtiges Merkmal zur Bestimmung der mitteleuropäischen Wasserfrösche
1 *Rana lessonae* (51), 2 *R.* kl. *esculenta* (50), 3 *R. ridibunda* (54)

päischen Froschlurche. Ihre Oberseite ist oliv-bräunlich, in Südosteuropa nicht selten graubraun oder auch grasgrün mit meist größeren, dunkelbraunen, unregelmäßig geformten Pigmentflecken. Die helle Unterseite ist überwiegend grau oder schwärzlich marmoriert. Keine Gelbfärbung an den Oberschenkeln. Der Fersenhöcker ist flach und klein, die 1. Zehe und der Unterschenkel sind relativ lang. Der Quotient aus Kopf-Rumpf-Länge : Unterschenkellänge ist kleiner 2,0, der Quotient aus Zehenlänge : Fersenhöckerlänge größer 2,5 und der Quotient aus Unterschenkellänge : Fersenhöckerlänge größer 8,5. Die Männchen besit-

zu 54

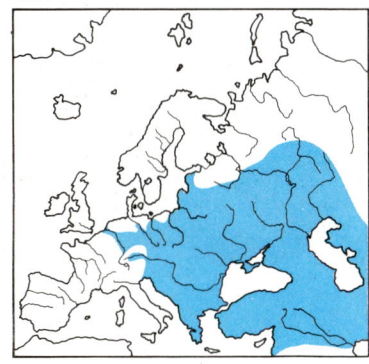

54 *Rana ridibunda*

zen ausstülpbare schwärzliche Schallblasen und schwärzliche Daumenschwielen. Die fortpflanzungsbereiten Männchen finden sich zur Paarungszeit zu Rufgruppen zusammen, innerhalb deren sie auch lokomotorisch sehr aktiv sind. Neben lautstarken Einzelrufen (Revier-, Befreiungs- und Alarmrufe) äußern sie als Paarungsrufe kekkernde Rufserien ä-ä-ä-ä-ä mit im Mittel etwa 10 „Tönen" (Impulsgruppen) pro s. Dauer der Paarungsrufe 0,5 bis 1,7 s. Dauer und Intensität der „Chorkonzerte" schwanken je nach Jahreszeit und Witterung sehr stark. Höchste Rufaktivität in Mitteleuropa im Mai und Juni. Im Juli und August sind die Tiere kaum zu hören, jedoch regelmäßig wieder im September mit kurzen Konzerten.

Mittelgebirgen, aber auch im größten Teil Mecklenburgs. Auf dem Balkan und im Kaukasusgebiet ist er ökologisch wesentlich anpassungsfähiger. Er bewohnt dort auch kleine und temporäre Wasseransammlungen und die Gebirge bis 2 500 m.
Lebensweise: Hält sich immer in oder an Gewässern auf und entfernt sich in der Regel nur auf Sprungweite von diesen. Er setzt sich gern in die pralle Sonne, ist aber auch während der Dämmerung und nachts aktiv. In Mitteleuropa verläßt er sein unter Wurzeln von Ufergehölzen, in Uferhöhlungen oder im Bodenschlamm der Gewässer gelegenes Winterquartier gewöhnlich im April und pflanzt sich während der ersten Schönwetterperioden im Mai (Wassertemperatur mindestens 15 °C) fort. Sel-

54 *Rana ridibunda* ♂
südosteuropäische Form

Vorkommen: Besiedelt ein riesiges Areal vom Rhein im Westen bis zu den baltischen Sowjetrepubliken im Norden, dem Oberlauf des Ural-Flusses und des Ili im Osten und bis nach Mesopotamien und in den Iran im Süden. In der DDR bevorzugt er die Altarme von Flüssen sowie Seen und Weiher in den Urstromtälern und fehlt hier in den

tener kommt es schon im April oder erst im Juni zur Laichablage. Die bis zu 12 000 und mehr Eier umfassenden Laichballen werden an Wasserpflanzen befestigt oder sinken auf den Boden des Gewässers, von wo sie nach einiger Zeit aufsteigen können. Manche Weibchen laichen nicht jedes Jahr. Die Länge der frischgeschlüpften Larven

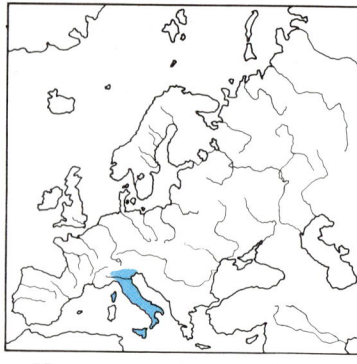

zu 55

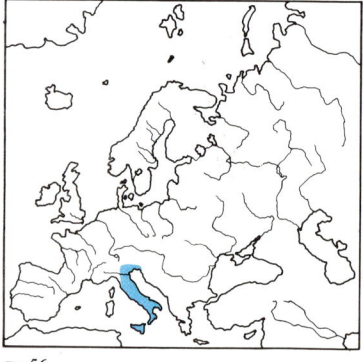

zu 56

beträgt etwa 8 mm. Die Embryonalentwicklung dauert temperaturabhängig 4 bis 10 Tage, die Larvenentwicklung 6 bis 12 Wochen. Die Larven sind vor der Metamorphose 6 bis 9 cm lang, ab und zu auch darüber. Zur Metamorphose unfähige Riesenlarven, die bis 18 cm Gesamtlänge und ein Alter von mehr als 2 Jahren erreichen können, kommen vor. Die Mehrzahl der Männchen ist nach der 2., die der Weibchen nach der 3. Überwinterung geschlechtsreif. Die Kopf-Rumpf-Länge beträgt dann mindestens 5 bzw. 6 cm. Neben Insekten, Spinnen, Würmern und Schnecken werden auch Kaulquappen und Jungtiere der eigenen oder fremder Froscharten sowie kleine Säugetiere, Vögel, Reptilien und Fische gefressen. Entsprechend den klimatischen Bedingun-

gen zieht sich der Seefrosch zwischen September und November zur Winterruhe zurück.

Besonderes: Eine der Elternarten der Bastardform *Rana* kl. *esculenta* (50). Auch die Erbanlagen vom Italienischen Hybridfrosch (56) und vom südfranzösischen Grafs Hybridfrosch (53) stammen jeweils zur Hälfte von ihm.

55 *Rana* spec.
Italienischer Wasserfrosch
(southern non-hybrid)

Kennzeichen: Typischer Wasserfrosch mit überwiegend grüner Oberseite, die schwärzlich gefleckt ist, und weißlicher, gelblicher oder gräulicher Unterseite. Die Unterseite ist nicht selten grau marmoriert oder gefleckt. Etwas größer als der Kleine Wasserfrosch (51). Körperproportionen wie beim Teichfrosch (50). Mittlerer Quotient aus Unterschenkellänge : Fersenhöckerlänge 7,7, aus Länge der 1. Zehe : Fersenhökkerlänge 2,3 und aus Kopfbreite : Nasenlochabstand 4,2. Die Innenseiten der Oberschenkel weisen intensiv gelb oder orange gefärbte Flecken auf. Die Schallblasen sind weißlich.

Rufe und Rufverhalten wie beim Kleinen Wasserfrosch.

Vorkommen: Ganz Italien südlich der Po-ebene, Sizilien und Korsika.

Lebensweise: Wie die übrigen Wasserfrösche. Artcharakteristisches muß noch erforscht werden.

Besonderes: Wurde erst vor wenigen Jahren aufgrund biochemischer Merkmale als besonderes Taxon erkannt. Ob er allerdings eine eigene Art oder nur eine Unterart des Kleinen Wasserfrosches (*R. lessonae bergeri*) darstellt, steht aber noch nicht fest.

56 *Rana* kl.
Italienischer Hybridfrosch
(southern hybrid)

Kennzeichen: Nach äußeren Merkmalen schwer vom Italienischen Wasserfrosch (55) zu unterscheiden. Er wird größer und hat durchschnittlich längere Unterschenkel als dieser (mittlerer Quotient aus Kopf-Rumpf-Länge : Unterschenkellänge 2,0). Die Fersenhöcker sind flacher und kürzer (mittlerer Quotient aus Unterschenkellänge : Fersenhöckerlänge 8,7, mittlerer Quotient aus Länge der 1. Zehe : Fersenhöckerlänge 2,6), der Kopf ist breiter (mittlerer Quotient aus Kopfbreite : Nasenlochabstand 4,4). Die Flecken auf den Innenseiten der Oberschenkel sind hellgelb oder hellgrau und die Schallblasen oft dunkelgrau. Die Töne bzw. Impulsgruppen innerhalb der Paarungsrufe folgen einander in größeren Intervallen als beim Italienischen Wasserfrosch. Die sichere Unterscheidung vom Italienischen Wasserfrosch ist mit biochemischen Methoden (Enzymelektrophorese) möglich.

Vorkommen: Gesamte Apenninenhalbinsel, Sizilien und wahrscheinlich Nord-

56 *Rana* kl.
(Italienischer Hybridfrosch) ♂

55 *Rana spec.*
(Italienischer Wasserfrosch) ♂

57 *Rana spec.*
(Balkanwasserfrosch)

westjugoslawien, fehlt offenbar auf Korsika in Nordwestitalien.

Lebensweise: Wie der Italienische Wasserfrosch.

Besonderes: Bastardform, deren Erbanlagen jeweils zur Hälfte vom Italienischen Wasserfrosch (55) und vom Seefrosch (54) stammen. Sie lebt nur mit dem Italienischen Wasserfrosch sympatrisch und ist auf diesen als Geschlechtspartner und Gametenlieferanten angewiesen.

57 *Rana spec.*
Balkanwasserfrosch (new Yugoslavian taxon),
Skutari-Wasserfrosch

Kennzeichen: Er unterscheidet sich von dem im gleichen Areal lebenden Seefrosch (54) durch seine geringere Reifegröße und die Paarungsrufe der Männchen. Manche Männchen besitzen schon mit 4,5 cm Länge äußere Schallblasen und Daumenschwielen und sind demzufolge geschlechtsreif. Ihre Rufe ähneln denen vom Teichfrosch (50), weisen also wesentlich geringere Intervalle zwischen den Einzeltönen (Impulsgruppen) auf als die Seefrosch-Paarungsrufe. Balkanwasserfrösche haben relativ kürzere Hinterbeine und relativ längere und höhere Fersenhöcker als Seefrösche. Ihre Unterseite ist meist ungefleckt und in der Achsel- und Leistengegend gelblich ge-

58 *Rana catesbeiana* ♂

tönt. Die Oberseite ist bräunlich bis gelboliv mit dunkler Fleckung. Die Schallblasen sind hell gelblich-grünlich gefärbt. Anhand der biochemischen Merkmale ist die Art eindeutig abgrenzbar.

Vorkommen: Skutari-See in Südwestjugoslawien, die weitere Verbreitung ist noch nicht untersucht. Bewohnt Flachwasserbereiche mit mehr oder weniger ausgeprägtem Pflanzenbewuchs.

Lebensweise: Einzelheiten unbekannt, wahrscheinlich ähnlich wie der Seefrosch.

Besonderes: In Nordwestgriechenland einschließlich der Insel Korfu wurden mittels biochemischer Methoden ebenfalls vom Seefrosch artverschiedene Wasserfrösche nachgewiesen. Es ist noch nicht geklärt, ob diese als new Greek taxon bzw. Korfu taxon bezeichneten Formen zur gleichen Art gehören wie der Balkanwasserfrosch.

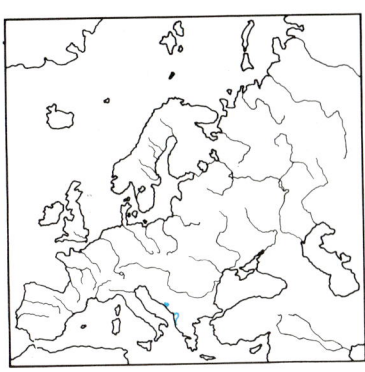

zu 57

58 *Rana catesbeiana*
Nordamerikanischer Ochsenfrosch

Kennzeichen: Am ehesten mit den europäischen Wasserfröschen zu verwechseln. Auffallendstes Merkmal sind die großen Trommelfelle, die bei den Männchen doppelten Augendurchmesser erreichen und bei den Weibchen mindestens so groß sind wie die Augen. Ferner fehlen die seitlichen Rückendrüsenleisten völlig. Bei den Männchen ist nur eine kehlständige Schallblase ausgebildet. Er kann bis zu 20 cm Länge erreichen und gehört damit zu den größten rezenten Froschlurchen. Die Oberseite ist olivgrün oder bräunlich gefärbt, ohne hellen Rückenstreifen. Die Fleckung ist nicht so deutlich ausgeprägt wie bei den Wasserfröschen oder kann auch fehlen. Die Hinterbeine haben breite dunkle Binden. Der Bauch ist weißlich, z. T. mit grauen Flecken.

Charakteristisch sind tiefe grunzende Einzelrufe, die mit keiner der Stimmen europäischer Froschlurche verwechselt werden können. Neben den Paarungs-

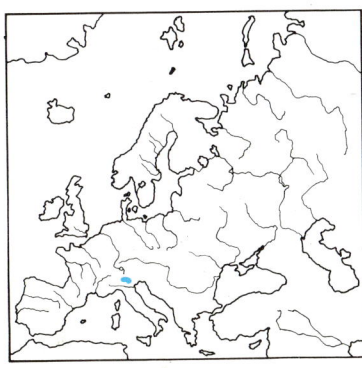

zu 58

rufen kommen verschiedene andere Ruftypen vor.

Vorkommen: Heimisch im größten Teil des östlichen Nordamerika. In den dreißiger Jahren dieses Jahrhunderts unter anderem auch in Norditalien ausgesetzt, wo er geeignete Lebensbedingungen fand und sich sowohl selbständig ausbreitete als auch durch den Menschen weiter verschleppt wurde. Bevorzugt die Uferzonen sowie Inseln in den verschiedensten stehenden und fließenden pflanzenreichen Gewässern.

Lebensweise: Im wesentlichen wie der Seefrosch (54). Kann durch seine Körpergröße relativ viele und auch große Beutetiere (u. a. kleine Wirbeltiere) überwältigen und verzehren.

Besonderes: Diese nicht zur europäischen Herpetofauna gehörige Art wurde zur Gewinnung von Froschschenkeln als Luxusspeise in Norditalien ausgesetzt und hat sich dort selbständig ausgebreitet. Der Nordamerikanische Ochsenfrosch erwies sich als gefährlicher Konkurrent der einheimischen Lurche, deren Bestände durch ihn bedroht sind.

Klasse *Reptilia*
Kriechtiere

Die Kriechtiere (Reptilien) sind eine Klasse der Wirbeltiere, deren zumeist völlig drüsenlose Haut von Hornschuppen und -schildern bedeckt ist. Als wechselwarme *(poikilotherme)* Tiere benötigen sie zur Aufrechterhaltung der Lebensfunktionen eine äußere Wärmezufuhr. Viele Arten sind dabei durch entsprechende Verhaltensweisen – Sonnenbaden und Aufsuchen kühler Unterschlupfe – in der Lage, ihre Körpertemperatur während der Aktivitätsphasen in einem artspezifischen Bereich relativ konstant zu halten. Extreme Klimaperioden können durch Ruhezeiten mit herabgesetztem Stoffwechsel (Winterruhe, Sommerschlaf) überdauert werden. Kriechtiere sind lungenatmende Landtiere mit ursprünglich 2 Paar Extremitäten, von denen einige sekundär teilweise oder vollständig wieder zum Wasser als Lebensraum zurückgekehrt sind. Im Gegensatz zu den Lurchen ist die Fortpflanzung der Reptilien jedoch von Gewässern völlig unabhängig. Voraussetzung dafür war die Herausbildung des Amnioteneies. Ebenso wie bei den Vögeln und Säugetieren umwächst den Keimling eine vom Embryo gebildete Hülle, das *Amnion*, so daß dieser sich in einer Flüssigkeit liegend entwickeln kann.
Generell kommt bei den Reptilien nur eine innere Befruchtung vor, wobei die Spermien durch spezielle Kopulationsorgane (Ausnahme Brückenechse) übertragen werden. Viele Arten sind eierlegend. Die Entwicklung der Eier beginnt bereits im Mutterleib. Im Extremfall erfolgt die gesamte Embryonalentwicklung im Körper des Muttertieres. Die Jungen schlüpfen während des Legevorganges aus den häutigen Eihüllen. Bei einigen Arten beobachtet man echtes Lebendgebären. Die Embryonen werden durch plazentaartige Bildungen von der Mutter mit Nährstoffen versorgt.
Die Reptilien entwickelten sich im Oberen Karbon (vor etwa 260 Mill. Jahren) aus Uramphibien und erreichten im Erdmittelalter mit z. T. riesigen Vertretern eine große Formenmannigfaltigkeit. Aus dieser Zeit haben sich die Ordnungen der Schildkröten (*Testudines,* über 200 Arten), Krokodile (*Crocodilia,* 21 Arten) und Schnabelköpfe (*Rhynchocephalia,* 1 Art) bis in die Jetztzeit erhalten. Die Ordnung der Schuppenkriechtiere *(Squamata)* entfaltete sich dagegen erst später und weist gegenwärtig mit etwa 6 000 Echsen und Schlangen noch eine große Formen- und Artenfülle auf.
In der europäischen Herpetofauna sind lediglich die Schildkröten und Schuppenkriechtiere vertreten.

Ordnung *Testudines*
Schildkröten

Schildkröten sind durch ihren meist mit großen Hornschildern bedeckten Knochenpanzer unverwechselbar gekennzeichnete Reptilien. Die Bildung dieses Außenskelettes, welches den ganzen Rumpf umhüllt und die inneren Organe sicher birgt, ist ein bemerkenswerter Sonderfall unter den rezenten Wirbeltieren. Der Rückenpanzer wird als *Carapax,* der Bauchpanzer als *Plastron* bezeichnet. Die Verbindung beider Teile bildet die Brücke.
Schildkröten können in der Regel den Kopf und die Gliedmaßen weitgehend im Panzer bergen. Die Meeresschildkröten haben diese Fähigkeit jedoch nahezu eingebüßt. Nach der Art und Weise, wie Kopf und Hals entweder durch eine s-förmige Krümmung direkt rückwärts eingezogen oder lediglich

seitlich unter den Panzerrand angelegt werden können, unterscheiden sich die beiden Ordnungsgruppen *Cryptodira* (=Halsberger) und *Pleurodira* (=Halswender). Schildkröten leben terrestrisch als Landschildkröten, halb aquatisch als Süßwasserschildkröten und marin als Meeresschildkröten. Trotz der Anpassungen an die unterschiedlichsten Lebensräume stimmt die Gestalt aller Arten noch soweit überein, daß sie stets sofort als Schildkröten erkannt werden.

Übereinstimmend in der ganzen Ordnung ist auch die Fortpflanzungsweise geblieben: Alle Schildkröten legen Eier in selbst gegrabene Eigruben an sonnenexponierten Plätzen. Dort erfolgt innerhalb einiger Wochen die Entwicklung zu Schlüpflingen, die in ihrer Gestalt und Lebensweise weitgehend mit den Eltern übereinstimmen.

Die Schildkröten gehören ausnahmslos zu den am stärksten in ihrer Existenz bedrohten Reptilien. Sie werden zur „Verwertung" als Fleisch- und Schildpattlieferanten, zur Haltung als Heimtiere gefangen, oder ihre Lebensräume bzw. Brutplätze werden von Menschen beeinträchtigt oder zerstört. Sie benötigen daher insgesamt und in allen europäischen Staaten ihres Vorkommens wirksamen Schutz.

Die Schildkröten trennten sich stammesgeschichtlich sehr frühzeitig von den übrigen Reptilien ab. So findet man bereits in der Trias Schildkröten. Sie sind damit die stammesgeschichtlich ältesten Reptilien, die sich in ihrer Ursprünglichkeit bis in unsere Zeit erhalten haben.

Von den 12 Schildkröten-Familien der rezenten Fauna kommen nur 4 mit insgesamt 12 Arten auch in Europa vor. Sie gehören alle zur Ordungsgruppe der Halsberger (*Cryptodira*):
Familie *Cheloniidae* Meeresschildkröten
Familie *Dermochelydidae* Lederschildkröten
Familie *Emydidae* Sumpfschildkröten
Familie *Testudinidae* Landschildkröten

Bestimmungsschlüssel der Familien

1 Vordere Gliedmaßen wesentlich größer als die hinteren und zu flachen, paddelförmigen Ruderfüßen ausgebildet; Lebensweise marin   **3**

1′ Gliedmaßen vorn und hinten etwa gleich groß, Vordergliedmaßen nicht als große Paddel geformt; Lebensweise kontinental, entweder an Süßwasser oder trockenes Land gebunden   **2**

2 Panzer hochgewölbt, sehr massiv und starr; Gliedmaßen ohne freie Zehen, nur mit freien Krallen, Lebensraum oft sehr trockene Landschaften
Testudinidae (S. 193)

2′ Panzer flach, Rücken- und Bauchpanzer nur knorpelig, mitunter auch starr miteinander verbunden; Gliedmaßen stets mit krallentragenden Fingern bzw. Zehen, die durch Schwimmhäute miteinander verbunden sind; Lebensraum sind Binnengewässer unterschiedlichster Art
Emydidae (S. 200)

3 Rückenpanzer stets mit großen Hornschildern bedeckt, bei jüngeren Exemplaren mitunter auch höckrige Kiele der Rückenpanzerschilder vorhanden   *Cheloniidae* (S. 185)

3′ Rückenpanzer bei erwachsenen (sehr großwüchsigen!) Tieren mit einer Lederschwarte bedeckt, die durch 5 bis 7 Längskiele gegliedert wird. Jungtiere besitzen einen Rückenpanzer, der mit kleinen, mosaikartig angeordneten Plättchen gegliedert ist. Die künftigen Längskiele deuten sich bereits durch Reihen vergrößerter Plättchen an   *Dermochelydidae* (S. 192)

Familie *Cheloniidae*
Meeresschildkröten

Sie leben ständig im Meer, wo sie meist küstennahe Bereiche (das *Litoral*) bevorzugen, sind aber durchaus zu Hochseewanderungen (im *Pelagial*) zwischen den Kontinenten in der Lage. Die eigentliche Heimat dieser Tiere sind die subtropischen und tropischen Bereiche der Weltmeere. Nur die Weibchen suchen zur Eiablage Sandstrände an den Küsten dieser Meere auf. In Europa gibt es nur im Mittelmeerraum noch einige letzte Küstenabschnitte, die von Meeresschildkröten zur Eiablage aufgesucht werden. Verdriftete Meeresschildkröten sind regelmäßig auch an mittel- und nordeuropäischen Stränden bzw. in den Küstengewässern anzutreffen.

In der rezenten Fauna sind Meeresschildkröten nur noch in 6 Arten vertreten, während sie im Erdmittelalter (vor allem der Oberen Kreidezeit) den Höhepunkt ihrer Artenvielfalt erreicht hatten.

Meeresschildkröten schwimmen vor allem mittels des Ruderschlages ihrer vorderen Gliedmaßen. Sie orientieren sich durch den Sonnenkompaß und die Strömungsverhältnisse der Meere. Die Verdriftung an die Atlantikküste erfolgt überwiegend durch den Golfstrom.

Meeresschildkröten sind Allesfresser. Ihre tierische Kost besteht aus Mollusken, Krebsen, Quallen, Stachelhäutern und anderen Wirbellosen, während Fische nur selten erbeutet werden. Den pflanzlichen Anteil stellen Meeresalgen. Jungtiere ernähren sich ausschließlich animalisch.

Zur Eiablage kommen die Weibchen vorwiegend nachts an den Sandstrand. In einer selbst gegrabenen birnenförmigen Eikammer deponieren sie in Abhängigkeit von Art und Größe 60 bis über 100 Eier. In Größe und Gestalt erinnern die Eier stark an Tischtennisbälle. Die Eischale ist elastisch (im Unterschied zu den Eiern von Land- und Sumpfschildkröten). Die Entwicklungszeit dauert in Abhängigkeit von der geographischen Lage des Niststrandes und vom Wetterablauf ca. 48 bis 80 Tage. Die Schlüpflinge verlassen selbständig die Eikammer und wandern sofort zum Meer. Zahlreiche Freßfeinde (Seevögel, Raubfische, größere Krabben) stellen ihnen nach. Erwachsene Meeresschildkröten hingegen haben kaum noch natürliche Feinde.

Maßlose Ausbeutung der Meeresschildkröten-Bestände als Fleisch- und Schildpattlieferanten bedroht heute die weitere Existenz der meisten Arten. Die Zerstörung der Niststrände durch den Massentourismus, die Beunruhigung der Litoralzonen durch motorisierten Wassersport und die bedrohliche Verschmutzung der Weltmeere sind weitere ernste Gefahren. Durch umfassende internationale Schutzmaßnahmen einerseits und durch operative Rettungsprogramme (Farmaufzuchten, Schutzgebiete) andererseits wird versucht, das Überleben der Meeresschildkröten zu sichern.

Bestimmungsschlüssel
der Gattungen

Bei der Beobachtung vom Boot aus ist die Bestimmung oft sehr schwierig bis unmöglich. Auf dem Land vorliegende Exemplare können sicher bestimmt werden.

1 Rückenpanzer nur mit 4 Paaren Rippenschilder; Nackenschild berührt nur das vorderste Wirbelschild, nicht aber das vorderste Rippenschilder-Paar   2

1' Rückenpanzer mit 5 Paaren Rippenschilder; Nackenschild berührt sowohl das vorderste Wirbelschild als auch das vorderste Rippenschilder-Paar   3

2 In der Regel sind die Rückenpanzer-Schilder dachschindelartig überlappend angeordnet, nur bei Exemplaren über 75 cm Panzerlänge kann die Schindelung aufgehoben sein. Stets 2 Paare Vorderstirnschilder auf der Kopfoberseite; Schnabel hakenförmig oberständig
Eretmochelys (S. 189)

2' Rückenpanzer-Schilder überlappen sich niemals, stets nur 1 Paar Vorderstirnschilder auf der Kopfoberseite, Schnabel nicht hakenförmig
Chelonia (S. 188)

3 Bauchpanzer beiderseits durch 3 etwa gleichgroße Zwischenschilder mit dem Rückenpanzer verbunden; vorderstes Bauchschilder-Paar (Kehlschilder) durch eingeschobenes un-

59 *Caretta caretta*

paariges Zwischenkehlschild getrennt
Caretta (S. 187)
3′ Bauchpanzer beiderseits durch 4
etwa gleichgroße Zwischenschilder
mit dem Rückenpanzer verbunden;
kein Zwischenkehlschild zwischen
dem vordersten Bauchpanzer-Schil-
derpaar *Lepidochelys* (S. 191)

Gattung *Caretta*
Unechte Karettschildkröten

Einzige Art:
59 *Caretta caretta*
Unechte Karette
Kennzeichen: Panzer 90 bis 110 cm lang,
von länglich-ovaler Gestalt. Der Rük-
kenpanzer ist stets von 5 Paaren Rippenschilder bedeckt. Das vorderste Paar
ist auffällig kleiner als die nachfolgen-
den. Es berührt gemeinsam mit dem
dazwischenliegenden vordersten Wirbelschild das sehr breite Nackenschild.
Die ersten 4 Wirbelschilder sind schmal
und länglich, sechseckig geformt, während das 5. Wirbelschild wesentlich
breiter ist und trapezförmig zum Panzerhinterrand ausläuft.
Bei Jungtieren tragen alle Rückenpanzerschilder (mit Ausnahme der Randschilder) einen dornig aufragenden
Kiel, wodurch der Panzer gezähnelt
wirkt. Im Laufe des Wachstums bleiben
die Kiele der Wirbelschilder am längsten sichtbar, werden aber schließlich
auch eingeebnet.

Der Bauchpanzer weist meist nur 3
Paare größerer Zwischenschilder auf.
Sie sind stets glatt und tragen keine
randständigen Poren wie bei der Bastardschildkröte (62). Mitunter ist die
Reihe der Zwischenschilder einseitig
durch weitere kleinere Schilder erhöht.
Charakteristisch ist das Zwischenkehlschild zwischen dem vordersten Bauch-
panzer-Schilderpaar.
Die Farbe des Rückenpanzers ist bei
Jungtieren rötlichbraun, im Alter hingegen schmutzig oliv. Niemals tritt
eine hell-dunkle Marmorierung oder
Flammung der Schilder auf, wie das bei
der Echten Karette (61) und der Suppenschildkröte (60) der Fall ist. Der
Bauchpanzer ist stets schmutzig-weiß
bis gelblich.
Die relativ ähnliche Bastardschildkröte

zu 59

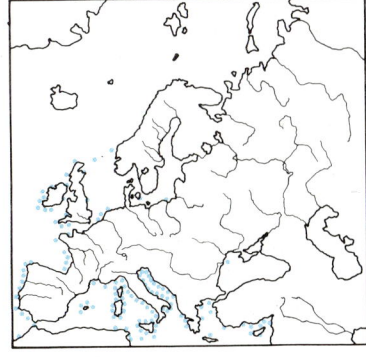

(62) unterscheidet sich durch den breiteren, mehr herzförmigen Panzer und die stets in 4 Paaren auftretenden größeren Zwischenschilder am Bauchpanzer, die außerdem meist randständige, auffällige große Poren besitzen.

Vorkommen: Atlantik, Mittelmeer und Schwarzes Meer, ansonsten in allen warmen Teilen der Weltmeere. Im Küstenbereich des Mittelmeergebietes wahrscheinlich noch einige Brutplätze. Damit ist sie die einzige Meeresschildkröte, die noch unmittelbar zur europäischen Fauna gerechnet werden kann. Zugleich ist sie die häufigste Meeresschildkröte unseres Gebietes. Sie tritt gleichermaßen im Küstenbereich wie auf offener See auf.

Lebensweise: Ihre Nahrung besteht ausschließlich aus Meerestieren wie Quallen, Seescheiden, Krebsen, Stachelhäutern und Mollusken, nur gelegentlich auch aus Fischen. Häufig sitzen Seepocken (seßhafte Krebse mit runder Kalkschale) als harmloser Aufwuchs an den Panzern.

Besonderes: Ihr Fleisch gilt allgemein als minderwertig bis ungenießbar, die dünnen, zeichnungslosen Hornschilder taugen nicht als Schildpatt. Deshalb wird sie weniger als ihre Verwandten gejagt. Um so notwendiger ist aber die Bewahrung ihrer letzten Niststrände an der spanischen und italienischen Küste sowie der vorgelagerten Meeresbereiche vor Badebetrieb und Motorsport.

Gattung *Chelonia*
Suppenschildkröten

Einzige Art in unserem Gebiet:
60 *Chelonia mydas*
   Suppenschildkröte

Kennzeichen: Panzer bis 140 cm lang, von ebenmäßig ovaler Gestalt. Der Rückenpanzer ist stets nur mit 4 Paaren Rippenschilder bedeckt. Die Wirbelschilder sind auffällig breit. Die ersten 4 bilden ein mit seiner Breitseite im rechten Winkel zur Körperachse liegendes Sechseck, während das letzte Wirbelschild trapezförmig zum Panzer-

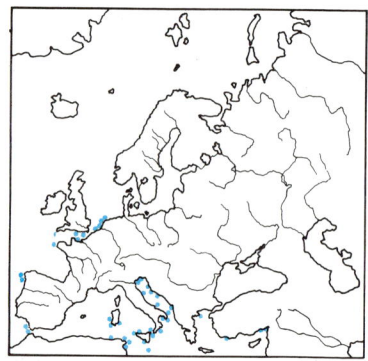

zu 60

hinterrand verbreitert ist. Das vorderste Wirbelschild ist so breit, daß es nicht nur die volle Breite des Nackenschildes, sondern auch die anliegenden Randschilder (Nr. 1 bis 2) berührt. Am Bauchpanzer fallen stets 4 bis 5 Paare großer Zwischenschilder auf. Sie besitzen im Unterschied zur Bastardschildkröte (62) niemals randständige Poren, sondern sind glatt. Der Rückenpanzer ist braun bis oliv gefärbt und meist dunkler marmoriert oder geflammt. Niemals aber sind die Rückenpanzer-Schilder überlappend wie bei der Echten Karette (61).

Vorkommen: Atlantik, Mittelmeer und Schwarzes Meer, ansonsten aber zirkumtropisch. Bis vor wenigen Jahrzehnten existierte noch an der vorderasiatischen Mittelmeerküste der einzige Niststrand in der Nähe unseres Gebietes. Suppenschildkröten halten sich gern in warmen Meeresteilen mit starkem Pflanzenwuchs (schwimmende Tangfelder) auf.

Lebensweise: Die erwachsenen Tiere ernähren sich überwiegend bis ausschließlich von Meerespflanzen, während die Jungtiere räuberisch von kleinen Wirbellosen leben.

Besonderes: Von der Suppenschildkröte werden 2 Unterarten unterschieden, von denen die Nominatform den atlantischen Raum bewohnt. Im Pazifik tritt neben der anderen Unterart noch eine zweite Art, die Australische Suppenschildkröte, auf. Das Fleisch gilt als Delikatesse, die Hornschilder liefern brauchbares Schildpatt. Durch Raubbau sind sie außerordentlich gefährdet, zumindest aber bereits formell international geschützt.

Gattung *Eretmochelys*
Echte Karettschildkröten

Einzige Art:
61 *Eretmochelys imbricata*
Echte Karette
Kennzeichen: Panzer 60 bis 90 cm lang, von herzförmiger bis eiförmiger Gestalt. Stets treten nur 4 Paare Rippenschilder auf, die sich genauso wie die breiten Wirbelschilder dachziegelartig überlappen. Nur bei extrem großen, al-

ten Exemplaren kann die Überlappung aufgehoben sein und die Schilder stoßen aneinander. Das Nackenschild berührt nur das vorderste Wirbelschild, nicht die Rippenschilder. Es ist kopfwärts auffällig trapezförmig verschmälert. Von der Suppenschildkröte (60) unterscheidet sie sich vor allem durch ihren charakteristischen Hakenschnabel, dessen Oberteil weit übergreift. In der Beschilderung der Kopfoberseite ist die doppelte Anzahl der Vorderstirnschilder ebenfalls ein wichtiges Kennzeichen. Die Rückenpanzerschilder sind gelblich bis braun gefärbt und auffällig dunkel geflammt oder marmoriert (Schildpatt).
Vorkommen: Zirkumtropisch verbreitet, nur selten als Irrgast an der Atlantik-

60 *Chelonia mydas*

61 *Eretmochelys imbricata*

63 Dermochelys coriacea

62 Lepidochelys kempi

59 Caretta caretta

60 Chelonia mydas

61 Eretmochelys imbricata

62 *Lepidochelys kempi*

küste sowie im Mittelmeer. Sie bevorzugt sehr warme Küstengewässer.
Lebensweise: Die Nahrung besteht überwiegend aus wirbellosen Meerestieren (Stachelhäutern, Mollusken, Krebsen, Quallen u. a.), nur selten aus Fischen. Daneben werden individuell unterschiedlich gern auch Meerespflanzen gefressen. Jungtiere ernähren sich ausschließlich räuberisch.
Besonderes: Im tropischen Atlantik und Pazifik jeweils eine geographische Unterart. Als Lieferant des besten Schildpatts hat sie wegen des betriebenen Raubbaus nahezu keine Überlebenschancen mehr.

Gattung *Lepidochelys* Bastardschildkröten

Einzige Art im Gebiet:
62 *Lepidochelys kempi*
Atlantik-Bastardschildkröte
Kennzeichen: Mit nur 65 cm Panzerlänge kleinste Meeresschildkröte. Ihr

zu 61

herzförmiger, sehr breiter Panzer trägt stets 5 Paar Rippenschilder wie bei der Unechten Karette (59). Die Wirbelschilder sind auffällig schmal und bei erwachsenen Exemplaren oft nahezu länglich-viereckig, das hinterste ist aber wesentlich größer und zum Panzerhinterrand hin bogen- oder trapezförmig verbreitert. Bei Jungtieren sind die Wirbel- und Rippenschilder mit dornig aufragenden Kielen versehen. Sie bleiben auf den Wirbelschildern am längsten sichtbar, werden im Alter jedoch alle vollkommen zurückgebildet. Der Bauchpanzer weist stets 4 Paare großer Zwischenschilder zum Rückenpanzer hin auf. In der Regel sind sie rückwärts randständig von einer großen Pore durchbrochen. Die Kehlschilder des Bauchpanzers ragen kopfwärts auffällig vor. Niemals sind sie durch ein unpaariges Zwischenkehlschild getrennt, wie es bei der ähnlichen Unechten Karette (59) auftritt. Die Schilder des Rückenpanzers sind grau-oliv bis schwärzlich gefärbt, niemals braun und ohne die für Suppenschildkröten (60) und Echte Karetten (61) charakteristische Marmorierung oder Flammung. Die Bauchseite ist wie bei allen Meeresschildkröten hell.
Die zweite Art der Gattung, die Pazifik-Bastardschildkröte, unterscheidet sich durch 6 bis 9 (!) Paare Rippenschilder und ist damit gut zu unterscheiden. Im Gegensatz zu ihrem irreführenden Trivialnamen kommt sie auch im Atlantik vor und könnte durchaus gelegentlich als Irrgast an europäischen Küsten, auch im Mittelmeer, gefunden werden.

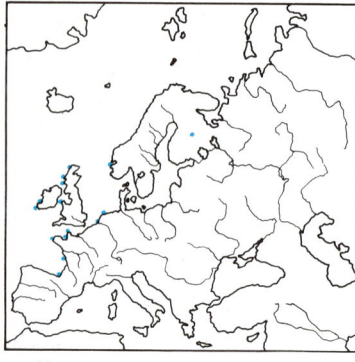

zu 62

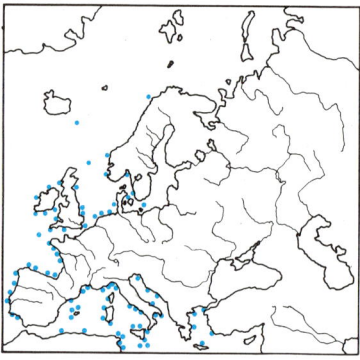

zu 63

Vorkommen: Ihre Heimat sind die tropischen Gewässer der Karibik. Von dort werden Tiere gelegentlich mit dem Golfstrom an die europäischen Atlantik-Küsten verdriftet.

Lebensweise: Sie jagt gern in Küstennähe nach Krebstieren, die offenbar ihre Hauptnahrung bilden. Daneben werden Stachelhäuter, Mollusken und andere Wirbellose verzehrt. Die Art hat an der mexikanischen Golfküste einen einzigen Brutplatz, von dessen konsequenter Sicherung die Erhaltung der Art abhängt.

Besonderes: Der Name „Bastardschildkröte" entspricht nicht den Tatsachen, sondern beruht auf einem alten Irrtum. Sie ist eine echte Art. Viele ursprüngliche Merkmale deuten darauf hin, daß

sie wahrscheinlich die stammesgeschichtlich ältesten unter den heutigen Meeresschildkröten sind. Leider werden sie vor allem in Mittelamerika übermäßig stark wegen ihres Fleisches bejagt.

Familie *Dermochelydidae* Lederschildkröten

Sie leben wie andere Meeresschildkröten ausschließlich marin, bevorzugen aber weit mehr als jene die offene See (das *Pelagial*). Ansonsten sind ihre Lebensweisen sehr ähnlich.

Die Brutgebiete der Lederschildkröten liegen ausschließlich an tropischen Stränden. Dennoch können sie weiter in nördliche Gewässer (bis in arktische Breiten!) vordringen als ihre Verwandten. Dabei ist ihnen ihr enormes Volumen und die beachtliche Wärmeentwicklung beim Langstreckenschwimmen von großem Vorteil.

Die Lederschildkröten sind heute nur noch durch eine einzige Art vertreten. Stammesgeschichtlich haben sie sich seit dem Tertiär weit von den Meeresschildkröten entfernt. Das wichtigste Ergebnis dieser Entwicklung ist der Verlust des knöchernen Panzers. Erwachsene Tiere sind von einer spindelförmigen mächtigen Lederschwarte umgeben, die durch 5 bis 7 Längskiele stabilisiert wird. Jungtiere haben einen merkwürdigen Mosaikpanzer, der sich im Laufe des Lebens in die Lederschwarte verwandelt. Der Mosaikpanzer ist das Relikt eines im Laufe der Evolution einmal vorhanden gewesenen Ersatzpanzers aus sekundären Hautknochen.

Vom ursprünglichen, normalen Knochenpanzer finden sich nur einige Knochenspangen unter der Lederschwarte. Die Hornschilder wurden vollständig reduziert.

Lederschildkröten werden glücklicherweise nicht wirtschaftlich genutzt, sind aber durch die Inanspruchnahme und Zerstörung ihrer Brutstrände sehr gefährdet.

Gattung *Dermochelys*
Lederschildkröten

Einzige Art:
63 *Dermochelys coriacea*
   Lederschildkröte
Kennzeichen: Mit einer Rückenpanzer-
länge von 180 cm und mehr und einem
Lebendgewicht von 300 bis 500 kg die
größte rezente Schildkröte. In ihrer familientypischen Gestalt sowohl als er-
wachsenes Tier wie als Schlüpfling von
etwa 6 cm Länge mit anderen Meeresschildkröten nicht zu verwechseln. Bemerkenswert ist noch der Kopf mit den
schrägstehenden Augen und dem in
2 Haken auslaufenden Oberkieferrand.
Die Färbung ist meist einheitlich
schwarzbraun mit hellen, schmutzig-
weißen Flecken und Tupfen, die beson-

stens an das Leben auf hoher See ange-
paßtes Reptil.
Lebensweise: Sie stimmt weitgehend mit
den Meeresschildkröten der Familie
Cheloniidae überein. Ihre Ernährung ist
besonders stark auf Quallen ausgerich-
tet. Zum Packen der schlüpfrigen und
nesselnden Beutetiere ist der Doppel-
haken-Schnabel von besonderem Vorteil.
Besonderes: Die Lederschildkröte ver-
dient als eines der merkwürdigsten und
seltensten Großtiere der Erde besondere Bemühungen zu ihrer Erhaltung
für künftige Generationen.

63 *Dermochelys coriacea*

ders an den Flanken der hinteren Kör-
perhälfte konzentriert sind.
Vorkommen: Tropische Meere, dringt
relativ oft weit nach Norden vor und erreicht gelegentlich sogar arktische Gewässer. Sensationell sind Funde von
Irrgästen in Binnenmeeren wie der Ost-
see. Die Lederschildkröte ist ein be-

Familie *Testudinidae*
Landschildkröten

Als Bewohner der Trockenlandschaften
unterschiedlichen Charakters sind
Landschildkröten an ihrem stabilen hohen Panzer und den Gliedmaßen leicht
zu erkennen: Die vorderen Gliedmaßen

sind kräftige, leicht abgeflachte Grabfüße, die hinteren solide Säulenfüße, die etwas an Elefantenbeine erinnern. Zehen und Finger sind miteinander verwachsen und von einer derben Haut wie ein Klumpfuß umgeben, nur die Krallen ragen hervor. Die Vordergliedmaßen sind an den Unterarmen mit großen Schuppen bedeckt, so daß die Tiere bei zurückgezogenem Kopf den Panzer mit ihnen vollkommen abschließen können. Landschildkröten bewegen sich meist gemächlich in ihrem Lebensraum und flüchten nur unbeholfen. Meist ziehen sie sich bei Gefahr lieber in ihren Panzer zurück. Ihre Aktivität ist auf den Tag beschränkt. In den heißen Mittagsstunden verbergen sich die Tiere im Schatten von Strauchwerk oder graben sich leicht in den Boden ein. Die Nahrung besteht vorrangig aus im Jahresverlauf wechselnden krautigen Pflanzen. Daneben benötigen sie aber auch animalische Zukost in Form von Insekten, Schnecken, Regenwürmern oder Aas. Nicht selten fressen sie auch die Exkremente von weidenden Rindern und Schafen.

Die Geschlechtsunterschiede sind bei den einzelnen Gattungen unterschiedlich ausgeprägt. In der Regel ist das Erkennen der Männchen anhand ihrer konkaven Bauchpanzer leicht möglich. Die Fortpflanzung erfolgt durch 5 bis 15 hartschalige Eier, die sich in den Eikammern innerhalb von 60 bis 80 Tagen entwickeln. Um die Eikammer in den harten Boden graben zu können, weicht das Weibchen den Boden oft mit seinem Urin auf. Gut zu beobachten ist die Balz. Die Männchen werben durch hörbare seitliche Rammstöße um die Gunst der Weibchen und umlaufen dabei die Partnerin mehrmals, ehe die Kopulation erfolgt. Das aufreitende Männchen öffnet das Maul und stößt während der Paarung piepsende Laute aus. Landschildkröten sind infolge ihrer geringen Vermehrungsrate nur in ungestörten Populationen lebensfähig. Die natürlichen Feinde –

Raubvögel, Raubsäuger – stellen vor allem den wehrlosen Jungtieren nach. Die größte Bedrohung der Bestände ist jedoch der Massenfang für den Tierhandel, der in einigen Gebieten bereits zur Ausrottung der Landschildkröten geführt hat. Biotop- und Artenschutz sind daher für alle Landschildkröten unabdingbare Voraussetzungen für ihr Überleben.

Bestimmungsschlüssel der Gattungen und Arten

Außerhalb ihres Verbreitungsgebietes werden häufig verschiedene Landschildkröten-Arten als entlaufene oder ausgesetzte Terrarientiere gefunden. Sie können u. U. in Mitteleuropa jahrelang überleben, haben aber keine Fortpflanzungschance. Während früher Griechische und Maurische Landschildkröten (66, 65) ausgesetzt wurden, geschieht das heute am häufigsten mit der Steppenschildkröte (64).

1 Rückenpanzer relativ flach; längs der Mitte fast eben, Panzerform eher kreisrund statt länglich. Vordergliedmaßen stets nur mit 4 Krallen
   64 *Agrionemys horsfieldi*
1′ Rückenpanzer hoch gewölbt, wenn längs der Mitte fast eben, dann mit deutlicher Verbreiterung des Hinterrandes. Vordergliedmaßen normalerweise mit 5 Krallen   2
2 Über der Schwanzwurzel in der Regel ein geteiltes Schwanzschild; Schwanz endet in einem deutlichen Endnagel   66 *Testudo hermanni*
2′ Über der Schwanzwurzel in der Regel nur ein ungeteiltes Schwanzschild; Schwanz endet niemals in einem Hornnagel
3 Rückenpanzer in der Aufsicht oval bis eiförmig, mit dem breiteren Teil nach hinten, hintere Randschilder nicht auffällig vergrößert und seitlich wie eine Hutkrempe abgebogen. Rückseite der Oberschenkel mit deutlichen großen Höckerschuppen
                65 *Testudo graeca*
3′ Rückenpanzer in der Aufsicht auffällig langgestreckt, durch die ver-

zu 64

der Mitte ist der Panzer häufig nahezu eben. Rückenpanzer und Bauchpanzer sind vollkommen starr. Auffällig sind die sehr kräftigen Vordergliedmaßen mit 4 abgeflachten stabilen Krallen, die spatelartig vorstehen. Die Grundfarbe ist häufig horngelb bis grünlichgelb in hellen Tönen. Häufig bedecken dunkle Flecken das ganze Rückenschild und lassen nur die Nähte hell. Ebenso kann der Bauchpanzer weitgehend dunkel sein. Häufiger aber sind alte Tiere einfarbig hell ohne jede dunkle Zeichnung. Die Geschlechtsunterschiede sind nur anhand des deutlich längeren und dickeren Schwanzes des Männchens sicher erkennbar. Die Männchen bleiben zudem merklich kleiner als die Weibchen. Eine konkave Eindellung des Bauchpanzers wie bei *Testudo*-Arten findet sich nicht. In ihrem Areal mit keiner anderen Schildkröte zu verwechseln.

Vorkommen: Ein Charaktertier der mittelasiatischen Steppen, die nur in der nordkaspischen Niederung an wenigen Stellen im Gebiet vorkommt.

Lebensweise: Sie gräbt sich an den südexponierten Hängen der Steppentäler tiefe Wohnhöhlen (bis 2 m), in denen sie die Nacht, den Winter und z. T. auch Trockenperioden des Sommers zubringt. Die Aktivitätsperiode für die Aufnahme der größten Nahrungs-

größerten hinteren Randschilder, die wie eine Hutkrempe seitlich abstehen, hinten auffällig breiter. Rückseite der Oberschenkel ohne oder nur mit kleinen Höckerschuppen   67 *Testudo marginata*

Gattung *Agrionemys*
Steppenschildkröten

Einzige Art
64 *Agrionemys horsfieldi*
   Steppenschildkröte
Kennzeichen: Panzer auffällig abgeflacht und rund, bei Jungtieren nahezu kreisförmig, bei alten Exemplaren mitunter oval oder auch der Kreisform nahekommend. Panzerlänge bis 28 cm. In

64 *Agrionemys horsfieldi* ♀

menge, für das Wachstum und für die Fortpflanzung konzentriert sich auf die Monate April bis Juni. In ebenem Gelände graben Steppenschildkröten ihre Wohnhöhlen unter Grasbülten, Sträuchern u. ä. Plätzen. Häufig bewohnen Kleinsäuger, Eidechsen, Schlangen und Gliederfüßer als „Untermieter" die Höhlen der Schildkröten. Stachelschweine erweitern sie oft zu eigenen Wohnhöhlen, so daß die ursprünglichen Bewohner zur Anlage einer neuen Behausung genötigt sind. Ernährung und Fortpflanzung sind familientypisch.

Besonderes: Die Art ist im Gebiet sehr selten und schutzwürdig. Ihr Hauptvorkommen in Mittelasien hingegen kann mit einer hohen Individuenzahl als gesichert betrachtet werden.

Gattung *Testudo*
Europäische Landschildkröten

Die für die ganze Familie namens- und beispielgebende Gattung wird heute auf die 3 europäischen und eine weitere nordafrikanische Art *(Testudo kleinmanni)* beschränkt. Die anderen Arten, welche früher zu dieser Gattung gestellt wurden, werden heute als Vertreter anderer Verwandtschaftsgruppen betrachtet.

65 *Testudo graeca*
Maurische Landschildkröte
Kennzeichen: Panzerumriß oval, bis 30 cm lang, selten darüber. Der hochgewölbte Panzer ist von relativ großen und breiten Wirbelschildern bedeckt,

Rückensicht des Panzers von Testudo graeca (65)

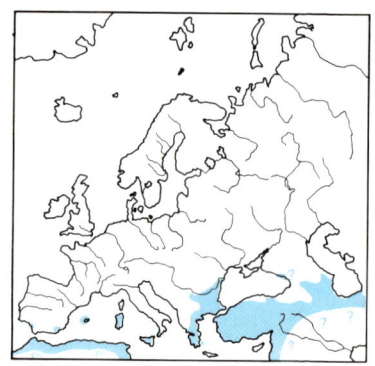

zu 65

wodurch die Art gut von der Griechischen Landschildkröte (66) zu unterscheiden ist, ohne daß die weiteren Trennmerkmale geprüft werden müssen. Das Schwanzschild ist in der Regel ungeteilt, Ausnahmen sind selten. Der Schwanz endet stets ohne Endnagel, ebenso sind stets vergrößerte Schuppen auf den Oberschenkeln vorhanden, von denen eine spornartig hervorragt. Die Farbe des Rückenpanzers variiert nach den Unterarten:

65a *T. g. graeca:* Meist sehr heller Rückenpanzer, dunkle Zeichnung kann völlig fehlen oder auf die Schildernähte beschränkt sein. Der Kopf ist horngelb, höchstens mit dunklen Flecken.

65b T. g. ibera: Der Rückenpanzer hat auf den Rippen- und Randschildern eine diagonal verlaufende dunkle und helle Zone, während die Wirbelschilder dunkel gesäumt und nach vorn z. T. auch dunkelflächig sind. Von der Breitrandschildkröte (67) durch die ovale Panzergestalt und die niemals stark vergrößerten und abstehenden Randschilder zu unterscheiden. Am Bauchpanzer sind bei der Breitrandschildkröte die Schilder ebenfalls diagonal in eine helle und dunklere Hälfte geteilt, während die Maurische Landschildkröte entweder unregelmäßige verwaschene dunkle Flecken oder einen einheitlich gefärbten Bauchpanzer besitzt.

Vorkommen: Die Balkanhalbinsel, das Kaukasusgebiet und Kleinasien bewohnt die Unterart *T. g. ibera,* die Nominatunterart Süditalien, Sizilien, die Balearen, Südspanien und Nordwestafrika. In sehr verschiedenen trockenen Habitaten anzutreffen, sofern sie durch Strauch- und Baumbewuchs Deckung und Schattenplätze bieten. Nicht selten in der Nähe menschlicher Ansiedlungen, besonders auf Feldern und in Gärten.

Lebensweise: Gattungs- bzw. familientypisch. Die Winterruhe verbringen die Tiere eingegraben an geschützten Stellen. Sie dauert im Gebirge von Oktober bis April, während sie in mediterranen Küstenlandschaften auf 2 Monate beschränkt sein oder nahezu ausfallen kann.

Besonderes: Außer den beiden Unterarten im Gebiet treten noch 2 weitere in Kleinasien und dem östlichen Nordafrika auf. Eventuell erweisen sich noch weitere Populationen, die heute diesen 4 Unterarten zugeordnet werden, als selbständige geographische Formen. Nach Mitteleuropa verschleppte (ausgesetzte oder entwichene) Tiere können jahrelang durchhalten, haben aber keine Vermehrungschance.

66 *Testudo hermanni*
Griechische Landschildkröte

Kennzeichen: Panzerumriß oval, 20 bis 25 cm lang, selten bis 30 cm. Der hochgewölbte Panzer hat zentral eine Reihe relativ kleiner und schmaler Wirbel-

65b *Testudo graeca ibera*

66a *Testudo h. hermanni*

schilder, wodurch sich die Art leicht von der Maurischen Landschildkröte (65) unterscheiden läßt. Außerdem sind als wichtige Kennzeichen der Endnagel des Schwanzes und das Fehlen großer spornartiger Schuppen auf der Außenseite der Oberschenkel zu nennen. In der Regel ist das Schwanzschild geteilt. Sehr alte Tiere können über der Austrittsstelle der Beine eine Aufwölbung und Verbreiterung der Randschilder aufweisen, die jedoch niemals die Gestalt und Dimension wie bei der Breitrandschildkröte (67) erreichen. Die Gestalt und Zeichnung des Bauchpanzers ist eher der Maurischen Landschildkröte als der Breitrandschildkröte ähnlich. Der Bauchpanzer ist vollkommen starr, während bei der Maurischen Landschildkröte mitunter ein leicht beweglicher Hinterlappen des Bauchpanzers (bei sehr großen, alten Weibchen) ausgebildet sein kann.

Die Färbung des Panzers ist von horngelb bis grünlichgelb variabel. Stets sind die Schilder des Rückenpanzers von vorn bündig mit dunklen Flecken bedeckt, deren hintere Grenze an den Flanken (Rippen- und Randschilder) oft diagonal, auf den Wirbelschildern hingegen entlang der Schildernähte verläuft. Auf dem Bauchpanzer tragen alle Schilder dunkle Flecken, die in 2 mehr oder weniger zusammenhängenden dunklen Längsbändern parallel zur Symmetrieachse angeordnet sind.

zu 66

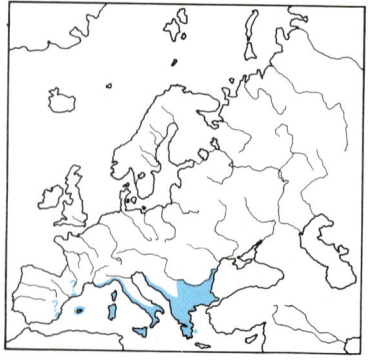

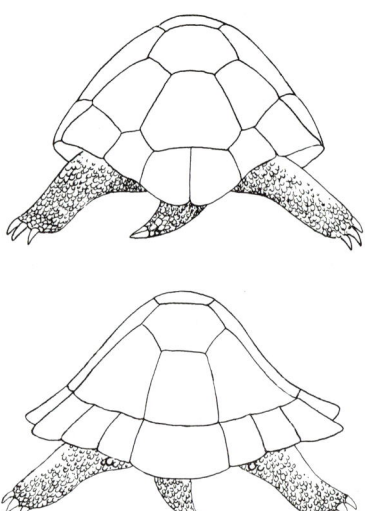

Rückansicht der Panzer von *Testudo hermanni* (66), *Testudo marginata* (67)

Vorkommen: Balkanhalbinsel, Süd- und Mittelitalien, Sizilien, Korsika, Sardinien, Südfrankreich, Balearen und isolierte Fundorte in Nordostspanien. In Trockenlandschaften von der Küste bis in Gebirgslagen von 1500 m.

Lebensweise: Gattungs- und familientypisch. Die Art scheint die am wenigsten kälteempfindliche unter den europäischen Landschildkröten zu sein, wie ihre Vorkommen in unwirtlichen Lagen des Balkans beweisen, wohin ihr die Maurische Landschildkröte (65) nicht folgt, mit der sie sonst oft den Lebensraum teilt.

Besonderes: Es werden 2 Unterarten unterschieden, von denen die westliche **66b** *T. h. robertmertensi* in Spanien, Südfrankreich und auf den Balearen äußerst selten und in ihrem Bestand bedroht ist, während sie auf Korsika, Sardinien und in Italien nicht ganz so gefährdet ist. Die Nominatunterart **66a** *T. h. hermanni* ist noch in starken Populationen auf der Balkanhalbinsel vertreten, jedoch durch Massenfänge für den Tierhandel sehr gefährdet.

Verwirrung kann die wissenschaftliche

Namensgebung verursachen: Der Artname *graeca* = griechisch gilt für die Maurische Landschildkröte. Die Griechische Landschildkröte muß hingegen den Artnamen *hermanni* tragen. Das ist notwendig, um die wissenschaftlichen Namen stabil zu erhalten, selbst wenn ihr wörtlicher Sinn nicht mehr gewährleistet ist. Einen ähnlichen Sachverhalt bemerkten wir schon beim Brillensalamander (12).

67 *Testudo marginata*
Breitrandschildkröte
Kennzeichen: Mit 35 cm Länge und mehr größte europäische Landschildkröte. Ihr länglicher Panzer zeigt in der Aufsicht eine deutliche Einschnürung kurz hinter der Körpermitte. Dann folgt der weit ausladende Hinterrand, der durch die auffällige Verbreiterung der hinteren Randschilder entsteht. Der Panzer ist insgesamt sehr gestreckt, so daß erwachsene Tiere mit keiner anderen Landschildkröte verwechselt werden können. Junge Exemplare unterscheiden sich von der relativ ähnlichen Maurischen Landschildkröte (65) vor allem durch das Fehlen der vergrößerten, spornartigen Schuppen auf den Oberschenkeln sowie durch die markante Hell-Dunkel-Färbung jedes einzelnen Bauchpanzerschildes. Die Färbung des Rückenpanzers wird mit

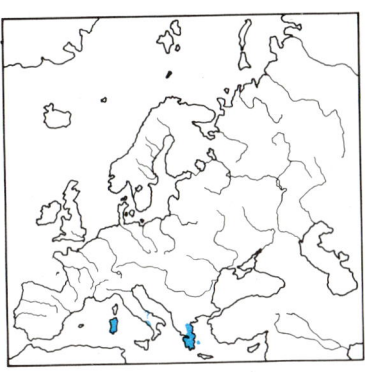

zu 67

zunehmender Größe mehr und mehr dunkel, so daß nur noch die zentralen Felder der Wirbel- und Rippenschilder horngelb sind, alles andere wird schwarzbraun. Von den Randschildern erhält sich die nach hinten und rückwärts gerichtete Spitze jedes Schildes am längsten hell. Sehr alte Tiere können einfarbig schwarz sein.
Vorkommen: Griechenland südlich des Olymps, einige ägäische Inseln und Sardinien. Das sardische Vorkommen geht wahrscheinlich auf eine erfolgreiche Ansiedlung durch den Menschen zurück. Als Lebensraum sagen ihr auch steinige Berghänge zu, sofern sie nur ausreichend mit Sträuchern bewachsen sind. In Griechenland können alle 3 Te-

67 *Testudo marginata*

studo–Arten gemeinsam vorkommen, wobei die Breitrandschildkröte in solchen Landschaften häufiger bergige Habitate bevorzugt als die beiden anderen Arten. Am Olymp geht sie bis in 1 600 m Höhe.

Lebensweise: Gattungs- und familientypisch. Bis zur Geschlechtsreife braucht die Art vermutlich mehr als 10 Jahre. Zusammen mit der geringen Vermehrungsquote (trotz der Größe nur 3 bis 10 Eier) bedeutet das, daß die natürlichen Bestände außerordentlich anfällig gegen Störungen (Fang, Umweltveränderungen) sind.

Besonderes: Die seltene endemische Schildkröte benötigt strengsten Schutz, um überleben zu können.

Familie *Emydidae*
Sumpfschildkröten

Als Bewohner der unterschiedlichsten Binnengewässer sind sie durch ihren flachen, kahnförmigen Panzer und die mit großen Schwimmhäuten ausgestatteten Gliedmaßen gute Schwimmer und Taucher. Der Luftvorrat ihrer Lungen und die Fähigkeit, den Stoffwechsel wesentlich reduzieren zu können, gestattet ihnen, längere Zeit untergetaucht zu verweilen. Die Beobachtung von Sumpfschildkröten ist am leichtesten an ihren Sonnenplätzen (Baumstämme, Steine, überhängende Uferpartien u. ä.) möglich. Bei Annäherung einer Gefahr (30 bis 60 m Fluchtdistanz!) flüchten sie sofort ins Wasser und tauchen. Sie sind aber auch an Land sehr behende, können größere Strecken rasch laufen und mit Hilfe ihrer kräftigen Krallen an Fingern und Zehen gut klettern.

Trocknen ihre Wohngewässer aus, vergraben sie sich entweder im Bodengrund oder wandern ab.

Die Ernährung der hier behandelten Vertreter der Sumpfschildkröten ist überwiegend animalisch (Mollusken, Krebstiere, Würmer, Insekten und deren Larven, aber auch Fische, Molche und Frösche bzw. Kaulquappen). Mit-unter verzehren sie auch pflanzliche Kost (Schößlinge, Knospen und Blüten, Früchte) oder Aas.

Die Fortpflanzung erfolgt durch Eier. Die Weibchen legen 5 bis 20 hartschalige Eier in selbst gegrabene Eikammern an sonnenexponierten Plätzen. Die Entwicklung verläuft in 50 bis 80 Tagen in Abhängigkeit von der lokalen Klimasituation und dem Witterungsverlauf. Junge Sumpfschildkröten haben einen fast kreisrunden Panzer. Sie führen sofort die Lebensweise ihrer Art. Nach 5 bis 10 Jahren ist die Geschlechtsreife erreicht. Die Unterscheidung von männlichen und weiblichen Tieren ist relativ sicher. Männchen haben einen wesentlich flacheren Panzer, der bauchseitig deutlich konkav eingedellt ist. Sie sind meist auch kleiner als die Weibchen. Ihr Schwanz ist länger als der der Weibchen. Im Bereich zwischen Bauchpanzer-Hinterrand und Kloakenspalt ist die Schwanzwurzel auffällig verdickt (Lage des Penis). Männliche Sumpfschildkröten verbreiten oft einen durchdringenden Moschusgeruch, besonders wenn sie ergriffen werden. Die Entleerung von Blase und Enddarm ist eine verbreitete Abwehrreaktion dieser Tiere.

Sumpfschildkröten sind die artenreichste und stammesgeschichtlich jüngste Gruppe der Schildkröten, die seit dem Tertiär eine beachtliche Entwicklung genommen hat. Von den etwa 30 Gattungen und 80 Arten kommen in unserem Gebiet jedoch nur 2 Gattungen mit insgesamt 3 Arten vor.

Bestimmungsschlüssel der Gattungen

1 Rücken- und Bauchpanzer starr miteinander verbunden; Achsel- und Hüftschilder vorhanden; Hals mit deutlichem hellem Längsstreifenmuster   *Mauremys* (S. 203)

1′ Rücken- und Bauchpanzer durch eine knorpelige Verbindung beweglich; Achsel- und Hüftschilder fehlen meist: Hals höchstens marmoriert, aber kein Längsstreifenmuster   *Emys* (S. 201)

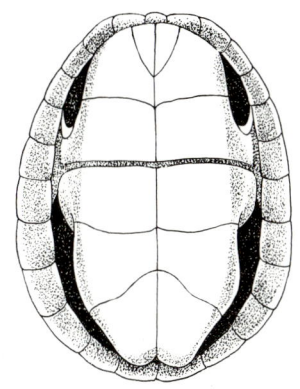

Bauchpanzer von *Emys orbicularis* (68)

Außerhalb ihres Verbreitungsgebietes treten relativ häufig faunenfremde Sumpfschildkröten verschiedener Gattungen auf. Besonders häufig werden nordamerikanische Schmuckschildkröten (*Chrysemys*- bzw. *Pseudemys*-Arten) als ausgesetzte oder entlaufene Terrarientiere beobachtet. Aber auch die Europäische Sumpfschildkröte wird leider vielfach ausgesetzt, was schnell zu falschen Angaben hinsichtlich ihrer natürlichen Verbreitung und ökologischen Ansprüche führen kann.

Gattung *Emys*
Sumpfschildkröten

Einzige Art
68 *Emys orbicularis*
Europäische Sumpfschildkröte
Kennzeichen: Panzerlänge erwachsener Tiere sehr variabel (Population auf den Balearen und der Iberischen Halbinsel 15 bis 18 cm, in Osteuropa, auf der Krim, bis zu 30 cm). Die Gestalt des Panzers ist stets ebenmäßig oval. Charakteristisch ist die bewegliche Verbindung von Rücken- und Bauchpanzer durch eine Knorpelschicht an der Brücke. Achsel- und Hüftschilder sind nur gelegentlich als kleine Rudimente vorhanden. Im Laufe des Wachstums bildet sich am Bauchpanzer ein Querscharnier aus, so daß bei alten Exem-

plaren der Vorderlappen des Bauchpanzers beweglich ist.

Art- und gattungscharakteristisch ist auch der relativ lange Schwanz. Die Färbung des Rückenpanzers ist sehr variabel. Auf dunkelbraunem bis schwarzem Grund stehen mehr oder weniger dicht schmale bis breitere gelbe bis weißliche Striche oder Punkte. Oft sind sie strahlenförmig auf den Rückenpanzerschildern angeordnet. Der Bauchpanzer ist oft uniform horngelb, mitunter aber mit dunklen Markierungen der Schildernähte. Es gibt aber auch Exemplare mit großen schwarzen Flecken auf dem Bauchpanzer, die im Extremfall zu einer einheitlich schwarzen Unterseite verschmelzen können. Der Kopf ist ebenfalls auf dunklem Grund gelb gefleckt oder an den Halsseiten auch marmoriert. Niemals aber bilden sich scharf abgesetzte helle Längsstreifen in parallelem Verlauf wie bei den *Mauremys*-Arten. Außer den familientypischen Geschlechtsunterschieden fallen die Männchen durch ihre orange bis rotbraune, die Weibchen durch ihre gelbe bis weißliche Augenfarbe auf. Dieses Merkmal ist besonders zur Geschlechtsbestimmung mit dem Fernglas gut geeignet.

Vorkommen: Von Nordwestafrika über die Iberische Halbinsel und das ganze Europa mit Ausnahme des Nordens und Verbreitungslücken im westlichen Mitteleuropa bis nach dem vorderen

zu 68

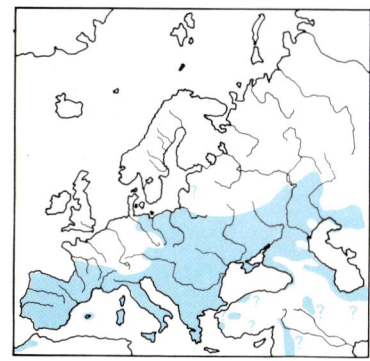

Asien (Aralsee). Im nördlichen Bereich ihres Areals (BRD, DDR, Polen, ČSSR, baltische Republiken der UdSSR) sehr selten. Sie bewohnt alle Gewässertypen vom zeitweiligen Kleingewässer bis zur Ruhigwasserzone großer Flüsse (Alt-wasserarme) und den Buchten großer Binnenseen. Stehendes Wasser wird vor Fließgewässern bevorzugt, sodaß sie nur selten in Bächen anzutreffen ist.

Lebensweise: Sonnenliebende Art, die standorttreu ihre Sonnenplätze auf-

68 *Emys orbicularis*

♀

♂

sucht. Während der Dämmerung und nachts geht sie auf dem Gewässergrund der Nahrungssuche nach, wobei sie sich nach dem Geruch orientiert. Bei warmem Regenwetter ist sie auch an Land bei der Regenwurm- und Schnekkensuche anzutreffen. Trocknen die Wohngewässer aus, so wandern die Tiere lieber weite Strecken ab, als daß sie sich vergraben. Auch zum Aufsuchen guter Eiablageplätze gehen die Weibchen mitunter recht weit vom Wasser weg. Die Nahrung ist nahezu ausschließlich animalisch, wobei von Kleinkrebsen (Wasserflöhen) und Mükkenlarven an bis zum Frosch oder Fisch alles verzehrt wird. Fische fallen den Sumpfschildkröten nur dann zum Opfer, wenn sie verletzt sind oder zur Laichzeit Flachwasserbereiche aufsuchen. Die Überwinterung erfolgt im Bodengrund des Wohngewässers. Die jährliche Aktivitätszeit liegt in Mitteleuropa zwischen März und November. In südlichen Populationen kann sie entsprechend länger dauern oder sich über das ganze Jahr erstrecken. In den mitteleuropäischen Populationen sind die Sommer nur selten für eine Eizeitigung günstig, so daß diese Populationen hauptsächlich durch die Langlebigkeit der Europäischen Sumpfschildkröte (50 bis 70 Jahre) überdauern. *Besonderes:* Trotz beobachteter Unterschiede der einzelnen Populationen werden derzeit keine geographischen Unterarten anerkannt. In den nördlichen Staaten ihres Areals ist die Art vom Aussterben bedroht und wird gesetzlich streng geschützt. Die Populationen im Süden des Areals sind individuenreich und dürfen in ihrer Existenz als gesichert betrachtet werden.

Gattung *Mauremys*
Eurasische Wasserschildkröten

Die Angehörigen dieser Gattung haben einen starren Panzer. Rücken- und Bauchpanzer sind durch eine feste Knochenbrücke miteinander verwachsen. Der Bauchpanzer bildet keinen be-

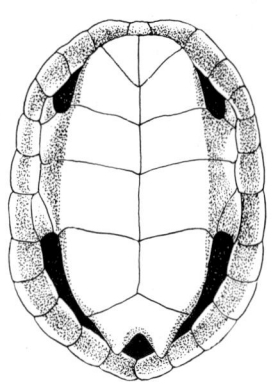

Bauchpanzer von *Mauremys*

weglichen Lappen wie bei der Europäischen Sumpfschildkröte (68) aus. Achsel- und Hüftschilder sind stets vorhanden. Der Rückenpanzer hat in seiner hinteren Hälfte stets, bei Jungtieren über die ganze Länge, einen deutlichen Firstkiel. Die Panzerlänge schwankt zwischen 20 und 35 cm. Der Kopf ist etwas spitzer und schmaler als bei der Sumpfschildkröte (68). Am Hals treten bei den Arten im Gebiet stets helle Längsstreifen auf, wodurch sie sich markant von der Europäischen Sumpfschildkröte unterscheiden. Hinsichtlich der Lebensweise gibt es jedoch weitgehende Übereinstimmung zwischen beiden Gattungen. Sie können auf der Iberischen Halbinsel und im Süden der Balkanhalbinsel oft gemeinsam angetroffen werden. Hinsichlich ihrer Nahrung sind die *Mauremys*-Arten flexibler, indem sie reichlich Gebrauch von saisonabhängig auftretender pflanzlicher Nahrung (Triebe und Schößlinge von Wasserpflanzen, Früchte, Blüten und Knospen) machen. Sie sind deutlich wärmebedürftiger als die Europäische Sumpfschildkröte. Daraus ergibt sich die auf wenige Gebiete Europas beschränkte Verbreitung. In Japan und Hinterindien kommen noch 2 weitere Gattungsangehörige vor. Die beiden im Gebiet vorkommenden Arten werden mitunter auch als Unterarten von *Mauremys caspica* betrachtet.

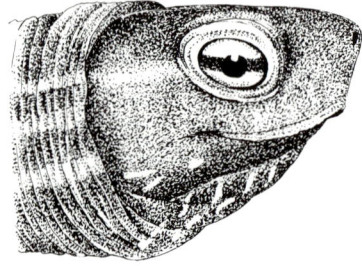

Köpfe von *Mauremys caspica* (69) und *Mauremys leprosa* (70)

Bestimmungsschlüssel

1 Kopf relativ spitz und schmal, bei sehr großen Tieren zur Gesamtlänge klein wirkend; Pupille groß, Iris ohne waagerechten Strich
69 *Mauremys caspica*

1′ Kopf breiter und rundlicher, proportional größer als bei *M. caspica*; Pupille klein, durch die breite Iris verläuft ein deutlicher Querstrich
70 *Mauremys leprosa*

69 *Mauremys caspica*
Kaspische Wasserschildkröte
Kennzeichen: Gattungstypische Panzerform. Im Unterschied zur Spanischen Wasserschildkröte (70) sind die Rückenpanzerschilder glatter, nur selten leicht aufgewölbt. Bei jungen und halbwüchsigen Tieren ist die Seitenkante des Panzers an der Brücke zwischen Rücken- und Bauchpanzer deutlich umgekrempelt. Bei alten Tieren verliert sich dieses Merkmal. Die 2 Unterarten unterscheiden sich folgendermaßen:
69a *M. c. caspica:* Panzerlänge 20 bis

25 cm, selten darüber. Panzer bei erwachsenen Tieren sehr glatt. Der Rückenpanzer trägt häufig eine feine Netzzeichnung aus hellen Linien, die durch ineinander verflossene Flecken entstanden ist. Die Schilder der Brücke sind gelb bis orange gefärbt. Nur ihre Nähte sind schwarz abgesetzt. Die Randschilder des Rückenpanzers tragen im Brückenbereich kleine schwarze Flecke. Ihre Oberseite ist nahezu ringsum mit braun-orange-farbenen Augenflecken versehen, die mit zunehmendem Alter verblassen und einer mehr einheitlichen dunklen Färbung weichen. Der Bauchpanzer ist im zentralen Teil meist einheitlich dunkel, nur die Ränder und Nähte der Schilder sind häufig hell abgesetzt. Die Halsstreifung setzt sich sehr scharf ab und verläuft bis zur Nasenspitze weiter.
69b *M. c. rivulata:* Panzerlänge 25 bis 35 cm, in Einzelfällen auch darüber. Panzer mitunter leicht uneben mit geringer Aufwölbung der Schilder, im allgemeinen aber eher glatt. Rückenpanzer einheitlich dunkelbraun, nur bei sehr jungen Exemplaren ähnliche Augenflecken wie bei der Nominatform. Brücke einheitlich dunkel, nur selten mit kleinen hellen Flecken auf den Schildern. Der Bauchpanzer ist meist vollkommen dunkel. Die Halsstreifung ist nicht so scharf getrennt und endet meist schon weit vor dem Auge, erreicht keinesfalls die Nasenspitze.

zu 69

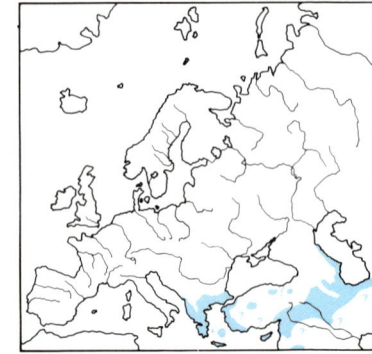

69b *Mauremys caspica rivulata*

69a *Mauremys c. caspica*

Vorkommen: Verbreitet auf der südlichen Balkanhalbinsel sowie im westlichen Kleinasien und Vorderasien *(M. c. rivulata)*, im südlichen Kaukasusgebiet, dem angrenzenden Anatolien und Nordiran *(M. c. caspica)*. In Bulgarien und Nordgriechenland bevorzugt die Art Thermalquellen und deren Anstauungen bzw. Abflüsse und andere warme Gewässer. Im Süden (Armenien) geht sie im Gebirge bis 1 800 m Höhe und besiedelt dort auch klare Gebirgsbäche.

Lebensweise: Sonne liebende, tagaktive Schildkröte. Trocknen ihre Wohngewässer aus, vergräbt sie sich meist im Bodengrund und überdauert so die Trockenzeit, seltener wandert sie ab. Die Kaspische Wasserschildkröte ist ebenso scheu wie die Europäische Sumpfschildkröte (68) und daher auch schwer zu beobachten. Die Überwinterung erfolgt am Boden der Wohngewässer.

70 *Mauremys leprosa*
Spanische Wasserschildkröte
Kennzeichen: Gattungstypische Panzerform, selten über 25 cm lang. Der Rückenpanzer ist durch die bucklige Aufwölbung der einzelnen Schilder gekennzeichnet. Vollkommen glatte Exemplare sind äußerst selten. Die Randschilder sind besonders im hinteren Panzerteil oft konkav eingedellt und leicht aufgekrempelt. Die scharfe, oft umgekrempelte Kante an der Brücke zwischen Rücken- und Bauchpanzer bleibt meist zeitlebens erhalten. Der Rückenkiel junger Tiere verändert sich zu unterbrochenen Höckern auf den letzten beiden Wirbelschildern bei alten Exemplaren. Die Grundfarbe des Rückenpanzers ist helloliv bis braun. Auf den Rippen- und Randschildern können hell gesäumte orange bis braune Augenflecken auftreten, die bei alten Tieren jedoch stark verblassen oder einheitlich dunkel werden. Die

70 *Mauremys leprosa*

Streifung der Halsseiten geht meist bereits in der Ohrregion in Schnörkel über, die die Kopfseiten bedecken.

Vorkommen: Auf der Iberischen Halbinsel südlich der Pyrenäen mit Ausnahme des Nordwestens sowie in Nordwest-

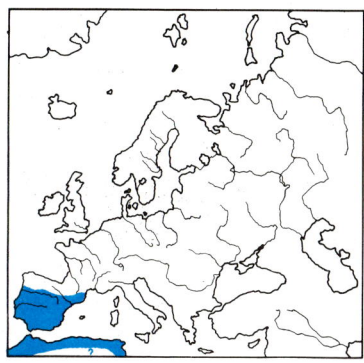

zu 70

afrika, südwestlich bis nach Gambia, östlich bis nach Libyen. Die Art bewohnt kleinste Wasseransammlungen mit hoher Verschmutzung, aber auch die Ruhigwasser-Zonen großer Flüsse.

Lebensweise: Sonne liebende Schildkröte, die sich auch viel an Land aufhält, um Nahrung zu suchen (Gehäuseschnecken, Früchte, Knospen und Schößlinge verschiedener Pflanzen). Die animalischen Kostanteile bestehen aus den verschiedensten wirbellosen Tieren, Kaulquappen und Fischen, die besonders beim Austrocknen der Gewässer leichte Beute der Schildkröten werden. Im Süden ihres Areals ist sie ganzjährig aktiv, während sie in den größten Teilen Spaniens eine kurze Winterruhe am Grunde der Gewässer hält.

Ordnung *Squamata* Schuppenkriechtiere

Die Schuppenkriechtiere umfassen Reptilien mit beschuppter Haut, die weder einen Knochenpanzer noch Bauchrippen *(Gastralia)* besitzen. Der ursprüngliche Reptilienschädel weist 2 Schläfenbrücken auf (diapsider Typ). Bei den Schuppenkriechtieren ist dieser Schädeltyp abgewandelt. Die untere Schläfenbrücke, teilweise auch noch die obere, gingen verloren. Die Männchen der Schuppenkriechtiere haben paarige Begattungsorgane *(Hemipenes)*,

die im Ruhezustand hinter der Kloake in die Schwanzwurzel eingezogen sind. Bei der Erektion werden sie nach außen umgestülpt. Die äußere, verhornte Schicht der Oberhaut löst sich periodisch entweder in großen Stücken oder als Ganzes ab (Häutung).

Zu den Schuppenkriechtieren gehören etwa 5700 Arten, also der weitaus größte Teil aller rezenten Reptilien. Wir unterscheiden hier 3 Unterordnungen:

Sauria Echsen (S. 207)
Amphisbaenia Doppelschleichen (S. 332)
Serpentes Schlangen (S. 333)

Bestimmungsschlüssel für die Unterordnungen der Schuppenkriechtiere (nur gültig für die europäischen Arten)

1 Körper in regelmäßige Querringe segmentiert, Augen rudimentär, ohne Gliedmaßen
          Amphisbaenia (S. 332)
1′ Körper nicht regelmäßig in Querringe segmentiert   2
2 Körper mit mehr oder weniger gut entwickelten Gliedmaßen; wenn gliedmaßenlos, dann gut entwickelte Augen mit beweglichen Lidern vorhanden   *Sauria* (S. 207)
2′ Körper gliedmaßenlos (oder höchstens winzige Reste der Hinterextremitäten), keine frei beweglichen Augenlider   *Serpentes* (S. 333)

Unterordnung *Sauria* Echsen

Die Echsen sind eine Reptiliengruppe, die sich bis in die Trias (vor etwa 200 Mill. Jahren) zurückverfolgen läßt. Obwohl die meisten heute lebenden Verwandtschaftsgruppen bereits im Jura (vor 135 bis 180 Mill. Jahren) nachweisbar sind, begann ihre breite, bis in die Gegenwart andauernde Entfaltung erst während der Kreidezeit (vor 60 bis 135 Mill. Jahren).

Echsen besitzen im allgemeinen gut entwickelte Extremitäten, in vielen Familien bestehen jedoch Tendenzen zu deren Reduktion, die bis zur völligen äußeren Beinlosigkeit führen kann. Reste des Schulter- und Beckengürtels bleiben jedoch im Gegensatz zu den Schlangen meist erhalten. Die Haut ist mit Hornschuppen und -schildern bedeckt, die oft von Knochenplättchen *(Osteodermata)* unterlegt sind. Das Trommelfell ist meist äußerlich sichtbar. Die Augen besitzen in der Regel eine Nickhaut und bewegliche Augenlider. Der Schwanz kann von vielen Arten an vorgebildeten Bruchstellen abgeworfen werden (Autotomie). In den verschiedenen Echsenfamilien gibt es sowohl eierlegende als auch ovovivipare Arten.

Die Echsen sind mit etwa 3 000 Arten über alle Kontinente, mit Ausnahme der Antarktis, verbreitet. Sie besiedeln alle Lebensräume des Festlandes, in denen Reptilien existieren können, und dringen sogar, zumindest zeitweise, in Süß- und Meerwasser vor.

Von den etwa 15 Echsenfamilien sind in Europa und dem Kaukasusgebiet 6 Familien vertreten:

Gekkonidae Geckos (S. 208)
Agamidae Agamen (S. 219)
Chamaeleonidae Chamäleons (S. 231)
Anguidae Schleichen (S. 234)
Lacertidae Echte Eidechsen (S. 238)
Scincidae Skinke (S. 320)

Bestimmungsschlüssel für die in Europa vertretenen Echsenfamilien (nur anwendbar auf Arten der europäischen und kaukasischen Herpetofauna)

1 Körper seitlich stark abgeflacht, Finger bzw. Zehen zu Greifzangen verwachsen, Augen unabhängig voneinander beweglich, Lider verwachsen, nur eine kreisförmige Öffnung freilassend *Chamaeleonidae* (S. 231)
1′ Merkmale treffen nicht zu 2
2 Schuppen der Kopfoberseite klein, kaum von der Nackenbeschuppung unterschieden 3
2′ Beschuppung der Kopfoberseite in Form großer, symmetrisch angeordneter Schilder, deutlich von den Nackenschuppen unterschieden 4

3 Augenlider verwachsen, eine durchsichtige Brille bildend
Gekkonidae (S. 208)
3′ Augenlider frei beweglich, undurchsichtig *Agamidae* (S. 219)
4 Stets 2 Paar Extremitäten vorhanden, an der Unterseite der Oberschenkel befindet sich eine Drüsenreihe (Schenkelporen, vgl. Abb. S. 239) *Lacertidae* (S. 238)
4′ Mit oder ohne Extremitäten, wenn Hinterbeine vorhanden, dann keine Drüsenreihe an der Unterseite der Oberschenkel 5
5 Ohne deutlich sichtbare Extremitäten, am Hinterkopf ein unpaares Occipitalschild *Anguidae* (S. 234)
5′ Meist mit mehr oder weniger gut entwickelten Extremitäten, am Hinterkopf fehlt ein Occipitalschild
Scincidae (S. 320)

Familie *Gekkonidae*
Geckos

Diese mit nahezu 700 Arten weltweit verbreitete Echsenfamilie ist in Europa nur durch 5 Gattungen mit insgesamt 7 Arten vertreten. Die in der Regel kleinen Echsen sind überwiegend dämmerungs- und nachtaktiv. Auffällig sind ihre abgeplatteten Köpfe mit den sehr großen vorspringenden „Froschaugen". Als einzige Echsen unseres Gebietes haben sie eine senkrechte Pupille. Die Augenlider sind fest miteinander verwachsen, haben aber durch ein sehr großes Fenster im Unterlid eine durchsichtige „Brille". Die Augen müssen deshalb auch regelmäßig mit der dicken Zunge geputzt und befeuchtet werden, was sich leicht beobachten läßt. Auch der Rumpf ist abgeflacht. Auf seiner weichen, sehr beweglichen Haut sitzen meist unterschiedlich große und verschieden geformte Schuppen. Häufig wirken die Tiere durch große Höckerschuppen recht rauh. Geckos sind gute Kletterer. Als solche haben sie entweder hakenförmige Krallen oder Haftscheiben unter den Fingern und Zehen. Häufig sind Haftscheiben und Krallen gemeinsam an den Gliedmaßen vorhanden.

Die Haftscheiben sind mit winzigsten Hafthaaren besetzt, die in mikroskopisch feine Unebenheiten scheinbar glatter Flächen eindringen und sich dort verhaken. Die Haftzehen-Geckos können sehr gewandt an senkrechten oder gar überhängenden glatten Felswänden u. ä. laufen.

Bemerkenswert ist auch die Stimme. Sie ist am leichtesten als Befreiungsruf beim Ergreifen der Tiere zu provozieren. Die hier beschriebenen Arten legen hartschalige Eier, die meist am Untergrund festgeklebt werden. Die Weibchen setzen meist mehrere Gelege im Jahr ab, die in der Regel aus 2, seltener 1 bis 3 Eiern bestehen.

Alle Arten unseres Gebietes werfen bei Behelligung sehr rasch den Schwanz ab (Autotomie), so daß in vielen Populationen der größte Teil der Tiere Schwanzregenerate besitzt. Die Regenerate sind in der Regel einfach und homogen beschuppt und nicht selten auffällig rübenförmig zur Wurzel hin verdickt.

Geckonen bewohnen unterschiedliche Trockenhabitate und sind an Felsen, Steinhaufen oder Legesteinmauern, Lehm- und Tonabbrüchen mit Erosionsspalten, aber auch an Bäumen zu finden. Oft leben sie als Kulturfolger an oder gar in menschlichen Bauwerken.

Bestimmungsschlüssel

1 Haftscheiben unter den Fingern und Zehen   2

1' Keine Haftscheiben unter den Fingern und Zehen   4

2 Gesamte Unterseite der Finger und Zehen von einer großen ovalen Haftscheibe bedeckt, die sich in querstehende Lamellen gliedert
       77 *Tarentola mauretanica*

2' Nur ein Teil der Finger- bzw. Ze-

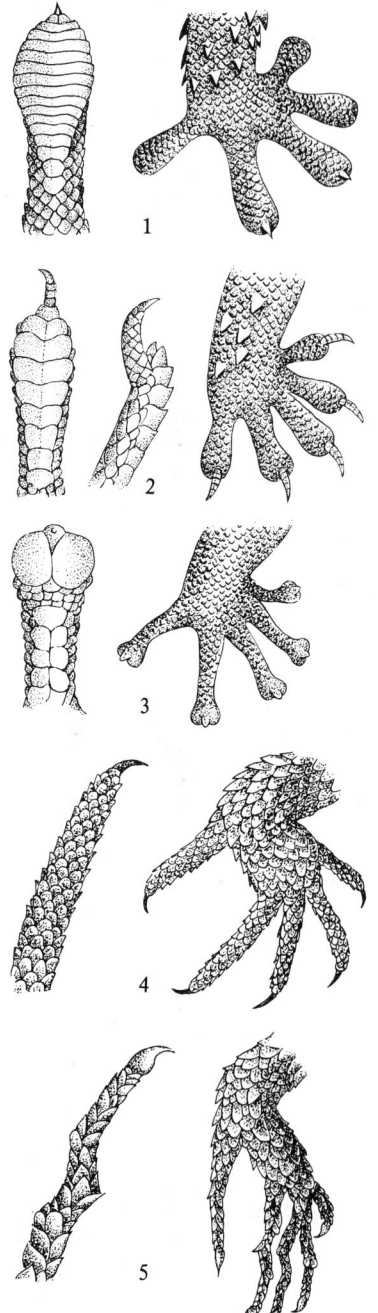

Zehen der Geckonen
1 *Tarentola* (77), 2 *Hemidactylus* (75),
3 *Phyllodactylus* (76), 4 *Alsophylax* (71),
5 *Cyrtodactylus* (72–74)

henunterseite von der Haftscheibe bedeckt 3

3 Vorderes Finger- bzw. Zehenende frei und krallenbewehrt. Zwei längliche Haftscheiben verlaufen parallel auf dem hinteren Abschnitt des Fingers bzw. der Zehe
75 *Hemidactylus turcicus*

3' Vorderes Finger- bzw. Zehenende mit einem Paar herzförmiger Haftscheiben besetzt
76 *Phyllodactylus europaeus*

4 Zehen gerade. Nur in der Wolganiederung zu finden.
71 *Alsophylax pipiens*

4' Zehen winkelig gebogen. In weiten Teilen Südeuropas (von Italien an ostwärts bis ans Schwarze Meer) und im Kaukasusgebiet
Cyrtodactylus (S. 211)

Gattung *Alsophylax* Geradfinger-Geckos

Einzige Art in Europa:
71 *Alsophylax pipiens*
Kaspischer Geradfinger
Kennzeichen: Mit nur 9 cm Gesamtlänge nach dem Europäischen Blattfinger (76) die kleinste Echse des Gebietes. Die reichliche Hälfte der Gesamtlänge entfällt auf den Schwanz. Der schlanke Gecko besitzt einen großen, nur wenig abgeplatteten Kopf. Die Augen quellen nicht so stark vor wie bei anderen Geckos. Die Kopfoberseite ist von flachen Schuppen bedeckt, der Rumpf mit kleinen Körnerschuppen besetzt. Zwischen den Körnerschuppen liegen zahlreiche größere, linsenförmige Höckerschuppen eingestreut. Die

Grundfarbe der Oberseite ist sandgelb bis bräunlich. Darauf verlaufen bogenförmig 5 verwaschene Querbinden. Im Unterschied dazu sind die Querbinden des etwa gleichgroßen Transkaspischen Nacktfingers (74) scharf abgegrenzt und M-förmig. Auch auf dem Schwanz und den Gliedmaßen findet man Querbinden. Über den Hinterkopf verläuft ein dunkles Querband, die Kopfseiten weisen einen schmalen. gelblichen Streifen von der Schnauzenspitze zum Augenvorderrand auf. Die Bauchseite ist weiß, oft etwas gelblich überflogen.

Vorkommen: In Europa nur in der Wolganiederung, von dort ostwärts bis in die Mongolei und nach Nordwestchina. In halbwüstenartigen, steinigen Biotopen, unter flachen Steinen, in Erosionsspalten von Lehm- oder Tonabbrüchen. Er zeigt eine Vorliebe für Kalkgestein.

Lebensweise: Nacht- und dämmerungsaktiv, er bevorzugt aber die Mitternachtsstunden. Nur im Frühling und Herbst kann er nachts immer, mitunter auch in den Morgenstunden, im Freien in der Nähe seines Schlupfwinkels beobachtet werden. Während der übrigen Zeit des Jahres lebt er tief verborgen. Er ernährt sich von Spinnentieren und kleinen Insekten. Die Weibchen legen bis zu 5mal im Jahre meist nur 1 Ei. Die Jungtiere sind im 2. Lebensjahr geschlechtsreif. Die Tiere lassen nachts, mitunter aber auch am Tage, ein metallisches Pfeifen als markantes akustisches Signal hören. Das Pfeifen kann leicht mit einem Vogelruf verwechselt werden.

71 *Alsophylax pipiens*

Gattung *Cyrtodactylus*
Nacktfingergeckos

Diese ursprüngliche Geckonengruppe besitzt keine Haftscheiben. Ihre Finger und Zehen sind in einem nach oben gerichteten Bogen abgewinkelt und tragen im Verhältnis zur Größe der Tiere große Krallen. Es sind in unserem Gebiet mit 10 bis 17 cm Gesamtlänge kleine bis mittelgroße Geckos. In den meisten Merkmalen entsprechen sie den charakteristischen Familienmerkmalen. Kopf und Rumpf sind deutlich abgeflacht, die Augen springen deutlich vor. Der Rücken ist mit winzigen Körnchenschuppen und auffälligen Längsreihen großer Höckerschuppen bedeckt. Letztere bilden auf dem in Wirtel gegliederten Schwanz zugleich die „dornig" auslaufenden Enden der einzelnen Schwanzsegmente. Nacktfingergeckos leben wie die meisten Krallengeckos ohne Haftscheiben häufiger am Boden als die Haftzehen-Geckos. Sie wählen mitunter aber denoch senkrechte Flächen zum Lebensraum. Die Lebensweise ist familientypisch für alle Arten der Gattung. Die europäischen Arten sind lediglich etwas häufiger auch in den Morgen- und Nachmittagsstunden aktiv als andere Geckos. Im Gebiet kommen nur 3 Arten vor. Ihr Areal erstreckt sich von Italien über die Balkanhalbinsel bis ins Kaukasusgebiet und die nordkaspische Niederung.

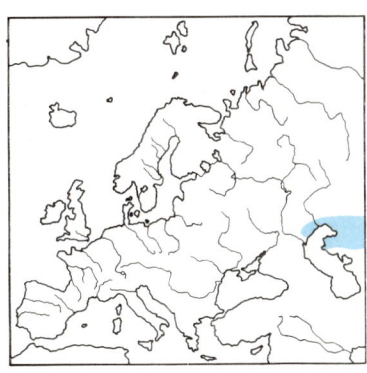

zu 71

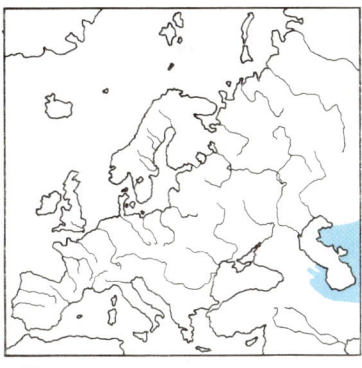

zu 72

Bestimmungsschlüssel der Arten

1 Deutliche Poren auf den Oberschenkel-Unterseiten und dem Kloakenvorfeld, bei den Männchen stärker entwickelt als bei den Weibchen
   72 *C. caspius*
1′ Nur bei den Männchen Poren auf dem Kloakenvorfeld, Oberschenkelporen fehlen beiden Geschlechtern 2
2 Verhältnis von Ohrdurchmesser:Augendurchmesser nur bis 0,3; Kopfoberseite meist mit eingestreuten größeren Höckerschuppen. Nur in Italien, auf der Balkanhalbinsel und in der Ägäis 73 *C. kotschyi*
2′ Verhältnis von Ohrdurchmesser:Augendurchmesser von 0,36 bis 0,81; Kopfoberseite meist ohne eingestreute größere Höckerschuppen. Nur im nordöstlichen Kaukasusvorland. 74 *C. russowi*

72 *Cyrtodactylus caspius*
Kaspischer Nacktfinger

Kennzeichen: Gesamtlänge bis 16 cm, davon entfallen etwa 60 % auf den Schwanz. Der gattungstypische Gecko zeichnet sich durch die sehr kräftigen Höckerschuppen der Oberseite aus, die in 12 bis 16 Längsreihen auf dem Rücken verlaufen. Auch im Hinterhaupt- und Schläfenbereich des Kopfes sind sehr große, mit einem scharfen Kiel

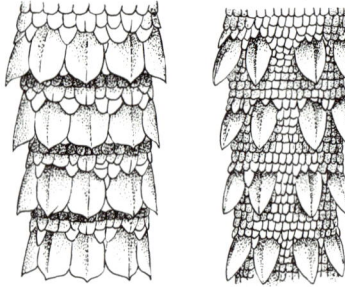

Schwänze von Nacktfingergeckonen
Cyrtodactylus caspius (72), *Cyrtodactylus russowi* (74)

versehene Höckerschuppen vorhanden. Das „stachelige" Aussehen des Tieres wird durch die deutlich zu Spitzen ausgezogenen Enden der Schwanzwirtel noch verstärkt. Diese außerordentlich rauhe Beschuppung unterscheidet ihn von seinen Gattungsverwandten und den anderen Geckos des Gebietes. Nur der Mauergecko (77) könnte ihm in dieser Beziehung ähneln, er ist aber durch seine Haftscheiben zu unterscheiden und kommt zudem niemals im Areal dieser Art vor.

Die Oberseite des Kaspischen Nacktfingers hat eine bräunliche bis sandfarbene Grundfärbung, über die 5 bis 6 undeutliche Querbinden verlaufen. Der Schwanz ist oberseits hell-dunkel gebändert, allerdings niemals so markant wie beim Halbfinger (75). Färbung und Zeichnung sind sehr variabel wie bei allen Geckos. Außerdem ist die Art noch

zu einem starken physiologischen Farbwechsel befähigt, so daß sie ihr Aussehen durch Umwelteinflüsse (Temperatur, Schreck usw.) rasch verändern kann.

Vorkommen: Südlich des Wolgadeltas beginnend, erstreckt sich sein Areal über das östliche Kaukasusgebiet, den Norden des Irans bis ins nordwestliche Afghanistan. In Mittelasien bildet der Aralsee die Nordgrenze. In der Habitatwahl sind größere Unterschiede in den einzelnen Populationen zu beobachten. Im Kaukasusgebiet bewohnt er vor allem Kalkfelsen, während er außerhalb unseres Gebietes auch in der Ebene der Steppen anzutreffen ist. In den Steppen bewohnt er fast nur die Wohnbauten von Nagetieren und Steppenschildkröten (64).

Lebensweise: Im Frühling und Herbst lebt er mehr tagaktiv als andere Gekkos. Nur im Hochsommer ist er ausgesprochen nachtaktiv. Die Nahrung besteht aus verschiedenen Insekten (Fliegen, Käfer, Schaben und Termiten), aber auch aus Asseln, Spinnen und Skorpionen. Die Weibchen kleben jeweils 2 kalkschalige Eier entweder an die Wand ihres Schlupfwinkels oder verscharren sie im Bodengrund. Die Jungtiere sind nach 2 Jahren geschlechtsreif. Die Winterruhe der Art dauert von Oktober bis März.

Die Stimme des Geckos ist ein metallischer Pfeifton. Sie ist tiefer als beim Transkaspischen Nacktfinger (74).

72 *Cyrtodactylus caspius* trächtiges ♀

73 *Cyrtodactylus kotschyi*
Ägäischer Nacktfinger

Kennzeichen: Gesamtlänge bis 13 cm. Davon entfallen 60% oder auch etwas mehr auf den Schwanz. Kopf und Rumpf dieses gattungstypischen Geckos sind deutlich abgeplattet. Auf dem Rücken verlaufen parallel zur Körperachse 8 bis 14 Längsreihen nicht zu großer Höckerschuppen. Im Unterschied zum Kaspischen Nacktfinger (72) fehlen ihm die Poren auf der Unterseite der Oberschenkel. Die Färbung ist außerordentlich variabel. Sie reicht von gelb über braun bis zu rötlichen oder fast schwarzen Tönen. Außerdem ist die Fähigkeit zum physiologischen Farbwechsel stark ausgeprägt, so daß man diese Palette innerhalb kurzer Zeit eventuell bei ein und demselben Tier beobachten kann. Über den Rücken verlaufen meist 6 bis 7 deutliche dunkle Querbinden. Auch der Schwanz ist deutlich hell-dunkel gebändert.

Die Bauchseite kann im Unterschied zu den Gattungsverwandten außer schmutzig-weiß auch gelb bis orangebraun gefärbt sein. Mitunter weist sie auch noch kleine dunkle Flecken auf.

Vorkommen: In Europa kommt die Art in Südostitalien, auf den Inseln der Ägäis und im Schwarzmeergebiet bis auf die Krim vor. In Vorderasien ist sie von der Türkei bis nach Israel verbreitet. Auch auf Zypern kommt sie vor.
Die Habitate der einzelnen Populationen sind außerordentlich vielfältig. Sie reichen von Felsen bis zu Gebäuden, von Kakteengebüschen (Opuntien) bis zu Bäumen, von Legesteinmauern bis zu einzelnen Steinen an Böschungen und Hanglagen. Selbst Leitungsmasten werden von einzelnen Populationen als Habitat gewählt. Im Norden seines Areals übersteigt er 200 m Höhenlage nicht, sondern bleibt in den günstigen Küstenlagen. Im Südteil des Areals dringt er bis zu 1400 m Höhe ins Gebirge vor.

Lebensweise: Wie seine Gattungsverwandten ist er mehr tagaktiv als andere

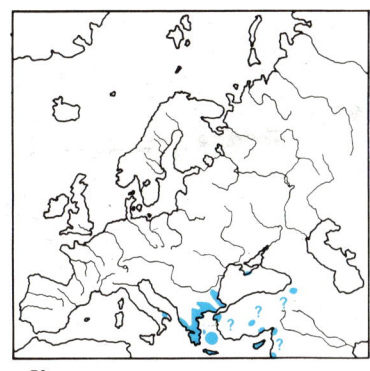

zu 73

Geckos, besonders im Frühling oder Herbst. Dabei können ihm aber bereits konkurrierende Mauereidechsen-Arten *(Podarcis)* als Freßfeinde zum Verhängnis werden. Deshalb meiden die Geckos auch in der Regel Habitate, die von Mauereidechsen bewohnt werden. Von allen Geckonen unseres Gebietes ist die Art am wenigsten wärmebedürftig und noch bei 5°C nachts aktiv. Die Nahrung besteht überwiegend aus Spinnen und fliegenden Insekten. Mitunter werden aber auch große Beutetiere überwältigt, z.B. größere Nachtfalter und Tausendfüßler. Die Weibchen legen 2 Eier unter Steinen o. ä. Plätzen ab. Die Eier kleben allerdings nicht am Untergrund fest. Im Nordteil seines Areals erscheinen die Jungtiere erst im Oktober, oder sie überwintern gelegentlich auch im Ei, um erst im Frühling zu schlüpfen. Die Geschlechtsreife tritt im 2. Lebensjahr ein. Neben Mauereidechsen gehören noch Schlangen (Zorn- und Kletternattern, Hornotter) zu den Freßfeinden. Der normale Signalruf ist ein 20- bis 30mal kurz hintereinander ertönendes Ticken, während als Befreiungsruf ein längeres Quietschen zu hören ist.

Besonderes: Durch die außerordentliche Variabilität lassen sich über 20 Unterarten an feinsten Unterschieden erkennen. Sie werden wiederum in 4 Unterarten-Gruppen zusammengefaßt. Der größte Teil davon kommt auf den ägäischen Inseln vor, der kleinere auf dem europäischen und vorderasiatischen Festland.

74 *Cyrtodactylus russowi*
Transkaspischer Nacktfinger
Kennzeichen: Gesamtlänge 11 cm, wovon die Hälfte auf den Schwanz entfällt. Die Art ist damit deutlich kurzschwänziger als ihre Gattungsverwandten. Kopf und Rumpf sind weniger stark abgeplattet als bei den anderen Arten. Die Oberseite ist mit 10 bis 12 Längsreihen Höckerschuppen bedeckt, die aber wesentlich weniger aufragen als beim Kaspischen Nacktfinger (72). Auch die Schuppen der Schwanzwirtel wirken nicht so „dornig" wie bei diesem Verwandten (vgl. Abb. S. 212). Die Oberseite trägt meist eine graue bis graubraune Grundfarbe. Darüber verlaufen in der Regel schmale, mit scharfen Konturen abgesetzte M-förmige Querbinden. Es können aber auch einfarbige, vollkommen zeichnungslose Exemplare auftreten. Außerdem beeinflußt bei dieser Art die physiologische Umfärbung das Aussehen stark. Eine Verwechslung mit dem Kaspischen Nacktfinger ist durch die im Bestimmungsschlüssel genannten Merkmale ausgeschlossen. Vom Ägäischen Nackt-

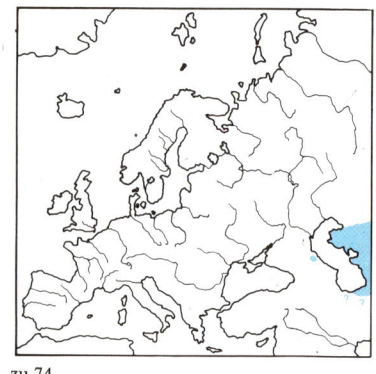

zu 74

finger (73) hingegen wäre die Unterscheidung oft wesentlich schwieriger, würde nicht allein schon das voneinander deutlich abgegrenzte Areal der Arten eine Verwechslung ausschließen.
Vorkommen: In Europa nur an einem Fundpunkt im Terekgebiet nordöstlich des Kaukasus zu finden. Das Artareal erstreckt sich dann von der Ostküste des Kaspischen Meeres über ganz Mittelasien und Kasachstan bis ins nordwestliche China. Die Südgrenze verläuft über den östlichen Iran und Afghanistan. Die Art besiedelt vorzugsweise Wüstengebiete, wo sie auf Lehmböden die Erosionswände bevorzugt. In

73 *Cyrtodactylus kotschyi*

74 *Cyrtodactylus russowi*

Sandgebieten bewohnt sie die niedrigen Sträucher und Wüstenbäume, auf
Geröllflächen haust sie unter Steinen.

Lebensweise: Im Frühling und Herbst
lebt der Gecko stärker tagaktiv, im
Sommer hingegen verlagert er seine
Hauptaktivtät in die warmen Nächte.
In Ernährungs- und Fortpflanzungsweise stimmt er weitgehend mit dem
Kaspischen Nacktfinger (72) überein.
Wie seine Gattungsverwandten, so legen auch die Weibchen dieser Art in
günstigen Fällen mehrmals im Sommer
ein Gelege ab. Während seiner nächtli-
chen Aktivität hält sich der Transkaspi-
sche Nacktfinger häufiger am Boden
auf als andere verwandte Arten. Er entfernt sich dabei auch oft bis zu 100 m
und weiter von seinen Schlupfwinkeln,
für ein so kleines Tier ein beachtlicher
Aktionsradius.

Besonderes: Die Art wird in 2 Unterarten gegliedert, von denen nur die Nominatform auch in unserem Gebiet vorkommt.

75 *Hemidactylus turcicus*

Gattung *Hemidactylus*
Halbfinger-Geckos

Einzige Art im Gebiet:
75 *Hemidactylus turcicus*
Europäischer Halbfinger
Kennzeichen: Durchschnittlich 10 cm
Gesamtlänge. Im Gebiet nur selten
größer. Etwa 60 % der Gesamtlänge
entfallen auf den Schwanz. Der
schlanke Gecko besitzt auf der Rük-
kenseite 14 bis 16 Längsreihen größerer
Höckerschuppen, zwischen denen sehr
kleine Körnchenschuppen liegen. Der
Schwanz ist in Wirtel segmentiert, die
jeweils in spitze Dornenschuppen auslaufen. Auf der etwas durchscheinen-
den, nur schwach fleischfarben bis rötlichbraun gefärbten Rückenhaut stehen
unregelmäßige dunkle Flecken. Der
Schwanz ist deutlich hell-dunkel geringelt, besonders kontrastreich bei Jungtieren. Der ähnliche Mauergecko (77)
ist viel größer und gedrungener. Ebenso
wie der wesentlich kleinere Blattfinger

(76) charakterisiert ihn vor allem an
den Zehen die Lage der Haftballen. Außerdem ist der Schwanz des Blattfin-
gers niemals in Wirtel gegliedert. In Färbung und Größe ähnelt ihm auch die
Ägäische Nacktfinger (73), dem jedoch
die Haftscheiben fehlen.

Vorkommen: Im ganzen Küstenbereich
des Mittelmeeres einschließlich fast
aller Inseln. In Nord- und Mittelamerika wurde die Art eingeschleppt. Sie
bevorzugt warme Trockenhabitate recht
unterschiedlicher Art, die genügend
Unterschlupf bieten (Felsen, Steinhal-
den, Legesteinmauern, Bodenabbrüche
mit Erosionsspalten, alte Bäume usw.).
Sehr häufig lebt er als Kulturfolger an
den unterschiedlichsten Bauwerken,
auch an Wohnhäusern.

Lebensweise: An warmen Abenden und
Nächten ist er aktiv, nur im Frühling
und Herbst ist er auch regelmäßig in
den Morgenstunden beim Sonnenbad
im Freien zu beobachten. Hält sich ge-

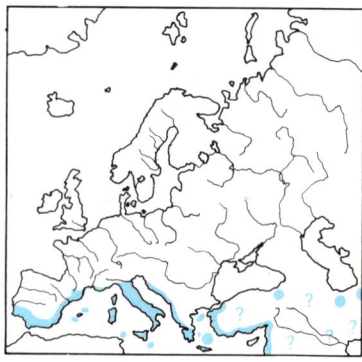

zu 75

legentlich am Boden auf und flüchtet auch über freie Flächen zum nächsten Versteckplatz, z. B. in einen anderen Steinhaufen. Der außerordentlich flinke Gecko jagt alle Insekten und Spinnentiere, die er zu überwältigen vermag. Häufig sitzen die Tiere in der Nähe von Lampen, um anfliegende Insekten zu fangen.

Die Fortpflanzung erfolgt familientypisch durch 2 Eier.

Der Ruf soll an das Miauen einer Katze erinnern.

Besonderes: Trotz des großen Areals und der Variabilität der Art werden nur 2 Unterarten unterschieden. In Vorderasien und Nordostafrika leben nahe verwandte Arten, die früher als weitere Unterarten des Europäischen Halbfingers betrachtet wurden.

Gattung *Phyllodactylus*
Blattfinger-Geckos

Einzige Art in Europa:
76 *Phyllodactylus europaeus*
    Europäischer Blattfinger
Kennzeichen: Mit nur 6 bis 8 cm Gesamtlänge die kleinste Echse Europas. Die knappe Hälfte der Gesamtlänge entfällt auf den Schwanz. Durch die einheitliche, aus feinsten Körnchen-Schuppen gebildete Rückenbeschuppung erscheint er glatt und unterscheidet sich dadurch von allen anderen Geckos des Gebiets. Der Schwanz ist

im Unterschied zu dem anderer Arten etwas greiffähig, mitunter auffällig rübenförmig verdickt. Das trifft besonders auf regenerierte Schwänze zu, kann aber auch ursprünglich auftreten, besonders bei Weibchen. Charakteristisch ist die namensgebende Anordnung der Haftscheiben unter den Fingern und Zehen.

Die Grundfärbung der Oberseite reicht von gelblich über grau bis zu braun. Darüber ziehen sich verwaschene hell-dunkel abgesetzte Flecken, die auch zu einer Marmorierung zusammenfließen können. An den Kopfseiten führt ein dunkler Strich durch das Auge. Die Bauchseite ist einheitlich schmutzigweiß.

Vorkommen: Die Art ist endemisch im Gebiet des Tyrrhenischen Meeres. Neben Korsika und Sardinien bewohnt er kleinere Inseln vor der südostfranzösischen und der nordwestitalienischen Küste. Es existieren auch einige Fundplätze auf dem gegenüberliegenden italienischen Festland und auf einigen kleinen Inseln vor der Küste Tunesiens. Er lebt gern unter aufliegenden größeren Steinen oder in Steinhaufen, mitunter aber auch in Baumstubben oder unter der Borke von Bäumen. Stets

76 *Phyllodactylus europaeus*

muß im Schlupfwinkel eine gewisse Feuchte herrschen, die z. B. durch aufliegendes Fallaub gewährleistet sein kann. In Sardinien findet man ihn bis zu 600 m Höhe. Er wird nur selten an Bauwerken gefunden.

Lebensweise: Er entfernt sich kaum weit von seinem Schlupfwinkel und scheint sich durch die strenge Nachtaktivität der Konkurrenz mit anderen wesentlich größeren Echsen in seinem Lebensraum zu entziehen. Als Nahrung dienen ihm neben kleinen Spinnentieren und Insekten auch Asseln. Die Weibchen legen ihre Eier oft gemeinsam in großen Ansammlungen in derselben Felsspalte ab, wenn nur wenige für die Eizeitigung günstige Plätze im Habitat vorhanden sind. Die 3 cm langen Jungtiere, die im Verhältnis zur Größe der Erwachsenen sehr groß sind, erreichen im 3. Lebensjahr die Geschlechtsreife. Die Tiere können 10 bis 20 Jahre alt werden, für so kleine Echsen ein bemerkenswert hohes Alter. Als Geschlechtsmerkmal treten bei den Männchen an beiden Seiten der Schwanzwurzel deutlich erkennbare Stachelschuppen auf.

Der Abwehrruf ist ein leises, sehr hohes Piepsen.

Gattung *Tarentola* Mauergeckos

Einzige Art der Gattung in Europa:

77 *Tarentola mauretanica*
Mauergecko

Kennzeichen: Mit 15 cm Gesamtlänge der größte Gecko des Gebietes. Die Hälfte oder etwas weniger als die Hälfte entfällt auf die Schwanzlänge. Der große Kopf und der kräftige, breite Rumpf sind deutlich abgeflacht. Die Augen quellen familientypisch stark vor. Im Nacken hat er in Grüppchen stehende kleine Dornenschuppen, wie es für die Wirtelschwanzagamen Hardun (79) und Kaukasus-Agame (78) charakteristisch ist. Der Rücken ist mit 10 bis 14 Längsreihen gekielter großer Höckerschuppen besetzt, zwischen de-

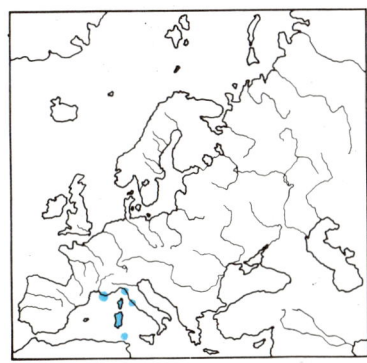

zu 76

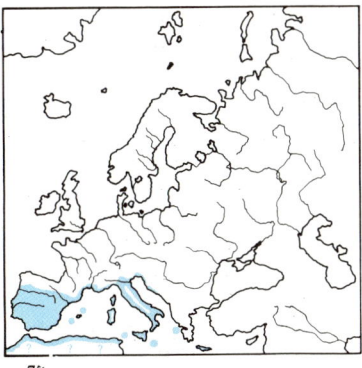

zu 77

nen kleine Körnchenschuppen liegen. Der abgeplattete Schwanz ist in Wirtel gegliedert, die an der Außenkante in dornige Endschuppen auslaufen. Finger und Zehen tragen breite ovale Haftscheiben, die jeweils aus 12 Lamellen bestehen. Nur die 3. und 4. Zehe bzw. der 3. und 4. Finger haben gut sichtbare Krallen, während an den übrigen Endgliedern der Gliedmaßen nur kleine, zurückziehbare Krallen sitzen. Durch seine auffällig entwickelten Haftzehen und die damit verbundene Fähigkeit, auch an sehr glatten überhängenden Wänden zu laufen, ist der Mauergecko auch bei Freilandbeobachtung ziemlich sicher von anderen Geckoarten zu unterscheiden.

Die Oberseite ist graubraun bis braun gefärbt und mit verwaschenen dunklen

Querbinden überzogen. Sie sind auch auf dem Schwanz zu erkennen, jedoch selbst bei Jungtieren nicht so auffällig wie beim Halbfinger (75) und beim Blattfinger (76).

Vorkommen: Er ist im Küstenbereich rings um das Mittelmeer einschließlich der meisten Inseln verbreitet. Die Iberische Halbinsel wird bis auf ihren Norden ganz besiedelt, ebenso die gesamte Apenninen-Halbinsel. Auf dem Balkan werden nur der adriatische Küstensaum sowie die ionischen Inseln Ithaca, Ke-

phallenia und Zakynthos sowie Kreta besiedelt, während er auf dem griechischen Festland und auf den ägäischen Inseln fehlt. Er kommt sowohl im unmittelbaren Küstenbereich wie im Gebirge vor, in Europa bis in 750 m Höhe, in Nordwestafrika bis in 2 500 m Höhe. Bevorzugte Habitate sind Felswände und alle Arten von Mauern, die viele Hohlräume aufweisen. Selbst Ziegeldächer und das Innere von Gebäuden werden gern bewohnt. Im Unterschied zum Halbfinger (75) scheint er die Nähe von Wasser bei der Wahl seiner Habitate zu bevorzugen (Bäche, Kanäle oder Brunnenwände).

Lebensweise: In warmen Nächten bei Temperaturen ab 15 °C wird er aktiv. Im Frühjahr und Herbst ist er auch häufig in der Morgensonne zu beobachten. Er frißt alle Gliederfüßler, die er zu überwältigen vermag. Gern jagt er nachts in der Nähe von Lampen nach anfliegenden Insekten und stellt selbst kleineren Gecko-Arten, am Tage auch Mauereidechsen, erfolgreich nach. Die 2 Eier jedes Geleges werden entweder in enge Spalten geklebt oder im Boden vergraben. Nach sehr witterungs- und lageabhängiger Entwicklungszeit (5 bis 12 Wochen) schlüpfen die bereits 5 cm langen Jungtiere. Natürliche Feinde sind vor allem Eulen, seltener kleine Raubtiere und Schlangen. Die Winterruhe erstreckt sich in Abhängigkeit vom Habitat entweder durchgehend vom November bis zum März oder wird in warmen Lagen sehr oft unterbrochen.

Flüchtende Mauergeckos versuchen stets, nach oben zu entkommen. Die Tiere scheinen Reviere zu bilden und standorttreu zu sein. Die Stimme ist relativ leise und besteht aus kurzen Ru-

77 Tarentola mauretanica

fen. Als Befreiungsruf ertönt sie meist nur 1- bis 2mal, ergriffene Mauergekkos beißen dann kräftig zu.

Besonderes: Die Art wird in 2 Unterarten gegliedert, von denen nur die Nominatform in Europa, die andere in Nordafrika vorkommt. Wahrscheinlich sind nur die westlichen Populationen ursprünglich, während die Vorkommen an der adriatischen Balkanküste durch Verschleppung entstanden sein können.

Familie *Agamidae* Agamen

Die Agamen gehören zu den charakteristischen Reptilien der Alten Welt. Ihre größte Vielfalt erreicht die Familie in Asien und Afrika, aber auch in Australien ist sie artenreich vertreten. Agamen sind unterschiedlich spezialisierte Boden-, Fels- oder Baumbewohner. Gemeinsam ist allen Gattungen die Tagaktivität, meist verbunden mit einer großen Vorliebe für die Sonnenbestrahlung. Von ihrem Pendant in der Neuen Welt, den Leguanen, unterscheiden sie sich durch die Art und Weise, wie die Zähne auf den Kiefern festgewachsen sind. Es gibt viele analoge Gruppen in beiden Familien. Auffällig ist bei den hier beschriebenen Agamen die differenzierte Ausbildung der Zähne in „Fangzähne" und „Backenzähne".

Im Gebiet sind nur 7 der fast 300 Arten der Familie vertreten. Sie gehören zu 3 Gattungen. Durch ihre Rumpfbeschuppung, die meist aus unterschiedlich großen und verschieden geformten Schuppen besteht, ihre relativ großen, nur mit kleinen Schuppen bedeckten Köpfe mit den kräftigen Gebissen sowie die sehr gut entwickelten Gliedmaßen unterscheiden sie sich relativ gut von den anderen Echsenfamilien. Die hinteren Gliedmaßen sind stets als größere Sprungbeine ausgebildet.

Eine Besonderheit der Agamen ist die mangelnde Fähigkeit zum Abwerfen des Schwanzes, wenn sie behelligt wer-

den (Autotomie). Eng damit verbunden ist die schlechte Regenerationsfähigkeit verlorener Teile des Schwanzes. Meist verwachsen die Schwanzenden nur zu einem kurzen, mitunter etwas knollenartigen Stumpf.

Bestimmungsschlüssel für die Gattungen:

1 Deutlich sichtbares Trommelfell oder sichtbare Öffnung des äußeren Gehörganges   2
1' Trommelfell nicht sichtbar
          Phrynocephalus (S. 226)
2 Schwanzschuppen in ringförmigen Segmenten (Wirtel) angeordnet, Trommelfell frei sichtbar. Fels- oder Geröllhänge bewohnende Arten
          Stellio
2' Schwanzschuppen in schräggestellten Reihen, niemals in Wirteln angeordnet. Trommelfell am Grunde des äußeren Gehörganges, von dem die Öffnung sichtbar ist. Ebenes Gelände der Steppen und Halbwüsten bewohnende Arten (Steppen-Agamen)
          Agama

Gattungen *Agama* und *Stellio* Eigentliche Agamen und Wirtelschwanzagamen

Kräftig gebaute, 25 bis 35 cm lange Echsen mit abgeflachtem Rumpf. Der große Kopf mit lebhaften, durch brauenartig vorspringende Schuppenkanten geschützte Augen hat entweder freiliegende Trommelfelle oder eine gut sichtbare Öffnung des äußeren Gehörganges zum Trommelfell hin. Die Kiefer tragen kräfige Zähne, von denen besonders die raubtierhaften Fangzähne auffallen. Auf der Unterseite fällt eine deutliche Kehlfalte ins Auge. Die Agamen sind Besiedler trockener Habitate. Trotz ihrer großen Fluchtdistanz kann man die Männchen gut beobachten, da sie sich häufig sonnen oder von erhöhten Sitzplätzen ihr Revier überwachen. Die artenreiche Gattung *Agama* wird in mehrere Untergattungen gegliedert. Im Gebiet kommen davon, wie auch von der Gattung *Stellio* nur 2 Arten vor.

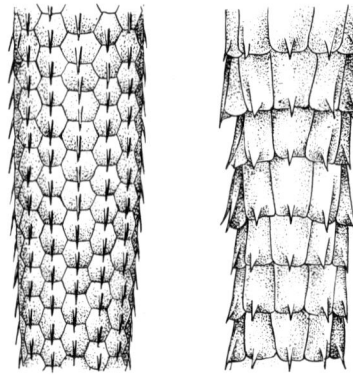

Schwänze von Agamen
Agama sanguinolenta (80) = schräge Reihen
Stellio caucasius (78) = Wirtel

BM   1   RM

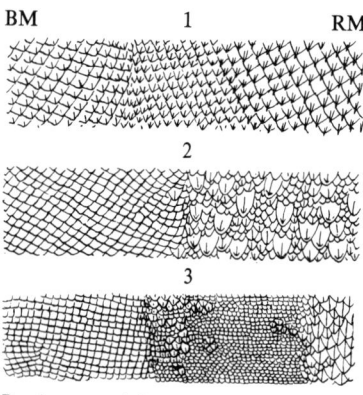

Beschuppung einiger Agamen
1 *Agama sanguinolenta* (80), 2 *Agama ruderata* (81), 3 *Stellio caucasius* (78)
RM Rückenmitte   BM Bauchmitte

Bestimmungsschlüssel für *Stellio*-Arten:
1   Kehlschuppen gekielt. Nur in Nordgriechenland und auf verschiedenen griechischen Inseln   79 *S. stellio*
1'   Kehlschuppen glatt, nur im Kaukasusgebiet   78 *S. caucasius*

Bestimmungsschlüssel für *Agama*-Arten:
1   Rückenschuppen nahezu alle gleichgroß, schindelförmig überlappend
           80 *A. sanguinolenta*

1'   Rückenschuppen sehr unterschiedlich groß und stets nebeneinander liegend. Nur im südlichen Kaukasusgebiet   81 *A. ruderata*

78   Stellio caucasius
Kaukasusagame

Kennzeichen: Bis 35 cm lang. Davon entfallen etwa 15 cm auf Kopf und Rumpf. Diese Wirtelschwanz-Agame besitzt auf olivgrauer bis sandfarbener, mitunter auch schwarzbrauner oder gar rötlichbrauner Grundfärbung des Rückens ein unregelmäßiges schwarzes Netzwerk, das cremegelbe bis schmutzig weiße kleine Innenflächen umschließt. Die Bauchseite ist hellgrau, die Kehle dunkler, bei den Männchen in der Paarungszeit nahezu schwarz, mitunter mit rötlichen Flecken. Flanken und Brustregion sind ebenfalls dunkel. Der Schwanz ist verwaschen hell-dunkel gebändert, aber nicht so ausgeprägt wie beim Hardun. Selten findet man alte große Exemplare mit völlig intakten Schwänzen. Außer bei Auseinandersetzungen mit Feinden verlieren sie die Schwanzspitzen auch oft durch Erfrierungen, wenn sie zur Winterruhe nicht tief genug in Felsspalten eindringen konnten. Die Männchen sind größer als die Weibchen. Sie sind auch an ihrem helleren mittleren Bauchfeld sowie an den Präanalporen zu erkennen.

Vom Hardun (79) unterscheidet sich die Kaukasusagame durch die glatte Kehlbeschuppung, die einheitliche Beschuppung des zentralen Rückenfeldes und die nicht so kräftig entwickelten Dornen der Schwanzwirtel. Körper und Kopf sind noch stärker abgeplattet. Das läßt auf eine höhere Spezialisierung für das Leben im Fels schließen. Sie ist in der Lage, sich in sehr enge Gesteinsspalten zu verkriechen, aus denen sie dann kaum hervorgezogen werden kann.

Vorkommen: Im Kaukasus nur in Dagestan, während sich der Hauptteil des Areals über den Transkaukasus in die nordöstliche Türkei und den Iran und

zu 78

über Südturkmenien bis nach Afghanistan und Pakistan erstreckt. Die Südgrenze liegt im Irak. Die Art ist ein Gebirgstier, das trockenheiße Fels- und Geröllhänge mit spärlichem Pflanzenwuchs bis zu 3 400 m Höhe bewohnt. Nur selten kommt sie unterhalb 300 m vor. Stets müssen Versteckmöglichkeiten in Form von Spalten im Gestein oder in Erdabbruchwänden vorhanden sein. Die unmittelbare Nähe menschlicher Siedlungen wird gemieden, im Unterschied zum Hardun.
Lebensweise: Sonne liebendes Tagtier, das sich im Hochsommer in der Mittagshitze zurückzieht. Die Nahrung besteht aus verschiedenen Kerbtieren von hartschaligen Käfern über Heuschrekken bis zu Spinnen und Fliegen. Je nach Jahreszeit und Vegetation des Habitats werden in geringem Maße auch Blüten, Knospen und Früchte verzehrt. Die Männchen bilden Reviere, in denen sie über 1 bis 3 Weibchen herrschen. Auf Eindringlinge und andere Gefahren reagieren sie zunächst mit erregtem Kopfnicken, ehe Angriff oder Flucht folgen. Die Fluchtdistanz kann bei Annäherung eines Menschen 30 bis 40 Meter betragen.
Die Fortpflanzung erfolgt durch 6 bis 14 pergamentschalige Eier, die etwa 2 Monate zur Entwicklung benötigen. Die Jungtiere haben auf dem Rücken dunkle Querstreifen und dichtliegende kleine hellbraune bis gelbliche Flecken. Die Winterstarre dauert von November bis März.

79 *Stellio stellio*
   Hardun
Kennzeichen: Diese stattliche Wirtelschwanz-Agame erreicht in der Regel

78 *Stellio caucasius*

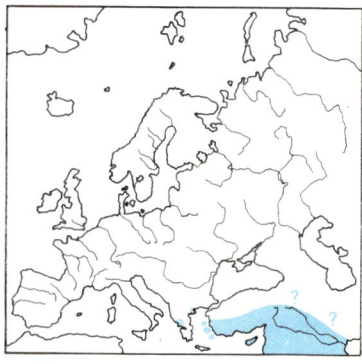

zu 79

35 cm, in Extremfällen sogar 40 cm Gesamtlänge. Auf die Kopf-Rumpf-Länge entfallen dabei nur selten mehr als 14 cm. Die Schwanzlänge ist sehr variabel, außerdem ist noch zu beachten, daß nur sehr selten alte Exemplare mit intakten Schwänzen zu beobachten sind. Verlorene Teile des Schwanzes werden nur durch einen kurzen, untypisch beschuppten Stummel regeneriert. Im Nacken sitzen stachelförmige Schuppen in kleinen Gruppen. Die Rückenmitte trägt flache, gekielte Schuppen, zwischen denen zu Querbändern geordnete große, stachelige Schuppen eingestreut sind. Diese Querbänder erstrecken sich weit auf die Flanken. Die Flanken und die Gliedmaßen tragen ebenfalls stachlige Schuppen, die auf den Ober- und Unterschenkeln besonders groß sind. Die Wirtel des Schwanzes werden von 2 Schuppenreihen gebildet, von denen die äußeren sehr kräftige Kiele bzw. Dornen tragen. Zehen und Finger sind mit sehr starken Krallen besetzt.
Die Färbung ist in den einzelnen Populationen recht variabel und außerdem durch den physiologischen Farbwechsel beeinflußt. Die Grundfarbe der Oberseite schwankt von gelbbraun bis fast schwarzbraun. Darauf stehen meistens 4 bis 5 helle Querbinden oder rhombische Rückenflecken. Der Schwanz ist an der Außenkante jedes Wirtels dunkler geringelt. Die Bauchseite ist heller gelbbraun und häufig dunkel marmoriert.

Erwachsene Männchen sind vor allem an den Präanalporen zu erkennen. Eine Verwechslung mit anderen Arten im Gebiet ist ausgeschlossen.

Vorkommen: In Europa nur in Nordgriechenland (Umgebung Thessalonikis), auf Korfu und den ägäischen Inseln Mykonos, Rhineia, Despotiko, Antiparos, Paros und Naxos. Außerhalb noch in der Türkei, von dort bis zum Irak, südlich bis nach Ägypten. Außerdem auf zahlreichen Inseln (Lesbos bis Rhodos) sowie auf Zypern.
Bevorzugt werden steinige Habitate, Felsen genauso wie Legesteinmauern oder Bauwerke. In Ermangelung von Felsen klettert der Hardun auch auf Platanen, Olivenbäume oder Dattelpalmen.

Lebensweise: Die tagaktive Echse ist sehr wärmebedürftig und sonnt sich viel. Als Nahrung dienen Käfer, Heuschrecken und andere Insekten, aber auch kleinere Echsen. Alle Beutetiere werden durch Hin- und Herkauen zermalmt und schließlich abgeschluckt. In geringem Maße nimmt der Hardun auch Blätter, Blüten und Früchte zu sich. In Trockengebieten decken die Tiere ihren Wasserbedarf mit der Nahrung, lecken aber auch gern Tautropfen auf. Sie leben meist paarweise. Das Männchen kontrolliert von einem erhöhten Auslug sein Revier. Gegen Störungen und Eindringlinge reagieren sie nach Agamenart mit Kopfnick-Bewegungen.
Leben die Tiere in größeren Gruppen auf engerem Raum, dominiert stets ein Männchen, das auch als einziges die Prachtfarben zeigt: gelbe und rötliche Farben am Kopf und schwarzbraune Flanken. Die Vermehrung erfolgt durch etwa 10 pergamentschalige Eier, die 2 bis 4 Monate zur Entwicklung benötigen. Mitunter werden 2 bis 3 Gelege im Jahr abgesetzt. Die Winterruhe ist kurz (4 bis 8 Wochen) oder entfällt vollständig. Verborgene Hardune sind oft nur mit großer Mühe oder gar nicht aus

Felsspalten zu ziehen, in die sie sich verkrochen haben. Ihre natürlichen Feinde sind vor allem Taggreifvögel, mitunter auch große Landnattern wie Eidechsennatter (182), Vierstreifennattern (179) und Springnattern (166).

Besonderes: Vom Hardun werden mindestens 5 geographische Unterarten unterschieden, von denen 2 auch im Gebiet vertreten sind.

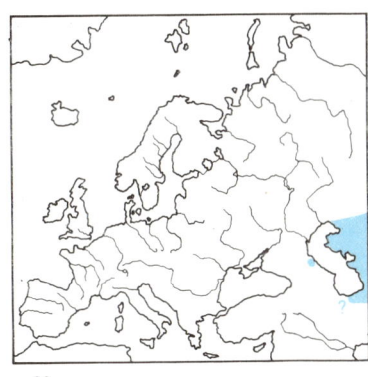

zu 80

80 *Agama sanguinolenta*
Steppenagame

Kennzeichen: Eine bis zu 30 cm lange Bodenechse, die durch eine relativ einförmige Beschuppung des Rumpfes und Schwanzes gekennzeichnet ist (vgl. Abb. S. 220). Kopf und Rumpf sind nicht abgeflacht. Am Kopf ist die Öffnung des äußeren Gehörganges sichtbar. Die Rückenschuppen sind mit Kie-

len versehen, die in einem Stachel enden. Auch die Flanken- und Bauchschuppen tragen Kiele, enden allerdings nicht dornig. Das Tier faßt sich durch die charakteristische Beschuppung sehr rauh an.

Die Grundfarbe der Oberseite ist grau- bis gelbbraun. Jungtiere und Weibchen haben eine ähnliche Zeichnung, sie besteht aus einer zentralen Reihe ovaler gelblicher bis rostroter Flecken in der Rückenmitte und daran seitlich anlie-

79 Stellio stellio

genden weiteren Fleckenreihen. Die Männchen sind nahezu einfarbig, mitunter aber auch mit kleinen unregelmäßigen Sprenkeln übersät. Neben einem starken Farbwechselvermögen bei Erregung, Temperaturwechsel und anderen äußeren Einflüssen gibt es auch eine ausgeprägte Prachtfärbung zur Paa-

80 *Agama sanguinolenta* ♂

rungszeit. Die Männchen bekommen dann eine fast schwarzblaue Kehle mit hellen Streifen, ihre Flanken verfärben sich intensiv dunkelviolett. Diese Färbung erstreckt sich auch auf die Bauchseite, wo außerdem noch ein dunkler mittlerer Längsstreifen zutage tritt. Rücken und Kopfoberseite werden hellgelb bis sandfarben, während sich die Schwanzoberseite gelb und orange geringelt verfärbt. Die Gliedmaßen tragen blaue Querbinden. Bei brünftigen Weibchen werden die Flecken des Rückens orange bis rostrot. In der Prachtfärbung ist die Steppenagame eine der farbigsten Echsen des Gebietes und mit keiner anderen Art zu verwechseln.

Jungtiere könnten mit Krötenköpfen verwechselt werden, sind aber durch ihre artcharakteristische Beschuppung sicher zu unterscheiden.

Vorkommen: Im Gebiet nur in einem größeren isolierten Vorkommen im nördlichen Kaukasusvorland. Das eigentliche Areal reicht vom Ostufer des Kaspischen Meeres über Kasachstan und ganz Mittelasien bis nach Nordwestchina. Im Süden verläuft die Arealgrenze durch den Iran und Nordafghanistan. Die Art ist ein Charaktertier der Steppen und Halbwüsten, besonders wenn sie locker mit Sträuchern bestockt sind. Sandige Böden werden vor Lehm- und Kiesflächen bevorzugt,

Nagetierbauten sind beliebter Unterschlupf.

Lebensweise: Die Sonne liebende, streng tagaktive Bodenechse erklettert mitunter auch niedrige Sträucher, besonders zum morgendlichen Sonnenbad. Männchen wie Weibchen beanspruchen Reviere, die gegen Artgenossen verteidigt werden. Selbst Jungtiere sind bereits sehr aggressiv gegeneinander. Während der Paarungszeit können sich feste Paare bilden, die dann ihr vereinigtes Revier gemeinsam kontrollieren. Die Nahrung bilden alle tagaktiven Gliederfüßer (Käfer, Schmetterlinge, Raupen, Heuschrecken, Ameisen), je nach der saisonalen Verfügbarkeit und der Populationsdichte. In geringem Maße werden auch Pflanzen gefressen (besonders Knospen, Blüten und Früchte). Die Weibchen legen 2 Gelege von 6 bis 12 pergamentschaligen Eiern in den Boden. Die Eier benötigen etwa 2 Monate bis zum Schlupf der Jungtiere. Die Jungen sind bereits nach einem Jahr geschlechtsreif. Von Oktober bis Februar, mitunter auch bis April, halten die Tiere Winterruhe in den Höhlen der Nagetiere.

Besonderes: Mitunter wird die Steppenagame als Unterart der vorderasiatischen Art *Agama agilis* betrachtet, mit der sie zweifellos eng verwandt ist.

81 *Agama ruderata*
Ruinenagame
Kennzeichen: Eine kleine Bodenagame mit 6,5 bis 10 cm Kopf-Rumpf-Länge und einem etwas längeren Schwanz. Auffällig ist der relativ große, rundliche Kopf und die unterschiedliche Rumpfbeschuppung. Zwischen kleinen Pflasterschuppen liegen zahlreiche wesentlich größere, leicht gekielte, runde

80 *Agama sanguinolenta* ♀

Schuppen unregelmäßig eingestreut. Der Schwanz ist mit schrägstehenden Schuppenreihen wie bei der Steppenagame (80) bedeckt. Die Oberseite ist graugrün gefärbt und mit dunklen Flecken besetzt, an den Flanken tritt bei den Männchen ein rötlicher Anflug in Erscheinung.

Vorkommen: Im behandelten Gebiet nur im Süden Aserbaidshans an einigen wenigen Fundorten. Das Areal erstreckt sich von Anatolien südlich bis nach Nordarabien, östlich bis Pakistan. Die Ruinenagame lebt in Steppen, Halbwüsten und Wüsten ähnlich wie die Steppenagame (80) und die Krötenköpfe.

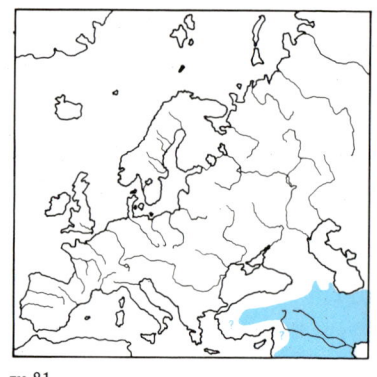

zu 81

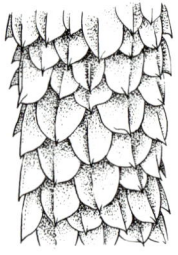

Schwanz von
Agama ruderata (81)

Gattung *Phrynocephalus* Krötenkopf-Agamen

Krötenkopf-Agamen des Gebietes sind, mit Ausnahme des Bärtigen Krötenkopfes (83), der in vielen Merkmalen den allgemeinen Gattungscharakteristika nicht entspricht, kleine Bodenechsen mit guter Anpassung an die Lebensbedingungen der Wüsten und Halbwüsten. Ihre unverwechselbare Gestalt beruht auf dem abgeplatteten, ziemlich breiten „krötenartigen" Rumpf, den auffälligen großen hinteren

81 *Agama ruderata*

Gliedmaßen, die als Sprungbeine dienen, und nicht zuletzt auf dem markanten, beinahe kugeligen Kopf. Im Profil fällt seine Verkürzung und die damit verbundene mopsähnliche Gestalt sofort auf. Die russische Bezeichnung

„Rundköpfchen" trifft diesen Sachverhalt besser als der deutsche Name. Charakteristisch für die Gattung ist auch die auffällige Verhaltensweise bei Erregung. Die Echsen rollen dann den Schwanz rasch zu einer Spirale auf den Rücken und strecken ihn genauso schnell wieder. Dieser Vorgang kann sich sehr rasch wiederholen. Beim Aufrollen wird die oft schwarzweiß zebragestreifte oder farbige (rote, blaue, gelbe) Schwanzunterseite sichtbar.

Die Gattung umfaßt etwa 40 Arten, die von Arabien über Mittelasien bis in die Mongolei und nach NO-China verbreitet sind. In Europa ist die Gattung nur durch 3 Arten vertreten, die hier alle nur im Gebiet der UdSSR vorkommen.

Bestimmungsschlüssel

1 In den Mundwinkeln große, ohrenförmige Hautlappen, die im Ruhezustand am Rand 2 Reihen großer, nach unten weisender Stachelschuppen erkennen lassen, bei Erregung jedoch backenbartartig aufgerichtet sind   84 *P. mystaceus*
1' In den Mundwinkeln keine Hautlappen   2
2 Rückenschuppen etwa gleichgroß und gleichartig geformt. Keine blauroten Flecken im Nacken. Schwanzschuppen in Ringen. 82 *P. guttatus*
2' Rückenschuppen in der Mitte größer, an den Flanken mit gruppenweise angeordneten dornigen Schuppen. Nakken mit 2 auffälligen blau-rötlichen Flecken. Schwanzschuppen nicht in Ringen geordnet. 83 *P. helioscopus*

82 *Phrynocephalus guttatus*
Gefleckter Krötenkopf
Kennzeichen: Knapp 12 cm lang, wovon mehr als die Hälfte auf den Schwanz entfällt. Der breite Kopf ist etwas flacher als bei den beiden anderen Krötenkopf-Arten unseres Gebietes, so daß die Nasenöffnungen in der Aufsicht zu erkennen sind. Die Rückenbeschuppung besteht aus glatten bis schwach gekielten gleichartigen Schuppen, die

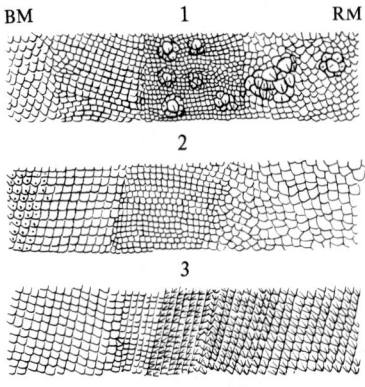

Beschuppung von Krötenköpfen
1 *Phrynocephalus helioscopus* (83), 2 *Phrynocephalus guttatus* (82), 3 *Phrynocephalus mystaceus* (84)

BM Bauchmitte   RM Rückenmitte

Seitenansicht des Kopfes von *Phrynocephalus guttatus* (82)

nur in der Rückenmitte etwas größer sind. Die Grundfärbung der Oberseite ist sandgelb bis braun, darüber zieht sich ein feines Netz aus dünnen, dunklen Linien. An den Flanken können mehrere Querreihen heller Flecken auftreten. Insgesamt ist die Zeichnung recht variabel. Große rote Nackenflekken mit blauem Rand treten jedoch niemals auf. Die Oberseite des Schwanzes ist oft mit Querreihen dunkler Flekken bedeckt. Seine Unterseite weist bis zu 8 schwarze Zebrasteifen und stets eine schwarze Spitze auf. Im Unterschied zum Sonnengucker (83) fehlen Grüppchen dorniger Rückenschuppen und seitliche Hautfalten am Hals. Sein Schwanz ist an der Wurzel abgeflacht und verjüngt sich dann rasch, allerdings nicht so unvermittelt wie beim Sonnengucker. Die Schwanzschuppen sind in Ringen angeordnet.

Vorkommen: Vom nördlichen Kaukasusvorland über die Nordküste des Kaspischen Meeres bis Zentral-Kasachstan. Bevorzugt werden Sandgebiete mit lichtem Stauden- und Grasbülten-Bewuchs, zwischen denen vom Wind freigehalten reine Sandflächen liegen. In den kleinen Sandhügeln, die im

gelegentlich werden auch Pflanzenteile verzehrt. Männchen wie Weibchen bilden Reviere, die durch ritualisierte Kämpfe gegen Eindringlinge verteidigt werden (Umlaufen des Gegners, mehrfaches Schwanzrollen sowie Heben und Senken des Rumpfes, ähnlich „Kniebeugen"). Dabei kommt es fast niemals zu Beißereien zwischen den Konkurrenten, wie das beim Bärtigen Krötenkopf (84) häufig der Fall ist.

Die Echsen pflanzen sich durch pergamentschalige Eier fort, die in Gelegen von 1 bis 3 Stück mehrfach im Jahr ab-

Windschatten der Pflanzen entstehen, legen die Tiere ihre flachen Wohnröhren an.

Lebensweise: Die tagaktiven, die Sonne liebenden Echsen flüchten bei Gefahr in ihre Wohnröhren oder rütteln sich durch seitliche Körperbewegungen am Ort in den Sand ein. Vorher zeigen sie das gattungstypische Schwanzrollen. Ihre Nahrung besteht aus Ameisen und anderen kleinen Insekten, die mitunter auch im Sprung erbeutet werden. Nur

82 Phrynocephalus guttatus

gesetzt werden. Die Jungtiere sind bereits im folgenden Jahr geschlechtsreif. Die Tiere leben nur 1 bis 2 Jahre. Das ist für alle kleinen Arten der Gattung charakteristisch. Freßfeinde aller kleinen Krötenkopf-Arten sind Greifvögel, Rabenvögel und Raubwürger, aber auch Landnattern. Die Winterstarre verbringen sie in 0,8 bis 1 m Tiefe im lockeren Sand.

zu 82

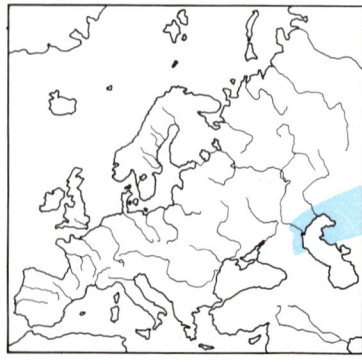

83 *Phrynocephalus helioscopus*
Sonnengucker

Kennzeichen: Knapp 12 cm Gesamtlänge, wovon die Hälfte auf den Schwanz entfällt. Der Kopf unterscheidet sich durch den sehr steilen Stirnanstieg von dem des Gefleckten Krötenkopfes (82). Die Nasenlöcher sind dadurch nach vorn gerichtet und in der Aufsicht nicht sichtbar. Vom Nacken her verlaufen über die Halsseiten stets

Seitenansicht des Kopfes von *Phrynocephalus helioscopus* (83).

deutliche Hautfalten, woran die Art ebenfalls gut zu erkennen ist. Auf dem Rücken sind zwischen den überwiegend glatten Schuppen kleine Grüppchen sehr stacheliger Schuppen eingestreut, die auch auf dem Schwanz und den Flanken zu finden sind. Der Schwanz verjüngt sich kurz nach seiner Basis unvermittelt und ist verhältnismäßig dünn. Seine Beschuppung ist nicht in Ringen geordnet. Die Grundfarbe der Oberseite ist hellbraun. Darauf kann sich eine sehr variable dunkle Fleckenzeichnung befinden, aber das zentrale Feld des Rückens kann auch gänzlich zeichnungslos sein. Stets findet man am Hals ein Paar orange bis kirschroter Flecken mit blauer Kontur. Die Unterseite des Schwanzes zeigt verwaschene hell-dunkle Querstreifen, die Spitze ist im Unterschied zum Gefleckten Krötenkopf stets hell, bei den

Männchen rötlich, bei den Weibchen blau gefärbt.

Vorkommen: Von den Steppen der unteren Wolga an ostwärts bis nach Nordwestchina und die westliche Mongolei. Südlich des Kaukasus erstreckt sich ein zweiter Teil des Areals von der östlichen Türkei an über den Iran bis nach Mittelasien. Die Art besiedelt feste Lehm- und Kiesböden, aber auch salzige Flächen in Halbwüsten-Habitaten. Sandflächen werden gemieden. Bevorzugt werden freie Flächen, die von wenigen horstbildenden Gräsern und Stauden durchsetzt sind. Als Unterschlupf dienen vorzugsweise die Bauten kleiner Nagetiere.

Lebensweise: Die Sonne liebenden, ausgesprochen tagaktiven Tiere leben ähnlich wie der Gefleckte Krötenkopf (82). Auch das Nahrungsspektrum stimmt weitgehend überein. Die Anzahl der Eier in den Gelegen (bis 7 Eier) ist größer. Die Feinde sind wie bei den anderen Arten vorwiegend Greifvögel, Rabenvögel und Raubwürger, aber auch Landnattern (*Elaphe*- und *Coluber*-Arten) und die Halysschlange (195).

Bei Gefahr flüchtet der Sonnengucker im Zick-Zack-Kurs. Die Fluchtstrecke beträgt nur wenige Meter, dann wird haltgemacht und der Schwanz ein- und aufgerollt. Schließlich versucht er, in ein Schlupfloch zu entkommen. Er kann sich nicht wie der Gefleckte Krö-

83b *Phrynocephalus helioscopus persicus*

230

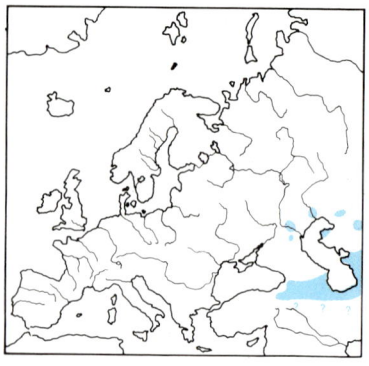

zu 83

tenkopf (82) und der Bärtige Krötenkopf (84) in den Bodengrund einrütteln.
Besonderes: Nördlich des Kaukasus lebt die Nominatform **83a** *P. h. helioscopus*, während südlich des Kaukasus die zweite Unterart, **83b** *P. h. persicus*, vorkommt.

84 *Phrynocephalus mystaceus*
Bärtiger Krötenkopf
Kennzeichen: Mit 24 cm Gesamtlänge ist er die größte Art der Gattung. Infolge seiner Größe ist er eventuell mit der Steppenagame (80) zu verwechseln. Die namensgebenden Hautlappen in den Mundwinkeln, die bei Erregung bartartig abgespreizt werden, kommen nur bei dieser Art vor. Die Aufrichtung der Hautlappen erfolgt durch Blutzufuhr, wodurch die kräftige Rotfärbung der schleimhautbedeckten Innenseite hervorgerufen wird. Die zapfenförmigen Endstacheln an den „Barthäuten" vergrößern die „Bartimitation" noch wirksam. Im drohend geöffneten Rachen ist die in Schneide-, Eck- und Backenzähne gegliederte außerordentlich kräftige Bezahnung gut erkennbar. Der kräftige Rumpf ist mit gekielten Rückenschuppen bedeckt. Im Unterschied zu anderen Krötenköpfen ist der Schwanz sehr kräftig entwickelt, in seiner ganzen Länge abgeplattet und verjüngt sich nur sehr allmählich zur Spitze hin. Er ist mit ringförmig geord-

neten Schuppen bedeckt, die an den Außenkanten in einen Kamm aus Fransenschuppen übergehen. Die Finger und Zehen besitzen ebenfalls seitliche Fransenkämme. Sie sind dadurch sehr gut an das Laufen auf lockerem Sand angepaßt. Die Grundfärbung der Oberseite ist sandbraun. Darauf befindet sich ein sehr variables Muster. Entweder bilden schwarze Linien ein sehr feines, vollkommen unregelmäßiges Netzwerk, oder sie vereinigen sich zu dunklen Flecken. Bis zu 6 Paare großer Flecken können den Rücken bedecken. Der Schwanz trägt auf der Oberseite verwaschene dunkle Querbänder. Die Unterseite ist schmutzigweiß, am Schwanz und den hinteren Gliedmaßen oft gelblich, vor allem bei Jungtieren. Die Kehle ist blaß marmoriert, während auf der Brust ein deutlicher großer schwarzer Fleck auftritt, der entlang der Mittellinie bis zur Bauchmitte auslaufen kann. Die Unterseite des Schwanzes ist ebenfalls weiß, nur das Endstück tiefschwarz. Die erwachsenen Tiere sind bei genauer Betrachtungsmöglichkeit unverkennbar, während die Jungtiere zunächst mit anderen Agamen verwechselt werden könnten. Bei exakter Untersuchung zeigen sie aber bereits alle morphologischen Kennzeichen der Art.
Vorkommen: Vom nordöstlichen Kaukasusvorland entlang der Küste des Kaspischen Meeres über die Wolganiederung, Kasachstan und Mittelasien bis ins nördliche Afghanistan und in den nördlichen Iran. Die Art ist stets an größere Sandflächen gebunden. Am sichersten ist sie auf den vom Wind geformten Sicheldünen, den sogenannten Barchanen, zu finden. Eine lockere Bestockung des Habitats mit Strauchwerk gehört ebenfalls zu ihren Ansprüchen.
Lebensweise: Nach der langen Winterruhe von Ende September bis Anfang April, die die Tiere über einen Meter tief im Sande vergraben zubringen, beginnt ihr sonnenabhängiges, rein tagaktives Sommerleben. Sie jagen große In-

sekten, vor allem hartschalige Käfer und Heuschrecken, aber auch kleinere Echsen, wie Krötenkopf- und Wüstenrenner-Arten. Die Beutetiere werden durch Hin- und Herkauen im Maul regelrecht zermalmt, ehe sie verschluckt werden. Außerdem lecken sie zusätzlich zahlreiche Ameisen auf, die einen wichtigen Nahrungsanteil bilden. Pflanzenteile werden nur sehr wenig verzehrt.

Die Weibchen setzen 2 Gelege mit je 1 bis 3 Eier pro Jahr ab. Die pergamentschaligen Eier werden ca. 20 cm tief in bereits leicht feuchte Sandschichten vergraben. Die Jungtiere erlangen erst im 2. Lebensjahr die Geschlechtsreife. Im Unterschied zu ihren kleineren Gattungsverwandten haben sie eine Lebenserwartung von etwa 4, in Ausnahmefällen von 6 Jahren.

Flüchtende Tiere legen größere Strecken (30 bis 60 m) ohne Halt zurück, ehe sie schwanzrollend kurz verharren. Die Flucht endet häufig mit dem Einschütteln in den Sand. Durch rasche seitliche Rumpfbewegungen versinkt das Tier dabei an Ort und Stelle im Sand.

zu 84

Nur die aufwärts gerichteten Nasenlöcher und die durch wimpernartige Schuppen geschützten Augen ragen danach noch hervor. In dieser Haltung lauert das Tier auch auf Beute.

Besonderes: Die Art läßt sich in 2 Unterarten gliedern, von denen nur die Nominatform in Europa vorkommt.

Familie *Chamaeleonidae* Chamäleons

Die Chamäleons sind eine mit den Agamen verwandte Echsenfamilie, die bereits seit der Kreidezeit (vor 70 bis 130 Mill. Jahren) nachweisbar ist. Cha-

84 *Phrynocephalus mystaceus*

rakteristisch sind die durch teilweise Verwachsung der Finger bzw. Zehen zu Greifzangen umgebildeten Hände bzw. Füße und die herausschnellbare, dem Beutefang dienende Schleuderzunge. Die unabhängig voneinander beweglichen, aus dem Kopf hervorstehenden Augen sind durch ein beschupptes, ringförmiges Lid geschützt, das in der Mitte lediglich eine kleine runde Öffnung für die Pupille frei läßt. Chamäleons besitzen ein ausgeprägtes Farbwechselvermögen, das u. a. von Stimmung, Sonnenbestrahlung und Temperatur beeinflußt wird.

Die meisten Chamäleons sind eierlegend, einige Arten ovovivipar. Man unterteilt die etwa 85 bekannten Arten in nur 2 Gattungen, die hauptsächlich in Afrika, Madagaskar, Süd- und Südwestasien verbreitet sind. In Europa lebt lediglich 1 Art.

Gattung *Chamaeleo*
Chamäleons

Einzige Art in Europa:
85 *Chamaeleo chamaeleon*
Europäisches oder
Gemeines Chamäleon
Kennzeichen: Obwohl in der Färbung außerordentlich variabel (meist grün, aber auch schwärzlich, braun und grauweiß sowie mit je 2 hellen Längsbändern und unregelmäßig dunkleren Flecken und Streifen an den Körperseiten),

zu 85

leicht am gesamten Habitus zu erkennen und in Europa mit keiner anderen Reptilienart zu verwechseln. Der Körper ist seitlich stark abgeflacht, der Schwanz dient als Greiforgan zum Festhalten beim Klettern. Die Gesamtlänge kann bis 30 cm betragen, wobei etwa 12 cm auf den Schwanz entfallen.

Vorkommen: In Europa in Südspanien (Küstenzone der Provinzen Cadiz und Malaga), auf Sizilien und Malta sowie auf Kreta, Chios und Samos, im Süden des Peloponnes. In Teilen Andalusiens und in Südportugal sowie auf den Kanarischen Inseln eingeführt. Auch die Vorkommen auf Sizilien und Malta sind wahrscheinlich auf frühe Einschleppung durch den Menschen zurückzuführen. Außerdem lebt die Art in Nordafrika, Zypern, Arabien, Vorderindien und Sri Lanka (Ceylon). Die Europäischen Chamäleons halten sich besonders im Gebüsch auf (z. B. Ginster, Tamarisken) und gehen relativ selten auf den Erdboden. In den Oasen der nordafrikanischen Wüstengebiete sind sie jedoch zu Bodentieren geworden.

Lebensweise: Die Europäischen Chamäleons fressen Insekten und Spinnen, die sie mit ihren langen, im vorderen Teil kolbenartig verdickten Schleuderzungen (auf etwa Körperlänge herausschnellbar) ergreifen. Den Beutetieren lauern sie gewöhnlich auf, ständig mit den unabhängig voneinander beweglichen Augen die Umgebung absuchend, oder sie verfolgen auch ein Insekt mit langsamen Bewegungen. Ein in Reichweite der Schleuderzunge befindliches Beutetier wird zunächst mit beiden Augen fixiert, das Maul langsam geöffnet und dann blitzschnell die Zunge herausgeschossen. Die mit einem klebrigen Sekret behaftete Spitze umfaßt becherförmig das Beutetier, so daß es beim Zurückziehen mit in das Maul gerissen wird.

Die Europäischen Chamäleons sind sehr ortstreu und verteidigen ihr Revier gegen Artgenossen. Als Drohgebärden

85a *Chamaeleo ch. chamaeleon*

werden ein Aufblähen der Kehle und des Körpers sowie Maulsperren und Beißen beobachtet. Mit Hilfe der zangenartig verwachsenen Finger bzw. Zehen (vorn sind außen 2, innen 3 Finger miteinander verwachsen, hinten dagegen außen 3 und innen 2 Zehen) sowie des Greifschwanzes können sie im dünnen Geäst sehr geschickt klettern, wobei ihre Bewegungen jedoch bedächtig und langsam sind.

Die Paarungszeit fällt in die Monate August und September. Noch im Herbst werden in selbstgegrabenen Erdlöchern bis zu 30 Eier abgelegt (Durchmesser 10 bis 19 × 8 bis 12,5 mm). Die Entwicklungsdauer beträgt etwa 8 bis 9 Monate, so daß erst im folgenden Sommer die 6 bis 6,5 cm großen Jungen schlüpfen.

Besonderes: Die europäischen Tiere gehören der Unterart **85a** *C. c. chamaeleon* an. Außerhalb Europas werden weitere Unterarten unterschieden, die teils umstritten sind, teilweise aber auch als selbständige Arten geführt werden.

Familie *Anguidae*
Schleichen

Die Familie der Schleichen ist seit der Kreidezeit (vor 70 bis 130 Mill. Jahren) nachweisbar und war im frühen Tertiär (vor etwa 60 Mill. Jahren) am artenreichsten. Heute sind nur 70 bis 80 Arten, hauptsächlich aus Amerika, bekannt.

Der Schleichenkörper ist mehr oder weniger langgestreckt, der meist ebenfalls sehr lange Schwanz kann abgeworfen werden. Die Extremitäten sind unterschiedlich stark reduziert oder fehlen äußerlich sogar völlig. Zumindest sind jedoch stets Reste der Schulter- und Beckengürtel nachweisbar. Den gesamten Körper bedecken geschindelte, meist glatte Rundschuppen, die mit Knochenplättchen (Osteodermata) unterlegt sind. Auf der Kopfoberseite befinden sich große, in der Regel symmetrische Schilder. Die Augenlider sind stets getrennt und frei beweglich.

In Europa kommen 2 Gattungen mit nur jeweils einer Art vor.

Gattung *Anguis*
Blindschleichen

Einzige Art:
86 *Anguis fragilis*
   Blindschleiche
Kennzeichen: Sie erreicht eine Körperlänge von 40 bis 45 cm, wobei zwei

zu 86

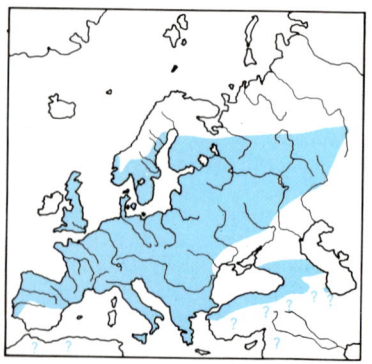

Drittel auf den Schwanz entfallen. Auffallend ist der drehrunde, glatte Körper, der von regelmäßig angeordneten glänzenden Schuppen bedeckt wird. Obwohl die Blindschleiche auf Grund ihrer völligen äußeren Beinlosigkeit immer wieder mit Schlangen verwechselt wird, ist sie im Gelände bereits an ihren relativ langsamen und steif wirkenden Bewegungen leicht erkennbar. Bei näherer Untersuchung zeigt sich auch, daß die eidechsenartige, nicht vom Hals abgesetzte Kopf kleine, durch bewegliche Lider verschließbare Augen besitzt.

Die Grundfärbung der erwachsenen Tiere ist sehr variabel. Sie kann oberseits hellgrau, bleigrau, graubraun, braun, zimt-, bronze- und kupferfarben sein, während die Unterseite meist schwarzgrau bis blaugrau gefärbt ist. Die Körperseiten sind gewöhnlich heller als der Rücken, auf dem ein Längsstreifen oder Punkt- und Strichreihen auftreten können. Im östlichen Teil des Verbreitungsgebietes finden sich häufig Tiere mit kleinen, hell- bis dunkelblauen Punkten (Durchmesser etwa 1 mm) im vorderen Rückenbereich bei der Unterart *A. f. colchicus* (86b). Jungtiere sind sehr kontrastreich gefärbt, oberseits golden oder silbern mit kräftigem schwarzem Rückenstreif, am Bauch und an den Seiten dagegen tiefschwarz. Der ziemlich stumpf endende Schwanz kann abgeworfen und teilweise regeneriert werden.

Vorkommen: Fast ganz Europa, außer Irland, Nordskandinavien und dem größten Teil der Iberischen Halbinsel. Im Osten dringt sie bis zum Ural und zum Kaspischen Meer vor, außerdem bewohnt sie Kleinasien und Teile des Mittleren Ostens sowie Nordwestafrika. Die Mittelgebirge werden bis zu den Kämmen besiedelt. In den Hochgebirgen trifft man sie noch in über 2 000 m Höhe an. Ihre Lebensräume sind Wiesen und Heidelandschaften, Straßenböschungen und Feldraine, aber auch Brachland und Gärten.

Lebensweise: Blindschleichen sind ver-

86b *Anguis fragilis colchicus* ♂

86a *Anguis f. fragilis*, trächtiges ♀

86a *Anguis f. fragilis*, juv.

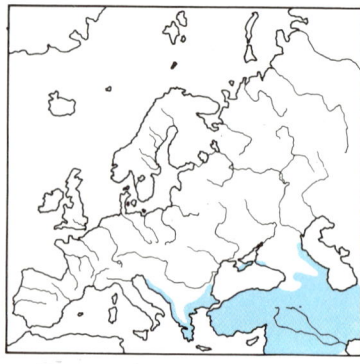

zu 87

borgen lebende Tiere, die man am ehesten in der Dämmerung oder nach einem warmen Regen umherstreifend antrifft. Gelegentlich findet man sie beim Umdrehen flacher Steine, unter altem Holz oder großen Blättern. Entsprechend ihrer langsamen Bewegungsweise ernähren sie sich hauptsächlich von Nacktschnecken und Regenwürmern. Die Winterruhe (in Mitteleuropa Oktober bis April/Mai) verbringen sie meist gesellig in geeigneten, frostfreien Unterschlupfen, wie Erdhöhlen oder Wurzellöchern. Bereits kurz nach Beendigung der Winterruhe erfolgt die Paarung und nach einer Trächtigkeit von etwa 3 Monaten (im Juni bis August) gebärt das Weibchen durchschnittlich 8 bis 12 Junge, die 7 bis 9 cm lang sind und während des Geburtsvorganges die häutigen Eihüllen abstreifen. Die natürlichen Feinde der

Blindschleiche sind hauptsächlich kleinere Raubtiere und Greifvögel sowie die Glattnatter (171).
Besonderes: Es werden 3 Unterarten unterschieden: **86a** *A. f. fragilis* (West- und Mitteleuropa), **86b** *A. f. colchicus* (Osteuropa, asiatische und afrikanische Verbreitungsgebiete) und **86c** *A. f. peloponnesiaca* (Peloponnes).

Gattung *Ophisaurus* Panzerschleichen

Einzige Art in Europa:
87 *Ophisaurus apodus*
Scheltopusik, Panzerschleiche
Kennzeichen: Charakteristisch für die gesamte Gattung *Ophisaurus* ist eine längs jeder Körperseite verlaufende Hautfalte, die sich vom Hals bis zum After hinzieht. Sie ermöglicht eine dorsoventrale Ausdehnung des Rumpfes, der ansonsten durch die unter den Schuppen liegenden Hautknochen eine große Festigkeit erhält (Panzerschleiche).
Scheltopusiks erreichen eine Gesamtlänge von etwa 1,25 m (längstes Tier 1,44 m aus Bulgarien), wobei der Schwanz etwa 1,5mal so lang wie der Rumpf ist. Die zunächst in der Jugend gekielten Körperschuppen werden mit zunehmendem Alter immer glatter, so daß bei erwachsenen Tieren nur noch die Schwanzschuppen gekielt sind. Meist befinden sich am After winzige Reste der Hinterextremitäten.
Erwachsene Scheltopusiks sind mit

87 *Ophisaurus apodus* juv.

87b *Ophisaurus apodus thracius,* ad.

Ausnahme des häufig heller abgesetzten Kopfes ziemlich einheitlich gelblich bis tief dunkelbraun gefärbt, wobei die Bauchseite etwas aufgehellt erscheint. Als individuelle Besonderheit können kleine rötliche Flecken eingestreut sein. Die aus dem kaukasischen und transkaukasischen Raum stammenden Tiere weisen eine mehr oder weniger deutliche Mosaikzeichnung auf, die durch unregelmäßig auftretende hellere Schuppenbezirke auf dem Rücken und an den Flanken hervorgerufen wird. Junge Tiere sind durch dunkle, unregelmäßige Querbinden gekennzeichnet. Diese verlieren sich im Alter von 2 bis 3 Jahren bei einer Kopf-Rumpf-Länge von 15 bis 17,5 cm.

Vorkommen: Balkanhalbinsel sowie isolierte Gebiete auf der Krim und an der kaukasischen Schwarzmeerküste. Das Hauptverbreitungsgebiet zieht sich jedoch vom Nordkaukasus über Kleinasien, den Nahen und Mittleren Osten bis in die mittelasiatischen Sowjetrepubliken hinein. Im europäischen Verbreitungsgebiet findet man den Scheltopusik an ursprünglichen, mit Strauchwerk, halbhohem Pflanzenwuchs und Geröll bedeckten, sonnigen Hängen, auf Weinbergen, an Feldrainen oder Gehöftumgrenzungen.

Lebensweise: Der Scheltopusik ist eine tagaktive Echse, die sich vorzugsweise von Gehäuse- und Nacktschnecken, Käfern und anderen größeren Insekten ernährt, aber gelegentlich auch Kleinsäuger, junge Eidechsen und Vogeleier erbeutet. Die Winterruhe dauert klimaabhängig von Oktober/November bis März/April. Die 6 bis 12 weichschaligen, länglich-ovalen, weißen Eier (Durchmesser 4 × 2 cm) werden nach etwa 10 Wochen Tragzeit im Juni/Juli im Erdboden oder unter Steinen abgelegt. Verschiedentlich wurde beobachtet, daß sich das Weibchen um das Gelege herumringelt. Nach etwa 45 Tagen schlüpfen die über 10 cm langen Jungtiere. Bei der Häutung wird die alte

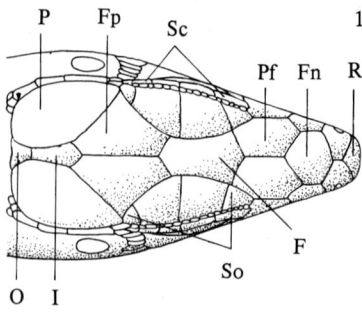

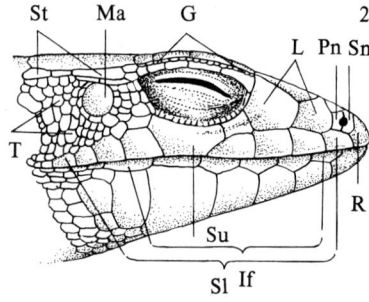

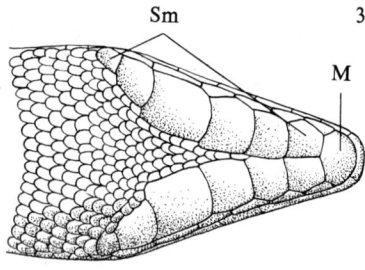

Haut zu einem Ring zusammengeschoben und über den Schwanz abgestreift. Wird ein Scheltopusik im Gelände ergriffen, so beißt er nur sehr selten und versucht, sich durch drehende Körperbewegungen zu befreien. Der Schwanz bricht schwer ab und regeneriert schlecht. Die natürlichen Feinde sind vor allem Greifvögel und Kleinraubtiere.

Besonderes: Exemplare von der Balkanhalbinsel gehören zur Unterart **87b** *O. a. thracius,* die nordkaukasisch-armenischen zur Nominatform **87a** *O. a. apodus.*

Familie *Lacertidae*
Echte Eidechsen

Die Familie ist ausschließlich in der Alten Welt verbreitet und fehlt außer in Amerika auch auf Madagaskar und im indoaustralischen Raum (südöstliche Grenze auf Java und Borneo). In der Evolution der Reptilien ist das erste Auftreten dieser Familie im Tertiär vor ungefähr 65 Mill. Jahren zu vermuten. Gegenwärtig sind etwa 180 Arten bekannt. Sie umfassen kleine bis mittelgroße Echsen mit gut entwickelten Beinen und langem Schwanz, der an vorgebildeten Bruchstellen autotomiert werden kann. Osteodermata (Hautverknöcherungen) treten im Kopfbereich auf. Sie verschmelzen auf der Kopfplatte, deren Schilder mindestens z. T. vergrößert sind, mit dem Schädel. Die Bauchschuppen sind fast stets größer als die Rückenschuppen, die Schwanzschuppen sind wirtelig angeordnet. Die meisten Arten besitzen an der Kehle

Beschilderung des Kopfes einer Eidechse (Familie *Lacertidae*)

1 von oben
R Schnauzenschild *(Rostrale),* Fn Stirn-Nasen-Zwischenschild *(Frontonasale),* Pf Vorderstirnschild *(Praefrontale),* F Stirnschild *(Frontale),* Sc Augenbrauenschilder *(Supraciliaria),* So Augendeckschilder, Überaugenschilder *(Supraocularia),* Fp Stirn-Scheitel-Zwischenschild *(Frontoparietale),* P Scheitelschild *(Parietale),* I Zwischenscheitelschild *(Interparietale),* O Hinterhauptschild *(Occipitale)*

2 seitlich
R Schnauzenschild *(Rostrale),* Sn Obernasenschild *(Supranasale),* Pn Hinternasenschild *(Postnasale),* L Zügelschild *(Lorea-*

lia), G Körnerschuppen *(Granula superciliaria),* Su Unteraugenschild *(Suboculare),* St Oberschläfenschilder *(Supratemporalia),* Ma Schläfenplatte *(Massetericum),* T Schläfenschilder *(Temporalia),* Sl Oberlippenschilder *(Supralabialia),* If Unterlippenschilder *(Subiabialia, Infrolabialia)*

3 von unten
M Kinnschild *(Mentale),* Sm Unterkieferschilder *(Submaxillaria)*

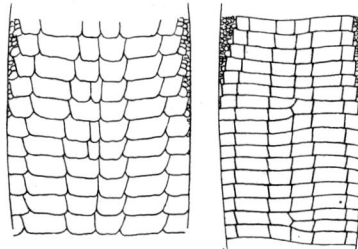

Bauchschilder *(Ventralia)*
1 Seiten gewinkelt, stark überlappend,
2 Seiten gerade, schwach überlappend

eine durch vergrößerte Schuppen gebildete Hautfalte (Halsband, Collare).
An der Unterseite der Oberschenkel befinden sich, mit ganz wenigen Ausnahmen, durchlöcherte Schuppen mit besonderen Drüsen (Femoralporen). Diese sind im männlichen Geschlecht deutlicher ausgeprägt und sondern zur Fortpflanzungszeit ein gelbliches, pfropfenförmiges Sekret ab. Häufig ist auch ein Geschlechtsdimorphismus in der Färbung und Körpergröße zu beobachten. Die Männchen besitzen außerdem in der Regel größere Köpfe und eine stärker verdickte Schwanzwurzel als die Weibchen. Die Vermehrung erfolgt meist durch Eier, nur wenige Arten sind ovovivipar.

In Europa und dem Kaukasusgebiet kommen über 50 Arten der Echten Eidechsen vor, die sich auf 7 Gattungen verteilen. Sie weisen eine teilweise

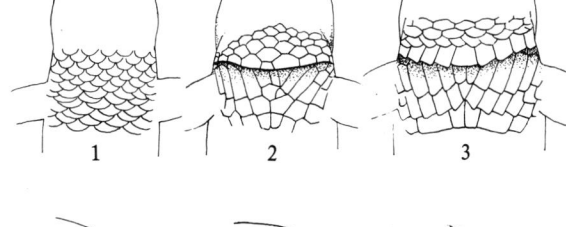

Halsunterseiten
1 ohne Halsband,
2 glattes Halsband,
3 gezähntes Halsband

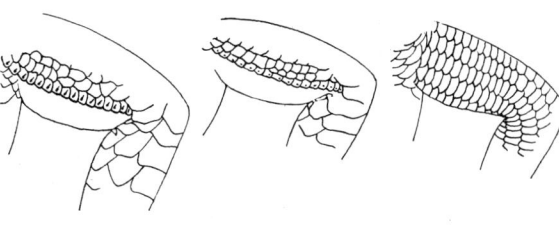

Schenkelporen
an der Unterseite
der Oberschenkel
der Echten Eidechsen (♂, ♀) und
glatter Oberschenkel
eines Skinkes

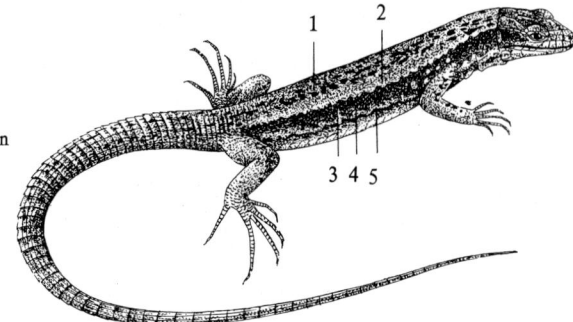

Typische Rücken-
und Flankenzeichnungen von Eidechsen
1 Rückenstreifen,
2 heller Rücken-
   Seitenstreifen,
3 Seitenstreifen,
4 heller Flanken-
   streifen,
5 dunkler Flanken-
   streifen

außerordentlich große Formenmannigfaltigkeit auf. Dementsprechend schwierig ist oftmals die exakte Bestimmung nahe verwandter oder aufgrund gleicher Lebensweise äußerlich sehr ähnlicher Arten. Hinzu kommt bei manchen Formen eine erstaunliche Variabilität selbst innerhalb einzelner Populationen in Zeichnung, Färbung und Beschuppung, so daß für die Bestimmung empfohlen wird, zunächst die geographische Verbreitung zu beachten und dadurch die in Frage kommenden Arten einzugrenzen.

Bestimmungsschlüssel für die Gattungen

1 Lider miteinander verwachsen, bilden vor dem Auge eine durchsichtige Brille *Ophisops* (S. 293)
1' Lider frei beweglich 2

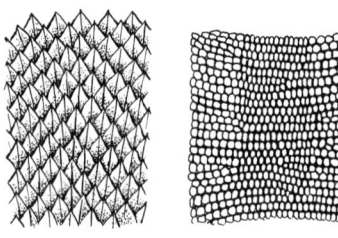

Rückenschuppen *(Dorsalia)*
1 gekielt, stark überlappend, 2 glatt, nebeneinanderstehend

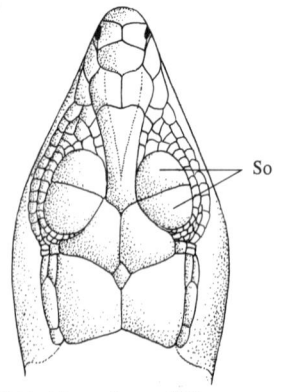

Acanthodactylus erythrurus (88)
Hinterhauptschild (O) fehlt, 2 Augendeckschilder (So) über den Augen

2 Hinterhauptschild fehlt, auf jeder Kopfseite 2 Überaugenschilder 3
2' Hinterhauptschild vorhanden, auf jeder Kopfseite 4 Überaugenschilder 4
3 Erstes Oberlippenschild berührt das Nasenloch *Acanthodactylus* (S. 240)
3' Erstes Oberlippenschild berührt nicht das Nasenloch *Eremias* (S. 246)
4 Rückenschuppen stark gekielt, vergrößert, sich schindelartig überlagernd 5
4' Rückenschuppen klein und fast nebeneinanderliegend, nicht oder nur schwach gekielt *Lacerta, Podarcis* (S. 251, 294)
5 Halsband gut ausgebildet *Algyroides* (S. 242)
5' Halsband fehlt oder nur an den Seiten angedeutet *Psammodromus* (S. 317)

Gattung *Acanthodactylus* Fransenfinger-Eidechsen

Einzige Art in Europa:
88 *Acanthodactylus erythrurus*
Europäischer Fransenfinger
Kennzeichen: Diese Echse ist im Gelände bereits an ihrem charakteristischen Fluchtverhalten zu erkennen: Mit leicht erhobenem Schwanz rennt er geradlinig davon, die Flucht nur durch kurze Halte unterbrechend. Die Kopf-Rumpf-Länge beträgt bis 7,5 cm, während der auffallend dünne, nur an der Wurzel rübenförmig verdickte Schwanz die doppelte Körperlänge erreichen kann. An dem relativ großen, zur Schnauze hin spitz zulaufenden Kopf fehlt das Hinterhauptschild, und über den Augen befinden sich nur jeweils 2 große Augendeckschilder. Das 1. Oberlippenschild berührt das Nasenloch (gattungstypisch). Die hinteren Rückenschuppen sind gekielt und vergrößert (Unterschied zur Gattung *Eremias*). Die Bauchschilder sind in 10, selten in 8 Längsreihen angeordnet. Ein Halsband ist vorhanden. Die für die Gattung namensgebenden fransenarti-

88 *Acanthodactylus e. erythrurus*, juv.

gen Schuppensäume an den Fingern und Zehen sind bei dieser Art nur relativ schwach, und vor allem an der 4. Zehe ausgebildet.

Die erwachsenen Europäischen Fransenfinger haben eine ockerfarbene, bräunliche oder graue Oberseite und bis zu 10 helle, mehr oder weniger deutliche Längsstreifen oder Streifenreste. Dazwischen befinden sich häufig weiße oder gelbliche und grau bis schwärzliche Fleckenreihen. An den Beinen fallen weiße Rundflecken auf. Der Bauch ist weiß. Die Männchen bekommen während der Brunft gelbliche runde Flecken an den Flanken. Die Färbungsvariabilität ist jedoch sehr groß, besonders in Ostspanien kommen häufig Tiere mit stark reduzierter Zeichnung vor. Im Extremfall können fast einfarbig graue Tiere gefunden werden. Die Jungtiere sind sehr auffallend schwarzweiß längsgestreift, Schwanz

88a *Acanthodactylus e. erythrarus*

und Oberschenkel dagegen sind kräftig rot gefärbt.

Vorkommen: Auf der Iberischen Halbinsel allgemein verbreitet, außerdem Nordwestafrika. Sie bewohnen die offene Landschaft, vorzugsweise Sandböden, besonders an den Meeresküsten, auch felsiges Gelände mit geringer Vegetation.

Lebensweise: Die Europäischen Fransenfinger sind gegeneinander sehr aggressiv. Die Männchen verteidigen ihr Territorium energisch gegen Eindringlinge. Die Nahrung besteht hauptsächlich aus Insekten (besonders Heuschrecken) und Spinnen. Im 3. Lebensjahr werden sie geschlechtsreif. Die Weibchen legen im 1. Fortpflanzungsjahr nur einmal (Ende Juli, Anfang August), in den folgenden Jahren dann

zu 88

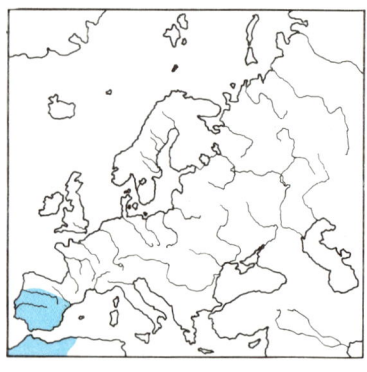

zu 89

2 Gelege, das 1. bereits Ende Mai, Anfang Juni. Nach 70 bis 75 Tagen schlüpfen aus den Eiern (4 bis 5 pro Gelege, Durchmesser 15 × 8 mm) die 6 bis 7 cm großen Jungen. Währenddem die Erwachsenen eine Winterruhe halten, können die Jungtiere ganzjährig beobachtet werden.

Besonderes: Im europäischen Verbreitungsgebiet lebt die Nominatform **88a** *A. e. erythrurus.* Aus Nordafrika sind 2 weitere Unterarten beschrieben worden.

Gattung *Algyroides*
Kieleidechsen

Die kleinwüchsigen Kieleidechsen sind durch den Besitz von vergrößerten, stark gekielten und sich schindelartig überlagernden Rückenschuppen charakterisiert, die zumindest auf der Rückenmitte größer als auf der Schwanzoberseite sind. Im Unterschied zur Gattung *Psammodromus* ist ein wohlausgebildetes Halsband vorhanden. Nach neueren Vorstellungen umfaßt die Gattung nur 4 reliktartig in Europa verbreitete Arten.

89 *Algyroides fitzingeri*
Zwerg-Kieleidechse
Tyrrhenische oder Sardische Kieleidechse

Kennzeichen: Mit einer Kopf-Rumpf-Länge von meist unter 4 cm und einer Schwanzlänge von 8 bis 9 cm der kleinste Vertreter der Gattung. Von anderen im Gebiet vorkommenden Eidechsen unterscheidet sie sich leicht durch die stark diagonal gekielten, spitz ausgezogenen und gleich großen Rücken- und Seitenschuppen. Die Färbung der Oberseite und der Flanken variiert von verschiedenen Brauntönen bis zu schwärzlichem Oliv. Auf dem Rücken können kleine schwarze Tupfen in unregelmäßiger Anordnung oder als kurzer Mittelstreif auftreten. Die Unterseite kann bläulich, grau, gelb oder orangefarben sein.

Vorkommen: Endemisch auf Korsika,

Sardinien und der kleinen Insel La Maddalena vor der Nordküste Sardiniens. Sie kommt sowohl an der sonnenexponierten Felsküste als auch in den schattigen Hohlwegen der Gebirge bis in etwa 1 500 m Höhe vor. Obwohl sie in sehr unterschiedlichen Biotopen lebt, wird die Nähe von Gewässern bevorzugt.

Lebensweise: Als Nahrung kommen kleine Gliedertiere in Frage. Von Mitte September bis Ende März, Anfang April dauert die Winterruhe. Die Tiere verpaaren sich in der 2. Maihälfte, die Ablage der 2 bis 4 Eier pro Gelege erfolgt dann wahrscheinlich im Juni. Von Juli bis Ende August, Anfang September schlüpfen die Jungtiere.

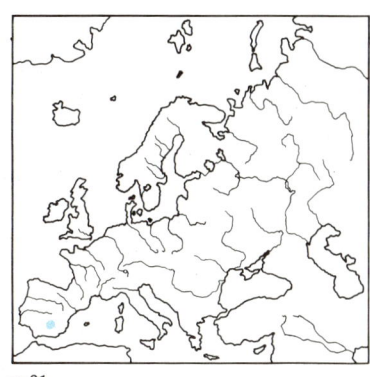

zu 91

90 *Algyroides hidalgoi*
vgl. 91

91 *Algyroides marchi*
Spanische Kieleidechse
Kennzeichen: Eine kleine, erst 1958 entdeckte und beschriebene Eidechse, deren Gesamtlänge 15 cm nicht überschreitet. Der abgeflachte Körper bleibt meist unter 5 cm Kopf-Rumpf-Länge. Die relativ schwach gekielten Rückenschuppen sind etwa doppelt so groß wie die körnigen Seitenschuppen. Dadurch unterscheidet sie sich von der im gleichen Gebiet vorkommenden Spanischen Mauereidechse (136) und den beiden Sandläufer-Arten (148, 149), die darüber hinaus kein oder nur ein schwaches Halsband besitzen.

Die Grundfärbung der unauffälligen, kleinen Eidechse ist kaffeebraun. Auf dem Rücken befinden sich mehr oder weniger zahlreiche kleine schwarze Flecken, an den Flanken ein schwärzliches oder graues, hell oder auch dunkel punktiertes sowie oberseits von einem glänzendem Saum abgeschlossenes

89 *Algyroides fitzingeri*

91 *Algyroides marchi*

Band. Die Bauchseite ist mehr oder weniger kräftig gelb gefärbt, Kinn und Kehle der Männchen können weißlich bis blaugrau werden.

Vorkommen: In ihrer Verbreitung reliktartig auf die Berge von Cazorla, Segura und Alcaraz in Südostspanien beschränkt. Die Tiere leben auf Geröllflächen und in Lichtungen der Pinienwälder, in der Nähe kleiner Gebirgsbäche und Tümpel (höhere Luftfeuchtigkeit) zwischen 700 und 1 600 m Höhe.

Lebensweise: Bisher wenig bekannt. Die Spanischen Kieleidechsen klettern recht geschickt im Unterholz und im Geröll, wo sie ihre aus kleinen Insekten und Spinnen bestehende Nahrung unter Baumrinden und in Spalten suchen. Erste Eiablagen erfolgen wahrscheinlich bereits im Mai, zweite und dritte dann im Juni und Juli. Nach Terrarienbeobachtungen werden pro Gelege 2

bis 3 Eier (Durchmesser 11 × 6,5 mm) abgesetzt. Die Jungen schlüpfen nach etwa 35 Tagen.

Besonderes: Eine weitere Kieleidechse *Algyroides hidalgoi* (90) wurde 1916 aus Mittelspanien beschrieben. Da seitdem keine neuen Funde bekannt geworden sind, scheint die Existenz der Art sehr fraglich zu sein. Sie soll der Zwerg-Kieleidechse (89) ähneln.

92 *Algyroides moreoticus*
Peloponnesische Kieleidechse

Kennzeichen: In ihrem Verbreitungsgebiet durch die etwa gleich großen, diagonal gekielten und spitz ausgezogenen Rücken- und Seitenschuppen leicht von anderen kleinen Eidechsen zu unterscheiden. Sie erreicht eine Kopf-Rumpf-Länge von 5 cm, der Schwanz wird etwa doppelt so lang. Die Oberseite der Männchen ist dunkel- oder rötlichbraun, die

92 *Algyroides moreoticus*

Seiten sind meist dunkler bis schwärzlich und hell gefleckt. Dazwischen befindet sich ein heller Rückenseitenstreifen. Die Unterseite ist weißlich bis gelbgrün und oft mit schwarzen Flecken versehen. Die Farbe der Weibchen ist meist einfarbig braun.

Vorkommen: Kommt nur in Griechenland auf dem Peloponnes und den drei südlichen Ionischen Inseln Kephallenia, Ithaka und Zakynthos vor. Die besiedelten Lebensräume reichen von Felsen, alten Mauern und Geröllfeldern bis zu Hecken, Gebüsch und Waldungen in der Nähe von Bachläufen.

zu 92

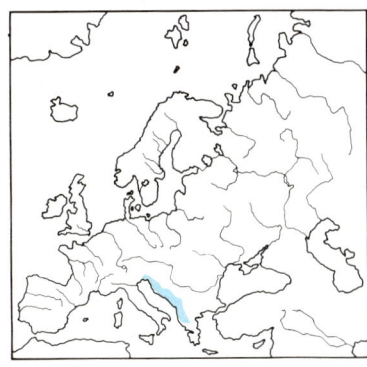

zu 93

Nordexponierte Hänge scheinen bevorzugt zu werden.

Lebensweise: Obwohl keine genauen Angaben vorliegen, dürfte die Nahrung aus Insekten und Spinnen entsprechender Größe bestehen. Über die Fortpflanzung ist nichts bekannt. Ende Juli, Anfang August wurden frischgeschlüpfte Jungtiere beobachtet. Sie fällt in ihrem Lebensraum wenig auf, denn sie lebt scheu und versteckt. Ihre Beobachtung erfordert daher entsprechende Aufmerksamkeit.

93 *Algyroides nigropunctatus* Pracht-Kieleidechse

Kennzeichen: Größter Vertreter der Gattung, erreicht eine Kopf-Rumpf-Länge von 7 cm. Der Schwanz besitzt etwa die doppelte Körperlänge. Die stark gekielten Rückenschuppen sind gegenüber den Seitenschuppen im Unterschied zur Peloponnesischen Kieleidechse (92) deutlich größer. Die Färbung der Oberseite ist braun, graubraun, olivgrün bis schwärzlich, meist mit unregelmäßig oder gelegentlich auch in Reihen angeordneten schwarzen Punkten. Bei den geschlechtsreifen Männchen, besonders auffallend während der Paarungszeit, sind Kopfunterseite und Kehle (manchmal bis auf die Seiten ausgedehnt) leuchtend blau bis violett gefärbt, Bauch, Schwanzunterseite und Innenseiten der Gliedmaßen sowie teilweise auch die Flanken sind dagegen orange- bis ziegelrot. Die Unterseite der Weibchen ist gelblich- bis grünlichweiß.

Vorkommen: Sie besiedelt auf der Balkanhalbinsel die Küstenregion des Adriatischen und Ionischen Meeres vom äußersten Nordosten Italiens bis zum nordwestlichen Griechenland einschließlich der Ionischen Inseln in einem allerdings nicht geschlossenen Verbreitungsgebiet. Sie liebt vegetationsreiche Biotope, wie Bachufer, Hekken und Gebüsch, aber auch Steinmauern, Felswände, Zäune, Abfallhaufen und alte Ölbäume, wobei die Nähe menschlicher Siedlungen offenbar bevorzugt wird.

Lebensweise: Die Nahrung besteht aus Insekten und Spinnen, aber auch Regenwürmer werden genommen. Nach Beendigung der Winterruhe beginnt Ende April die Paarungszeit. Ende Mai legen die Weibchen dann 2 bis 3 Eier. Ein zweites Gelege folgt wahrscheinlich im Sommer. Die erwachsenen Männchen scheinen größere Territorien zu besetzen und zumindest während des Frühjahres paarweise mit einem Weibchen zusammenzuleben. Die Pracht-Kieleidechse ist in den Sommermonaten seltener zu beobachten, da sie in dieser Zeit sehr versteckt lebt. Mit größerer Wahrscheinlichkeit findet man sie im Frühjahr und im Herbst.

Besonderes: Auf den drei südlichen Ionischen Inseln Kephallenia, Ithaka und

93 *Algyroides nigropunctatus*

Zakynthos kommen die Pracht-Kieleidechse und die Peloponnesische Kieleidechse (92) nebeneinander vor.

Gattung *Eremias*
Wüstenrenner

Die Wüstenrenner besitzen meist fran-
senartige Schuppensäume seitlich an
den Fingern und Zehen, die auf der
Unterseite außerdem gekielte Schuppen tragen. Von den Fransenfingern
unterscheiden sie sich dadurch, daß das
Nasenloch keinen Kontakt mit den
Oberlippenschildern hat. Das Hinterhauptschild fehlt. An dem zugespitzten

Kopf stehen die Nasenlöcher hervor.
Der Schwanz ist dünn, an der Wurzel
aber auffallend verdickt. Die 22 Arten
der Gattung kommen hauptsächlich in
Vorder- und Mittel- bis Ostasien vor.
2 Arten erreichen das östliche Europa, 2
weitere leben im transkaukasischen
Raum.

Bestimmungsschlüssel für die
in Europa und dem Kaukasusgebiet
vorkommenden Arten

1 Unteraugenschild hat keine Verbindung mit dem Oberlippenrand
E. arguta (S. 247)
1' Unteraugenschild hat Verbindung mit dem Oberlippenrand 2
2 Überaugenschilder von einem Kranz kleiner Schuppen weitgehend eingeschlossen 3
2' Überaugenschilder nicht von einem Kranz kleiner Schuppen eingeschlossen, in Kontakt mit Stirn- und Scheitelschild *E. strauchi* (S. 249)
3 Schuppen der Schwanzoberseite gekielt *E. velox* (S. 250)
3' Schuppen der Schwanzoberseite glatt *E. pleskei* (S. 248)

94 *Eremias arguta*
Steppenrenner
Kennzeichen: Die in ihrer Zeichnung sehr variable Art (Kopf-Rumpf-Länge bis 7,5 cm, Schwanz nur wenig länger) kann im europäischen Verbreitungsgebiet leicht an der großen Bauchschilderzahl (14 bis 20 Querreihen) und dem nicht bis zum Oberlippenrand reichenden Unteraugenschild erkannt

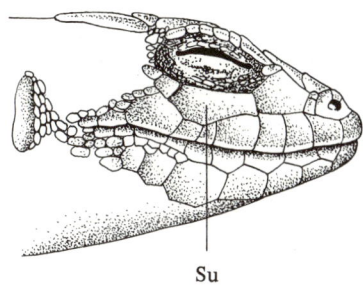

Su

Eremias arguta (94)
Unteraugenschild (Su) ohne Verbindung zum Oberlippenrand

ist stets weiß. Jungtiere sind deutlicher längsgestreift.
Vorkommen: Im Nordosten Rumäniens und in den südwestlichen Gebieten der Sowjetunion. Außerhalb Europas erstreckt sich das Verbreitungsgebiet von der westlichen Türkei über den nördlichen Iran, das sowjetische Mittelasien, Nordostchina bis in die Mongolei. Der Steppenrenner bewohnt trockene, offene Biotope mit geringem Pflanzenwuchs, Steppen, Sanddünen u. ä. Im europäischen Verbreitungsgebiet werden vorwiegend Sandflächen und lockere Böden besiedelt.

94a *Eremias arguta deserti*

werden. Die Grundfärbung ist grau bis graubraun. Die Tiere aus europäischen Populationen besitzen auf der Oberseite meist mehr oder weniger deutlich einige helle Streifen oder Strichlinien, zwischen die z. T. schwarze Flecken eingestreut sind. An den Beinen fallen helle Rundflecken auf. Die Bauchseite

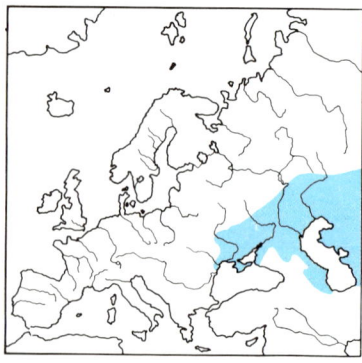

zu 94

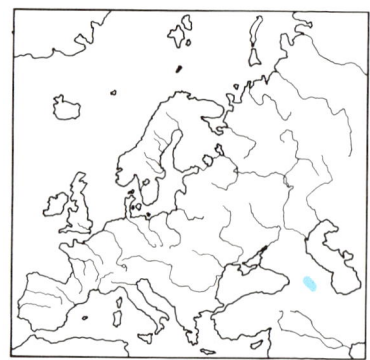

zu 95

Lebensweise: Die Nahrung der Steppenrenner besteht aus Insekten: vorwiegend Käfer, Ameisen, Schmetterlingslarven, Fliegen, Wanzen und Heuschrecken. Seltener werden Spinnen und Asseln gefressen. Im westlichen Verbreitungsgebiet erscheinen die Tiere von März bis Mitte April aus der Winterruhe. Pro Jahr werden meist 2 Gelege abgesetzt, das erste im Juli (1 bis 12 Eier, im Durchschnitt 3 bis 4); Eigröße sehr variabel (zwischen 6 bis 10 × 10,5 bis 20 mm). Die Geschlechtsreife erreichen die Jungtiere häufig bereits nach der 1. Überwinterung im 2. Lebensjahr. Die durchschnittliche Lebenserwartung beträgt etwa 5 Jahre. *Besonderes:* Die in Europa vorkommende Unterart ist **94a** *E. a. deserti.* In Armenien lebt **94b** *E. a. transcaucasica.* 3 weitere Unterarten, die sich in der Färbung deutlich unterscheiden, kommen vom Ural bis in die Mongolei hinein vor.

95 *Eremias pleskei*
Transkaukasischer Wüstenrenner
Kennzeichen: Eine kleine Wüstenrenner-Art (bis 16 cm, Kopf-Rumpf-Länge bis 6 cm), die durch eine kontrastreiche Streifenzeichnung auffällt. Die Grundfarbe ist ein dunkles Schwarzbraun. Über Rücken und Seiten sind 6 gelblichweiße, im Alter etwas verblassende Längsstreifen verteilt. Die beiden mittleren, die auch in Striche aufgelöst sein

können, vereinigen sich über den Hinterbeinen und enden im Gegensatz zu den anderen Streifen bereits auf der Schwanzwurzel. Auf der Oberseite der Extremitäten befinden sich helle, runde Flecken. Die Bauchseite ist weiß und ungefleckt. Bei den Jungtieren sind die Hinterseite der Oberschenkel und die Schwanzunterseite gelb gefärbt.
Vorkommen: In Südarmenien sowie den angrenzenden Gebieten der nordöstlichen Türkei und des nordwestlichen Iran. Er bewohnt sehr warme Steppen, im Kleinen Kaukasus steigt er bis in 1 700 m Höhe.
Lebensweise: Die Nahrung besteht wahr-

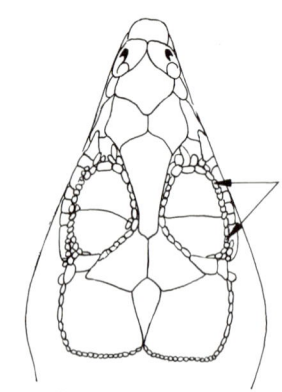

Eremias pleskei (95)
Überaugenschilder von einem Ring kleiner Schuppen umgeben

scheinlich vorzugsweise aus Ameisen. Die Transkaukasischen Wüstenrenner sind auch in den heißen Mittagsstunden aktiv. Ihre Winterruhe halten sie von Ende September bis Anfang April. Paarungen werden von April bis Anfang Juni beobachtet. Die Weibchen produzieren 2 Gelege, das 1. Ende Juni, Anfang Juli, das 2. Ende Juli, Anfang August. Ein Gelege besteht aus 2 bis

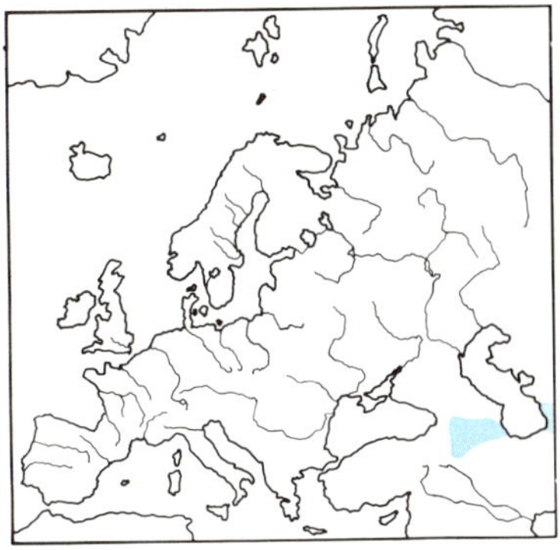

zu 96

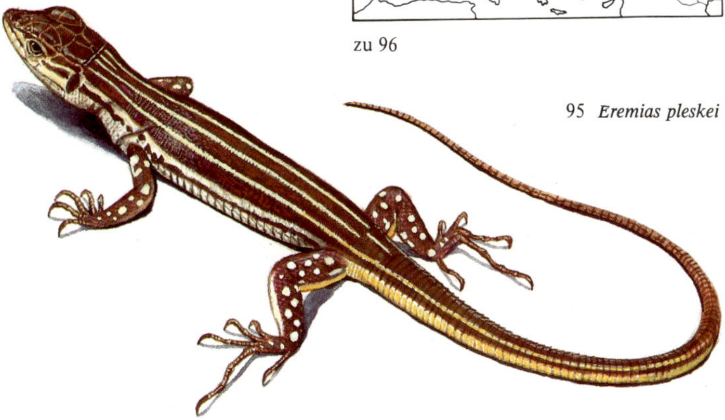

95 *Eremias pleskei*

4 Eiern (Durchmesser 8 × 14 mm). Die Jungen schlüpfen von Mitte Juli bis Ende September.

96 *Eremias strauchi*
Strauchs Wüstenrenner

Kennzeichen: Mittelgroße Art (bis 20 cm bei einer Kopf-Rumpf-Länge von 8 cm). Die Rückenmitte ist einfarbig graubraun. Seitlich schließen sich 2 weißliche Fleckenreihen an, die von schwarzen Punkten umgeben sind, welche zu einem dunklen Band zusammenfließen können. Auch die hellen Flecken können, besonders bei den Weibchen, mehr linienförmig angeordnet sein. Eine weitere, grünliche Fleckenreihe befindet sich am Übergang zur Bauchseite, die zeichnungslos weiß ist. Jungtiere sind oberseits dunkelbraun mit kontrastreich abgesetzten weißen Fleckenreihen und Linien. Die

Hinterseite der Oberschenkel und die Schwanzunterseite sind schwefelgelb. *Vorkommen:* In Südarmenien und Nachitschewan sowie Südostaserbaidschan. Außerhalb unseres Gebietes lebt er noch in der Osttürkei und dem Norden Irans sowie in Turkmenien am westlichen Kopetdagh. Er bewohnt

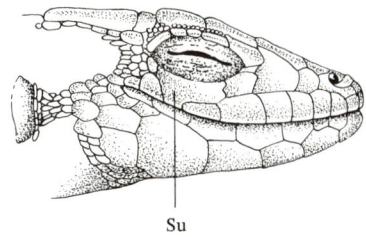

Su

Eremias strauchi (96)
Unteraugenschild (Su) berührt den Oberlippenrand

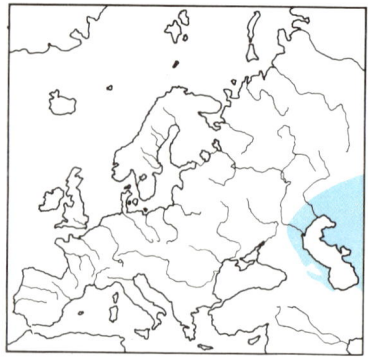

zu 97

trockene Steppen und Halbwüsten mit sehr spärlicher Vegetation.
Lebensweise: Die Nahrung besteht aus Insekten (besonders Ameisen) und Spinnen, die während der vor- und nachmittäglichen Aktivitätsphasen erbeutet werden. Von Ende Oktober bis März dauert die Winterruhe. Im April paaren sich die Tiere. Die Eiablagen (3 bis 7 Stück pro Gelege, Durchmesser 14 × 7,5 mm) erfolgen im Juni bis Anfang Juli und können sich bis zur 2. Augusthälfte hinziehen. Einzelne Weibchen produzieren bis zu 3 Gelege in

einem Jahr. Die Geschlechtsreife wird nach der 1. Überwinterung im 2. Lebensjahr erreicht.
Besonderes: Im Gebiet lebt nur die Nominatform **96a,** in Vorder- und Mittelasien kommt eine weitere Unterart vor.

97 *Eremias velox*
Schneller Wüstenrenner
Kennzeichen: Unterscheidet sich vom Steppenrenner dadurch, daß das Unteraugenschild zwischen den Oberlippenschildern bis zum Mundrand reicht. Im europäischen Teil des Verbreitungsgebietes erreichen die Echsen eine Kopf-Rumpf-Länge von etwa 7 cm und eine Schwanzlänge von 12 cm. Ihre Färbung ist sehr variabel. Auf grauer oder sandfarbener bis bräunlicher Grundfarbe befinden sich, z. T. nur wenige, dunkle Streifen und Flecken. Jungtiere zeigen eine charakteristische Streifenzeichnung. An den Seiten fällt eine Reihe schwarzumrandeter hellblauer Augenflecken auf, über der eine Reihe kleiner weißer Punkte steht. Die Bauchseite erwachsener Tiere ist weiß, bei Jungtieren sind die Unterseite der Hinterbeine und des Schwanzes rot bis orange gefärbt.

96a *Eremias s. strauchi* ♂

97b *Eremias velox caucasia* ♂, semiadult

Vorkommen: Im nördlichen Kaukasus-vorland zwischen der Wolga und dem Ural, Dagestan und Nordaserbaidshan. Das Hauptverbreitungsgebiet erstreckt sich über die mittelasiatischen Sowjetrepubliken, Nordiran und Nordafghanistan bis zur chinesischen Provinz Chansu. Im europäischen Verbreitungsgebiet findet man ihn auf festen und halblockeren Sandböden mit geringer Vegetation.

Lebensweise: Die Nahrung besteht hauptsächlich aus Insekten (vorwiegend Käfer und Ameisen), seltener werden auch Spinnen und Asseln erbeutet. Von November bis März halten die Schnellen Wüstenrenner Winterruhe. Nach der Paarung wird im Mai das 1., im August ein 2., seltener auch noch ein 3. Gelege abgesetzt, das im Durchschnitt aus 2 bis 3 Eiern besteht (Eidurchmesser zwischen 5 bis 10 × 10,5 bis 16 mm). Die Geschlechtsreife wird bereits mit einem Jahr erreicht. Während der Paarungszeit sind die Männchen gegeneinander sehr aggressiv. Die mit der roten Schwanzunterseite gekennzeichneten Jungtiere werden dagegen nicht angegriffen.

Besonderes: In Dagestan überschneiden sich die Lebensräume des Schnellen Wüstenrenners und des Steppenrenners (94), der dem ersteren unterlegen ist und von diesem verdrängt wird.

Die Nominatform **97a** *E. v. velox* bewohnt den größten Teil des Verbreitungsgebietes und erreicht auch an der unteren Wolga europäisches Gebiet. **97b** *E. v. caucasia* lebt in Transkaukasien, Dagestan und der Kalmückischen ASSR, eine dritte Unterart, *E. v. roborowskii,* in Ostchina.

Gattung *Lacerta*
Halsbandeidechsen

Die Gattung umfaßt sowohl kleine als auch die größten Echten Eidechsen. Die hier zusammengefaßten Arten sind sehr heterogen und z. T. wahrscheinlich nicht näher miteinander verwandt. Die Wiederspiegelung ihrer verwandtschaft-

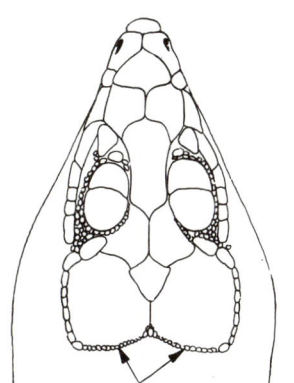

Eremias velox (97)
hinter den Scheitelschildern befindet sich eine Reihe feiner Schuppen

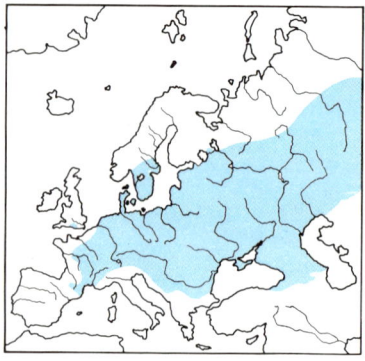

zu 98

lichen Beziehungen in einem natürlichen System steht noch aus. Lediglich die Abtrennung der Mauereidechsen als Gattung *Podarcis* und der nicht in Europa vorkommenden Kanareneidechsen als Gattung *Gallotia* konnte sich bislang durchsetzen. Gesichert sind als natürliche Verwandtschaftsgruppe innerhalb der Gattung *Lacerta* die Smaragdeidechsen, zu der die Arten *L. agilis* (98), L. schreiberi (99), *L. strigata* (100), *L. trilineata* (101) und *L. viridis* (102) gehören. Zu dieser Gattung zählen gegenwärtig noch zahlreiche kleine, den Mauereidechsen äußerlich z. T. sehr ähnliche Arten (Wald-, Fels-, Gebirgs- und Wieseneidechsen) sowie auch die große Perleidechse (124) und einige Arten aus Afrika und dem Vorderen Orient.

Für Europa und das Kaukasusgebiet sind gegenwärtig 24 Arten und 4 parthenogenetische Formen nachgewiesen. Die nur einmal an der sowjetisch-iranischen Grenze nachgewiesene Persische Eidechse L. *brandti* (119) sowie die nur vom Grenzgebiet zur Türkei bekannten L. *clarkorum* (106) und L. *"uzzelli"* (117) bleiben unberücksichtigt.

Für die praktische Benutzung dieses Buches sei darauf hingewiesen, daß bei der Bestimmung der kleineren Eidechsen-Arten unbedingt auch die Beschreibung der im gleichen Gebiet lebenden Arten der Gattung *Podarcis* zum Vergleich mit herangezogen werden müssen. Es wird trotzdem in manchen Fällen außerordentlich schwierig sein, eine Entscheidung zu treffen.

Smaragdeidechsen-Gruppe

98 *Lacerta agilis*
Zauneidechse
Kennzeichen: Eine mittelgroße, kurzschwänzige und relativ gedrungen wirkende Art (Kopf-Rumpf-Länge bis etwa 11 cm, Schwanz meist nur $1\frac{1}{4}$ bis $1\frac{1}{2}$ mal so lang, aber stets deutlich kürzer als doppelte Kopf-Rumpf-Länge), die in ihrem großen Verbreitungsgebiet hinsichtlich Färbung, Zeichnung und Beschuppung stark variiert. Auf der Rückenmitte befindet sich ein Band schmaler Schuppen, das sich deutlich von den äußeren breiten Rückenschuppen abhebt. Das kleine Schnauzenschild hat oft keine Verbindung zum Nasenloch, hinter dem sich 1 oder 2 Hinternasenschilder befinden.

Die vorherrschende Grundfarbe der Oberseite ist grau bis braun, mit 1 bis 3 hellen Längsstreifen, die durchgehend oder unterbrochen sein können. Dazwischen befinden sich schwarze Fleckenreihen, und auch die Flanken sind schwarz und weiß gefleckt. In Mitteleuropa findet man relativ häufig eine Variante mit einem breiten einfarbig rostroten oder braunen Rückenstreifen. Die Männchen besitzen, besonders auffallend zur Paarungszeit, grüne Flanken und eine grüne Kehle. Diese Grünfärbung kann sich auch auf den Rücken erstrecken und stark abgeschwächt auch bei Weibchen auftreten. Abweichend davon ist die Unterart **98 h** L. a. *grusinica* im männlichen Geschlecht völlig grün, die Weibchen grünrückig mit braunen Flanken.

Die Bauchseite ist bei den Männchen grünlich, bei den Weibchen gelblich oder weißlich und meist kräftig schwarz gefleckt. Die Jungen sind einfarbig braun mit kleinen hellen Pünktchen an den Seiten und oft 3 hellen, von schwarzen Flecken begleiteten Längsstreifen.

♀

juv.

♂

98h *Lacerta agilis grusinica,*

♂

♀

98g *Lacerta agilis exigua*

Würmern. In Mitteleuropa halten sie eine Winterruhe von September/Oktober bis März/April. Während der Paarungszeit im Frühjahr kommt es zu Rivalenkämpfen zwischen den Männ-

Vorkommen: In Europa weit verbreitet, von Südengland und Frankreich über Dänemark, Südschweden bis zum Baikalsee im Osten. Südlich bis in die Pyrenäen und zum Nordrand der Alpen, über die nördliche Balkan-Halbinsel, das Kaukasusgebiet bis nach Mittelasien. Entsprechend dem großen Verbreitungsgebiet besiedelt die Zauneidechse die unterschiedlichsten Lebensräume. Man findet sie in Heidebiotopen, Schonungen, an sonnigen, mit Gebüsch bewachsenen Hängen, an Straßenböschungen, Bahndämmen, Waldrändern, auf Brachland und feuchteren Wiesen ebenso wie als Kulturfolger in Parklandschaften, Friedhöfen und Gärten. Im Süden kommt sie teilweise im Gebirge bis etwa 2000 m Höhe auf trockenen Hochweiden und Matten vor.

Lebensweise: Zauneidechsen ernähren sich von den verschiedensten Insekten, besonders Fliegen und Heuschrecken, Spinnen, Tausendfüßlern, Asseln und

99 *Lacerta schreiberi* ♀

chen, die in dieser Zeit oft mit einem
Weibchen ein Revier gemeinsam bewohnen. Die Weibchen legen je nach
der geographischen Lage 1- oder 2mal
im Jahr Eier (4 bis 15 Stück pro Gelege,
Eidurchmesser 7 bis 11 × 11,5 bis
17 mm). Bei 2 Gelegen wird das 1. im
Mai, das 2. Ende Juni, Anfang Juli in
selbstgescharrten Erdlöchern abgelegt.
Die Jungen schlüpfen je nach den kli-

matischen Verhältnissen nach 7 bis
10 Wochen. Die Geschlechtsreife erreichen sie nach der 2. Überwinterung, gegen Ende des 2. Lebensjahres. Unter
den zahlreichen Feinden der Zauneidechsen ist als spezialisierter Eidech-
senfresser besonders die Glattnatter
(171) hervorzuheben. Daneben werden
sie aber auch von vielen Vögeln (z. B.
Storch, Fasan, Elster, Krähe, Greifvögel u. a.) aber auch von Haushühnern

99 *Lacerta schreiberi* ♂

sowie Kleinsäugern (z. B. Igel, Marder) als Gelegenheitsnahrung erbeutet.

Besonderes: Von der Zauneidechse werden neben der Nominatform **98a** *L. a. agilis* (West- und Mitteleuropa), z. Z. noch 8 weitere Unterarten anerkannt: **98b** *L. a. argus* (Mittel- und Osteuropa), **98c** *L. a. boemica* (Dagestan, nördliches Kaukasusvorland), **98d** *L. a. bosnica* (Jugoslawien, Westbulgarien), **98e** *L. a. brevicaudata* (westl. Armenien, Südgeorgien, Südhänge des Kaukasus), **98f** *L. a. chersonensis* (Ostpolen, westliche UdSSR, Nordbulgarien, Rumänien), **98g** *L. a. exigua* (östlich des Dnjepr bis Baikalsee), **98h** *L. a. grusinica* (am Schwarzen Meer südlich des Kaukasus), **98i** *L. a. iorensis* (am Fluß Iori in Georgien).

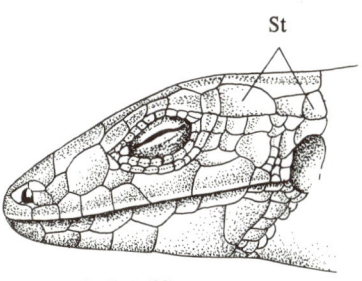

Lacerta schreiberi (99)
3 Oberschläfenschilder (St) hinter dem Auge

99 *Lacerta schreiberi*
Iberische Samaragdeidechse

Kennzeichen: Eine robuste Art, die bei einer Kopf-Rumpf-Länge von 12 cm mit Schwanz bis 40 cm lang werden kann. Sie zeichnet sich durch den Besitz von 8 Längsreihen von Bauchschildern aus. Im Vergleich zu der ähnlichen Smaragdeidechse ist die Zahl der Schenkelporen mit 11 bis 18 meist deutlich geringer. Das Hinterhauptschild ist in der Regel breiter als das Zwischenscheitelschild. Hinter dem

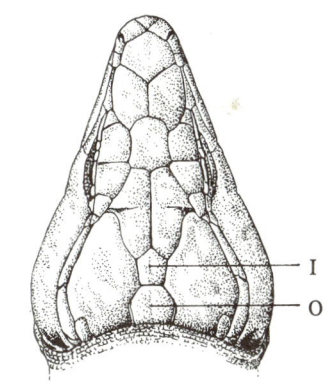

Lacerta schreiberi (99)
Hinterhauptschild (O) breiter als Zwischenscheitelschild (I)

und Seiten weisen zahlreiche kleine schwarze Flecken auf. Besonders die Weibchen sind oft bräunlich gefärbt mit unregelmäßigen, großen schwarzen Flecken, die zu 3 Fleckenstreifen zusammentreten können. An den Seiten befinden sich dann häufig weißliche

99 *Lacerta schreiberi*, juv.

Auge befinden sich 3 Oberschläfenschilder.

Die Färbung ist sehr variabel und reicht von graubraun über gelbgrün bis zu einem kräftigen Grasgrün. Rücken

100 *Lacerta strigata*

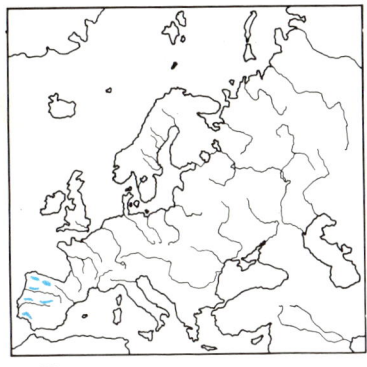

zu 99

100 *Lacerta strigata*
Streifensmaragdeidechse
Kaspische Smaragdeidechse
Kennzeichen: Erwachsene Exemplare
(Kopf-Rumpf-Länge bis 11 cm, der
Schwanz etwa doppelt so lang) können
von der im gleichen Gebiet lebenden
Unterart der Riesensmaragdeidechse
125 c *Lacerta trilineata media* daran un-
terschieden werden, daß die Hinter-
beine, meist auch die Kreuzgegend und
der Schwanz, bräunlich bis graubraun,
aber niemals grün gefärbt sind und die
Schenkelporenreihe bis zum Kniege-

Augenflecken. Der Bauch ist gelb und
bei den Männchen, oft auch bei den
Weibchen, schwarz gefleckt. Die Kehle
der Männchen, teilweise auch der
Weibchen, fällt durch eine tiefblaue
Farbe auf, die besonders intensiv während der Paarungszeit hervortritt. Bis
zum Alter von 3 bis 5 Monaten sind die
Jungtiere kräftig kaffeebraun gefärbt, an
den Flanken mit 3 bis 5 Reihen gelblicher, dunkel umsäumter Flecken.
Vorkommen: Auf die Iberische Halbinsel beschränkt. Sie kommt dort, nicht
sehr häufig, in Nordwestspanien (Astu-
rien und Galicien), den Zentralgebir-
gen in Mittelspanien und in Portugal
vor, wo sie die feuchten Gebiete der Atlantikküste und die Nähe von Gebirgsbächen (bis in 1 800 m Höhe) bevorzugt. Sie liebt unübersichtliche Biotope, besonders Brombeerbestände.
Lebensweise: Die Nahrung besteht entsprechend ihrer Körpergröße auch aus
größeren und hartschaligen Insekten
und anderen Gliedertieren sowie aus
jungen Eidechsen. Die Tiere verteidigen Territorien, wobei die blaue Kehle
der Männchen als optisches Signal eine
wichtige Rolle spielt. Im Mai erfolgt
die Paarung und im Juni die Eiablage.
Das Gelege besteht aus 13 bis 21 Eiern
(Durchmesser 13,7 bis 16,7 ×9,7 bis
11,2 mm). Die Iberischen Smaragdeidechsen sollen bei Störungen sowohl
auf hohe Bäume flüchten, als auch in
Gebirgsbäche tauchen.

100 *Lacerta strigata*, juv.

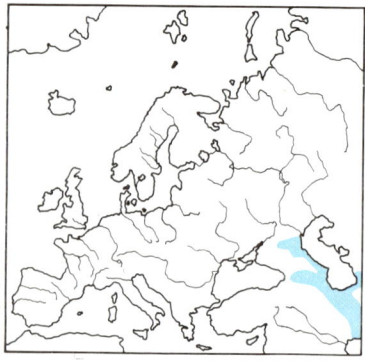

zu 100

lenk reicht (bei der Riesensmaragdeidechse ist ihre Zahl reduziert). Die
Grundfarbe der Männchen ist smaragd-
bis olivgrün mit eingestreuten kleinen
schwarzen Flecken. Rücken und Seiten
weisen 5 helle Längsstreifen auf, die
bei alten Männchen allerdings fast vollständig verschwinden können. Die stärker gefleckten Weibchen erreichen
nicht die kräftige Grünfärbung der
Männchen, sondern sind meist mehr
oder weniger bräunlich bis grünlich.
Die 5 hellen Längsstreifen bleiben bei
ihnen weitgehend erhalten. In verschiedenen Populationen (z. B. am Sewansee) bekommen die Männchen leuchtend blaue Kehlen. Die von 6 Bauch-
schilderreihen bedeckte Bauchseite ist
grünlichweiß und ungefleckt. Jungtiere
sind von schokoladenbrauner Farbe, zu
der 5 leuchtend gelbweiße Längsstreifen einen auffallenden Kontrast bilden.
Damit gleichen sie weitgehend den
Jungen der im selben Gebiet lebenden
Riesensmaragdeidechse. Bei den Jungtieren der kaukasischen Zauneidech-
sen-Unterarten können ebenfalls
Längsstreifen auftreten, die aber
schwarz eingefaßt sind.
Vorkommen: Im Ostkaukasus und in
Transkaukasien sowie im nordöstlichen
Kaukasusvorland. Das weitere Verbreitungsgebiet zieht sich vom nordöstlichen Kleinasien über Nord- und Zen-
traliran bis zum südwestlichen Mittelasien hin. Die Streifensmaragdeidech-

sen leben an felsigen Hängen mit
geringem Pflanzenwuchs bis in Höhen
von etwa 2 500 m, besiedeln aber auch
in tieferen Lagen Wiesen mit einzeln
stehendem Gebüsch, sowie Felder und
Weingärten.
Lebensweise: Entsprechend ihrer Größe
besteht die Nahrung hauptsächlich aus
größeren Insekten (Käfer, Heuschrekken u. a.), Spinnen und Asseln sowie
kleinen Wirbeltieren, wie jungen Eidechsen. Sie werden im Alter von
2 Jahren geschlechtsreif. Die Weibchen
legen 2mal (z. T. vielleicht sogar 3mal)
im Jahr Eier (Ende Mai/Anfang Juni
und Ende Juni/Anfang Juli). Ein Gelege besteht aus 6 bis 11 Eiern (Eidurchmesser 8 bis 10 × 15 bis 18 mm).
Die Inkubationsdauer im Terrarium beträgt etwa 100 Tage.
Besonderes: Obwohl die Streifensmaragdeidechse einigen Unterarten
der Smaragdeidechse (102) sehr ähnlich sieht, ist eine Verwechslung der
beiden Arten im Gelände nicht möglich, da ihre Verbreitungsgebiete sich
nicht berühren. Dagegen kommt sie mit
der Riesensmaragdeidechse (101) teilweise im gleichen Gebiet vor. Diese bevorzugt dann allerdings meist die trocke-
neren Biotope.

101 *Lacerta trilineata*
Riesensmaragdeidechse
Kennzeichen: Ähnlich der Smaragdeidechse (102), mit der sie eng verwandt
ist, aber größer (Kopf-Rumpf-Länge
über 16 cm, Schwanz 1½ bis mehr als
doppelte Körperlänge). In der Regel besitzt sie im Unterschied zur Smaragdeidechse über 20 Schläfenschilder, das
Schnauzenschild hat Verbindung mit
dem Nasenloch und die Körnerschuppen zwischen Augenbrauen- und Augendeckschildern bilden meist eine
durchgängige Reihe. Die europäischen
Unterarten besitzen stets 8 Reihen
Bauchschilder. Eine Ausnahme bildet
101f *L. t. media* aus dem Kaukasusgebiet mit 6 Reihen. Sie unterscheidet
sich durch eine reduzierte Zahl von
Schenkelporen von der im gleichen Ge-

biet lebenden ähnlichen Streifensmaragdeidechse (100).

Erwachsene Männchen aus dem europäischen Verbreitungsgebiet sind meist
völlig grün, **101d** *L. t. hansschweizeri*
von Milos hingegen gelbbräunlich mit
zahlreichen kleinen schwarzen Punkten. Die in der Jugend vorhandenen 3

101a *Lacerta t. trilineata* ♀ ad.

101b *Lacerta trilineata citrovittata* ♂

oder 5 hellen Längsstreifen verlieren
sich mit zunehmendem Alter und sind,
wenn überhaupt, dann höchstens noch
im Bereich der Schwanzwurzel zu erkennen. Die Kehle ist gelb und niemals
blau, höchstens die Halsseiten können
blau angelaufen sein. Die erwachsenen
Weibchen ähneln entweder den Männchen, wobei die Längsstreifen in der
Regel deutlicher erhalten bleiben, oder
sind von brauner Farbe, von der sich 3

oder 5 gelbe Längsstreifen, die von schwärzlichen Flecken begleitet werden, deutlich abheben. Die Bauchseite ist grünlich bis zitronengelb und ungefleckt.

Die Jungtiere sind den Jungen der Streifensmaragdeidechse sehr ähnlich, von schokoladenbrauner Grundfarbe, die mit 3 oder 5 gelben Längslinien kontrastreich unterbrochen wird. Eine Mittellinie ist stets vorhanden. Damit ist eine Unterscheidung von jungen Smaragdeidechsen (102) möglich. Bei gestreiften jungen Zauneidechsen (98) sind die Längslinien von schwarzen Flecken eingefaßt.

Vorkommen: Im Osten, Süden und Westen der Balkanhalbinsel und auf vorgelagerten Inseln, im Kaukasusgebiet (einschließlich Dagestan), Kleinasien bis Israel und Iran. Sie bewohnt wärmeexponierte trockene Biotope. So lebt sie in steinigen, mit dichtem Buschwerk bewachsenen Hängen, in gebüschreichen Sanddünen und ähnlichen Le-

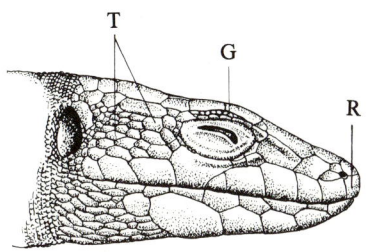

1 *Lacerta trilineata* (101)
mehr als 20 Schläfenschilder (T), Schnauzenschild (R) berührt das Nasenloch, Körnerschuppen (G) bilden durchgängige Reihe

bensräumen, die den scheuen Tieren gute Versteckmöglichkeiten gewähren. Im Gebirge steigen sie nicht über 1 000 m (Balkan) bzw. 2 000 m (Armenien) Höhe.

Lebensweise: Die Nahrung besteht aus größeren Insekten (besonders Käfer, Fliegen und Schmetterlingsraupen, auch geflügelte Ameisen), Gehäuseschnecken und Spinnen. Daneben er-

101c *Lacerta trilineata dobrogica* ♂

101d *Lacerta trilineata hansschweizeri* ♂

beuten sie gelegentlich kleinere Eidechsen, selbst Jungtiere der eigenen Art, junge Kleinsäuger und nestjunge Vögel. Die Riesensmaragdeidechsen halten eine 4 bis 6monatige Winterruhe. Nach der 2. Überwinterung werden die Weibchen im 2. Lebensjahr geschlechtsreif. Es werden meist 2 Gelege (5 bis 18 Eier pro Gelege) in einem Jahr produziert, je nach den klimatischen Verhältnissen das 1. im Mai/Juni und das 2. im Juni/Juli. Die Jungen schlüpfen dann im August bzw. September. Feinde der Riesensmaragdeidechsen sind besonders Zornnattern und die Eidechsennatter (182) unter den Schlangen, aber auch verschiedene Arten Greifvögel.

Besonderes: In Europa und dem Kaukasusgebiet 7 Unterarten: **101a** *L. t. trilineata* (Griechenland), **101c** *L. t. dobrogica* (Ostrumänien, Ostbulgarien), **101b** *L. t. citrovittata* (Insel Tinos, Ägäis), wird aber z.T. zu *L. viridis* (102) ge-

zu 101

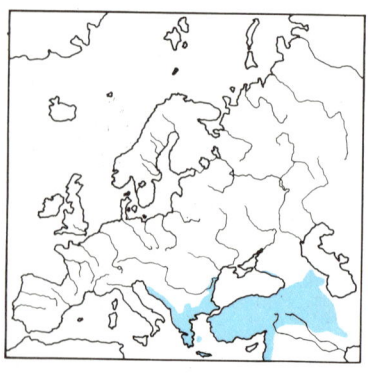

zu 102

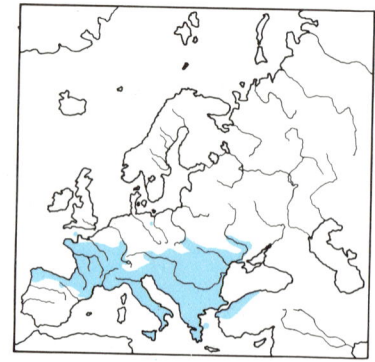

stellt; **101 d** *L. t. hansschweizeri* (Milos, Kimolos, Siphnos), **101 g** *L. t. polylepidota* (Kreta, Kythera), **101 e** *L. t. major* (Küstengebiet Jugoslawiens) und **101 f** *L. t. media* (Dagestan, Kaukasusgebiet sowie anschließende Teile West- und Mittelasiens). Im türkisch-nahöstlichen Raum sind weitere Unterarten beschrieben worden.

102 *Lacerta viridis*
Smaragdeidechse
Kennzeichen: Eine große Eidechse, die eine Kopf-Rumpf-Länge von 13 cm erreichen kann. Schwanz etwa doppelte Körperlänge, bei der Unterart **102 d** *L. v. fejervaryi* aber erheblich länger. Zur Unterscheidung von der Riesensmaragdeidechse (101), mit der die Smaragdeidechse teilweise gemeinsam vorkommt, sind folgende Merkmale wichtig: Schnauzenschild berührt häufig nicht das Nasenloch, meist weniger als 20 Schläfenschilder, Körnerschuppen zwischen Augenbrauen- und Augendeckschildern fehlen oder nur vereinzelt. Ferner sind die Bauchschilder in 6 Längsreihen vorhanden, ein im Verbreitungsgebiet der Smaragdeidechse weitgehend sicheres Merkmal zur Unterscheidung von der Riesensmaragdeidechse. **101 f** *L. t. media*, die ebenfalls nur 6 Längsreihen besitzt, berührt das Verbreitungsgebiet der Smaragdeidechse im Kaukasusgebiet nicht. Von der Iberischen Smaragdeidechse (99) unterscheidet sie sich durch den ungefleckten Bauch.

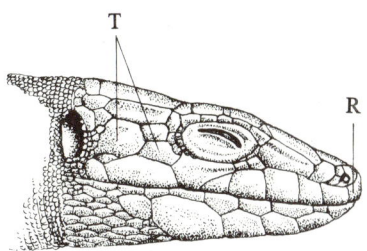

2 *Lacerta viridis* (102)
weniger als 20 Schläfenschilder (T), Schnauzenschild (R) berührt nicht das Nasenloch, Körnerschuppen (G) fehlen.

Erwachsene Männchen und viele Weibchen sind oberseits gelblichgrün und grasgrün, meist von zahlreichen kleinen schwarzen Pünktchen durchsetzt. Halbwüchsige und manche Weibchen sind oft einfarbig braun, häufig schwarz gefleckt und besitzen 2 bis 4 schmale, helle Längsstreifen. Die Unterseite ist gelblich bis weiß und ungefleckt. Bei den Männchen, z. T. auch bei alten Weibchen, wird die Kehle zur Paarungszeit leuchtend blau.
Die Jungtiere sind einfarbig braun, können aber auch helle Flecken an den

101f *Lacerta trilineata media,* juv.

♂

♀

Flanken bzw. 2 oder 4 helle Streifen (aber keinen Mittelstreifen) tragen.

Vorkommen: Weit verbreitet in West-, Mittel- und Südeuropa sowie im nördlichen Kleinasien. Im Norden bis zu den Kanalinseln, Westfrankreich (Oberrhein), Südalpen, Tschechoslowakei und den südlichen europäischen Teil der Sowjetunion. Isolierte Populationen finden sich noch weiter nördlich, z. B. in der Niederlausitz (DDR). Das südliche Verbreitungsgebiet reicht bis in den Norden der Iberischen Halbinsel, nach Sizilien und Griechenland. Auf vielen Mittelmeerinseln fehlt die Smaragdeidechse, nachgewiesen ist sie jedoch in der Tyrrhenis für Elba, Palmarola und Marettimo sowie in der Ägäis für Thasos, Samothraki, Skiathos, Skyros, Euböa. Im Süden ihres Verbreitungsgebietes kommt sie bis etwa 2000 m hoch im Gebirge vor. Ihr Lebensraum umfaßt sonnige, gestrüppreiche Hänge, lichte Kiefernwälder, Feldränder und -hecken, im Norden auch Heidebiotope. Sie klettert gern im Buschwerk.

102e Lacerta viridis meridionalis ♂

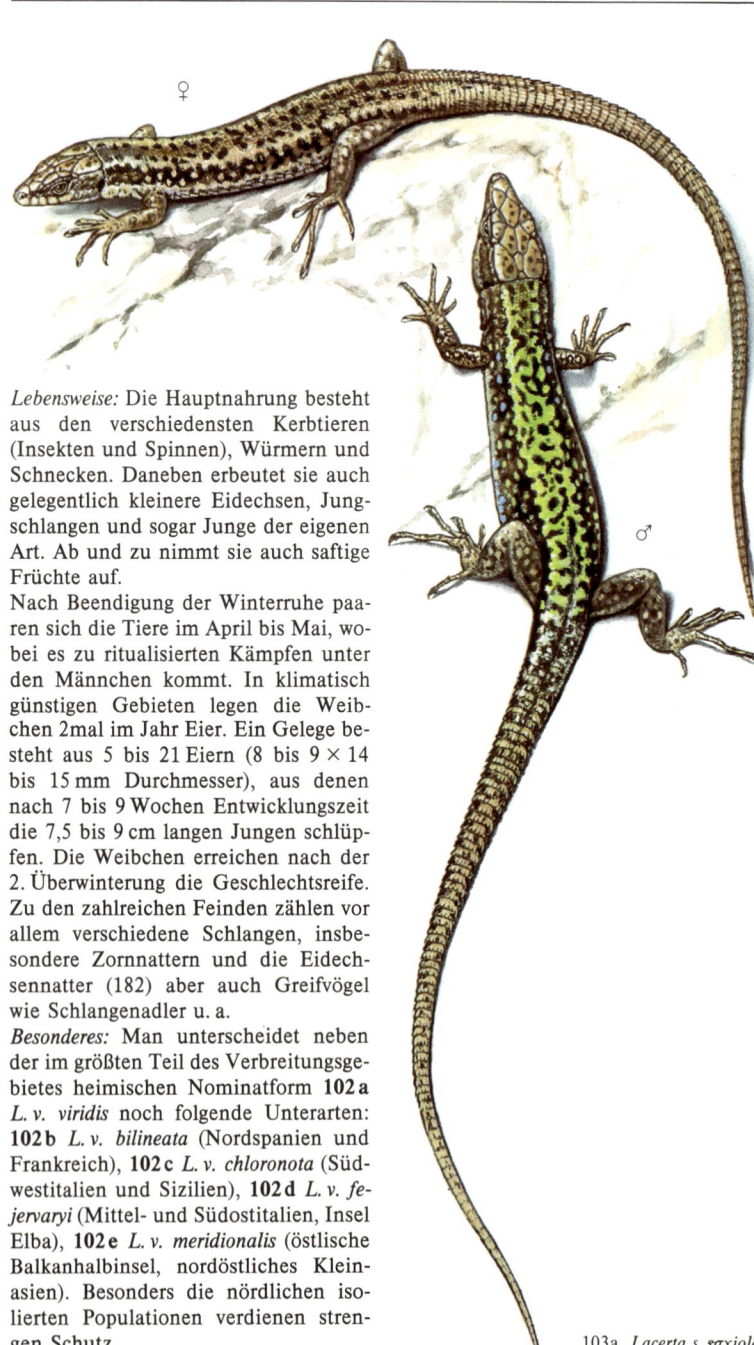

♀

♂

Lebensweise: Die Hauptnahrung besteht aus den verschiedensten Kerbtieren (Insekten und Spinnen), Würmern und Schnecken. Daneben erbeutet sie auch gelegentlich kleinere Eidechsen, Jungschlangen und sogar Junge der eigenen Art. Ab und zu nimmt sie auch saftige Früchte auf.

Nach Beendigung der Winterruhe paaren sich die Tiere im April bis Mai, wobei es zu ritualisierten Kämpfen unter den Männchen kommt. In klimatisch günstigen Gebieten legen die Weibchen 2mal im Jahr Eier. Ein Gelege besteht aus 5 bis 21 Eiern (8 bis 9 × 14 bis 15 mm Durchmesser), aus denen nach 7 bis 9 Wochen Entwicklungszeit die 7,5 bis 9 cm langen Jungen schlüpfen. Die Weibchen erreichen nach der 2. Überwinterung die Geschlechtsreife. Zu den zahlreichen Feinden zählen vor allem verschiedene Schlangen, insbesondere Zornnattern und die Eidechsennatter (182) aber auch Greifvögel wie Schlangenadler u. a.

Besonderes: Man unterscheidet neben der im größten Teil des Verbreitungsgebietes heimischen Nominatform **102 a** *L. v. viridis* noch folgende Unterarten: **102 b** *L. v. bilineata* (Nordspanien und Frankreich), **102 c** *L. v. chloronota* (Südwestitalien und Sizilien), **102 d** *L. v. fejervaryi* (Mittel- und Südostitalien, Insel Elba), **102 e** *L. v. meridionalis* (östliche Balkanhalbinsel, nordöstliches Kleinasien). Besonders die nördlichen isolierten Populationen verdienen strengen Schutz.

103a *Lacerta s. saxiola*

Felseneidechsen-Gruppe

103 *Lacerta saxicola*
Felseneidechse
Kennzeichen: Mittelgroße, stark abge-
flachte Eidechse, die im Erscheinungs-
bild einer Mauereidechse ähnelt. Die
Kopf-Rumpf-Länge kann je nach Un-
terart 7 bis 8,5 cm betragen, der
Schwanz wird etwa doppelt so lang. Das
Halsband ist glattrandig, das erste
Oberschläfenschild größer als die fol-
genden.

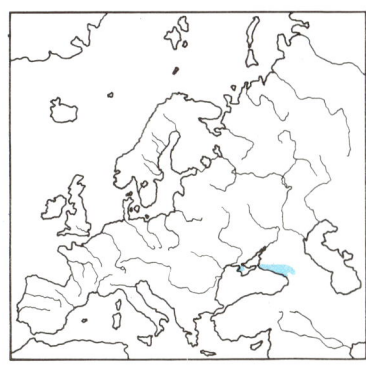

zu 103

Die bräunliche bis olivfarbene Oberseite und die dunkleren Flanken sind
mit unregelmäßigen Schnörkeln und
Flecken bedeckt, die ein kräftiges Netzwerk bilden, aber auch mehr oder weniger zurücktreten können. Im Frühjahr
fallen die Männchen durch eine gelbgrüne bis leuchtend grüne Rückenfärbung auf. An den Flanken kommen
tiefblaue, z. T. schwarz umrandete
Schulterflecken und Bauchrandschilder
hinzu, die weniger auffallend auch bei
manchen Weibchen zu finden sind.
Die Bauchseite ist ungefleckt schmutzigweiß, cremefarben, gelb oder
orange.
Vorkommen: Im südlichen Teil der
Krim, im westlichen Teil des Kaukasus,
in Transkaukasien sowie in Kleinasien.
Die Felseneidechsen bewohnen nicht
zu trockene Geröllhalden, Felsabhänge,
felsige Straßenböschungen u. ä., wo sie

außerordentlich geschickt auch an
senkrechten Wänden klettern. Im Gebirge bis in über 3000 m Höhe.
Lebensweise: Die Nahrung besteht aus
verschiedenen Insekten und deren Larven sowie Spinnen entsprechender
Größe. Je nach Höhenlage kann man
die Felseneidechsen von Februar, März
bis September, November beobachten,
an der kaukasischen Schwarzmeerküste
sogar im Winter. Entsprechend unterschiedlich liegen auch die Fortpflan-
zungszeiten. Die Eiablage erfolgt Mitte
Juni, im Juli oder Anfang August. Ein
Gelege besteht aus 2 bis 5 Eiern (Eidurchmesser 6 bis 8 × 12 bis 16 mm),
aus denen nach 55 bis 60 Tagen die
Jungen schlüpfen. Sie werden im 2. Lebensjahr geschlechtsreif.

103b *Lacerta saxicola brauneri* ♂

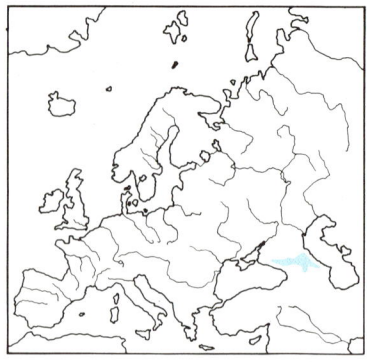

zu 104

Besonderes: Im kaukasischen Verbreitungsgebiet sind von der Felseneidechse 5 Unterarten (**103 a** *L. s. saxicola,* **103 b** *L. s. brauneri,* **103 c** *L. s. darevskii,* **103 d** *L. s. lindholmi,* **103 e** *L. s. szczerbaki*) beschrieben worden. Ihre Unterscheidung ist oftmals außeror-

dentlich schwierig und dann nur dem Spezialisten möglich. Eine bedeutende Hilfe bei der Bestimmung kann die Kenntnis des genauen Fundortes sein.

Zur Verwandtschaftsgruppe der kaukasischen Felseneidechsen zählen noch weitere Arten (DAREWSKY 1967), die früher teilweise als Unterarten von *L. saxicola* betrachtet wurden:

104 *Lacerta caucasica*
Kaukasus-Gebirgseidechse
Mittelgroße Art (Kopf-Rumpf-Länge bis 6,5 cm). In 3 Unterarten über den gesamten Großen Kaukasus bis zum nordöstlichen Aserbaidshan und im östlichen Kaukasusvorland (Dagestan)

a 111d *Lacerta rudis obscura*
b 104b *Lacerta caucasica alpina* ♂
c 105 *Lacerta chlorogaster*

a

b

c

zu 105

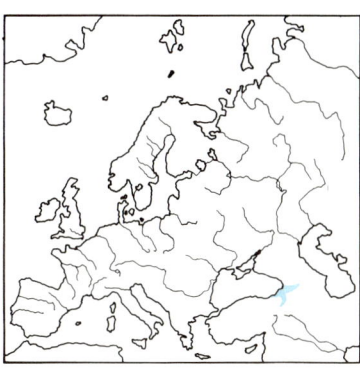

zu 108

zu 107

zu 109

verbreitet: **104a** *L. c. caucasica*, **104b** *L. c. alpina*, **104c** *L. c. daghestanica*.

105 *Lacerta chlorogaster*
Grünbauch-Eidechse
Mittelgroße Art (Kopf-Rumpf-Länge bis 6,5 cm). Das Hauptverbreitungsgebiet liegt im Nordiran, sowjetisches Gebiet erreicht sie am Kaspisee in Südost-Aserbaidshan.

106 *Lacerta clarkorum*
Clarks Felseneidechse s. S. 252

107 *Lacerta mixta*
Adsharische Felseneidechse,
Bastardeidechse
Kleinere Art (Kopf-Rumpf-Länge bis 6 cm) mit schwach gezähntem Halsband und 2 großen Schläfenschildern

hinter der Schläfenplatte *(Massetericum)*. Sporadisch in der Adsharischen ASSR und dem westlichen Georgien bis in die südliche Abdachung des Großen Kaukasus hinein verbreitet. Nach verschiedenen morphologischen Merkmalen nimmt die Adsharische Felseneidechse eine Zwischenstellung zwischen der Rotbauch-Felseneidechse (108) und der Artwiner Eidechse (120) ein, so daß sie als natürlicher Bastard dieser beiden Arten angesehen wurde. Die elektrophoretischen Enzymuntersuchungen konnten diese Annahme jedoch nicht bestätigen.

108 *Lacerta parvula*
Rotbauch-Felseneidechse
Kleine Art (Kopf-Rumpf-Länge bis 5,5 cm), fast immer auffallende rötliche

Unterseite. Verbreitet in der Adsharischen ASSR, in Westgeorgien vom Schwarzen Meer bis Borshomi im Osten, außerdem in der Nordosttürkei. Im Kaukasus lebt **108a** *L. p. adjarica.*

109 *Lacerta portschinskii*
Kuriner Felseneidechse
Mittelgroße, stark abgeflachte und zierlich wirkende Art (Kopf-Rumpf-Länge bis 6,5 cm). Die 2 Unterarten **109 a** *L. p.*

portschinskii und **109b** *L. p. nigrita* sind in Südgeorgien, Nordarmenien und Nordwest-Aserbaidshan verbreitet.

110 *Lacerta raddei*
Aserbaidshanische Felseneidechse
Mit 6 bis 7,5 cm Kopf-Rumpf-Länge relativ große Art. Ihre 3 Unterarten **110a** *L. r. raddei,* **110c** *L. r. nairensis* und **110b** *L. r. defilippi* sind in Armenien, Nachitschewan, Süd- und Südost-Aser-

108a *Lacerta parvula adjurica*

110c *Lacerta raddei nairensis*

107 *Lacerta mixta*

109a *Lacerta p. portschinskii*

zu 110

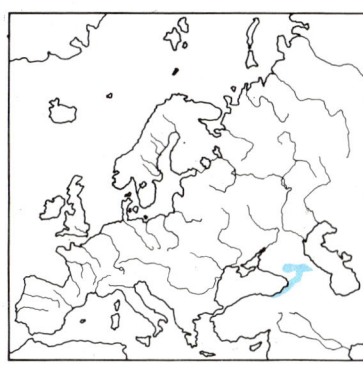

zu 111

baidshan verbreitet. Außerdem: Nordosttürkei, Nordwest- und Nordiran, in
Turkmenien am Kopet-Dag.

111 *Lacerta rudis*
Grusinische Felseneidechse

Große Art (Kopf-Rumpf-Länge bis
8,5 cm), die relativ große und stark gekielte Körper- und Schwanzschuppen
besitzt. In 5 Unterarten in West- und
Südgeorgien bis zum Kaukasushaupt-
kamm, Nordwest-Aserbaidshan und
Nordwest-Abchasien sowie nördlich
des Kaukasus in Dagestan verbreitet:
111 a *L. r. rudis,* **111 b** *L. r. bischoffi,*
111 c *L. r. macromaculata,* **111 d** *L. r. obscura,* **111 e** *L. r. svanetica.* Außerdem
kommt sie in der nordöstlichen Türkei
vor. Lebt teilweise gemeinsam mit der
Rotbauch-Felseneidechse (107) und
der Kaukasus-Gebirgseidechse (104).

112 *Lacerta valentini*
Valentins Felseneidechse

Mit einer Kopf-Rumpf-Länge bis
7,5 cm relativ große Art. Auf sowjeti-
schem Gebiet kommt die Nominatunterart in Zentral- und Nordwestarmenien, Südgeorgien und dem Gebirgsteil
der Adsharischen ASSR vor. Außerdem
im Osten und Südosten der Türkei.

Unter den kaukasischen Felseneidechsen gibt es ferner noch einige parthenogenetische Formen, deren Populationen nur aus weiblichen Eidechsen

zu 112

bestehen. Sie vermehren sich einge-
schlechtlich durch Jungfernzeugung,
d. h., die Eier entwickeln sich ohne Befruchtung. Es schlüpfen wiederum nur
Weibchen. Ausnahmsweise treten auch
unfruchtbare Männchen auf. Die Ver-
paarung eines parthenogenetischen
Weibchens mit dem Männchen einer
bisexuellen Population führt zu triploi-
den, sterilen Nachkommen. Die parthenogenetischen Formen werden z. T.
als selbständige Arten aufgefaßt, ihr besonderer Status sollte aber besser durch
die Verwendung von Anführungsstri-
chen kenntlich gemacht werden:

113 *Lacerta "armeniaca"*
Armenische Eidechse

Mittelgroße Form (Kopf-Rumpf-Länge
über 7 cm). In sehr individuenreichen

a 113 *Lacerta "armeniaca"*
b 114 *Lacerta "dahli"*
c 115 *Lacerta "rostombekovi"*
d 116 *Lacerta "unisexualis"*

Populationen in Nordarmenien, Nordwestaserbaidshan, Südgeorgien, der Adsharischen ASSR und in der Nordosttürkei im Gebirge zwischen 1 700 und 2 200 m Höhe verbreitet.

114 *Lacerta "dahli"*
Dahls Felseneidechse
Kleinere Form (Kopf-Rumpf-Länge bis 6,5 cm). Verbreitet in Nordarmenien und Südgeorgien in 900 bis 1 700 m Höhe.

115 *Lacerta "rostombekovi"*
Rostombekows Felseneidechse
Kleine Form (Kopf-Rumpf-Länge nur bis 5,5 cm). Verbreitet in Nordarmenien und Nordwestaserbaidshan in 600 bis 1 600 m, eine isolierte Population am Sewansee in etwa 2 000 m Höhe.

116 *Lacerta "unisexualis"*
Weißbauch-Felseneidechse
Mittelgroße Form (Kopf-Rumpf-Länge bis 7 cm). Vorkommen in Nord- und Nordwestarmenien, Südgeorgien und der Osttürkei in 1 700–2 000 m Höhe im Gebirge.

117 *Lacerta "uzzelli"*
Uzzells Felseneidechse s. S. 252

Weitere Arten der Gattung Lacerta

118 *Lacerta bedriagae*
Tyrrhenische Gebirgseidechse
Kennzeichen: Stark abgeflachte, spitzköpfige Felseneidechse mittlerer Größe (Kopf-Rumpf-Länge bis 8 cm, Schwanz etwa 1½ bis 2mal so lang). Die spitze Schnauze wird noch durch die ziemlich breit vorspringenden Backen betont. Von anderen im Verbreitungsgebiet vorkommenden Arten, z. B. der Tyrrhenischen Mauereidechse (146) und der Ruineneidechse (144), unterscheidet sie sich dadurch, daß die Oberschläfenschilder auch bei erwachsenen Tieren nicht an den Kopfseiten herabgebogen sind. Die Rückenschuppen zwischen den Hinterbeinen sind ungekielt und abgeflacht. Je nach dem wie ausgeprägt

zu 113

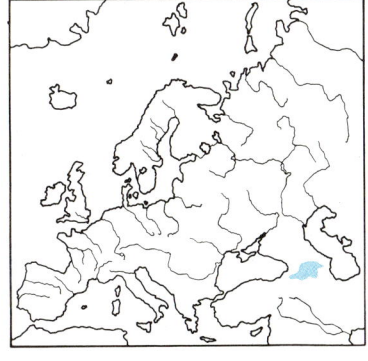

zu 115

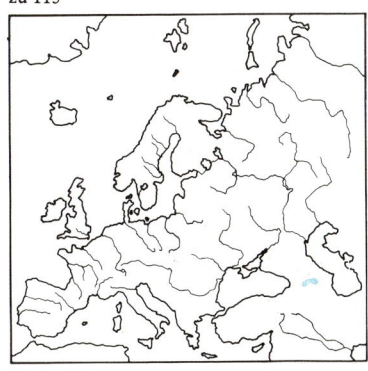

zu 114

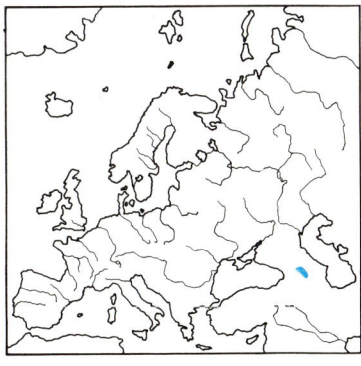

zu 116

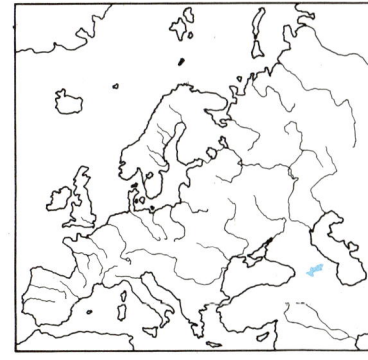

die schwärzliche bis braune netzartige Zeichnung der Oberseite und der Flanken ist, erscheint die Grundfarbe von gelbgrün und grünlich über bräunlich bis schwarzgrau. Im Extremfall sind die Tiere fast zeichnungslos grün oder nahezu einfarbig braunschwarz. Hals und Seiten sind bei manchen Exemplaren kupferbraun getönt. Die Farbe der Bauchseite kann grauweiß, gelb, grün oder rot sein, teilweise mit dunklen Zeichnungen. Die Jungtiere ähneln den Erwachsenen, besitzen jedoch oft leuchtend blaugrüne Schwänze.

Vorkommen: Endemisch auf Korsika, Sardinien und den benachbarten Inseln. Als Gebirgseidechse findet man sie kaum unter 500 bis 700 m Höhe, lediglich in Nordsardinien kommt sie bis an die Meeresküste vor. Auf Korsika steigt sie bis 2 700 m ins Gebirge, auf Sardinien bis 1 800 m. Sie besiedelt im

Unterschied zur Tyrrhenischen Mauereidechse (146) bevorzugt felsige und steinige, etwas feuchte Biotope mit spärlicher Vegetation.

Lebensweise: Eine sehr flinke, vorsichtige Eidechse, die auf der Flucht Felsenabstürze von 3 bis 7 m herabspringt. Sie ist an niedrigere Temperaturen angepaßt als die im gleichen Gebiet lebenden Tyrrhenischen Mauereidechsen (146) und die Ruineneidechsen (144). Die Nahrung besteht aus Spinnen und kleineren Insekten, die mit gezielten Sprüngen erbeutet werden. Tiere aus Populationen der höheren Gebirgslagen

118a *Lacerta b. bedriagae*

118b *Lacerta bedriagae paessleri*

halten eine lange Winterruhe von 5 bis 6 Monaten. Die Paarungszeit liegt je nach Höhenlage im April bis Juni. Ein Gelege besteht in der Regel aus 3 bis 6 Eiern (Eidurchmesser 6 × 12 mm). Die Jungen schlüpfen von Juli bis September.

Besonderes: Es werden 4 Unterarten un-terschieden: auf Korsika die Nominat-form **118 a** *L. b. bedriagae,* in Nordsardi-nien **118 b** *L. b. paessleri* sowie in Südsardinien **118 c** *L. b. sardoa* und **118 d** *L. b. ferrerae* in Nordostsardi-nien.

zu 118

119 *Lacerta brandti*
Persische Eidechse s. S. 252

120 *Lacerta danfordi*
Anatolische Eidechse

Kennzeichen: Nur wenig über 20 cm Ge-samtlänge. Färbung und Zeichnung sind recht variabel. Ein helleres Mittel-feld der Oberseite zieht sich vom Hin-terhaupt über die volle Rückenbreite bis auf die Schwanzoberseite. Beider-seits wird es von einem dunklen Flan-kenstreifen eingefaßt. Sowohl das Mit-telfeld als auch die Flanken sind von einer unregelmäßigen Marmorierung überzogen, wie sie für die Mauerei-dechse (140) charakteristisch ist. Jungtiere sind durch ihre auffälligen

120b *Lacerta danfordi anatolica* ♂

blaugrünen Schwänze gekennzeichnet und sind dadurch den Jungtieren der Iberischen Gebirgseidechse (112) außerordentlich ähnlich.

Vorkommen: Nur auf den zu Griechenland gehörenden Ägäischen Inseln Symi, Icaria, Samos, Rhodos und Pentanisos. Weit verbreitet in der südlichen und westlichen Türkei. Bevorzugt steinige Habitate, häufig Mauern. Oft sehr trocken an Orten, die sonst kleine Eidechsen meiden.

Lebensweise: entspricht weitgehend der Mauereidechse (140).

Besonderheiten: Die Art wird in 5 recht ähnliche Unterarten gegliedert, wovon 4 im Gebiet vorkommen: **120a** *L. d. danfordi* auf Symi, **120c** *L. d. oertzeni* auf Icaria und Samos, **120d** *L. d. pelasgiana* auf Rhodos, **120e** *L. d. pentani-*

siensis auf Pentanisos östlich von Rhodos. In Kleinasien lebt **120b** *L. d. anatolica.*

121 *Lacerta derjugini*
Artwiner Eidechse

Kennzeichen: Eine kleine Eidechse, die 14 bis 15 cm Länge erreicht, wobei auf den Schwanz etwa das 1½fache der Kopf-Rumpf-Länge entfällt. Im Unterschied zu der im gleichen Gebiet lebenden Felseneidechse (103) ist das Halsband gezackt, und im Unterschied zur Wieseneidechse (129) sind die Rückenseitenschuppen im Vergleich zur Rückenmitte von gleicher Größe. Am Schwanz wechseln schmale mit breiten Wirteln. An der Unterseite der Oberschenkel befinden sich nur 9 bis 13 Schenkelporen.

zu 120

zu 121

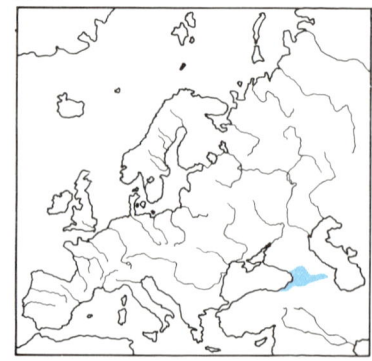

Der Rücken ist hellbraun bis olivbraun oder graubraun gefärbt und mit unregelmäßig angeordneten dunklen Flecken besetzt. Die helle Rückenfärbung setzt sich auf der Oberseite des Schwanzes fort. An der Flanke und der Schwanzseite befindet sich ein breites, dunkles, durch helle Flecken unterbrochenes Band. Die Bauchseite ist strohgelb bis grünlich. Bei den Männchen sind die Bauchrandschilder blau gepunktet und meist auch die Schultern mit ein bis zwei blauen Flecken besetzt. Jungtiere haben leuchtend grüne Schwänze.

Vorkommen: Westlicher und zentraler Kaukasus, das Gebiet um Krasnodar sowie die nordöstliche Türkei. Sie bevorzugt etwas feuchtere Biotope und kommt demzufolge vorwiegend in waldreichen Gebieten bis in eine Höhe von 1800–1900 m im Gebirge vor. Im Unterholz der Waldränder und an Flußufern ist sie recht häufig, kann aber auch auf Uferbefestigungen am Schwarzen Meer beobachtet werden.

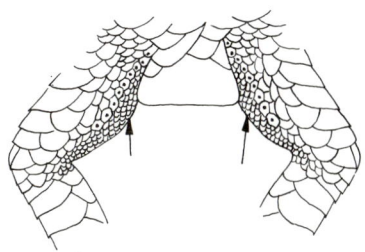

Lacerta derjugini (121)
verkürzte Schenkelporen-Reihe

Lebensweise: Die Nahrung besteht vorwiegend aus Insekten (Käfern, Zikaden, Ameisen, Zweiflüglern u. a.), Spinnen, Schnecken und Regenwürmern. Je nach den klimatischen Bedingungen verlassen die Artwiner Eidechsen schon Ende Februar, Anfang März oder erst Ende März, Anfang April die Überwinterungsquartiere. Die Paarungszeit liegt im Mai. Ein Weibchen legt im Juni bis Juli 2mal Eier (4 bis 8 Eier pro Gelege, Eigröße 5 bis 7 × 9 bis 11 mm). Ende Juli, Anfang August schlüpfen die Jungen.

Besonderes: Die Artwiner Eidechse vertritt in ihrem Verbreitungsgebiet ökologisch die im Erscheinungsbild ähnliche

129b *Lacerta praticola pontica*

121a *Lacerta d. derjugini*

122 *Lacerta graeca* ♂

Waldeidechse (130) und die Wieseneidechse (128). Inwieweit diese 3 Arten aber tatsächlich miteinander verwandt sind, ist noch nicht völlig geklärt. Neuerdings wurde die Artwiner Eidechse in 6 Unterarten aufgegliedert: **121a** *L. d. derjugini,* **121b** *L. d. abchasica,* **121c** *L. d. barani,* **121d** *L. d. boehmei,* **121e** *L. d. orlowae,* **121f** *L. d. silvatica.*

122 *Lacerta graeca*
Griechische Spitzkopfeidechse
Taygetos-Eidechse
Kennzeichen: Mittelgroße Art, Kopf-Rumpf-Länge bis 8 cm, hinzu kommen noch 16 bis 20 cm Schwanzlänge. An dem langen, spitzen Kopf sind 2 Hinternasenschilder, 1 vergrößertes erstes Oberschläfenschild und das Fehlen von großen Schläfenschildern charakteristisch. Damit unterscheidet sie sich gut von der Mauereidechse (140). Die Grundfarbe des abgeflachten Rumpfes

122 *Lacerta graeca,* juv.

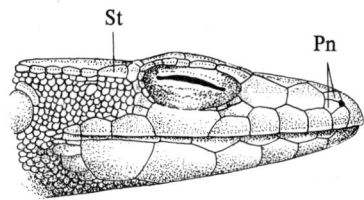

Lacerta graeca (122)
vergrößertes erstes Oberschläfenschild (St),
2 Hinternasenschilder (Pn)

ist glänzend graubraun bis bronzebraun. Die Oberseite ist unregelmäßig
schwarz gefleckt, und die etwas dunkleren Flanken weisen zahlreiche helle
Tupfen auf. An den Schultern finden
sich meist 1 oder 2 blaue Flecken. Bei
den Männchen können darüber hinaus
auch die Bauchrandschilder blau gefleckt sein. Die Weibchen sind allgemein blasser gefärbt. Die orange oder
gelb gefärbte Unterseite ist in der Regel
schwarz gepunktet.
Vorkommen: Nur auf dem Peloponnes
(Südgriechenland) verbreitet. Als Ge-
birgs- und Felseneidechse (meist über
400 m Höhe) bevorzugt sie wassernahe,
etwas feuchte Biotope.
Lebensweise: Die Griechische Spitzkopfeidechse jagt am Fels, gelegentlich
auch auf dem Boden, Insekten und andere kleine Kerbtiere. Sie klettert mit
relativ langsamen Bewegungen. Der
lange Schwanz schleift auffällig nach.
Rivalenkämpfe zwischen den Männchen kommen im allgemeinen nicht
vor. Die Fortpflanzung entspricht wahrscheinlich der anderer *Lacerta*-Arten
mit ähnlicher Lebensweise. Einzelheiten wie Gelegegröße und Inkubationszeit sind jedoch nicht bekannt.

123 *Lacerta horvathi*
Kroatische Gebirgseidechse
Kennzeichen: Mit 16 bis 18 cm Gesamtlänge (bis 6,5 cm Kopf-Rumpf-Länge)
eine recht zierliche Eidechse. Der Kopf
ist relativ klein und ebenso wie der
Körper abgeflacht. Der hellgraue bis
braungraue Rücken weist häufig eine
schwache dunkle Sprenkelung oder

einen Mittelstreifen auf. Die Flanken
sind scharf dunkelbraun abgesetzt.
Diese Seitenbänder, deren Ränder ge-
wellt sind, beginnen an den Kopfseiten
und ziehen bis in den Schwanz hin.
Die ungefleckte Bauchseite ist gelb bis
grünlich gefärbt. Das Halsband ist
glattrandig. Wie bei der Mosor-Eidechse (126) wölbt sich das größte
1. Oberschläfenschild in das Scheitelschild, und das Schnauzenschild berührt das Stirn-Nasen-Zwischenschild.
Die Verbreitungsgebiete der beiden Arten überschneiden sich aber kaum, lediglich in Mitteldalmatien könnten
beide Arten angetroffen werden. Dort
besitzt die Kroatische Gebirgseidechse
meist 1 Hinternasenschild und 5 Paar
Unterkieferschilder (im Gegensatz zu
2 Hinternasenschildern und 6 Paar Un-

zu 122

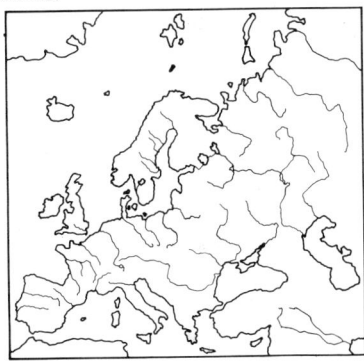

zu 123

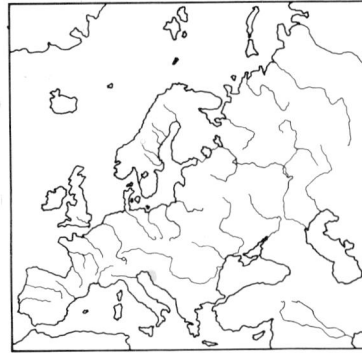

terkieferschildern bei der Mosor-Eidechse). Das Hinternasenschild ist durch das Obernasenschild vom Zwischennasenschild getrennt. Diese Beschilderungsmerkmale unterscheiden die Kroatische Gebirgseidechse von der Mauereidechse (140), mit der sie oft zusammen vorkommt.

Vorkommen: In Nordwestjugoslawien (Westslowenien und Westkroatien) sowie in den Julischen Alpen auch auf italienischem Gebiet. Sie lebt im Gebirge meist in Höhen zwischen 500 und 2 000 m an feuchten Berghängen, wo sie bewachsene Biotope mit steinigem Untergrund und starker Sonneneinstrahlung besiedelt.

Lebensweise: Die Kroatische Gebirgseidechse bewohnt z. T. mit der Mauereidechse (140) und der Bergeidechse (130) die gleichen Lebensräume. Sie

kommt dann als letzte im Frühjahr aus der Winterruhe hervor. Die Nahrung dürfte aus kleinen Insekten und Spinnen bestehen. Im Gelände ist sie nicht besonders schnell. Über die Fortpflanzung liegen keine Angaben vor.

Besonderes: Möglicherweise existieren noch Kroatische Gebirgseidechsen in Kärnten (Österreich), wo vor dem 1. Weltkrieg eine größere Anzahl ausgesetzt wurde. Der genaue Ort ist allerdings nicht bekannt.

124 *Lacerta lepida*
Perleidechse

Kennzeichen: Mit etwa 20 cm Kopf-Rumpf-Länge (Schwanz $1\frac{1}{2}$ bis 2mal so lang) die größte Eidechse Europas. Es wurden sogar bereits Riesenexemplare bis 90 cm Gesamtlänge beschrieben. Die Grundfärbung der Oberseite ist

124 *Lacerta lepida*, juv.

124a *Lacerta l. lepida* ♂

grünlich, seltener bräunlich oder grau. Besonders die Unterart **110b** *L. l. nevadensis* aus Südostspanien ist graubraun mit zahlreichen schwarzen Flecken, die ein Netzmuster oder Rosetten bilden können. An den Flanken der Perleidechsen befinden sich meist tiefblaue große Flecken. Die Bauchseite ist gelb bis grünlich. Die Jungtiere sind von grünlicher Grundfarbe, mit oberseits zahlreichen, in lockeren Querreihen angeordneten weißen, schwarz umrandeten Augenflecken. Von der Smaragdeidechse (102) und der Iberischen Smaragdeidechse (99) unterscheidet sie sich auch durch den Besitz eines großen Hinterhauptschildes und, in der Regel, 10 Reihen von Bauchschildern.

Vorkommen: Im äußersten Nordwesten Italiens, in Südfrankreich und auf der gesamten Iberischen Halbinsel. Sie liebt felsiges Gelände mit starker Sonneneinstrahlung, kommt aber auch auf Kulturland vor. Ihre Unterschlupfe befinden sich häufig in Dornbüschen. Im Gebirge ist sie noch in Höhen bis zu 1 000 m (Alpen, Pyrenäen) bzw. 2 100 m (Südspanien) anzutreffen.

Lebensweise: Die Nahrung dieser großen Eidechse besteht nicht nur aus Gliedertieren und Würmern, sondern auch aus Mäusen, Eidechsen und jungen Schlangen. Auch Vogelnester werden geplündert und sogar Früchte gefressen. Die Perleidechsen bewegen sich oft recht geräuschvoll im Pflanzenwuchs, sind aber sehr scheu und flüchten bei Gefahr rasch in ihren Unterschlupf oder erklettern einen nahe stehenden Baum. Die Winterruhe reicht von Oktober bis Februar oder März, die Fortpflanzungszeit fällt in die Monate April und Mai. Ein Weibchen kann mehr als 20 Eier legen, aus denen nach einer Entwicklungszeit von etwa 3 Monaten die Jungen schlüpfen. Hauptfeinde sind die Eidechsennatter (182) und verschiedene Greifvögel.

Besonderes: Den größten Teil des Verbreitungsgebietes besiedelt die Nominatform **124a** *L. l. lepida.* Südostspanische Exemplare wurden als Unterart **124b** *L. l. nevadensis* beschrieben.

125 *Lacerta monticola*
Iberische Gebirgseidechse

Kennzeichen: Mit maximal 23 cm Gesamtlänge (Kopf-Rumpf-Länge bis 7,5 cm) eine mittelgroße Art, mit ziemlich abgeflachtem Körper. Ihre Zeichnung ist sehr variabel. Bei den Männchen trägt der grüne oder olivfarbene bzw. bräunliche Rücken gewöhnlich einen Streifen oder 2 Bänder schwarzer, teilweise zusammenhängender Flecken. Auf den meist dunkleren, netzartig strukturierten Seitenstreifen befinden sich kleine helle Tupfen und z.T. blaue Flecken. Die Bauchrandschilder sind häufig schwarz, aber auch blau gefleckt. Auch eine weitgehend zusammenhängende Netzzeichnung

zu 124

zu 125

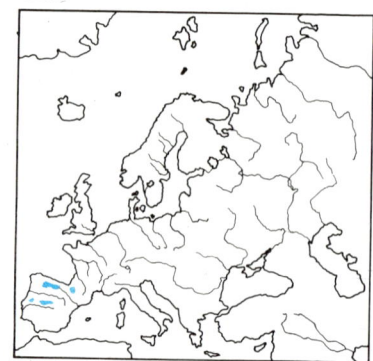

schild das Stirn-Nasen-Zwischenschild (trifft auf die zentralportugiesischen Populationen jedoch meist nicht zu), und das Obernasenschild hat Verbindung zum Zügelschild. Am Schwanz

125a *Lacerta m. monticola*

über Rücken und Flanken ist möglich. Zur Paarungszeit wird die nicht oder nur gering gefleckte weißliche Bauchseite meist grünlich (dies ist dann ein sicheres Bestimmungsmerkmal!). Die Weibchen sind weniger kontrastreich gefärbt, mit braunem Rücken und häufig einem dunklen Mittelstreifen. Das dunkle Seitenband ist netzartig strukturiert. Die Jungtiere ähneln den Weibchen. Sie unterscheiden sich jedoch auffallend durch ihre leuchtend blauen Schwänze.

In der Regel berührt das Schnauzen-

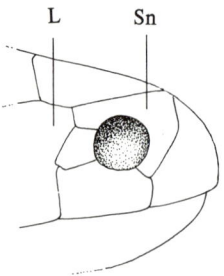

Lacerta monticola (125)
Obernasenschild (Sn) berührt Zügelschild (L)

wechseln breite und schmale Schuppenringe miteinander ab. Die Iberische Gebirgseidechse kann besonders leicht mit der Mauereidechse (140) verwechselt werden, die allerdings im zentralportugiesischen Verbreitungsgebiet fehlt.

Vorkommen: Auf höhere Gebirgslagen zwischen 1 500 und 2 000 m in Nord- und Mittelspanien sowie in Zentralportugal beschränkt. Sie bewohnt feuchtere Biotope mit Geröllhalden und buschiger Vegetation, mit *Erica,* Farnen, Wacholder und Krüppelkiefern bewachsene Hänge.

Lebensweise: Nur wenig bekannt. Ihre Nahrung besteht im wesentlichen aus Insekten, ergänzt durch Spinnen und andere Kleintiere. Sie ist recht unempfindlich gegenüber Kälteeinbrüchen. Die Eier werden wahrscheinlich erst im Juli abgelegt. Spezielle Angaben zur Fortpflanzungs- und Entwicklungsbiologie liegen nicht vor.

Besonderes: In den 4 isolierten Teilen des Gesamtverbreitungsgebietes haben sich verschiedene Unterarten herausgebildet: Die Nominatform **125 a** *L. m. monticola* bewohnt das Estrela-Gebirge in Zentralportugal, **125 b** *L. m. bonnali* die Pyrenäen, **125 d** *L. m. cyreni* das Kastilische Scheidegebirge in Mittelspanien und **125 c** *L. m. cantabrica* das Kantabrische Gebirge in Nordwestspanien.

125d *Lacerta monticola cyreni* ♂

125a *Lacerta m. monticola,* juv.

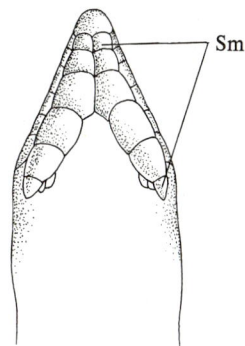

Lacerta mosorensis (126)
6 Paar Unterkieferschilder (Sm)

126 *Lacerta mosorensis*
Mosor-Eidechse

Kennzeichen: Unterscheidet sich in ihrem Verbreitungsgebiet durch den Besitz von 6 Paar Unterkieferschildern und 2 Hinternasenschildern hinter dem Nasenloch von anderen ähnlichen Eidechsen. Wie bei der Kroatischen Gebirgseidechse ist das große 1. Oberschläfenschild in das Scheitelschild gewölbt, und das Schnauzenschild berührt das Stirn-Nasen-Zwischenschild. Das ist ein wichtiger Unterschied zur Mauereidechse (140). Die bis 7 cm Kopf-Rumpf-Länge erreichende Mosor-Eidechse (Schwanz bis 2¼mal so lang) weist eine erhebliche Variabilität hinsichtlich Zeichnung und Färbung auf. Die Oberseite kann dunkelgrau, graubraun, braun oder olivgrün sein und zeigt oft eine dunkle Sprenkelung oder Marmorierung. Es treten aber auch ungezeichnete Exemplare auf. Der Rücken ist häufig heller als die Flanken, an denen blaue Bauchrandschilder vorkommen können. Die ungefleckte Unterseite ist bei erwachsenen Exemplaren meist gelb bis orange, gelegentlich weißlich bis grau oder grünlich.

Vorkommen: Auf Jugoslawien, und zwar das südliche Dalmatien, die Herzegowina und Montenegro, beschränkt. Sie lebt in den Karstgebirgen in Höhen zwischen 600 und 1500 m und bewohnt

126 *Lacerta mosorensis*

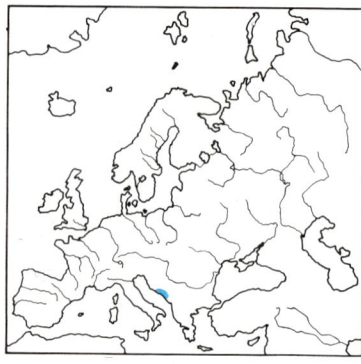

zu 126

zu 127

Der spitze Kopf und der relativ kurze Rumpf sind deutlich abgeflacht. In ihrem Verbreitungsgebiet ist sie daran zu erkennen, daß die mittleren Schuppenpaare auf der Schwanzunterseite mindestens die doppelte Breite der Nachbarschuppen aufweisen. Von der im gleichen Raum lebenden Mosor-Eidechse (113) unterscheidet sie sich ferner durch ihre 5 Paar (statt 6 Paar) Unterkieferschilder. Die Grundfarbe des Körpers ist blaugrau, aschgrau oder schwarzbraun mit einem hellen Netzmuster. Der Schwanz trägt eine auffallende schwarze und blaugraue Ringelung. Wesentlich dunklere bis völlig schwarze Exemplare kommen in den Bergregionen und in Inselpopulationen vor. Die Unterseite ist z. T. recht kräftig, blau bis blaugrau gefärbt.

Vorkommen: In Jugoslawien in Süddalmatien, der Herzegowina, Montenegro und vorgelagerten Inseln. Sie ist von der Küste bis ins Gebirge (bis etwa 1500 m Höhe) verbreitet und besiedelt sehr unterschiedliche Biotope, wie Felsenklippen, Geröllhalden, Baumstämme, Legesteinmauern, Steilwände und Straßenböschungen. Auch in menschlichen Ansiedlungen kommt sie an geeigneten Orten vor.

Lebensweise: Die Dalmatinische Spitzkopfeidechse ist ein außerordentlich gewandter Kletterer, der sich von Insek-

dort feuchtere Biotope, wie lichte Laubwälder, Berghänge mit Geröllhaufen und Wacholdergebüsch oder Quellgebiete.

Lebensweise: Die Mosor-Eidechse ist eine der seltensten europäischen Eidechsen-Arten. Entsprechend ihrem Lebensraum im Gebirge verläßt sie recht spät, erst Ende April, Anfang Mai, die Winterquartiere. Die Weibchen legen Mitte Juli bis Anfang August 4 bis 6 Eier, aus denen im September die Jungen schlüpfen.

127 *Lacerta oxycephala*
Dalmatinische Spitzkopfeidechse

Kennzeichen: Eine zierliche Art, die eine Gesamtlänge von nur 20 cm erreicht (Kopf-Rumpf-Länge bis 6,5 cm).

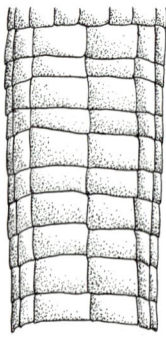

Lacerta oxycephala (127)
Schwanzunterseite, mittlere Schuppenpaare deutlich breiter als Nachbarschuppen

127 *Lacerta oxycephala,* normale Färbung
dunkle Form

ten, Spinnen und Tausendfüßern ernährt. Nachdem die Eidechsen sich im März oder April gepaart haben, erfolgt im Juni die Eiablage. Aus den Eiern schlüpfen nach etwa 6 Wochen 5 cm lange Jungtiere, die in der Färbung den Erwachsenen ähneln, deren Schwänze aber leuchtender gefärbt sind. Erregte Tiere wedeln lebhaft mit ihrem auffallend blau-schwarz gefärbten Schwanz. Besonders in abgelegenen Gebieten sind sie sehr scheu.

128 *Lacerta parva*
Zwergeidechse

Kennzeichen: Ähnelt im Erscheinungsbild der Zauneidechse (98), mit der sie jedoch nicht näher verwandt ist. Mit einer Kopf-Rumpf-Länge bis 6 cm und einer Gesamtlänge bis 15 cm bleibt die Zwergeidechse relativ klein. Ihre Oberseite trägt auf einer helleren oder dunkleren graubraunen Grundfarbe zu Bändern angeordnete schokoladenbraune bis schwarzbraune Makel, denen grau-

weiße bis leuchtend weiße Tupfen oder Striche beigestellt sind. An den Flanken, besonders in der Schultergegend, tragen die Männchen, aber z. T. auch ältere Weibchen, leuchtend blaue, mitunter schwarz eingefaßte Flecken.

Auch die Bauchrandschilder können blau gefleckt sein. Die Bauchseite ist in beiden Geschlechtern weißlich oder gelblich. Eine besondere Jugendzeichnung tritt nicht auf.

Vorkommen: Das Hauptverbreitungsgebiet liegt in Kleinasien (Anatolisches Hochland). Die nördlichsten Vorkommen erreichen jedoch das Gebiet der Armenischen SSR (im Nordwesten, Nordufer des Sewansees, Zentralarmenien). Die Art besiedelt nur die anatolischen und armenischen Bergsteppen zwischen 900 und 2000 m Höhe, die durch Geröllfelder, Schotteransammlungen und nur spärlichen, kurzen Pflanzenwuchs charakterisiert sind.

Lebensweise: Die Nahrung besteht in der Hauptsache aus den verschiedensten Insekten (darunter spielen Ameisen die wichtigste Rolle) und Spinnen.

Entsprechend den klimatischen Verhältnissen ihres Verbreitungsgebietes dauert die Winterruhe von Ende September bis Mitte oder Ende April. Bereits nach dem 1. Überwinterung werden die jungen Eidechsen geschlechtsreif. Ein Weibchen bringt 2 bis 3 Gelege pro Jahr. Ein Gelege besteht aus 2 bis 5 Eiern (Durchmesser 6 bis 7 × 12 bis 13 mm).

Besonderes: Durch Beweidung und landwirtschaftliche Nutzung ihres Lebensraumes sind viele Populationen der Zwergeidechse in ihrem Bestand gefährdet.

129 *Lacerta praticola*
Kaukasische Wieseneidechse
Kennzeichen: Die zierliche Art (Kopf-Rumpf-Länge bis 6 cm, mit Schwanz bis 16 cm) ähnelt in Färbung und Le-

bensweise der Bergeidechse (130) und der Artwiner Eidechse (121). Charakteristisch sind die gegenüber der Rückenmitte wesentlich kleineren Rückenseitenschuppen, die 3 bis 11 Körnerschuppen zwischen Augendeck- und Augenbrauenschildern sowie das durch nur eine Schuppenreihe begrenzte Afterschild. Das Halsband ist gezähnt. Die Färbung ist recht einheitlich. Auf dem Rücken befindet sich ein der Kopfbreite entsprechendes hellbraunes Band, in das oft kleine dunkle Flecke eingestreut sind und in dessen Mitte sich ein etwas dunklerer schmaler Streifen mehr oder weniger deutlich abhebt. An den Flanken zieht sich ein breites dunkles Band entlang, das sich im Schwanz allmählich verliert. Unter diesem Band verläuft ein schmaler heller

128 *Lacerta parva*

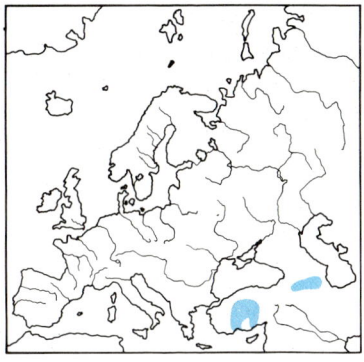

zu 128

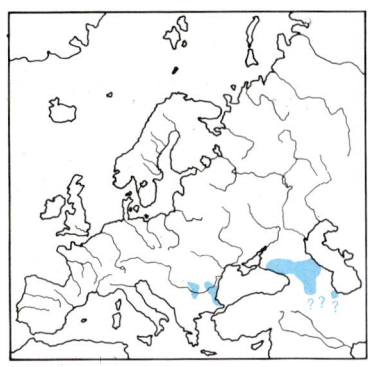

zu 129

Streifen von den Augen bis in den Schwanz, z. T. durch die Ansätze der Extremitäten unterbrochen. Die ungefleckte Unterseite ist gelb bis gelblichweiß, bei den Männchen auch grünlich (Abb. S. 279).

Vorkommen: Inselartig im östlichen Balkan (Südrumänien, Nordostjugoslawien, Ost- und Südostbulgarien, Nordosten der europäischen Türkei) sowie im Kaukasusgebiet (Nord- und Zentralkaukasus, mittleres Transkaukasien bis Nordwestarmenien, Lenkoran am Kaspisee) und Nordwestiran. Sie tritt oft nur sporadisch auf, stellenweise aber in größerer Individuendichte. Ihr Lebensraum sind Wald-, besonders Laubwaldgebiete, wo man sie an Weg- und Waldrändern, auf gebüschreichen Bergwie-

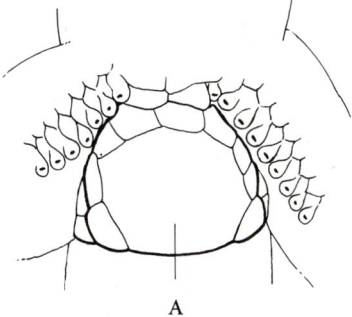

A

Lacerta praticola (129)
Afterschild (A) von einer Reihe kleiner Schuppen umgrenzt

sen, an Sumpfrändern und in ähnlichen Biotopen bis in 2000 m Höhe antrifft.

Lebensweise: Die Wieseneidechsen ernähren sich von verschiedenen kleinen Wirbellosen. Von September, Oktober bis März, April halten sie Winterruhe, wobei die Weibchen stets erst einige Wochen nach den Männchen aus den Überwinterungsquartieren auftauchen. Die Paarungszeit reicht von Ende Mai bis Mitte Juni. Das im Juni oder Juli abgesetzte Gelege besteht aus 3 bis 6 Eiern (Eidurchmesser 6 × 11 mm), aus denen Ende August, Anfang September die Jungen schlüpfen. In manchen Gebieten, z. B. Nordwestarmenien, sind 2 Gelege pro Jahr möglich.

Besonderes: Von der Wieseneidechse werden zur Zeit 2 Unterarten anerkannt: Im Westen des Verbreitungsgebietes **129a** *L. p. praticola* und im Osten **129b** *L. p. pontica.*

130 *Lacerta vivipara*
Wald- oder **Bergeidechse**

Kennzeichen: Eine zierliche Art, deren Gesamtlänge 16 cm kaum überschreitet (Kopf-Rumpf-Länge bis 6,5 cm). Der auffallend kleine Kopf ist nicht vom Hals abgesetzt, und der verhältnismäßig kurze Schwanz verjüngt sich erst deutlicher zu Beginn der hinteren Hälfte. Das Halsband ist gezähnt, die Rückenschuppen sind gekielt und groß (25 bis 37 Rückenschuppenreihen über

130 *Lacerta vivipara,*

juv.

der Körpermitte). Körnerschuppen zwischen den Augendeck- und Augenbrauenschildern fehlen meist (selten bis 4 Körnerschuppen).

Die Grundfarbe des Rückens bilden kastanienbraune, graubraune oder graue, teilweise bronzefarbene Töne, die in der Mitte ein breites Band bilden, das sich auf dem Schwanz fortsetzt. Auf der Rückenmitte kann eine mehr oder weniger durchgängige dunkle Punktfleckenreihe auftreten, die oft einen Rückenstreifen bildet. An den Flanken befindet sich ein breiter dunkelbrauner Längsstreifen oder ein Fleckenband, beide werden vom Rücken durch helle und schwarze Rückenseitenstreifen getrennt. Die Bauchseite ist bei den Männchen mehr oder weniger gelb bis orange mit zahlreichen schwarzen Flek-

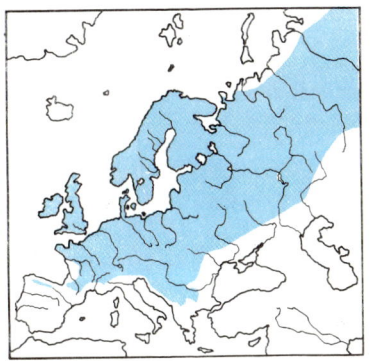

zu 130

ken, bei den Weibchen dagegen weißlich bis perlmuttfarben und nur schwach oder ungefleckt. Außerdem kommen aber auch sehr dunkle, nahezu einfarbig schwarze bzw. aufgehellte und ins Grünliche gehende Tiere vor.

Die Jungtiere sind dunkelbraun bis schwärzlich, bronzeglänzend und besitzen auf dem Rücken 4 oft sehr undeutliche helle Punktreihen.

Vorkommen: In Europa im Norden vom 70° n. Br. bis nach Nordspanien, Norditalien und Bulgarien im Süden und ostwärts über fast den ganzen europäischen Teil der Sowjetunion, Sibirien, den Altai, die Nordmongolei bis zum Fernen Osten und zur Insel Sachalin. Als nicht besonders wärmeliebende Art ist die Bergeidechse in den südlichen Teilen des Verbreitungsgebietes auf die Gebirge beschränkt. In den Alpen dringt sie bis in 3000 m Höhe vor. Ihre Lebensräume umfassen Heideflächen, Waldränder, feuchte Wiesen, Schonungen, Moore, Sanddünen, lichte Wälder, alte Steinbrüche u. a.

Lebensweise: Die Nahrung besteht vorwiegend aus Würmern, Tausendfüßlern, Spinnen und Insektenlarven. In Mitteleuropa dauert die Winterruhe von Oktober bis Ende Februar oder März. Im April bis Juni liegt die Paarungszeit. Nach einer Trächtigkeit von etwa 3 Monaten werden im Juli bis Oktober 3 bis 10 Jungtiere geboren, die

während des Geburtsvorganges aus den häutigen Eihüllen schlüpfen. Als Anpassung an die kurzen Sommer in den nördlichsten Teilen des Verbreitungsgebietes paaren sich die Bergeidechsen dort im Herbst, die Jungen werden dann im Frühsommer des folgenden Jahres zur Welt gebracht. Dagegen wird bei den in Spanien lebenden Tieren auch das Ablegen von Eiern beobachtet.

Gattung *Ophisops*
Schlangenaugen-Eidechsen

Einzige Art in Europa:

131 *Ophisops elegans*
Europäische Schlangenaugen-Eidechse

Kennzeichen: Durch das Fehlen frei beweglicher Augenlider leicht zu erkennen. Das untere Lid weist ein durchsichtiges Fenster auf, ist über das Auge gezogen und mit dem oberen Lid verwachsen, von dem es allerdings in einen Spalt am unteren Augenrand gedrückt werden kann. Außerdem fehlt ein deutliches Halsband. Die großen Rumpfschuppen sind gekielt und geschindelt. Die kleine, zierliche Eidechse hat eine Kopf-Rumpf-Länge bis 6 cm. Der Schwanz erreicht die doppelte Körperlänge. Die Grundfärbung besteht aus braunen Tönen, die an den Flanken auch ins Grünliche gehen können. An den Seiten sind gewöhnlich,

zu 131

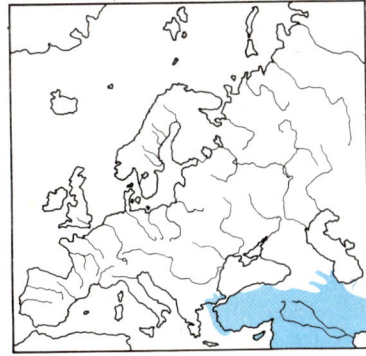

131a *Ophisops e. elegans*

und Tausenfüßlern entsprechender Größe. Nach der 2. Überwinterung werden sie im Alter von ungefähr 2 Jahren geschlechtsreif. Während der Paarungszeit liefern sich die Männchen heftige, von ritualisiertem Kopfnicken begleitete Kämpfe. Erste Eiablagen erfolgen Ende April. Die Weibchen legen in

besonders auffallend bei jungen Tieren, je 2 hellere schmale Streifen vorhanden. Zwischen diesen und dem Rücken befinden sich meist in Reihen angeordnete schwarze Flecken, Tupfen oder Striche. Die Bauchseite ist einfarbig weißlich bis graugrünlich, gelegentlich auch rötlich oder gelb. Zur Paarungszeit zeigen die Männchen oft eine schwachblaue Kehle und blaue Flecken über den Schultern.

Vorkommen: In Europa in der europäischen Türkei, in Südostbulgarien, im Nordosten von Griechenland, auf einigen nordägäischen Inseln sowie im östlichen Kaukasusgebiet, möglicherweise auch in der Nähe des Golfs von Korinth. Das Hauptverbreitungsgebiet erstreckt sich jedoch über Kleinasien (einschließlich Zypern) bis zum Iran sowie um das Mittelmeer herum bis Libyen. Sie bevorzugt steppenartiges, trockenes Gelände mit geringem Pflanzenwuchs, vereinzeltem Gestrüpp und Steinen. Aber auch Kulturlandschaften, Parks und lichte Wälder werden besiedelt.

Lebensweise: Die Nahrung besteht aus Insekten, besonders Ameisen, Spinnen

einem Sommer 2mal, eventuell auch ein 3. Mal Eier (3 bis 6 Stück pro Gelege, Eidurchmesser $10,5 \times 5,5$ mm). Die durch 4 markante weiße Längsstreifen auffallenden Jungtiere messen beim Schlupf ohne Schwanz 21 bis 24 mm.

Die Schlangenaugen-Eidechsen sind im Gelände außerordentlich flink. Bei einer Störung werden gewöhnlich nicht sofort Schlupfwinkel aufgesucht, sondern die Tiere rennen davon, die Flucht immer wieder unterbrechend, um mit erhobenem Vorderkörper nach dem vermeintlichen Feind Ausschau zu halten.

Besonderes: Die Aufteilung in Unterarten ist umstritten, Tiere aus dem Kaukasus gehören zur Nominatform **131a** *O. e. elegans*, von der südlichen Balkanhalbinsel zur Unterart **131b** *O. e. ehrenbergi*.

Gattung *Podarcis*
Mauereidechsen

Die Gattung umfaßt kleine und einige mittelgroße Eidechsen, deren Kopf und Körper je nach der Lebensweise mehr oder weniger abgeflacht bzw. rundlich ist. Ihre Hauptverbreitung erstreckt sich über das südliche Europa und strahlt auf Nordafrika und Kleinasien aus. Durch äußere Merkmale sind die Arten dieser Gattung von zahlreichen Arten aus der Sammelgattung *Lacerta* mit ähnlicher Lebensweise nicht zu unterscheiden. Ihre Abgrenzung gründet sich vielmehr auf anatomische Besonderheiten (Ausbildung der Schwanzwirbel-Fortsätze, Hemipenis-Struktur). Aus diesem Grund sind bei der Bestimmung auch stets die im gleichen Gebiet lebenden Arten der Gattung *Lacerta* vergleichend in Betracht zu ziehen.

Von den 16 Arten werden hier 15 behandelt. Die auf den Azoren eingeschleppte afrikanische Madeira-Mauereidechse (133) bleibt unberücksichtigt.

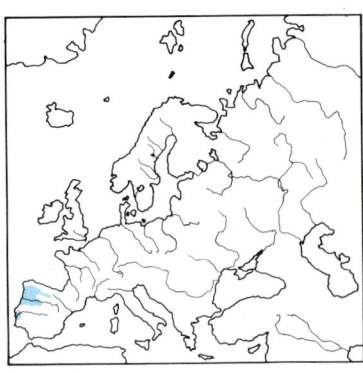

zu 132

132 *Podarcis bocagei*
Bocages Mauereidechse

Kennzeichen: Eine recht robuste Art, die eine Kopf-Rumpf-Länge bis 6,5 cm erreicht. Der Schwanz wird etwa doppelt so lang. Sie ähnelt der nahe verwandten Spanischen Mauereidechse (136), allerdings sind die Männchen häufig grünrückig und die Weibchen weniger kräftig gestreift. Braunrückige Männchen besitzen mindestens grüne Rückenseitenstreifen. Die Bauchseite kann gelb, orange oder lachsrot sein, seltener auch weißlich. Kehle und Bauch sind meist stark gefleckt.

Vorkommen: Nordwestspanien und Nordportugal. Sie klettert weniger gut als die Spanische Mauereidechse (136) und bewohnt demzufolge weniger steiles Gelände. Beide Arten kommen jedoch auch gemeinsam vor.

Lebensweise: Sie entspricht der der Spanischen Mauereidechse (136).

Besonderes: Sie wird auch in neuerer Literatur nicht immer als eigene Art geführt, sondern dann als Unterart zur Spanischen Mauereidechse (136) gestellt. Andererseits hat man aber bereits die im westlichen Portugal und östlichen Mittelspanien lebenden braunrükkigen Tiere mit brillantgrünen Rücken-

132 *Podarcis bocagei* ♂

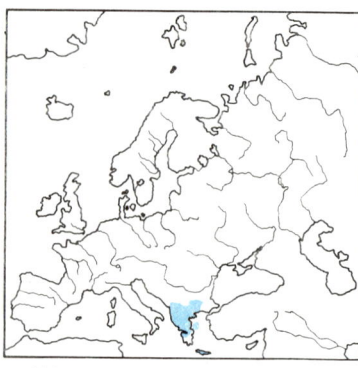

zu 134

seitenstreifen als eigene Unterart **132 b**
P. b. carbonelli von der Nominatform
132 a abgetrennt.

133 *Podarcis dugesii*
Madeira-Mauereidechse
s. S. 295

134 *Podarcis erhardi*
**Kykladen-Eidechse, Ägäische
Mauereidechse**
Kennzeichen: Die Festland-Populatio-
nen sind relativ einheitlich gefärbt. Der
Körper (Kopf-Rumpf-Länge bis 7 cm,
Schwanz etwa doppelt so lang) ist meist
bräunlich bis sandfarben mit einem
auffallenden kupfernen oder bronzenen
Metallglanz. Die dunklen Rückenseitenstreifen sind immer breiter als der,
oft sogar fehlende, Rückenstreifen.
Häufig sind die Seiten netzartig gemustert. Bei den Weibchen erscheint die
helle Körperseitenstreifung in der Regel deutlicher. Die Bauchrandschilder
weisen vielfach eine blaue Fleckenreihe
auf, die sich flächig über die Flanken
ausbreiten kann. Die Unterseite ist bei
den Männchen meist orangerot, bei
den Weibchen perlmuttfarben. Lediglich an der Kehle können dunkle
Punkte auftreten.
Im Gegensatz dazu sind die verschiedenen Inselpopulationen viel variabler.
So kommen Formen mit Riesenwuchs
(bis 8 cm Kopf-Rumpf-Länge) vor. Neben braunen Grundtönen finden sich

auch graue, grüne und schwarzbraune
Farben. Die dunkle Zeichnung kann
fast oder völlig verschwinden oder netzartig ausgebildet sein, so daß eine Streifung kaum noch zu erkennen ist. Während die Festlandpopulationen ein
ungezähntes Halsband und glatte Körperschuppen besitzen, kommen Inselpopulationen auch mit leicht gezähntem Halsband und gekielten Schuppen
vor.
Von der Peloponnes-Eidechse (141) ist
sie durch die geringere Anzahl der Körnerschuppen zwischen Augendeck- und
Augenbrauenschildern zu unterscheiden (0 bis 7 im Gegensatz zu 10 bis
17).
Vorkommen: Sie bewohnt die südliche
Balkan-Halbinsel (ohne den südöstlichen Peloponnes), Kreta und einen Teil
der ägäischen Inseln (Nördliche Sporaden, fehlt aber auf manchen Inseln, wie
Skiathos und Sugria, sowie den Kykladen ohne die Milos-Gruppe, Paros und
Antiparos). Sie ist auf den meisten der
von ihr bewohnten Inseln die einzige
dort vorkommende kleine Eidechsenart. Sie lebt in trockenen, felsigen Biotopen mit buschiger Vegetation.
Lebensweise: Die Nahrung besteht in
der Hauptsache aus Insekten, vornehmlich Heuschrecken, Schmetterlingen
und Fliegen. Wo die bodenbrütenden
Eleonorenfalken ihre Nester bauen,
wurde beobachtet, daß sich während
der Brutzeit die Eidechsen um die Nist-
plätze sammeln und sich von den
durch die Futterabfälle angelockten
Fliegen ernähren. In unmittelbarer
Nestnähe werden die Eidechsen von
den Vögeln offenbar nicht als Beute angesehen.
Die Männchen bilden Einzelterrito-
rien. Im Frühjahr kommt es zu heftigen
Rivalenkämpfen. Die Paarung erfolgt
im März oder April. Mitte Juli sollen
die Eier (17 × 10 mm im Durchmesser)
abgelegt werden. Ein Gelege besteht
meist aus 2 (seltener 1 bis 4) Eiern. Die
Jungen schlüpfen im September, eine
besondere Jugendzeichnung ist nicht
vorhanden. Bei Störungen flüchten die

134b *Podarcis erhardi riveti* ♂

Ägäischen Mauereidechsen meist in Spalten und Löcher oder in Gebüsch. Die Fluchtdistanz ist in den verschiedenen Populationen recht unterschiedlich.

Besonderes: Es werden gegenwärtig 3 Festland-Unterarten und 24 Insel-Unterarten unterschieden, wobei deren systematische Stellung durchaus noch nicht einheitlich beurteilt wird. Die Populationen der Insel Skyros werden z. B. teilweise zur Taurischen Eidechse **145b** gezählt, andererseits aber auch als eigene Art *P. gaigeae* betrachtet. Die Nominatform **134a** wurde den Kykladen-Inseln Seriphos und Siphuos zugeschrieben. Unter den Festlands-Unterarten hat **134b** *P. e. riveti* die größte Verbreitung. Ihr Areal reicht von Albanien und Mazedonien bis nach Südbulgarien.

♀

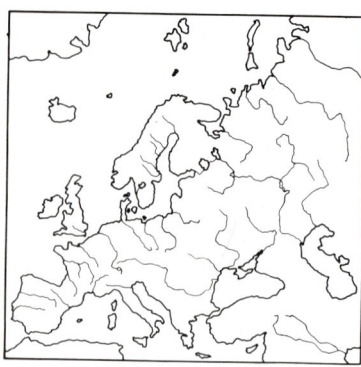

zu 135

135 *Podarcis filfolensis*
Malta-Mauereidechse

Kennzeichen: Variiert sehr stark in Größe, Färbung und Zeichnung. In der Regel beträgt die Kopf-Rumpf-Länge nicht mehr als 6,5 cm und bleibt oft sogar darunter. Der Schwanz wird doppelt so lang. Populationen kleiner Inseln und Felsklippen zeigen aber oft Riesenwuchs und erreichen Kopf-Rumpf-Längen bis 8 cm.

Die Grundfarbe des Oberkörpers kann grün, braun oder grau sein. Die Männchen sind auf dem Rücken häufig mit 2 oder 3 kräftigen dunklen Längsbändern gezeichnet, die Flanken dunkel netzartig gemustert. Alle Zeichnungselemente können aber auch stark reduziert sein. Das trifft besonders für die Weibchen zu. Die Unterseite ist weiß, gelb, orange oder rot gefärbt und weist meist an der Kehle eine Fleckung auf. Populationen von kleinen Inseln neigen zum Dunklerwerden der Zeichnung und können sogar überwiegend schwarz gefärbt sein.

Vorkommen: Endemisch auf Malta und Gozo sowie den vorgelagerten Inseln und Felsen, außerdem auf Linosa und Lampione. Sie ist dort die einzige Eidechsenart. Sie besiedelt trockene Biotope, wie Felshänge, Legesteinmauern und Straßenböschungen, aber auch kleine Felsen im Meer nahe der Küste.

Lebensweise: Die Lebensweise dürfte weitgehend der anderer Mauereidechsen-Arten ähneln.

Besonderes: Die Malta-Mauereidechse ist wahrscheinlich näher mit der Sizilianischen Mauereidechse (147) verwandt. Es werden 5 Unterarten anerkannt: **135a** *P. f. filfolensis* (Insel Filfola bei Malta), **135b** *P. f. generalensis* (Insel Fungus bei Gozo), **135c** *P. f. kieselbachi* (Insel San Paul bei Malta), **135d** *P. f. leurentiimuelleri* (Linosa und Lampione), **135c** *P. f. maltensis* (Malta und Gozo).

135e *Podarcis filfolensis maltensis*

136 *Podarcis hispanica*
   Spanische Mauereidechse

Kennzeichen: Relativ kleine, grazil wirkende Mauereidechse mit meist stark abgeflachtem Kopf und Körper, deren Kopf-Rumpf-Länge gewöhnlich unter 6,5 cm bleibt. Der Schwanz wird etwa doppelt so lang. Während als Grund-

136a *Podarcis h. hispanica*

farbe der Oberseite braune und graue Töne vorherrschen, kann der Bauch weißlich, gelb, blaßrötlich oder rot aussehen. Die Kehle weist meist mehr oder weniger zahlreiche kleine, scharf begrenzte Punkte auf. Im allgemeinen besitzen die Weibchen 5 bis 7 dunkle Längsbänder, die 4 helle Linien einschließen. Die Männchen sind dagegen mehr getupft und gefleckt oder netzartig gezeichnet und an den Flanken meist blau gefleckt. Der Rückenstreifen kann fehlen (besonders im Süden des Verbreitungsgebietes), ist jedoch, wenn vorhanden, meist deutlich schwächer als die dunklen Rückenseitenstreifen (besonders bei Tieren im Nordosten und Osten des Verbreitungsgebietes

kommen Ausnahmen von dieser Regel vor). Nahezu zeichnungslose Tiere findet man vor allem im Osten.
Da die Färbung selbst innerhalb eines bestimmten Gebietes stark variiert, ist eine sichere Unterscheidung von im gleichen Raum lebenden anderen Arten mitunter außerordentlich schwierig. Von der Ruineneidechse (144), die auf der Iberischen Halbinsel nur in der Gegend von Almeria vorkommt, unterscheidet sie sich durch einen meist grünlichen Rücken, ungefleckte Kehle und deutlich gekielte Rückenschuppen zwischen den Hinterbeinen. Die Männchen der in Gebirgslagen oberhalb 1500 m lebenden Iberischen Gebirgseidechse (112) besitzen zur Paarungszeit meist einen grünlichen Bauch. Bei der Mauereidechse (140) trägt die weißliche Kehle in der Regel einige dunkle Flecken, und der Rückenstreifen ist,

zu 136

wenn vorhanden, dunkler als die Seiten. Die nur im Nordwesten der Iberischen Halbinsel vorkommende Bocages Mauereidechse (132) ist robuster und weniger abgeflacht; Kehle und Bauch sind meist intensiv gefleckt, die Männchen häufig grünrückig.

Vorkommen: Iberische Halbinsel und Südostfrankreich, Columbretes-Inseln vor Castellon, außerdem Nordwest-Afrika. Sie ist ein guter Kletterer und lebt häufig in steilen Biotopen, wie Felswänden, Steinbrüchen, an Straßenböschungen, Geröllhalden und an Baumstämmen, im Gebirge bis über 1 500 m Höhe (im Süden des Verbreitungsgebietes). Eine Vorliebe zeigt sie

für alte Mauern und Lehmwände von Häusern.

Lebensweise: Spanische Mauereidechsen leben oft in großer Individuenzahl auf kleinstem Raum zusammen. Sie sind wenig aggressiv, die Männchen besetzen kleine Territorien, die mit geringem Einsatz gegen andere Männchen verteidigt werden. Die Nahrung besteht aus kleinen Gliedertieren. Im Mai legen die Weibchen die ersten Gelege, die meist aus 2 (1 bis 5) Eiern bestehen (Ei-Durchmesser etwa 6 × 11 mm). Nach etwa 60 Tagen schlüpfen die rund 5 cm großen Jungen.

Besonderes: Für das Erkennen der Spanischen Mauereidechsen im Gelände kann die Beachtung des Biotopes, ihr gutes Klettervermögen sowie der zierliche Gesamteindruck eine Hilfe sein. Neben der im größten Teil des Verbreitungsgebietes vorkommenden Nominatform **136a** *P. h. hispanica* werden noch die Unterarten **136b** *P. h. atrata* (Columbretes-Inseln) und **136c** *P. h. vaucheri* (südliche Iberische Halbinsel, Nordwestafrika) unterschieden.

137 *Podarcis lilfordi*
Balearen-Eidechse

Kennzeichen: 18 bis 20 cm (Kopf-Rumpf-Länge bis 8 cm) lang, besitzt im Unterschied zur ähnlichen Pityusen-

137a *Podarcis l. lilfordi*

137b *Podarcis lilfordi gigliolii* ♂

137c *Podarcis lilfordi rodriquezi* ♂

Eidechse (143) sehr feine, glatte und runde Schuppen (meist 70 bis 90 Schuppen quer über dem Mittelrücken). Sie ist verhältnismäßig robust und gedrungen, mit zugespitztem Kopf und rübenförmig verdicktem Schwanz. Die Färbung variiert von braun, grün bis olivfarben. Zwischen hellen Rückenseitenstreifen befinden sich in der Regel 3 dunkle, oft teilweise unterbrochene Streifen. Die Flanken können netzartige Zeichnungen und blaue Flecken tragen. Die Bauchseite ist weißlich, gelb oder rötlich und oft dunkel gemustert. In vielen Populationen besteht eine Neigung zu Dunkel- und Schwarzfärbung. Solche melanistischen Exemplare sind oberseits dunkelbraun bis schwarz und unterseits meist tiefblau. Manche Populationen, wie die der Isla del Ayre südöstlich von Mallorca, bestehen vollständig aus schwarzen Tieren.

Vorkommen: Endemisch für die Balearen. Sie bewohnen dort, teilweise in außergewöhnlich großer Individuendichte, die kleinen Inseln und Felsklip-pen um die Hauptinseln Mallorca und Menorca. Auf diesen selbst existieren nur wenige Populationen. Die Insel Las Isoletas bei Mallorca wird von der Pityusen-Eidechse (143) bewohnt.

Lebensweise: Die Nahrung besteht aus Insekten, Asseln und Schnecken sowie in erheblichem Ausmaß aus pflanzlicher Kost. Auch menschliche Nahrungsabfälle werden gefressen. Kannibalismus wird wegen des geringen

zu 137

138b *Podarcis melisellensis
fiumana*

Nahrungsangebotes relativ oft beobachtet. Häufig werden die eigenen Eier und Jungtiere gefressen. Gegenüber dem Menschen sind die Balearen-Eidechsen nur wenig scheu, gegeneinander sind sie auch außerhalb der Fort-

pflanzungszeit relativ aggressiv. Einige Unterarten werden allerdings als friedlich beschrieben. Die Fortpflanzung dürfte mit der ähnlich lebender Mauereidechsen, z. B. der Ruineneidechse (144), vergleichbar sein.

Besonderes: In vorgeschichtlicher Zeit war mit großer Sicherheit auch auf den Hauptinseln Mallorca und Menorca die Balearen-Eidechse verbreitet. Die Ursache für ihr dortiges Verschwinden ist nicht eindeutig geklärt. Möglicherweise wurden sie durch die auf Eidechsennahrung spezialisierte Kapuzennatter (183) ausgerottet. Die wenigen jetzt auf diesen beiden Inseln existierenden Populationen gehen sehr wahrscheinlich auf Tiere zurück, die erst in neuerer Zeit durch den Menschen hier eingeschleppt wurden.

Durch die geographische Isolation der auf vielen kleinen Inseln lebenden Populationen kam es zur Herausbildung unterschiedlicher Phänotypen, so daß mindestens 13 Unterarten unterschieden werden.

138 *Podarcis melisellensis*
Adriatische Mauereidechse,
Karstläufer

Kennzeichen: Kurzköpfige, zierliche Art, deren Kopf-Rumpf-Länge meist deutlich unter 6,5 cm bleibt. Der Schwanz erreicht die doppelte Körperlänge. Die Oberseite ist bräunlich oder grün. Auffallend sind 2 helle Rückenseitenstreifen, die einen dunkleren, z. T. durch helle Flecken unterbrochenen Mittelstreifen einschließen. Die Flanken zeigen gewöhnlich helle oder dunkle Fleckenreihen, blaue Bauchrandschilder und im männlichen Geschlecht einen blauen Schulterfleck. Verhältnismäßig oft finden sich völlig zeichnungslose Exemplare. Die Bauchseite ist bei den Weibchen weißlich, bei den Männchen meist leuchtend gelb, orange oder rötlich und in der Regel ungefleckt (seltener treten einzelne Flecken an der Kehle auf). Die Schläfenplatte ist deutlich größer als die der Ruineneidechse (144). Die Inselpopu-

zu 138

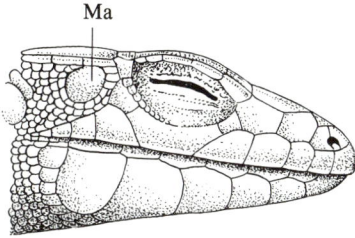

Ma

Podarcis melisellensis (138)
große Schläfenplatte (Ma), vergleiche auch
Podarcis sicula (144)

lationen können sehr variabel sein und zur Schwarzfärbung neigen.

Vorkommen: Im ostadriatischen Küstengebiet von Nordostitalien, Jugoslawien bis Nordalbanien sowie auf den zahlreichen vorgelagerten Inseln. Auf dem Festland ist sie in Gebirgen bis in etwa 1300 m Höhe zu finden. Sie bewohnt die Karstgebiete und Steinfelder mit geringem Pflanzenwuchs.

Lebensweise: Die Nahrung besteht aus Insekten und Spinnen entsprechender Größe. Der Karstläufer wird von der robusteren Ruineneidechse (144) verdrängt, wo Nahrungsangebot und Lebensraum nicht für beide Arten ausreichen. Die Fortpflanzung entspricht der anderer Mauereidechsen-Arten (z. B. Ruineneidechse).

Besonderes: Es sind etwa 18 Unterarten bekannt, die hauptsächlich über die Adria-Inseln verbreitet sind. Dort ist eine Unterscheidung von der Ruineneidechse (144) oft nicht einfach, aber auf kleinen Inseln kommt gewöhnlich nur eine Art vor. Die Nominatform **138a** wurde von der Insel Melisello (= Brusnik) beschrieben. Das Festland bewohnt **138b** *P. m. fiumana.*

139a *Podarcis m. milensis*

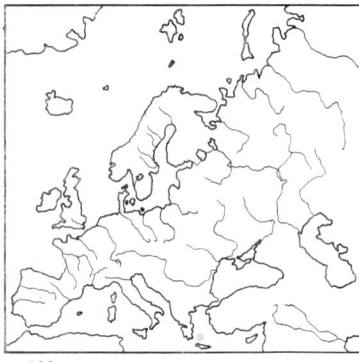

zu 139

139 Podarcis milensis
Milos-Mauereidechse

Kennzeichen: Bis 20 cm lang (Kopf-Rumpf-Länge bis 6,5 cm), durch eine auffallende Färbung gut charakterisiert. Bei den Männchen ist die Grundfarbe des oft einen schwachen Mittelstreifen aufweisenden Rückens braun, die Seiten, Kehle und der Kopf dagegen mehr oder weniger schwarz. Eine unregelmäßige helle Fleckung oder Strichelung aus weißlichen, gelben, grünen oder blauen Tönen bedeckt die Flanken und kann sich auch über den gesamten Rücken ausbreiten. Die Unterseite ist meist kräftig schwarz gemustert. Die Färbung der Weibchen ist weniger kontrastreich, eine Längsstreifung tritt deutlicher hervor.

Vorkommen: Endemisch auf der zu den Kykladen gehörenden Milos-Inselgruppe (Milos, Kimolos, Polyaigos, Antimilos) sowie den Inseln Falkonera und Parapola. Die Milos-Mauereidechse ist dort die einzige kleine Eidechsenart, so daß eine Verwechslung ausgeschlossen ist. Sie besiedelt unterschiedlichste Biotope, vom Kulturland über gestrüppreiches Hügelland bis zur Meeresküste.

Lebensweise: Entsprechend den bei der Ägäischen Mauereidechse (134) beschriebenen Verhältnissen.

Besonderes: Während sie früher als Unterart der Mauereidechse (140) oder der Ägäischen Mauereidechse (134) ange-

sehen wurde, bringt man sie neuerdings als selbständige Art (mit 3 Unterarten, außer der Nominatform **139a** noch **139b** *P. m. gerakuniae* von Falkonera und **139c** *P. m. schweizeri* von Antimilos) in engere Verwandtschaft zur Taurischen Eidechse (145).

140 Podarcis muralis
Mauereidechse

Kennzeichen: Etwa 20 bis 25 cm (Kopf-Rumpf-Länge bis 7,5 cm) lange, deutlich abgeflachte Art, die sowohl in ihrem großen Verbreitungsgebiet als auch innerhalb von einzelnen Populationen starke Färbungs- und Zeichnungsunterschiede zeigt. Im Gegensatz z. B. zur Bergeidechse ist das Halsband in der Regel ungezähnt. In weiten Teilen des Verbreitungsgebietes sind die Mauereidechsen auf dem Rücken braun mit einem schwarzen Fleckenmuster, das zu einem Netz zusammenfließen kann. Häufig treten paarige, helle Längsstreifen auf. Wenn vorhanden, so ist der Rückenmittelstreifen stärker als die dunklen Rückenseitenstreifen, die auch ganz fehlen können. Die Bauchrandschilder sind oft leuchtend blau. Auf den Flanken befindet sich ein dunkles Fleckenband, das meist von hellen Streifen eingefaßt wird. Im allgemeinen sind die Weibchen weniger kontrastreich gezeichnet und deutlicher längsgestreift als die Männchen. Die Unterseite ist weißlich, gelb, orange oder rot, z.T. mit rostroten oder dunklen Flecken, besonders auf Hals und Kehle. Die Bauchseite der Männchen ist meist kontrastreicher gefärbt.

In Teilen des südlichen Verbreitungsgebietes (Spanien, Italien) kommen in unterschiedlichem Ausmaß auch grünrückige Tiere mit der Tendenz zur Verstärkung der schwarzen Netzzeichnung und der Bauchfleckung vor. So sind die mittelitalienischen Tieflandpopulatio-

a 140a Podarcis m. muralis ♀ ♂ ♂
b 140b Podarcis muralis brueggemanni ♂
c 140d Podarcis muralis paulinii ♂

306

nen z. T. sehr dunkel und zeigen nur
eine unregelmäßige gelbgrüne Rücken-
fleckung.

Vorkommen: In Mittel- und Südeuropa
weit verbreitet, nördlich bis zur französischen Kanalküste (einschließlich der
Kanalinseln), Südbelgien und Südhol-
land, im Süden bis Mittelspanien und
Süditalien, gesamte Balkanhalbinsel,
außerdem Kleinasien. Im nördlichen
Verbreitungsgebiet besiedelt sie klimatisch warme Gebiete (z. B. Rheintal,
Kaiserstuhl in der BRD, angesiedelt im
Elbtal bei Meißen, DDR), in den südlichen Teilen findet man sie hauptsächlich in den Gebirgen bis über 2000 m
in schattigeren, feuchten Biotopen.
Entsprechend klimaabhängig sind auch
ihre mannigfaltigen Lebensräume. So
werden trockenes, steiniges und sonni-
ges Gelände, Felswände und Geröllhalden, lichte und trockene Wälder ebenso
besiedelt wie feuchte Gebirgsbachufer
und Küstenfelsen, aber auch Kulturlandschaften wie Weinberge, Legesteinmauern, Gärten, Ruinen und Straßenböschungen.

Lebensweise: Die Nahrung besteht je
nach Angebot hauptsächlich aus Gliedertieren verschiedener Art, u. a. Ameisen, Schmetterlingsraupen, Heuschrekken, aber auch aus Schnecken und
Regenwürmern. Die Männchen besetzen und verteidigen Reviere. Nach der
Winterruhe, die je nach den klimatischen Bedingungen nur wenige Wo-

zu 140

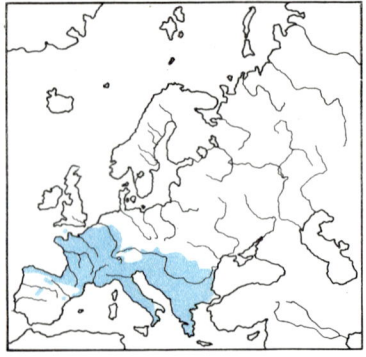

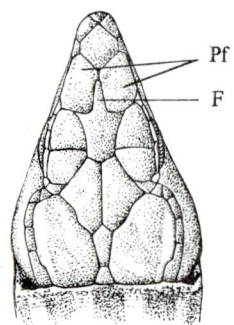

Podarcis peloponnesiaca (141)
Fortsatz des Stirnschildes (F) schiebt sich
zwischen die Vorderstirnschilder (Pf).

chen bis mehrere Monate dauern kann,
erfolgt im Frühjahr die Paarung. Im
Mai bis Juni, eventuell auch später, legen die Weibchen 2- bis 3mal Eier (2
bis 12 Eier pro Gelege, Eidurchmesser
5 bis 7 × 10 bis 12 mm). In den höheren Gebirgslagen wird allerdings nur
1 Gelege produziert. Nach 2 bis 3 Monaten Inkubationszeit (temperaturabhängig) schlüpfen die etwa 6 cm langen
Jungen Ende Juli bis Anfang September. Die Weibchen werden im 2. Lebensjahr geschlechtsreif.

Besonderes: Von der Mauereidechse
sind etwa 20 Unterarten beschrieben
worden. Die Nominatform **140a** bewohnt den größten Teil des Festland-
Areals. Bekannter sind die nordwestita-
lienische, meist grünrückige **140b** *P. m.
brueggemanni,* von der auch eine eingeschleppte Population bei Passau existiert, und die sehr dunkle **140c** *P. m.
nigriventris* aus der Umgebung von
Rom.

141 *Podarcis peloponnesiaca*
**Peloponnesische Mauer-
eidechse**
Kennzeichen: Große, ziemlich robuste
Art. Männchen können eine Kopf-
Rumpf-Länge von über 8 cm erreichen.
Der Schwanz wird etwa doppelt so lang.
Die Weibchen bleiben kleiner. Von der
im gleichen Gebiet lebenden Unterart
der Ägäischen Mauereidechse (134) un-

141 *Podarcis peloponnesiaca*

terscheidet sie sich durch das Fehlen bzw. die geringere Zahl von Körnerschuppen zwischen Augenbrauen- und Augendeckschildern (0 bis 7 im Gegensatz zu 12 bis 17). Die Rückenschuppen sind glatt bis schwach gekielt. Das Stirnschild schiebt sich mit einem Fortsatz, der als zusätzliches Schildchen auch abgeteilt sein kann, mehr oder weniger weit zwischen die beiden Vorderstirnschilder. Das Halsband ist glattrandig. Die Grundfärbung des Rückens ist bräunlich oder bei den Männchen auch grünlich. Diese besitzen in der Regel 3 bis 4 undeutliche Längsstreifen, zwischen denen sich Bänder aus schwarzen Makeln befinden, die sich besonders an den Seiten z. T. netzartig verbinden können. Auffallend sind einige fast immer vorhandene leuchtend blaue Schulterflecken, die sich oft bis in die Flanken hinein fortsetzen. Auch die Bauchseiten sind häufig blau. Die Weibchen sind mit 4 hellen Längsstreifen auf braunem Grund sehr kontrastreich gefärbt, wobei die beiden Rückenstreifen im vorderen Körperdrittel zusammenfließen können. Auch bei den Weibchen kann ein blauer Schulterfleck auftreten. Bei günstigem Lichteinfall zeigen die Peloponnes-Mauereidechsen auf dem Rücken einen schönen Metallglanz. Es kommen auch fast zeichnungslose Tiere mit spangrünem Rücken und bronzefarbenen Seiten vor, die eine Netzzeichnung kaum noch erkennen lassen. Die Bauchseite ist meist völlig ungefleckt und weißlich oder bei vielen Männchen auch orange bis ziegelrot.

Vorkommen: Endemisch auf den Pelo-

141 *Podarcis peloponnesiaca*, juv.

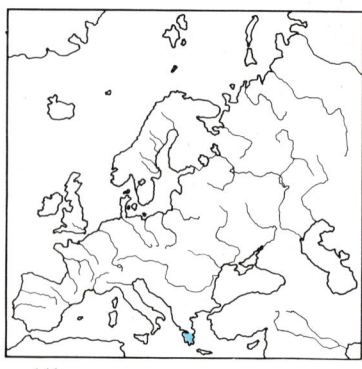

zu 141

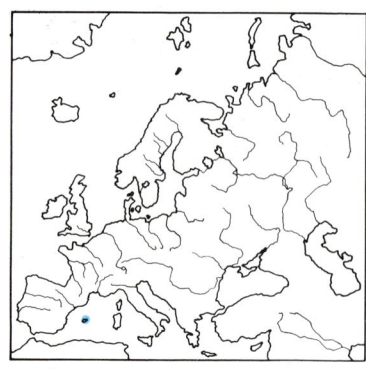

zu 142

ponnes beschränkt. Sie bewohnt trockenere Biotope unterschiedlichster Art von der Meeresküste bis in etwa 1 600 m Höhe im Gebirge und kommt als Bodeneidechse, die ungern klettert, z. B. in antiken Ruinen, in Olivenhainen und an Straßenböschungen sehr häufig vor.

Lebensweise: Die Nahrung besteht aus Insekten, Spinnen und Asseln geeigneter Größe. Die Männchen sind gegeneinander sehr aggressiv. Ende Juli, Anfang August konnten frisch geschlüpfte Jungtiere beobachtet werden. Weitere Einzelheiten über die Fortpflanzung sind nicht bekannt.

Besonderes: Es wurden 4 Unterarten anhand unterschiedlicher Farb- und Zeichnungsmuster sowie Beschuppungsmerkmale beschrieben, die aber umstritten sind.

142 *Podarcis perspicillata*
Brilleneidechse

Kennzeichen: Kleine Eidechse mit einer Kopf-Rumpf-Länge von nur etwa 5 cm (Schwanz nicht ganz die doppelte Körperlänge), die von allen anderen europäischen Eidechsenarten durch den Besitz eines durchsichtigen „Fensters" (Brille!) im unteren Augenlid und 10 Längsreihen von Bauchschildern unterschieden ist.

Der abgeflachte Körper kann oliv- oder bronzefarben, grün bis blaugrün oder schwarzbraun sein und sowohl zwei breite, helle Längsstreifen als auch kleine oder größere dunkle Flecken oder ein Netzmuster aufweisen. Gelegentlich kommen völlig zeichnungslose Exemplare vor. Die Unterseite ist weißlich (grünlich oder bläulich) und häufig schwarz gefleckt.

142a *Podarcis p. perspicillata*

a

b ♂

♀

a 143b *Podarcis pityusensis*
  formenterae ♂
b 143a *Podarcis p. pityusensis*
c 143c *Podarcis pityusensis maluquerorum* ♂

Vorkommen: In Europa nur auf Menorca (Balearen), wo sie durch den
Menschen eingeschleppt wurde. Ihr na-
türliches Verbreitungsgebiet liegt in
Nordwestafrika (Marokko und Algerien). Sie besiedelt Berghänge, Felsen
und Geröllhalden und dringt auch in
menschliche Ansiedlungen vor. Geschickt klettert sie an Baumstämmen
bis in die Wipfel. Sie fehlt in sehr trok-
kenen Biotopen.

c

Lebensweise: Die Nahrung der Brilleneidechse besteht vor allem aus Insekten, die auch im Flug mit geschickten Sprüngen erbeutet werden. Daneben nimmt sie gelegentlich auch saftige Früchte auf. Die Paarungszeit beginnt bereits im zeitigen Frühjahr, Eiablagen erfolgen im Juni (2 bis 4 Eier pro Gelege, Eidurchmesser etwa 7 mal 11,5 mm), so daß im Juli/August die Jungen schlüpfen. Die Brilleneidechsen sind ganzjährig aktiv und auch in den Wintermonaten bei sonnigem Wetter zu beobachten.

Besonderes: Die Brilleneidechse wird z. T. auch in der Gattung *Lacerta* als eigene Untergattung *Scelarcis* geführt. Auf Menorca lebt die auch in Nordwestafrika heimische Nominat-Unterart.

143 *Podarcis pityusensis*
Pityusen-Eidechse

Kennzeichen: Erreicht selten Kopf-Rumpf-Längen von 7 bis 8 cm; der Schwanz weist etwa doppelte Körperlänge auf. Von der Balearen-Eidechse (137) unterscheidet sie sich durch den Besitz von verhältnismäßig groben, länglich sechseckigen und meist schwach gekielten Rückenschuppen (in der Regel weniger als 70 Reihen quer über den Rücken, bei der Balearen-Eidechse mehr als 70 bis 90 Reihen). Die mittelgroße, nicht abgeflachte Eidechse hat einen relativ kleinen Kopf. Ihre

zu 143

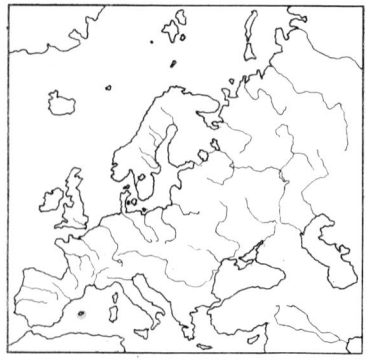

Färbung ist recht variabel, und besonders die verschiedenen kleinen Inselpopulationen können sehr stark differieren. Die Grundfarbe des Rückens ist meist grün, aber auch bräunlich oder grau. Als Zeichnung treten meist 3, oft netzartige dunkle bis schwarze Streifen auf. Auch die Flanken zeigen dunkle Fleckenreihen und oft blaue äußere Bauchschuppen. Die Bauchseite kann grau, gelb, orange, rötlich oder grünlich sein und ist gelegentlich gefleckt. Die Kehle trägt meist Flecken. Wie die Balearen-Eidechsen neigen auch die Pityusen-Eidechsen zum Melanismus, so daß häufiger Tiere mit schwarzem, dunkelbraunem oder bläulichem Rükken und bläulichem Bauch auftreten.

Vorkommen: Die zur spanischen Provinz Balearen gehörende Inselgruppe der Pityusen (Ibiza, Formentera und dazugehörende kleinere Inseln). Sie bewohnt ferner die kleine Insel Las Isoletas in der Nähe der Balearen-Hauptinsel Mallorca, auf der sie eingeschleppt wurde. Ihr Lebensraum reicht von Legesteinmauern, Ruinen, Hecken und Gebüsch über Ödland bis zum nahezu nackten Fels auf kleinen Inseln.

Lebensweise: Die Nahrung besteht aus Insekten und einem größeren Anteil pflanzlicher Zukost. Die Fortpflanzung wird der anderer Mauereidechsen mit ähnlicher Lebensweise, z. B. der Ruineneidechse (144), entsprechen.

Besonderes: Die Aufsplitterung des Verbreitungsgebietes auf zahlreiche kleine Inseln führte zur Herausbildung unterschiedlicher Phänotypen (z. B. Riesenwuchs und Zwergformen), was zur Beschreibung von über 30 Unterarten führte. Als Beispiel seien erwähnt **143 b** *P. p. formenterae* von Formentera, die Nominatform **193 a** von Ibiza und die melanistische **143 c** *P. p. maluquerorum* von den drei Bleda-Inseln bei Ibiza.

144 *Podarcis sicula*
Ruineneidechse

Kennzeichen: In Zeichnung und Färbung eine außerordentlich variable Eidechse. Sie erreicht in den südlichen

Verbreitungsgebieten oft Kopf-Rumpf-Längen bis 9 cm (bleibt im Norden gewöhnlich unter 7 cm). Die Länge des Schwanzes überschreitet meist die doppelte Körperlänge. Der Kopf ist deutlich abgeflacht. Die Grundfärbung des Rückens und der Seiten kann sowohl grün in verschiedenen Abtönungen, oliv, gelblich und grau als auch bräunlich sein. Als Zeichnungsmuster treten dunkelbraune bis schwarze Makeln und Flecken auf, die ein zusammenhängendes Netzwerk bilden oder zu Längsstreifen zusammentreten können. Bei den Weibchen ist eine Längsstreifung oft deutlicher erkennbar. Die dunkle Fleckenzeichnung kann jedoch auch so dicht sein, daß die Tiere aus einiger Entfernung völlig schwarz wirken. Helle Rückenseitenstreifen sind, besonders bei Tieren aus nördlichen Verbreitungsgebieten, häufig mehr oder weniger vollständig vorhanden. Im Unter-

144b *Podarcis sicula campestris*

Ma

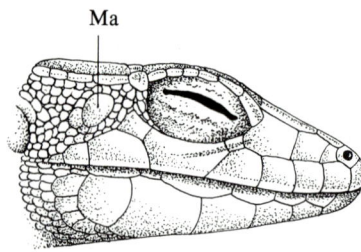

Podarcis sicula (144)
kleine Schläfenplatte (Ma), vergleiche auch
Podarcis melisellensis (138)

schied zur Sizilianischen Mauereidechse (147) sind sie bei den Ruineneidechsen von Sizilien aber meist nur undeutlich oder fehlen ganz. Auch im jugoslawischen Verbreitungsgebiet kann dieses Merkmal zur Unterscheidung von den meist deutliche Rückenseitenstreifen besitzenden Adriatischen Mauereidechsen (138) benutzt werden. Es kommen aber auch mehr oder weniger ungezeichnete, einfarbige Tiere vor. Berühmt sind die oberseits schwarzen, unterseits meerblauen Exemplare der Population aus dem Faraglioni-Felsen und die kornblumenblauen der Faraglioni-Insel bei Neapel.

Die fast immer ungefleckte Unterseite, ein Unterschied zur Mauereidechse (140) ist meist weißlich, kann aber auch ins Gelbliche und Grünliche gehen. Gelegentlich, vor allem bei Individuen von Inselpopulationen, ist sie auch röt-

zu 144

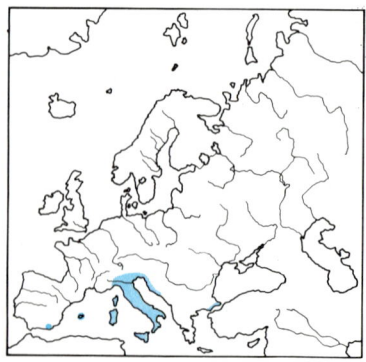

lich bis ziegelrot gefärbt. Die äußeren Bauchschildreihen können blaue und schwarze Flecken tragen. Männliche Tiere haben oft auffallende blaue, schwarz eingefaßte Schulterflecken über den Vorderbeinen.

Vorkommen: Apenninnen-Halbinsel und Norditalien, an der östlichen Adriaküste (südlich bis Dubrovnik), auf Sizilien, Sardinien, Korsika, Elba sowie vielen kleinen tyrrhenischen und adriatischen Inseln, der Isle d'If bei Marseille und an den Küsten und auf den Inseln des Marmara-Meeres. Eingeschleppt ist die Ruineneidechse in Südostspanien bei Almeria und auf Menorca (Balearen). Außerhalb Europas finden sich durch den Menschen verbreitete, isolierte Populationen an der libyschen und tunesischen Küste sowie in den USA um Philadelphia und auf Long Island, New York. Die Ruineneidechsen sind in ihren ökologischen Ansprüchen sehr variabel und kommen sowohl im Flachland, z. T. unmittelbar an der Meeresküste, als auch im Bergland bis etwa 1300 m Höhe vor (auf Sizilien am Ätna bis 1800 m Höhe). Sie leben im Grasland, an Straßenböschungen und Wegrändern, in Parklandschaften und Gärten, aber auch auf felsigem Gelände, in Steinbrüchen, auf Geröllhalden, an Mauern und Flußufern. Bei gemeinsamem Vorkommen mit der Mauereidechse (140) lebt diese mehr an kahlen Flächen, während die Ruineneidechse in den stärker bewachsenen Zonen zu finden ist.

Lebensweise: Die aus verschiedenen Insekten (auch Ameisen) und Spinnentieren bestehende Nahrung wird durch einen größeren Anteil an pflanzlicher Kost ergänzt. Eine Winterruhe wird von Oktober/November bis Februar/ März gehalten. Ab April bis Juni erfolgt die Eiablage in Löchern und selbstgegrabenen Höhlungen unter Büschen und Wurzelwerk oder in Mauerlöchern u. ä. Bei günstigen Witterungsverhältnissen soll eine bis zu 5malige Eiablage möglich sein. Ein Gelege besteht aus 3 bis 12 Eiern (Durchmesser

145a *Podarcis t. taurica*

♂

♂, ohne Zeichnung

♀

145c *Podarcis taurica ionica* ♂

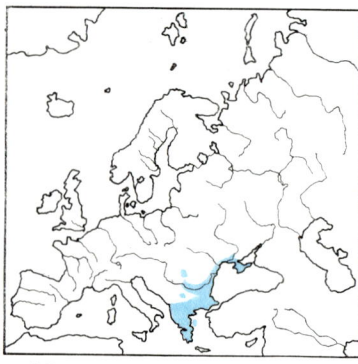

zu 145

10 bis 12 × 5 bis 6 mm), aus denen nach 9 bis 11 Wochen Ende Juli bis Anfang September die 56 bis 65 mm großen Jungen schlüpfen. Die Weibchen sind nach 2 Jahren geschlechtsreif.

Besonderes: Die Ruineneidechse ist offenbar eine sehr anpassungsfähige Art, die durch Verschleppung leicht neue Lebensräume besiedelt, so daß möglicherweise auch noch weitere Fundorte bekannt werden. Von ihr wurden bisher 39 Unterarten beschrieben. Weit verbreitet sind die Nominatform **144a** von Mittelitalien bis Sizilien und **144b** *P. s. campestris* von Mittelitalien nordwärts und ostwärts bis Mittel-Dalmatien.

145 *Podarcis taurica*
Taurische Eidechse, Krimeidechse

Kennzeichen: Ein relativ großer Vertreter der Mauereidechsen. Die Gesamtlänge kann bis 25 cm betragen, wobei 16 cm auf den Schwanz entfallen. Der Kopf und der Körper sind im Gegensatz zu vielen anderen Arten kaum abgeflacht. Diese Eidechse kann durch das meist deutlich gezähnte Halsband von ähnlichen Arten in ihrem Verbreitungsgebiet unterschieden werden. Der in der Regel ungefleckte Rücken ist besonders im vorderen Bereich meist mehr oder weniger kräftig gras- bis olivgrün, der hintere Teil und die Seiten braun mit dunklen bis schwarzen Flek-

ken gefärbt. An jeder Seite fallen 2 weiß- bis gelbliche Strichlinien auf. Flecken- und Streifenzeichnung können, besonders bei Tieren aus dem Süden des Verbreitungsgebietes, auch fehlen. An den Flanken und Schultern sind oft blaue Flecken vorhanden. Der ungefleckte Bauch ist bei den Weibchen weißlich, bei den Männchen orange, rot oder gelb gefärbt. Die Jungen sind nicht grünrückig und stärker gestreift.

Vorkommen: In Europa auf der Balkanhalbinsel (im Norden bis Ungarn), südwestliche Sowjetunion und Ionische Inseln, außerdem inselartig an der Küste des nordwestlichen Kleinasiens. Sie bewohnt nicht zu trockenes, mit Gras und Gebüsch bewachsenes Gelände, Parkanlagen, Straßenränder, Waldlichtungen und locker bepflanzte Sanddünen, auch Brach- und Kulturland. Sie klettert kaum und fehlt in rein felsigen Biotopen.

Lebensweise: Die Nahrung besteht im wesentlichen aus Insekten und Spinnen. Die Weibchen legen im Mai bis Juli 2 bis 6 Eier (Durchmesser 6 bis 8 × 9 bis 15 mm), aus denen nach 2 Monaten die Jungen schlüpfen. Sie erreichen die Geschlechtsreife nach der 2. Überwinterung. Im Gelände sind die voll erwärmten Tiere sehr schnell und in ihrem unübersichtlichen Lebensraum nicht leicht zu beobachten.

Besonderes: Außer der Nominatform **145a** werden noch die Unterarten **145c** *P. t. ionica* von Albanien, Griechenland und den Ionischen Inseln, **145d** *P. t. thasopulae* von der Insel Thasopulos, Nordägäis, und **145b** *P. t. gaigeae* von Skyros, Nordägäis, unterschieden. Letztere stellen verschiedene Autoren auch als Unterart zur Ägäischen Mauereidechse (134) bzw. erheben sie sogar in den Rang einer eigenen Art.

146 *Podarcis tiliguerta*
Tyrrhenische Mauereidechse
Kennzeichen: Eine zierliche, nicht abgeflachte Art (Kopf-Rumpf-Länge bis 6,5 cm, Schwanz doppelt so lang), die

trotz ihrer sehr variablen Zeichnung und Färbung von der im gleichen Verbreitungsgebiet auch vorkommenden Ruineneidechse (144) und der Tyrrhenischen Gebirgseidechse (100) meist gut zu unterscheiden ist. Die Rückenschuppen zwischen den Hinterbeinen sind nicht oder nur schwach gekielt, und die Oberschläfenschilder sind bei erwachsenen Tieren deutlich auf die Kopfseiten herabgebogen. Die weißliche, gelbe, orange oder rote Unterseite weist dunkle Flecken, besonders an der Kehle, auf.

Die Grundfarbe der Oberseite kann braun sein (besonders bei Weibchen) oder, zumindest teilweise, grün (viele Männchen). Helle Rückenseitenstreifen sind in der Regel mehr oder weniger gut ausgeprägt. Schwarze Zeichnungselemente können zu Streifen zusammentreten, aber den Körper auch netzartig überziehen oder nahezu völlig verschwinden. Kleine Inselpopulationen sind oft düster gefärbt. Über der Schulter und an den Flanken der Männchen finden sich häufig leuchtend blaue Flecken.

Vorkommen: Endemisch auf Korsika, Sardinien und den vorgelagerten Inseln. Sie besiedelt trockenere Biotope, die z. T. mit dichtem Buschwerk bewachsen sind. Auf Geröllfeldern, Legesteinmauern, Felsen, Straßen- und Feldrändern von der Meeresküste bis in etwa 1 800 m Höhe.

Lebensweise: Ähnelt derjenigen der

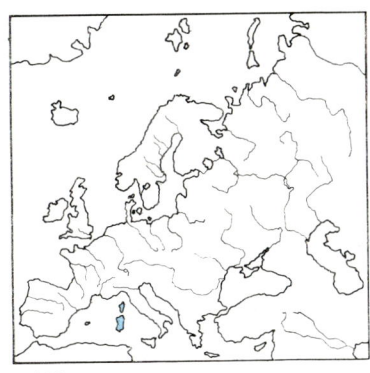

zu 146

Mauereidechse (140). Die Winterruhe dauert vom Spätherbst bis Ende Februar/Anfang März. Im April, teilweise erst im Mai, paaren sich die Tiere, wobei die Männchen ein ausgeprägtes Territorialverhalten zeigen. Ein Gelege besteht aus 6 bis 12 ovalen, 10 bis 16 mm langen Eiern, deren Zeitigung temperaturabhängig 2 bis 3 Monate dauern kann.

Besonderes: Die Tiere der südwestlich von Sardinien gelegenen Insel Toro werden als eigene Unterart **146b** *P. t. toro* aufgefaßt, während im übrigen Teil des Areals die Nominatform **146a** lebt.

147 *Podarcis wagleriana*
Sizilianische Mauereidechse
Kennzeichen: Besitzt im Gegensatz zu der im gleichen Verbreitungsgebiet vor-

146a *Podarcis t. tiliguerta*

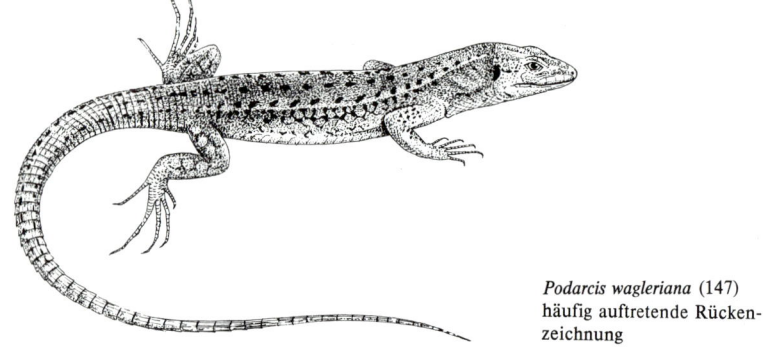

Podarcis wagleriana (147) häufig auftretende Rückenzeichnung

kommenden ähnlichen Ruineneidechse (144) gut ausgebildete, helle Rückenseitenstreifen. Mit 7,5 cm Kopf-Rumpf-Länge (Schwanz doppelt so lang) bleibt sie außerdem etwas kleiner und ist weniger abgeflacht als die Ruineneidechse. Die Oberseite ist meist grün, bei den Weibchen jedoch mehr oliv oder braun. Auf dem Rücken können sich 1 bis 3 dunkle Fleckenstreifen, teilweise auch unvollständig, befinden. Die Seiten sind dunkler getupft oder genetzt und tragen häufig einzelne blaue Flecken. Es kommen jedoch auch zeichnungslose Tiere vor. Die Bauchseite ist weißlich, bei den Männchen aber oft ins Rötliche gehend, und, zumindest an der Kehle, schwarz gefleckt.

Vorkommen: Endemisch auf Sizilien (ohne den Nordosten) und den benachbarten Ägadischen und Liparischen Inseln. Sie bewohnt hauptsächlich ebenes, mit Gras bewachsenes Gelände und klettert kaum an Felsen. In Vulkannähe werden aber auch die trockenen Lavaschichten und Aschefelder besiedelt. Ihre obere Verbreitungsgrenze liegt in der Regel bei 1 100 m, gelegentlich kommt sie aber bis 1 500 m Höhe vor.

Lebensweise: Die Hauptnahrung besteht aus Spinnen und Insekten (besonders Fliegen, Käfer und Schmetterlinge).

147a *Podarcis w. wagleriana* ♂

Die Winterruhe dauert in der Regel von Ende Oktober bis März. Im April bis Juni werden die 4 bis 6 Eier (Durchmesser 8 bis 9 × 11 bis 13 mm) abgelegt, aus denen nach etwa 2½ Monaten die Jungen mit einer Größe von 5,5 bis 6 cm schlüpfen.

Besonderes: Die auf der Insel Vulcano lebenden Sizilianischen Mauereidechsen sind bräunlich und besitzen nur undeutliche helle Rückenseitenstreifen. Sie wurden als eigene Unterart **147b** *P. w. antoninoi* beschrieben. Neben der Nominatform **147a** ist als dritte Unterart **147c** *P. w. marettimensis* von der Insel Marettimo bekannt.

zu 147

Gattung *Psammodromus* Sandläufer

Kleinere, unscheinbar gefärbte Echsen, deren Rücken und Flanken mit großen, rhombischen und stark gekielten Schuppen bedeckt sind, die sich auffallend schindelartig überlagern. Im Unterschied zu den Kielechsen fehlt das Halsband vollständig oder ist bis auf kurze Falten vor den Vorderbeinen reduziert. Das 1. Oberlippenschild reicht nach oben bis zum Nasenloch. In Europa leben 2 der insgesamt 4 Arten umfassenden Gattung.

zu 148

148 *Psammodromus algirus*
Algerischer Sandläufer

Kennzeichen: Eine robuste Echse, die durch ihren außerordentlich langen und dünnen, etwas steif wirkenden Schwanz und die großen, mehr oder weniger stark gekielten, sich schindelartig überlagernden Rücken- und Seitenschuppen auffällt. Obwohl die Kopf-Rumpf-Länge nur bis 7,5 cm mißt, beträgt die Gesamtlänge maximal 27 cm, denn der Schwanz erreicht das 2- bis 3fache der Körperlänge. Ein Halsband fehlt. Die Schuppen hinter der Ohröffnung sind gekielt.

Die Färbung ist wenig variabel. Der Rücken ist bronzefarben bis kaffeebraun. An den Seiten befinden sich meist je 2 ockerfarbene oder weißgelbliche Streifen, die von 2 dunkelbraunen oder braunschwarzen Streifen gesäumt werden. Häufig ist noch ein dunkler Mittelstreifen auf dem Rücken zu erkennen. Die Bauchseite ist weißlich, kann aber auch ins Grüne gehen. Das gesamte Schuppenkleid zeigt einen auffallenden metallischen Glanz. Das Männchen hat hinter den Vorderbeinen häufig einzelne blaue Schuppen oder größere blaue Flecken. Zur Paarungszeit färben sich seine Kehle und die Kopfseiten orange bis rötlich, die Brust gelblich. Die Jungtiere entsprechen in der Färbung weitgehend den Erwachsenen, besitzen jedoch häufig einen orangefarbenen Schwanz.

Vorkommen: Auf der Iberischen Halbinsel weit verbreitet und stellenweise die häufigste Echsenart, die jedoch wegen

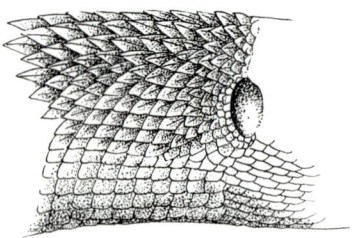

Psammodromus algirus (148)
gekielte Schuppen an der Halsseite

ihrer unauffälligen Färbung und der Angewohnheit, bei Beunruhigung sich zunächst abwartend zu verhalten, oft übersehen wird. Außerdem wird der Algerische Sandläufer noch im nordwestlichen Afrika gefunden. Die Tiere leben vorzugsweise an und in Büschen wie Cistrosen, Stechginster und Brombeersträuchern, dringen aber auch in gehölzarmes Gelände oder in das Unterholz der Pinienwälder vor.

Lebensweise: Die Nahrung besteht im wesentlichen aus Insekten und Spinnen, die von den geschickt kletternden Tieren im Unterholz oder im Gestrüpp erbeutet werden. Nach der Winterruhe beginnt bereits im zeitigen Frühjahr die Paarung. Ende Juni, Anfang Juli legen die Weibchen 8 bis 11 relativ kleine, kugelförmige Eier, möglicherweise im Spätsommer ein 2. Gelege.

Besonderes: Algerische Sandläufer können quiekende Laute ausstoßen, wenn sie im Gelände ergriffen werden. Die europäische Form gehört zur Nominat-Unterart *P. a. algirus.*

149 *Psammodromus hispanicus*
Spanischer Sandläufer

Kennzeichen: Mit einer Kopf-Rumpf-Länge von maximal 5 cm und einer Schwanzlänge von 10 cm deutlich kleiner als der Algerische Sandläufer (148). Ein Halsband ist nur an den Seiten erkennbar. Die Schindelung der gekielten

148a *Psammodromus a. algirus*

♀

♂

149a *Psammodromus h. hispanicus*

Rumpfschuppen ist wegen deren Kleinheit nicht immer deutlich zu sehen. Die hinter der Ohröffnung liegenden Schuppen sind körnig.

Die ziemlich variable Grundfärbung ist meist braun oder aschgrau. Auf dem Rücken können weiße Streifen oder Strichel und ein schwarzes Barrenmuster auftreten. Andere Tiere zeigen an den Seiten je 2 gelbliche Längsstreifen mit weißen und schwarzen Flecken auf dem Rücken. Es kommen jedoch auch fast zeichnungslose Exemplare vor. Der Bauch ist weißlich. Die Männchen bekommen in der Paarungszeit grünliche Flanken.

Vorkommen: Außer auf der Iberischen Halbinsel auch an der französischen Mittelmeerküste und im unteren Rhônetal. Er bevorzugt sandige Böden des flachen Landes (nicht über 1 500 m in Spanien), die mit niedrigen Sträuchern und Stauden bewachsen sind.

Lebensweise: Im freien Gelände können sie über größere Strecken sehr schnell rennen. Bei Gefahr vergraben sie sich flink zwischen den Wurzelstöcken ihrer Wohnpflanzen oder im losen Sand. Die Nahrung besteht vorwiegend aus Insekten und Spinnen entsprechender Größe. Über die Fortpflanzung ist wenig bekannt. Die Weibchen setzen wahrscheinlich 2mal im Jahr ein aus 3 bis

6 Eiern bestehendes Gelege ab, aus denen nach etwa 48 Tagen Anfang Juni bzw. Ende Juli/Anfang August die Jungen schlüpfen.

Besonderes: Wie die Algerischen Sandläufer (148) vermögen sie quiekende

Psammodromus hispanicus (149)
körnige Schuppen an der Halsseite

zu 149

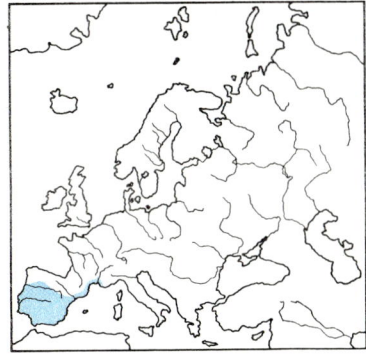

Laute hervorzubringen, wenn sie ergriffen werden. In der Paarungszeit sollen sie jedoch derartige Rufe auch spontan ausstoßen.

Gegenwärtig werden 2 Unterarten unterschieden: **149a** *P. h. hispanicus* (Portugal, West- und Südspanien) und **149b** *P. h. edwardsianus* (Nordostspanien und Südwestfrankreich).

Familie *Scincidae*
Glattechsen, Skinke

Die Glattechsen des Gebietes werden ihrem Trivialnamen voll gerecht. Ihr gesamter Körper ist von dicht anliegenden, sehr glatten Schuppen bedeckt. Sie verleihen den Tieren ein porzellanartiges oder metallisches Aussehen. Die Schuppen sind mit kleinen Hautknochen unterlegt, so daß ein verhältnismäßig fester Panzer den gesamten Körper umkleidet.

Die Glattechsen, die hier behandelt werden, sind Bodenbewohner. Ein Teil von ihnen führt sogar zeitweise oder weitgehend eine unterirdische Lebensweise. Sie können in der Regel sehr gut wühlen, wozu ihnen neben dem als Vortriebskeil geformten Kopf mit einer mehr oder weniger unterständigen Maulspalte auch die mitunter recht kräftigen Vordergliedmaßen als Grabfüße dienen können. So legen sie weitläufige und bisweilen tiefe Wohnröhren an. Andere Skinke bewegen sich schlängelnd am Boden. Sie zeichnen sich dadurch aus, daß ihre Gliedmaßen zu kleinen Anhängseln reduziert wurden. Sie werden bei dieser Bewegungsweise seitlich angelegt und sind funktionslos.

Der Schlangenskink (157) hat überhaupt keine Gliedmaßen mehr und erinnert in seiner Gestalt genau wie die Erzschleiche (153) am ehesten an die Blindschleiche (86). Sie haben aber stammesgeschichtlich und damit verwandtschaftlich nichts mit ihr zu tun. Sie verkörpern nur Beispiele für übereinstimmende Gestaltausprägung infolge übereinstimmender Lebensweise

bei sehr unterschiedlicher stammesgeschichtlicher Herkunft.

Die Fähigkeit zur Autotomie des Schwanzes (selbständiges Abwerfen) ist bei unseren Skinken unterschiedlich stark entwickelt. Während die Natternaugen-Skinke den Schwanz sehr leicht autotomieren, haben die Tüpfelskinke (154) nur sehr geringe Neigung dazu. Die Walzenskinke und Mabuyen müssen ebenfalls recht vorsichtig behandelt werden.

Die Glattechsen des Gebietes ernähren sich von Gliederfüßern aller Art. Einige fressen auch gern Gehäuseschnecken, die sie mit ihrem kräftigen Gebiß zerbeißen. Die Fortpflanzung erfolgt auf sehr verschiedene Weise. Einige Arten legen pergamentschalige Eier ab, während die meisten Arten voll entwickelte Jungtiere gebären. Von den über 600 Arten der Familie, die sich auf etwa 75 Gattungen verteilen, kommen im Gebiet nur 8 Arten vor, die zu 5 Gattungen gehören.

Bestimmungsschlüssel der Gattungen

1 Ohne Gliedmaßen, Körper schlangenähnlich; Ohröffnung nicht sichtbar   *Ophiomorus* (S. 331)
1' Gliedmaßen vorhanden, mitunter stark verkümmert, Körper im letzten Falle schlangenähnlich, sonst echsengemäß. Ohröffnung sichtbar   2
2 Augenlider zu einer Kapsel verwachsen („Schlangenaugen")   *Ablepharus* (S. 321)
2' Augenlider frei beweglich, daher verschließbares Auge   3
3 In der Rückenmitte zwei Längsreihen breiterer Schuppen   *Eumeces* (S. 328)
3' In der Rückenmitte gleichgroße Schuppen in 8 Längsreihen   4
4 Nasenlöcher berühren das Zwischenkieferschild nicht; nur im Kaukasusgebiet   *Mabuya* (S. 329)
4' Nasenlöcher berühren das Zwischenkieferschild; weitverbreitet im Süden des Gebietes mit Ausnahme des Kaukasusraumes
        Chalcides (S. 323)

Gattung *Ablepharus*
Natternaugen-Skinke

Diese Gattung umfaßt die kleinsten Glattechsen (mit Gesamtlängen bis 13,5 cm) des Gebietes. Kennzeichnend ist der sehr schlanke, schleichenartig gestreckte Körper und der an der Basis genauso dicke, lange Schwanz. Die kleinen Gliedmaßen sind sehr schwach ausgebildet, tragen aber noch die komplette Anzahl der Finger und Zehen. Arme und Beine sind zwar weit voneinander entfernt und werden bei Schlängelbewegungen nicht mehr verwendet, sind aber zum Laufen noch zu gebrauchen. Namensgebend sind die zu einer durchsichtigen Kapsel verwachsenen Augenlider, die dem Auge das Aussehen eines Schlangenauges verleihen.

Natternaugen-Skinke leben ausschließlich am Boden zwischen niedrigem Rasen, Steingeröll mit lichtem Bewuchs oder auch in der Fallaubschicht lichter Laubwälder. Die Fortpflanzung der Gattungsangehörigen erfolgt durch Eier, die sich im Erdboden entwickeln.

Im Gebiet kommen 2 der 4 Arten der Gattung vor.

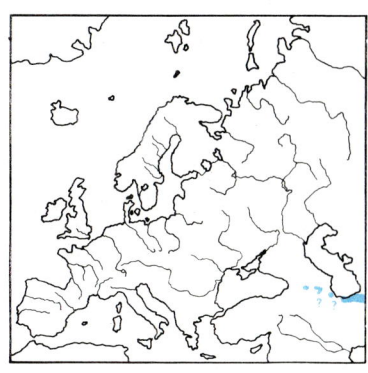

zu 150

Bestimmungsschlüssel der Arten

1 Augenschuppenring umfaßt das Auge gänzlich, um die Rumpfmitte liegen 22 bis 28 Schuppen
150 *A. bivittatus*
1' Augenschuppenring ist auf eine halbkreisförmig hinter dem Auge gelegene Schuppengruppe reduziert, um die Rumpfmitte liegen 18 bis 22 Schuppen 151 *A. kitaibeli*

150 *Ablepharus bivittatus*
Gestreiftes Natternauge
Kennzeichen: Die Gesamtlänge des gattungstypisch gebauten Skinks erreicht 13 cm. Etwa 55 bis 66 % davon entfallen auf die Schwanzlänge. Die braune Grundfarbe irisiert bronzeartig. Über den Rücken und den Schwanz ziehen sich 4 Längsreihen aus kleinen weißen Strichen. Die Bauchseite ist bräunlich bis gelblich. Während der Paarungszeit verfärbt sie sich bei den Männchen in ein kräftiges Goldorange bis Rotbraun.

Die Art ist leicht zu verwechseln mit der Johannisechse (151). Eine zuverlässige Unterscheidung gestatten die im Bestimmungsschlüssel genannten Merkmale. Eine Verwechslung mit anderen Skinken ist aufgrund der „Natternaugen" ausgeschlossen.

Vorkommen: Im Gebiet nur in isolierten Populationen in Armenien und in Aserbaidshan, außerhalb im nordwestlichen Iran. Die Art bewohnt trockene, stei-

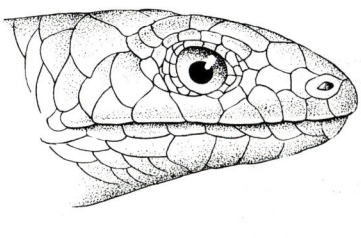

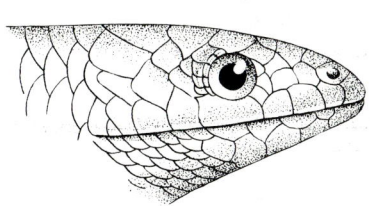

Seitenansicht der Köpfe von
Ablepharus bivittatus (150), *Ablepharus kitaibeli* (151)
Beachte die Schuppen rings um das Auge!

nige Hänge, die mit geringem Bewuchs stacheliger Stauden und Sträucher durchsetzt sind. Die Höhenverbreitung erreicht in Armenien 2 000 m.

Lebensweise: Weitgehend mit der der Johannisechse (151) übereinstimmend. Nahrungspalette und Fortpflanzungsweise gleichen sich ebenso wie die zahlreichen Freßfeinde. In Abhängigkeit von der Höhenlage kann die im Oktober beginnende Winterruhe bis in den April oder auch Anfang Mai dauern.

der Unterarten: **151 a** *A. k. kitaibeli,* zeichnungslos oder mit feinen Linien aus kleinen Punkten, die am Hinterrand jeder einzelnen Schuppe liegen, **151 d** *A. k. fitzingeri,* mit 4 durchlaufenden dunklen Linien, **151 e** *A. k. stepaneki* und **151 b** *A. k. chernovi,* mit 4 unterbrochenen dunklen Längslinien, die auf jeder Schuppe etwa die Hälfte der Länge einnehmen. Die beiden letzten Unterarten unterscheiden sich aber durch folgende Merkmale: *A. k. stepaneki* mit 20 Schuppen um die Rumpf-

151a *Ablepharus k. kitaibeli*

151 *Ablepharus kitaibeli*
Johannisechse
Kennzeichen: Gehört zu den kleinsten Echsen unseres Gebietes. Die Gesamtlänge erreicht selten 12 cm, meist ist sie geringer. Mehr als die Hälfte bis $\frac{2}{3}$ davon entfallen auf den Schwanz. Der gattungstypisch sehr dicke Schwanz, dessen Beginn sich nicht vom Rumpf absetzt, endet allmählich in einer sehr fein ausgezogenen Spitze. Die Schuppen des Rumpfes überdecken sich dachziegelartig. Die Grundfarbe der Oberseite ist braun bis oliv und irisiert auffällig metallisch, am ehesten dem Farbspiel patinierter Bronze vergleichbar. Die Oberseite wird gegenüber den Flanken durch einen dunklen Trennstreifen auf jeder Seite scharf begrenzt. Der Trennstrich beginnt bereits an den Kopfseiten und zieht vom Nasenloch über das Auge ununterbrochen entlang der Flanken und Schwanzseiten bis zur Schwanzspitze. Die Zeichnung des so eingefaßten zentralen Rückenfeldes erlaubt weitgehend die Unterscheidung

mitte, Bauchseite schmutzig weiß bis graugrün bzw. graubläulich, *A. k. chernovi* 18 bis 19 Schuppen um die Rumpfmitte, Bauchseite hell rötlichbraun bis orange. Diese Unterart ist nur mit dem sehr ähnlichen Gestreiften Natternauge (150) zu verwechseln, zumindest im Kaukasus, wo sie benachbart vorkommen. Eine sichere Unterscheidung gewährleisten aber die Schlüsselmerkmale (s. S. 321).

Vorkommen: Von Mitteleuropa (Südosten der ČSSR, Ungarn) über die Balkan-Länder bis in die Ägäis. In Kleinasien, in Vorderasien südwärts bis zur Sinai-Halbinsel, nordwärts bis nach Armenien.

Die bevorzugten Habitate sind niedrige Trockenrasen-Gesellschaften, Schotterflächen mit spärlicher Vegetation, wo die Echsen unter Steinen oder Grasbülten Unterschlupf finden, oder auch Fallaub-Ablagerungen in lichten Laubwäldern, wo sie ausgezeichnete Lebensbedingungen hinsichtlich ihrer Temperatur- und Feuchtigkeitsansprüche verbunden mit einem reichen Nahrungsangebot vorfinden.

Lebensweise: Die Sonne und Wärme liebenden Skinke sind tagaktiv. Sie bevorzugen die Morgen- und Nachmittagsstunden zum Aufenthalt im Freien, während der Mittagshitze hingegen halten sie sich verborgen. Sie jagen kleine Gliederfüßer aller Gruppen, besonders gern Spinnen, verzehren aber auch Regenwürmer. Die Weibchen legen 2 bis 4 Eier im Boden ab, aus denen nach 2 Monaten die etwa 33 mm langen Jungtiere schlüpfen. Sie erreichen nach 1½ Jahren die Geschlechtsreife. Die Lebenserwartung liegt bei 3 bis 4 Jahren. Zahlreich sind die Freßfeinde: neben größeren Eidechsen alle im gleichen Habitat lebenden Landschlangen, verschiedene Vögel (vor allem Sing-, Raben- und Hühnervögel) und Kleinsäuger (z. B. Spitzmäuse, Mauswiesel, Igel). Die Winterruhe dauert von Oktober bis März in Abhängigkeit von der geographischen Lage.

Besonderes: Es werden 5 Unterarten unterschieden: **151 d** *A. k. fitzingeri* in der ČSSR und Ungarn (diese Form ist infolge ihres kleinen Areals besonders gefährdet und schutzwürdig), **151 e** *A. k. stepaneki* Balkan-Halbinsel, **151 c** *A. k. fabichi* Ost-Ägäis (Kasos, Karpathos, Amathia und Mikronisi) und **151 b** *A. k. chernovi* in Armenien und dem Nordosten der Türkei (im Rotbuch der UdSSR verzeichnet!). Die Nominatform **151 a** bewohnt den Peloponnes, Attika, die Kykladen, die südlichen Sporaden, Kleinasien und Zypern.

Gattung *Chalcides*
Walzenskinke

Sie umfaßt in unserem Gebiet 3 recht unterschiedliche Glattechsen. Während 2 davon typische Echsengestalt mit normal entwickelten, funktionstüchtigen Gliedmaßen haben, ist die dritte von schlangenähnlicher bzw. schleichenähnlicher Gestalt und hat nur noch stark rückgebildete, funktionsgeminderte Gliedmaßen. Diese Reduktion stellt ein Beispiel für die Rückbildung der Gliedmaßen innerhalb einer sehr engen Verwandtschaftsgruppe dar, die trotzdem verschieden weit fortgeschritten sein kann. Andere Gattungen der Skinke sind Parallelbeispiele, so die auch in Europa vertretene Gattung *Ophiomorus*. Mit der unterschiedlichen Gestalt geht eine unterschiedliche Lebensweise einher. Gemeinsam ist jedoch allen Walzenskinken der bemerkenswerte Fortpflanzungsmodus: Sie sind lebendgebärend. Im Unterschied zu der häufigeren Ovoviviparie, bei der die Eier anstatt im Boden ihre Entwicklung im mütterlichen Körper durchmachen und schlupfreif abgesetzt werden, werden die Embryonen der Walzenskinke während ihrer Entwicklung über eine Plazenta versorgt. Man kann daher von echter Viviparie sprechen.

Bestimmungsschlüssel der Arten

1 Gliedmaßen normal entwickelt, mit je 5 Fingern bzw. Zehen   2
1' Gliedmaßen nur noch als kleine Körperanhänge, mit 3 Fingern bzw. Zehen   **152** *C. chalcides*
2 Zügelschild berührt das 2. und 3. Oberlippenschild; 28 bis 38 Schuppen um die Rumpfmitte
                  154 *C. ocellatus*
2' Zügelschild berührt nur das 2. Oberlippenschild; 22 bis 28 Schuppen um die Rumpfmitte
                  152 *C. bedriagai*

zu 151

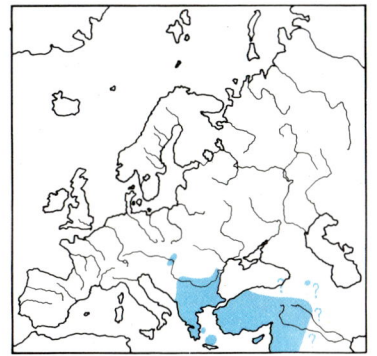

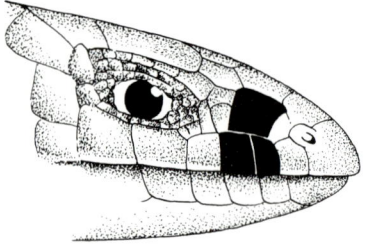

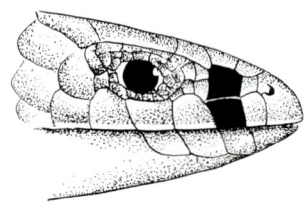

Seitenansicht der Köpfe von
Chalcides ocellatus (154), *Chalcides bedriagai* (152)
Beachte die Stellung des Zügelschildes zu den Oberlippen-Schildern!

152 *Chalcides bedriagai*
Iberischer Walzenskink

Kennzeichen: Gesamtlänge 16 cm, davon entfallen etwa 50% auf den Schwanz. In der Gestalt ist er dem Gefleckten Walzenskink (154) sehr ähnlich. Die Färbung der Oberseite ist ein helles Oliv, in der mittleren Zone des Rückens meist dunkler. An den Flanken verläuft oft eine breite dunkle Längsbinde. Über die Oberseite sind unregelmäßig Augenflecken verteilt, die denen des Gefleckten Walzenskinks sehr ähnlich sind. Nur ist die dunkle Außenzone der Augenflecken meist

nur braun, selten schwarzbraun. Die Gliedmaßen sind mit 5 Fingern bzw. Zehen noch voll funktionsfähig.

Eine Verwechslung mit der Erzschleiche (153) ist durch die Gestalt und den unterschiedlichen Ausbildungsgrad der Gliedmaßen auch bei Jungtieren ausgeschlossen, mit dem Gefleckten Walzenskink durch das getrennte Verbreitungsgebiet unmöglich.

Vorkommen: Die Art ist auf der Iberischen Halbinsel endemisch. Sie bevorzugt die verschiedensten Trockenhabitate. Sie gräbt gern im lockeren Boden, z. B. im Sand, zwischen Wurzeln von Sträuchern eine Wohnröhre. Auf harten Böden nutzt sie aufliegende Steine als Schlupfwinkel. Sie ist im küstennahen Gebiet häufiger als im Gebirge, geht dort aber bis in 1100 m Höhe.

Lebensweise: sehr ähnlich dem Gefleckten Walzenskink (154). Die Wurfgröße ist mit 1 bis 4 Jungen allerdings wesentlich geringer.

Besonderes: Die Art wird von einigen Herpetologen in 3 Unterarten gegliedert, während andere diese Untergliederung ablehnen.

153 *Chalcides chalcides*
Erzschleiche

Kennzeichen: Dieser schlangen- oder schleichenartig langgestreckte Skink unterscheidet sich durch die stark rückgebildeten Gliedmaßen wesentlich von allen anderen Familienangehörigen im Gebiet. Die Gliedmaßen liegen meist nach hinten am Körper an. Sie erscheinen als schwächliche kleine Anhängsel, die nur 3 Finger bzw. Zehen tragen. Der kleine Kopf ist nicht vom Körper

152 *Chalcides bedriagai*

abgesetzt. Der Oberkiefer springt etwas vor, so daß das Maul unterständig wird. Von der beträchtlichen Gesamtlänge alter Exemplare (bis 48 cm) entfallen etwa 60% auf den Schwanz.

Die Grundfarbe der Oberseite reicht von sandgelb über braun bis ins Oliv seits von einem schmalen Band flankiert sind. Mitunter gibt es aber auch ungestreifte, einfarbige Exemplare.

Eine Verwechslungsmöglichkeit im Gelände ist am ehesten mit der Blindschleiche (86) möglich, die aber feuchtere Lebensräume bewohnt.

153 *Chalcides chalcides*

oder Grau. Noch variabler ist die Zeichnung. Es gibt Exemplare mit 9 bis 11 etwa gleichbreiten bräunlichen Längslinien, die parallel entlang dem Rücken bis auf die Oberseite des Schwanzes verlaufen. Bei anderen Zeichnungstypen sind die Abstände zwischen den Längsstreifen unterschiedlich breit und unterschiedlich gefärbt, so daß Exemplare mit 2 breiten hellen Längsbändern, die ein zentrales dunkleres Band flankieren, genauso anzutreffen sind wie solche, deren Rückenzeichnung aus 3 gleichbreiten hellen Längsbändern besteht, die jeder-

Vorkommen: Iberische Halbinsel, Südfrankreich, ganz Italien einschließlich Sizilien, Sardinien und Elba. Auf Korsika fehlt die Art. Außerhalb Europas erstreckt sich das Areal in Nordafrika zwischen Marokko und Libyen. Die Erzschleiche ist streng an grasbestandene Habitate gebunden. Sie bevorzugt dabei Trockenrasen auf sandigen Böden vor höheren, stärker von krautigen Pflanzen durchsetzten Wiesen. Einzelne Sträucher oder Bäume in den Rasenflächen stören sie nicht, lichter Wald hingegen wird bereits gemieden.

zu 152

zu 153

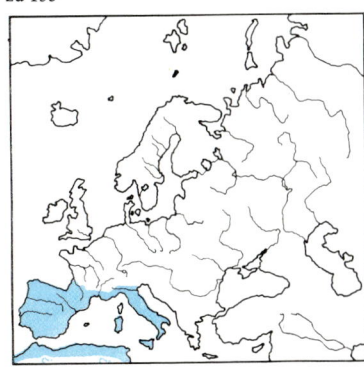

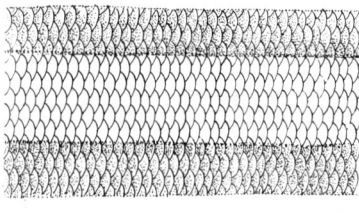

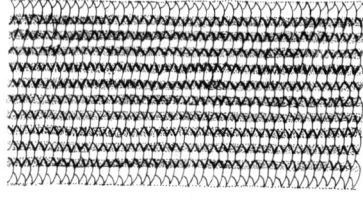

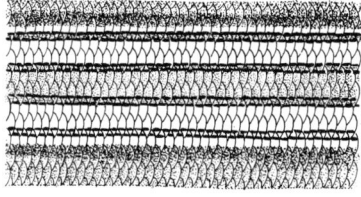

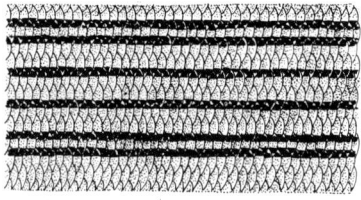

Zeichnungstypen von *Chalcides chalcides* (153)

Lebensweise: Im Frühling ist sie ganztägig aktiv, während sich im Sommer der Aufenthalt im Freien auf die frühen Morgenstunden beschränkt. Flüchtende Erzschleichen schlängeln oder „schießen" durch das Gras, während Tiere auf der Nahrungssuche meist langsam kriechen und die kleinen Gliedmaßen noch benutzen. Die Nahrung besteht überwiegend aus am Boden lebenden Gliederfüßern und vor allem deren Larven, die ebenfalls an Rasenhabitate gebunden sind. Die Wurfgröße liegt zwischen 3 und 13 Jungen, der Durchschnitt liegt bei 7 Jungtieren. Untersuchungen ergaben, daß im rechten Eileiter der Mutter stets wesentlich mehr Jungtiere ausgetragen werden als im linken.

Die Winterruhe beginnt Ende September und endet erst im März oder April. Auffällig ist das plötzliche Verschwinden und Auftauchen am Beginn und am Ende der Winterruhe.

Besonderes: Die große Variabilität der Zeichnungstypen ist nicht geographisch gebunden, sondern kann in einundderselben Population auftreten. Sie darf daher nicht als Kennzeichen für Unterarten gewertet werden.

154 *Chalcides ocellatus*
Gefleckter Walzenskink

Kennzeichen: Mit 30 cm Gesamtlänge eine recht große Glattechse. In den meisten Populationen unseres Gebietes bleibt sie jedoch unter diesem Maß. Nur 35 bis 50% der Gesamtlänge entfallen auf den Schwanz. Der langgestreckte, im Widerspruch zum Namen weniger walzenförmige als vielmehr im Querschnitt abgerundet rechteckig geformte Rumpf ist mit sehr glatten, auf der Oberseite gleichartigen Schuppen bedeckt. Der Kopf verläuft abgeflacht auf die Schnauzenspitze zu. An den Flanken befinden sich hinter den vorderen Gliedmaßen 2 flache Rillen, in die die Arme bei schlängelnder Fortbewegung angelegt werden. Der recht kurze Schwanz ist mitunter nach der Wurzel etwas verdickt, häufig aber auch im Verhältnis zum Rumpf sehr dünn. Stets aber läuft er in eine scharfe Spitze aus. Intakte Schwänze sind bei erwachsenen Tieren verhältnismäßig selten zu finden, meist sind die Schwänze regeneriert.

Die Oberseite ist gelb bis hellbraun gefärbt. Darauf stehen entweder unregelmäßig oder zu Querreihen geordnete Augenflecken. Sie nehmen stets die ganze Schuppe in Anspruch. Sie sind schwarz und haben in der Mitte einen schmalen, fast weißen Längsstrich. An den Flanken können die Augenflecken zu einem Längsband geordnet sein. Die Unterseite ist meist einheitlich gelblichweiß. Im Gebiet ist die Art kaum mit anderen Skinken zu verwechseln.

Vorkommen: Auf Sardinien, Sizilien, Malta und kleineren Inseln dieses Bereichs, auf der Apenninen-Halbinsel bei Neapel, in Griechenland zwischen dem Peloponnes und auf der Insel Euböa sowie auf kleinen Inseln in deren Nachbarschaft, von Kreta im Inselbogen bis Rhodos sowie auf Chios. Die Verbreitung in der Ägäis ist von merkwürdigen Lücken unterbrochen. Außerhalb unseres Gebietes kommt die Art auf Zypern, in Nordafrika und in Vorderasien von der Südosttürkei bis nach Pakistan vor. Die Art nimmt mit den unterschiedlichsten Trockenhabitaten vorlieb. Man findet sie am Strand

zu 154

Wenig wählerisch sind die Walzenskinke auch in der Nahrung. Neben den verschiedensten Gliederfüßern werden auch kleinere Echsenarten gejagt. Selbst Kannibalismus ist nicht selten. Außerdem liebt der Skink etwas pflanz-

154a *Chalcides o. ocellatus*

in Dünenlandschaften, im Bergland in Korkeichenwäldern, aber auch in Olivenhainen, Weinbergen und an den Rändern landwirtschaftlich genutzter Flächen auf Legesteinmauern usw. Selbst Abfallplätze oder stark von Touristen besuchte Ruinenstätten wie die Akropolis von Athen werden besiedelt. Die Höhenverbreitung erreicht in Sizilien 1500 m.

Lebensweise: Der sehr wärmeliebende Skink ist überwiegend tagaktiv, an warmen Abenden auch in der Dämmerung. Durchwärmte Tiere sind außerordentlich flink und meist auch sehr scheu. In günstigen Küsten- und Tallagen des Areals hält er nur eine kurze, häufig unterbrochene, in den Gebirgslagen bis zu 3 Monaten Winterruhe.

liche Zukost, vor allem süße Früchte. Die Trächtigkeit dauert bis zu 3 Monate. Je nach Größe und Alter des Weibchens und offenbar auch den Eigenarten der betreffenden Population werden 2 bis 20 Jungtiere geboren. Normale Wurfgrößen liegen bei 9 bis 12 Jungen. Im 2. bis 3. Lebensjahr erreichen die Tiere die Geschlechtsreife.

Besonderes: Im Gebiet läßt sich die Art in 4 Unterarten gliedern, von denen 2 den Hauptteil des Areals besetzt haben: **154b** *Ch. o. tiligugu* das Gebiet zwischen Sardinien und Sizilien, die Nominatform **154a** hingegen Griechenland. Die beiden anderen Unterarten sind auf kleine Inseln zwischen Sizilien und der nordafrikanischen Küste beschränkt. Die lückenhafte Verbreitung im ägäischen Raum wird mitunter als durch Einschleppung entstandene Vorkommen angesehen.

Gattung *Eumeces*
Tüpfelskinke

Einzige Art im Gebiet:
155 *Eumeces schneideri*

Tüpfelskink

Kennzeichen: Gesamtlänge bis 42 cm, davon können bis zu 60 % auf den Schwanz entfallen. Der Habitus des Tieres ist kräftig, wirkt aber dennoch nicht plump, sondern eidechsenartig. Alle Gliedmaßen sind gut entwickelt, die vorderen dienen neben dem Laufen vor allem auch dem Graben. Die gesamte Körperbeschuppung ist außerordentlich glatt, so daß die Tiere porzellanähnlich wirken. Die Rückenbeschuppung unterscheidet sich durch die zwei verbreiterten Schuppenreihen in der Mitte deutlich von der aller anderen Skinke des Gebietes. Der Kopf ist hoch und kräftig. Die Kiefer sind mit gleichartigen Kegelzähnen besetzt. Die Kiefermuskulatur ist sehr kräftig. Ergriffene Tüpfelskinke können empfindlich beißen! Am Kopf fallen noch die kammförmigen Schuppen auf, die die Ohröffnung weitgehend bedecken.

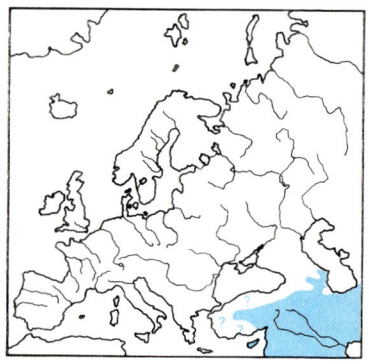

zu 155

Die Grundfarbe der Oberseite ist ein helles bis mittleres Braun. Darauf stehen gelborange bis rötliche Flecken, die entweder unregelmäßig verteilt oder in Quer- bzw. Längsreihen geordnet sein können. Außerdem sind die Rückenschuppen mit einer feinen dunklen Konturlinie eingefaßt. Charakteristisch ist ein orangegelber bis rötlicher Flankenstreifen, der von der Ohröffnung bis auf den Vorderteil des Schwanzes reicht. Er trennt zugleich die dunklere Rückenzone von der porzellanweißen bis gelblichen Bauchseite. Jungtiere besitzen den Flankenstreifen noch nicht. Sie haben im Unterschied zu den Erwachsenen 8 bis 10 Längsreihen aus kleinen weißen Pünktchen auf dem Rücken, die sich später völlig verlieren. Eine Verwechslung der erwachsenen Tiere mit anderen Echsen im Gebiet ist ausgeschlossen. Die Jungtiere sehen dem Gestreiften Natternauge (150) etwas ähnlich, sind aber sofort am Auge und an der charakteristischen Rückenbeschuppung zu erkennen.

Verbreitung: Im Kaukasus erreicht die Art nur in Dagestan europäischen Boden, während sich ihr Areal über das transkaukasische Gebiet weit ausdehnt. Südwärts reicht es bis zur Sinai-Halbinsel, in Nordafrika westlich bis Algerien, in Asien östlich bis nach Nordwestindien. Im sowjetischen Mittelasien verläuft die Nordgrenze durch Turkmenien, Usbekistan und Tadshikistan. Die

Art bevorzugt hügelige Steppen auf Lehm- oder Lößboden mit lockerem Stauden- und Strauchbestand, nimmt aber auch Erdabbruchwände oder ebene Flächen mit großen aufliegenden Steinen als Habitat an. Als Kulturfolger siedelt sie auch in Weinbergen, an Trockenmauern oder Legesteinmauern zwischen Feldern oder auch in Ruinen. Das Schlupfloch liegt meist gut versteckt unter Sträuchern u. ä. Das Gangsystem kann sich über mehrere Meter ausdehnen. Mitunter werden auf sehr harten Böden auch Säugetierbaue als Ausgangsbasis für eigene Schlupfröhren benutzt. Sie kommt bis in 1 800 m Höhe vor.

Lebensweise: Die sehr sonne- und wärmeliebenden Tiere sind oft erst an den späten Vormittagsstunden und über Mittag aktiv. Durchwärmte Tüpfelskinke sind außerordentlich flink. Sie bewegen sich niemals schlängelnd, sondern stets laufend. Die Männchen bilden Reviere, die sie energisch verteidigen. Die Nahrung besteht aus Gliederfüßern verschiedener Gruppen, darunter auch hartschalige Käfer, wehrhafte Walzenspinnen und Skorpione. Der Skink ist gut gegen Bisse und Stiche dieser Tiere geschützt. Gehäuseschnecken, die an verdorrten Pflanzenteilen Sommerruhe halten, werden abgesammelt und mühelos zermalmt. Auch verschiedene Echsenarten, junge Mäuse und andere Kleinsäuger gehören zum Beutespektrum. Außerdem werden gern süße Früchte gefressen. Die Fortpflanzung erfolgt durch 6 bis 20 pergamentschalige Eier, die etwa 2 Monate zur Zeitigung benötigen. Die Winterruhe dauert von Ende September bis Anfang April.

Besonderes: Die Art wird in 5 geographische Unterarten gegliedert. Unser Gebiet wird von **155 a** *E. s. princeps* bewohnt.

Gattung *Mabuya*
Mabuyen

Einzige Art im Gebiet:
156 *Mabuya aurata*
   Goldmabuye
Kennzeichen: Dieser kräftige Skink erreicht etwa 18 cm Gesamtlänge. Davon

155a *Eumeces schneideri princeps*

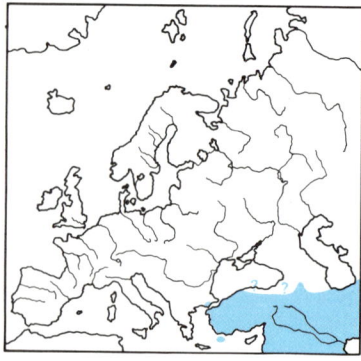

zu 156

entfällt die knappe Hälfte auf den Schwanz. Der Kopf ist verhältnismäßig klein und spitz sowie nicht vom Rumpf abgesetzt. Von der Schnauzenspitze bis zum Unterbauch nimmt der Körperumfang gleichmäßig zu, wodurch eine spindelförmige Gestalt entsteht. Der rasch dünner werdende Schwanz endet in einer Spitze. Die Beschuppung der Oberseite besteht aus gleichgroßen Schuppen, die nur wenig größer als die Schuppen an den Flanken in Nähe des Bauches sind. Im Becken- und Schwanzwurzelbereich sind sehr feine Kiele auf den Schuppen erkennbar. Im Unterschied zu anderen Skinken sind die Schuppen weniger fest und leicht

zu beschädigen. Die Oberseite zeigt eine graue bis braune Grundfärbung mit einem metallischen Goldschimmer. In der Hinterhauptregion beginnen 4 dunkle Rückenstreifen, die sich bald in Fleckenreihen auflösen oder gänzlich verschwinden. Von den Kopfseiten an zieht sich vom Auge beginnend ein breiter dunkelbrauner Flankenstreifen bis auf die Schwanzseiten. Er ist zum Rücken und zum Bauch hin jeweils durch einen schmalen weißlichen Streifen eingefaßt. Die Unterseite ist hellgrau bis gelblich, der Schwanz der Jungtiere oberseits hellblau.

Vorkommen: Im Gebiet nur im transkaukasischen Raum. Der Hauptteil des Artareals erstreckt sich über ganz Vorderasien südwärts bis nach Äthiopien und dem Sudan, ostwärts bis nach Pakistan. Die Goldmabuye bewohnt von Sträuchern durchsetzte Steppen genauso wie wüstenartige Biotope mit Steinen. Im Unterschied zu den vorwiegend auf ebenen Flächen lebenden Natternaugen-Skinken und Walzenskinken nimmt sie auch Erdabbruchwände oder felsige Steilwände als Habitat an. Dort klettert sie geschickt und sehr schnell. Sie kommt bis in 1 200 m Höhe vor.

Lebensweise: Der sehr bewegliche, außerordentlich schnelle Skink ist son-

156a *Mabuya aurata*
septemtaeniata

157 *Ophiomorus punctatissimus*

neliebend und tagaktiv. Er jagt verschiedene Gliederfüßer und scheint keine Pflanzenkost zu lieben. Die Art ist lebendgebärend. Pro Wurf werden 3 bis 8 Junge, die etwa 32 mm groß sind, geboren. In trockenen, sehr heißen Sommern oder Biotopen halten die Tiere bereits im Juli oder August eine Sommerruhe, zu der sie sich tief ins Erdreich zurückziehen. Oft werden dabei Gesellschaften bis zu 10 Exemplaren gebildet. Mitunter ziehen sich die Tiere auch in aufgelassene Nagerbauten zurück. Bleibt der Herbst trocken und bricht schnell der Winter ein, wie es im armenischen Hochland vorkommt, kann die Sommerruhe gleich in die Winterstarre übergehen. Die Tiere erscheinen nicht vor Ende März, meist erst Ende April wieder.

Besonderes: Die Art wird in 2 Unterarten gegliedert, von denen nur die Form **156a** *M. a. septemtaeniata* im Gebiet vorkommt. Die Nominatform besetzt den südlichen Arealteil vom Irak bis an die Südgrenze in Nordostafrika.

Gattung *Ophiomorus* Schlangenskinke

Einzige Art in Europa:
157 *Ophiomorus punctatissimus*
Gesprenkelter Schlangenskink
Kennzeichen: Bis 20 cm Gesamtlänge, davon entfallen knapp 50 % auf den Schwanz. Als einzige Skinkart des Gebietes hat er keine Gliedmaßen mehr. Durch die völlig schlangen- bzw. schleichenähnliche Gestalt unterscheidet er sich damit sicher von allen anderen Skinken unseres Gebietes. In Vorderasien leben weitere Vertreter dieser Gattung, die noch im Besitz von Gliedmaßen sind.

Auf der gelblichen bis braunen Grundfarbe der Oberseite verlaufen Längsreihen aus kleinen dunkelbraunen Punkten, die den Artnamen rechtfertigen. In der Becken- und Schwanzregion sind diese Punktlinien wesentlich deutlicher ausgebildet als im vorderen Teil des Körpers.

Eine Verwechslung der Art ist nur mit der Blindschleiche (86) denkbar. Sie

zu 157

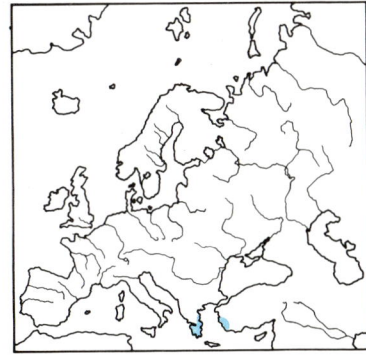

332

bewohnt allerdings in der Regel deutlich feuchtere Habitate als der Schlangenskink. Außerdem hat sie niemals die artcharakteristischen Punktlinien und mit 23 oder mehr Schuppen um die Rumpfmitte eine wesentlich höhere Schuppenzahl (Schlangenskink nur 18 bis 20 Schuppen).

Vorkommen: Endemisch in Mittel- und Südgriechenland (Peloponnes) sowie auf der Insel Kythira und einigen kleinen Inseln. Außerhalb Europas kommt die Art noch in der Türkei vor. Als Habitate werden ausschließlich Ebenen in trocken-warmen Tallagen besiedelt. Man fand die Art bisher nur unter Steinen auf lockerem Boden, in den sie ihre Wohnröhren bohrt. Die höchsten Fundpunkte liegen in 600 m Höhe.

Lebensweise: Nahezu unbekannt. Bislang wurde die Art noch nicht außerhalb ihrer Verstecke im Freien angetroffen. Wahrscheinlich verbringt das Tier den größten Teil des Jahres in tieferen Bodenschichten, da selbst Funde unter Steinen nur im Frühling möglich waren.

Unterordnung *Amphisbaenia* Doppelschleichen, Wurmschleichen

Die Doppelschleichen sind eine sehr spezialisierte Reptiliengruppe, deren systematische Stellung noch nicht restlos geklärt ist. Einige Merkmale deuten darauf hin, daß sie als Schwestergruppe den Echsen und Schlangen gleichwertig gegenüberzustellen sind. Die Doppelschleichen sind weitgehend an eine unterirdische, wühlende Lebensweise angepaßt. Der Kopf mit seinen stark reduzierten Augen und Ohren sowie der kurze, stumpfe Schwanz setzen sich kaum von dem wurmförmigen Körper ab. Die meisten Arten besitzen keine äußerlich sichtbaren Gliedmaßen. Im Unterschied zu allen anderen Schuppenkriechtieren ist nur die linke Lunge funktionsfähig. Auffallend ist die in mehr oder weniger deutlichen Ringen angeordnete Beschuppung. An den Flanken treten oft Seitenfalten auf.

In der Mehrzahl legen die Doppelschleichen Eier; wenige Arten, soweit bekannt, sind lebendgebärend. Die etwa 130 Arten bewohnen subtropische und tropische Gebiete der Alten und Neuen Welt. Man unterscheidet meist 3 Familien. Die artenreichste sind die Eigentlichen Doppelschleichen (Familie *Amphisbaenidae),* zu der auch die in Europa vorkommende Gattung *Blanus* gehört.

Gattung *Blanus* Netzwühlen

Charakteristisch für diese Gattung ist, daß ein Körperring einem Wirbelkörper entspricht. Bei allen anderen Doppelschleichen kommen auf jeden Wirbel 2 Körperringe.

Im behandelten Gebiet leben 2 der insgesamt 4 Arten umfassenden Gattung.

158 *Blanus cinereus*
Maurische Netzwühle, Ringelschleiche

Kennzeichen: Ähnelt in Gestalt und Färbung einem großen Regenwurm. Der kleine, mäßig zugespitzte Kopf mit seinen winzigen Augen ist bei flüchtigem Betrachten nicht leicht von dem kurzen, stumpfen Schwanz zu unterscheiden. Die Körperschuppen sind in mehr oder weniger gleichmäßigen Querrin-

zu 158

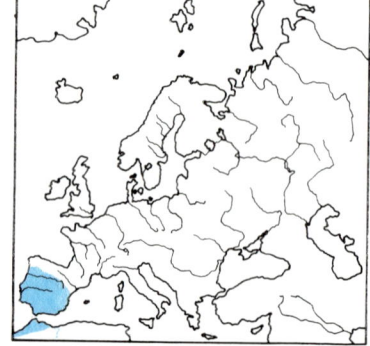

158a *Blanus c. cinereus*

gen angeordnet, so daß eine netzartige Oberflächenstruktur entsteht. Am Körper werden 110 bis 125, am Schwanz 20 bis 22 Ringe mit jeweils 30 bis 40 Schuppen gezählt. Eine markante Längsfalte verläuft an beiden Körperseiten. Die Gesamtlänge kann bis 28 cm betragen. Die Färbung ist im allgemeinen hellrosa, es kommen jedoch auch Exemplare mit dunkleren braunrötlichen Tönen vor.

Vorkommen: Mittlere und südliche Iberische Halbinsel, außerdem Marokko. Sie liebt keine extreme Feuchtigkeit und bevorzugt eher trockene, aber lokkere Böden, findet sich sowohl in Kiefernwäldern als auch in Kulturland. In Spanien ist sie bis in 1400 m Höhe nachgewiesen.

Lebensweise: Die Maurische Netzwühle meidet das Tageslicht und lebt fast ausschließlich unterirdisch. Sie wird deshalb mehr zufällig einmal beim Umdrehen von Steinen, Roden von Baumstubben, beim Graben oder Pflügen gefunden. Ihre aus kleinen, wirbellosen Tieren, besonders Ameisen, bestehende Nahrung sucht sie im selbstgegrabenen Gangsystem und unter Steinen. Über die Fortpflanzung ist wenig bekannt. In einem Beobachtungsfall legte das Weibchen im Juli lediglich ein im Verhältnis zur Körpergröße großes Ei (Durchmesser 27 × 5 mm)-

Besonderes: Für die westmarokkanischen Populationen wurde eine eigene Unterart *B. c. mettetali* aufgestellt.

159 *Blanus strauchi*
Türkische Ringelwühle

Kennzeichen: Wie die Maurische Netzwühle (158) auffällig regenwurmähn-

lich. Die Gesamtlänge kann bis 30 cm betragen. Das Maul ist deutlich unterständig, der Kopf in der Aufsicht keilförmig-dreieckig und damit etwas vom Rumpf abgesetzt. Der Rumpf ist in 100 bis 112, der Schwanz in 18 bis 20 Ringe segmentiert. In der Färbung gleicht die Art der Maurischen Netzwühle.

Vorkommen: Nur auf den zu Griechenland gehörenden Inseln Kos und Rhodos, in weiten Teilen der Türkei (im europäischen Teil nur einmal gefunden). Im wesentlichen nur unter Steinen zu finden.

Lebensweise: Soweit bekannt, mit der Maurischen Netzwühle (158) übereinstimmend.

Besonderes: 3 Unterarten, im Gebiet nur die Nominatunterart.

Unterordnung *Serpentes* Schlangen

Schlangen haben einen langgestreckten, beschuppten, fußlosen Körper. Nur einige ursprüngliche Familien besitzen

zu 159

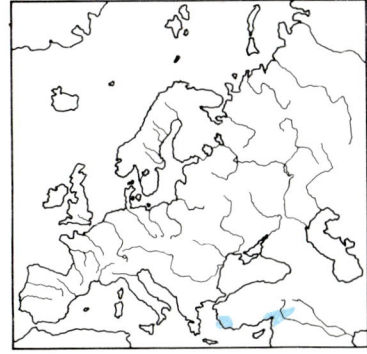

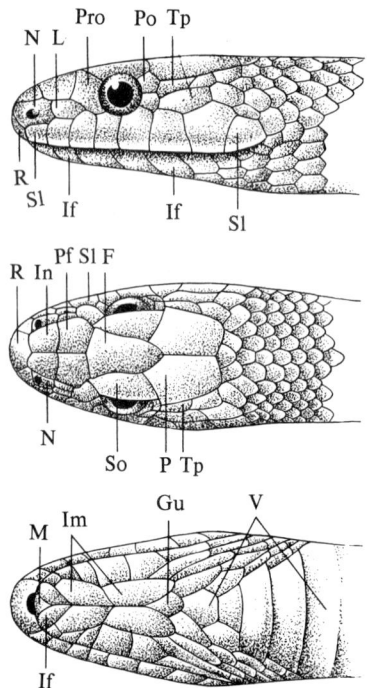

Schema der Kopfbeschilderung einer Schlange
R Schnauzenschild *(Rostrale)*, In Zwischen-Nasenschild *(Internasale)*, F Stirnschild *(Frontale)*, Sl Oberlippenschild *(Supralabiale)*, N Nasenschild *(Nasale)*, Pf Vorder-Stirnschild *(Praefrontale)*, So Überaugenschild *(Supraoculare)*, P Scheitelschild **(Parietale)**, Tp Schläfenschild *(Temporale)*, L Zügelschild *(Loreale)*,, Pro Vor-Augenschild *(Praeoculare)*, Po Nach-Augenschild *(Postoculare)*, If Unterlippenschild *(Sublabiale)*, M Kinnschild *(Mentale)*, Im Rinnenschilder *(Inframaxillaria)*, Gu Kehlschild *(Gulare)*, V Bauchschilder *(Ventralia)*

noch Reste der Hinterextremitäten. Bei den Riesenschlangen sind sie zu beiden Seiten der Kloake als sogenannte Aftersporne gut erkennbar.

Von gliedmaßenlosen Echsen unterscheiden sich die Schlangen durch das Fehlen beweglicher Augenlider. Diese sind bei ihnen zu einem festen, durchsichtigen Horndeckel, der Brille, verwachsen. Charakteristisch für die Schlangen ist die Fähigkeit, Beutetiere verschlingen zu können, die die Größe des Schlangenkopfes häufig weit übertreffen. Diese Leistungen werden durch anatomische Besonderheiten des Schädelskeletts (z. B. Rückverlagerung des Kiefergelenkes, die beiden Unterkieferäste sind nicht miteinander verwachsen) ermöglicht. Je nach Art schwankt die Zahl der Wirbel zwischen 160 und 435. Durch den speziellen Bau der Wirbelkörper mit zwei zusätzlichen Gelenken ist einerseits die Beweglichkeit der Wirbelsäule (Schlängelbewegungen, Würgen, Klettern usw.) und andererseits die Stabilität des Schlangenkörpers gewährleistet. Die meisten inneren

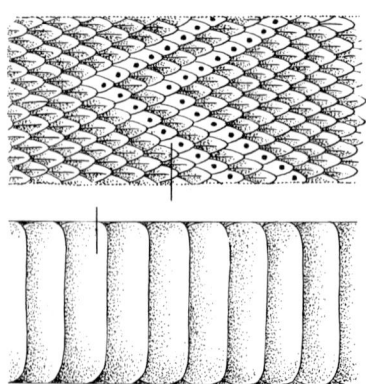

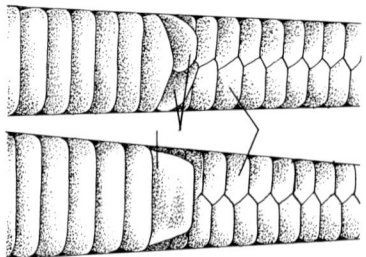

Bestimmungshilfen: Form des Afterschildes und Zahl der Unterschwanzschilder
links: Zahl der Schuppenreihen um die Körpermitte und Form der Bauchschilder

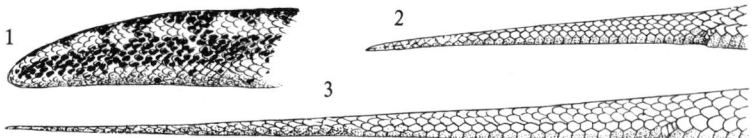

Schwanzformen verschiedener europäischer Schlangen
1 Eryx, 2 Vipera, 3 Coluber

Organe sind entsprechend der Körperform sehr gestreckt. In den verschiedenen Verwandtschaftsgruppen finden sich sowohl eierlegende als auch ovovivipare Arten.

Schlangen häuten sich in wiederkehrendem Rhythmus, der unter anderem vom Nahrungsangebot und vom Alter abhängt. In der Regel wird die obere Hautschicht am Maul durch Reiben gelöst. Die Kopflappen werden nach hinten umgeschlagen und durch Druck festgehalten. Sodann kriecht die Schlange aus der abgestorbenen Oberhaut heraus, wobei die Innenseite nach außen kommt. Bei sehr großen oder geschwächten Tieren löst sich die Haut auch in Fetzen ab (Fetzenhäutung).

Unter den Schlangen werden sowohl Riesen als auch Zwerge gefunden. So stehen den teilweise winzigen Wurmschlangen einige schwergewichtige Riesenschlangen gegenüber, die bei etwa 10 m Länge bis zu 250 kg schwer werden können.

Schlangen werden in den unterschiedlichsten Lebensräumen angetroffen. Sie besiedeln Wüstengebiete genauso wie den tropischen Regenwald und dringen sowohl in arktische als auch alpine Bereiche vor. Auch in Kulturlandschaften mit menschlichen Siedlungen werden Schlangen gefunden. Einige Arten sind sogar zu echten Meeresbewohnern geworden.

Die stammesgeschichtliche Trennung der Schlangen von den Echsen erfolgte vermutlich im Jura (vor 135 bis 180 Mill. Jahren), Fossilfunde sind jedoch erst aus der Kreidezeit (vor 60 bis 135 Mill. Jahren) bekannt.

Über die Schlangensystematik herrschen noch keine einheitlichen Meinungen. Die etwa 2 700 bekannten Schlangenarten werden meistens in 13 Familien aufgeteilt. In unserem Gebiet sind 5 Familien mit 14 Gattungen vertreten.

Bestimmungsschlüssel der Familien

1 Bauchschuppen seitlich zu Schildern verbreitert 2
1' Rücken- und Bauchschuppen gleichgroß, wurmähnliche Gestalt und Fortbewegung

Typhlopidae (S. 336)

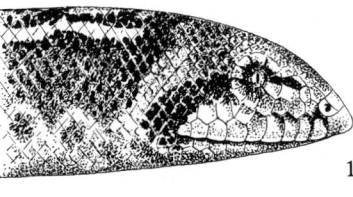

1

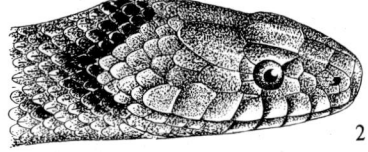

2

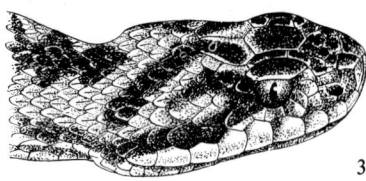

3

Kopfformen von Schlangen
1 Sandboa, 2 Natter, 3 Otter

2 Rudimente von Hintergliedmaßen (Aftersporne), dreieckiges, breitauslaufendes Schnauzenschild
Boidae (S. 337)

2' keine Aftersporne, Schnauzenschild nicht breit auslaufend 3

3 Oberkiefer ohne aufrichtbare Giftzähne, zweigeteiltes Analschild
Colubridae (S. 340)

3' Oberkiefer mit aufrichtbaren Giftzähnen, Analschild ungeteilt 4

4 Kopfoberseite mit 5 bis 0 großen und zahlreichen kleinen Schuppen; keine grubenartige Vertiefung zwischen Auge und Nasenloch
Viperidae (S. 380)

4' Kopfoberseite von 9 großen Schildern völlig bedeckt; zwischen Auge und Nasenloch eine grubenartige Vertiefung *Crotalidae* (S. 400)

Familie *Typhlopidae*
Blind- oder Wurmschlangen

Die Blindschlangen zeichnen sich durch zahlreiche ursprüngliche (z. B. Beckengürtelrudimente), aber auch abgeleitete Merkmale aus, die mit ihrer vorwiegend unterirdischen, wühlenden Lebensweise zusammenhängen. So ist das Schädelskelett auffallend kompakt und stabil. Der dünne, glänzende Körper ist mit winzigen, glatten Schuppen bedeckt, die zwischen Ober- und Unterseite keine Unterschiede erkennen lassen. Der kleine Kopf ist nicht vom Hals abgesetzt. Die Augen sind weitgehend zurückgebildet. Mit ihrer kleinen, unterständigen Mundöffnung sind die Blindschlangen nicht in der Lage, größere Nahrungstiere zu verschlingen. Die meist bis 30 cm langen Tiere (nur wenige Arten erreichen über 70 cm Körperlänge) ernähren sich von Ameisenpuppen u. ä. Viele Blindschlangen sind eierlegend, einige Arten aber auch ovovivipar.

Das Hauptverbreitungsgebiet der etwa 180 Arten umfassenden Familie liegt in den Tropen und Subtropen. Lediglich eine Art erreicht das südöstliche Europa.

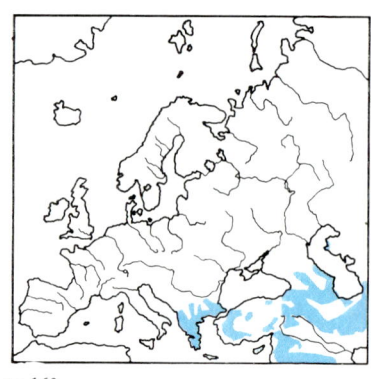

zu 160

Gattung *Typhlops*
Blindschlangen

Einzige Art in Europa:
160 *Typhlops vermicularis*
Wurmschlange oder **Blödauge**, Blindschlange

Kennzeichen: Diese auf das unterirdische Leben hochspezialisierte Schlange kann mit keiner anderen europäischen Schlange, wohl aber mit einem Regenwurm verwechselt werden. Nicht nur die rosa-fleischfarbene glatte Oberfläche, sondern auch Größe (18 bis 30 cm) und Bewegungsabläufe erinnern sehr stark an einen Regenwurm. Bei genauerer Betrachtung fällt dann aber der stumpfe Kopf mit den winzigen dunklen Punktaugen auf.

Der sehr kurze Schwanz trägt am Schluß eine spitze harte Kegelschuppe, die als Scheinstachel verwendet wird.

Die Wurmschlange hat eine helle, durchsichtige Bauchseite. Durch sie hindurch sind die inneren Organe, Futterreste oder Eier zu erkennen.

Vorkommen: Südliche Balkanhalbinsel mit einigen vorgelagerten Inseln, z. B. Korfu, Skiros und Euböa, Transkaukasus, südwestliches Asien. Hier bewohnt die Wurmschlange Trockenhänge, die mit Buschwerk und Steinen durchsetzt sind.

Lebensweise: Genau so ungewöhnlich wie das Aussehen ist auch ihr Verhalten. Die meiste Zeit ihres Lebens ver-

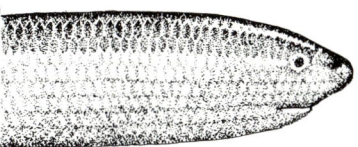

Kopf von *Typhlops vermicularis* (160)

bringt sie in ihrem Gangsystem unter der Erdoberfläche bzw. unter flachen Steinen. Bei großer Trockenheit verzieht sie sich in tiefere Erdschichten. Nach sehr starken Regengüssen werden manche Exemplare vom Wasser aus ihren Schlupfwinkeln vertrieben und veranlaßt, an der Erdoberfläche zu erscheinen.

Ihre 4 bis 6 langgestreckten Eier werden gewöhnlich unter flachen Steinen im Gangsystem abgelegt. Die zarten, frischgeschlüpften Jungtiere erinnern noch mehr an einen dünnen Regenwurm als die Alttiere.

Als Futter bevorzugt die Wurmschlange Ameiseneier und -puppen. Vermutlich werden bestimmte Arten bevorzugt. Ihre lederartige, dichte und feste Beschuppung schützt sie gegen Angriffsversuche der Ameisen.

Die Wurmschlange hält in ihrer Heimat eine Winterruhe von 2 bis 6 Monaten.

Als Feinde treten vor allem Wildschweine, Bären, Igel, Rabenvögel und größere Singvögel auf.

Familie *Boidae*
Riesenschlangen

Riesenschlangen zeigen viele urtümliche Merkmale, wie Reste des Beckengürtels und der Hinterextremitäten, die noch äußerlich beiderseits des Kloakenspaltes als Aftersporne sichtbar sind. Sie sind sämtlich ungiftig und töten ihre Beutetiere, indem sie diese umschlingen und damit deren Atmung unterbinden. Unter ihnen gibt es hochspezialisierte Baumbewohner, an das Leben im Wasser angepaßte Arten und solche, die wühlen und im Erdreich leben. Während einige Arten sehr lang, bis etwa 10 m, werden können, bleiben viele wesentlich kleiner. Manche Arten sind sogar bereits mit 40 cm Körperlänge erwachsen. Die Vermehrung erfolgt entweder ovovivipar oder durch Ablage von Eiern, die während der Entwicklungsdauer vom Weibchen umschlungen werden.

Die Riesenschlangen sind mit etwa 80 Arten größtenteils in den Tropen und Subtropen verbreitet. Das hier behandelte Gebiet erreichen lediglich 2 Arten der Gattung *Eryx*.

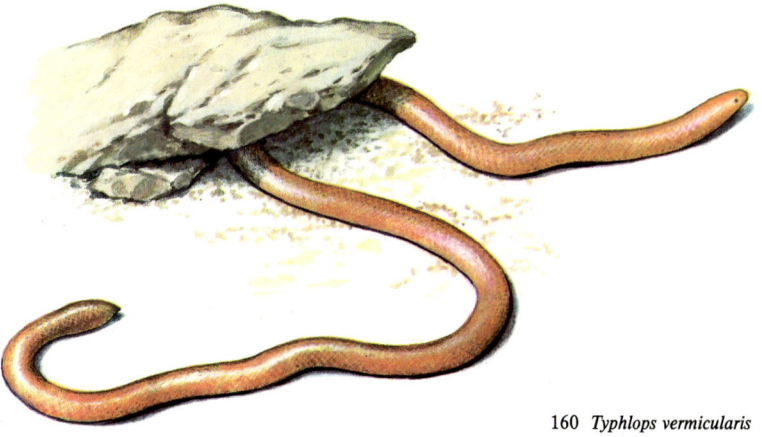

160 *Typhlops vermicularis*

Gattung *Eryx*
Sandboas

Die Arten dieser Gattung sind vorzüglich an das Leben im lockeren Substrat angepaßt. Alle haben einen kräftigen, fast runden Körper mit kurzem, stumpfem Schwanz. Der kleine, keilförmige, wenig vom starken Hals abgesetzte Kopf besitzt sehr kleine, senkrecht geschlitzte Augen und ein dreieckiges, breit auslaufendes Schnauzenschild. Das Maul ist unterständig.

Ihr Hauptverbreitungsgebiet erstreckt sich vom indischen Raum nach Mittel- und Vorderasien, nach SO-Europa und nach Ost- und Nordafrika. Die Tatarische und die Indische Sandboa sind mit reichlich 100 cm Körperlänge die größten Arten der Gattung.

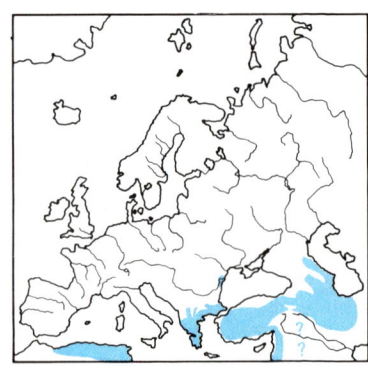

zu 161

161 *Eryx jaculus*
Westliche Sandboa

Kennzeichen: Mit durchschnittlich 40 bis 60 cm, selten bis 80 cm Länge, und dem sehr gedrungenen Körperbau gehört diese Art zu den kleinsten Sandboaarten und damit zu den kleinsten Riesenschlangen. Die Grundfarbe des Körpers ist meist lehmgelb. Die Flanken zeigen eine dunkle unregelmäßige Fleckung. Die Rückenzeichnung besteht aus einer dunklen, bindenartigen Querfleckung, die durch Vergrößerung dominant werden kann, indem sie mit den sich ausbreitenden Seitenflecken zusammenläuft. Ein solches Tier erscheint auf dunkelbraunem Grund hell gezeichnet. Die Unterseite mit ihren stark reduzierten Bauchschildern hat eine hellgraue bis rote Grundfarbe, die mit roten oder dunkelbraunen Punkten durchsetzt sein kann. Der kaum vom Hals abgesetzte Kopf hat, seitlich betrachtet, ein keilförmiges Aussehen. Das kleine Auge mit senkrecht geschlitzter Pupille wird von einer dunklen Binde durchzogen, die vom Mundwinkel ausgeht. Besonders auffällig ist das kräftig entwickelte Rostrale (Schnauzenschild), das als Grabwerkzeug genutzt wird. Der sehr kurze Schwanz macht den Eindruck, als sei er gestutzt.

Vorkommen: Süden der Balkanhalbinsel, verschiedene griechische Inseln, Kleinasien bis Transkaukasien, östli-

161b *Eryx jaculus turcicus*

ches Nordafrika. Sie bewohnt trockene Landschaften, die mit Steinen durchsetzt sind. Flußtäler werden offensichtlich bevorzugt.

Lebensweise: Im Biotop dieser Schlange kann man unter flachen Steinen nicht selten Gangsysteme entdecken, die gewöhnlich von Mäusen, Eidechsen oder grabenden Insekten stammen. Aber auch die Sandboa legt von hier aus ihre Gänge an. Zur Verdauung oder einfach zum Aufwärmen bleibt sie dann unter den flachen Steinen liegen. Dabei kann es zur Vergesellschaftung mit Wurmschlangen (160), Süßwasserkrabben und jungen Landschildkröten kommen. In der Dämmerung und in den Nachtstunden beginnt sie mit Pirschgängen, um schlafende Eidechsen, Mäuse, Vogelnestlinge (Bodenbrüter) und Eier aufzustöbern und sich daran zu sättigen. Größere Beutetiere werden mit ihrem schlaff und weich erscheinenden Körper mit großer Kraft erwürgt. Nach der 3 bis 5 Monate dauernden Winterruhe beginnt die Sandboa mit der Paarung. Im Juli bzw. August oder September bringt das Weibchen 3 bis 14 Jungtiere zur Welt, die 12 bis 16 cm lang sind und nach der Häutung bereits kleine Eidechsen und Mäusenestlinge verzehren.

Besonderes: Es werden 3 Unterarten unterschieden. In Bulgarien, wo die Unterart **161 b** *E. j. turcicus* gefunden wird, steht diese Schlange unter Naturschutz.

zu 162

Die Unterart **161 a** *E. j. familiaris* kommt im Transkaukasusgebiet und in Kleinasien vor.

162 *Eryx miliaris*
Wüsten-Sandboa

Kennzeichen: Als kleinste Sandboaart erreicht sie nur zwischen 35 bis 55 cm Gesamtlänge. Die Grundfarbe schwankt von hellem Sandgelb bis Dunkelbraun. Die Rückenzeichnung besteht aus einer hell- bis dunkelbraunen Fleckung, die in vielen Fällen quergestellt erscheint und zusammenlaufen kann. Der kurze stumpfe Schwanz zeigt mitunter eine seitliche dunkle Längsstreifung. Der kleine, nicht vom Hals abgesetzte Kopf besitzt eine dunkle Schläfenbinde, die sich vom Mundwinkel nach oben wölbt und zum Auge führt.

162 *Eryx miliaris*

Die kleinen Augen sind auffallend nach oben gerichtet. Das ist für diese Art ein typisches Erkennungsmerkmal. Die Pupille verläuft senkrecht.

Vorkommen: Von Mittelasien bis an die NW-Ufer des Kaspischen Meeres. Die Gattungsbezeichnung Sandboa trifft für diese Art besonders zu. Von den Sandboas des behandelten Gebietes hat sie es am besten verstanden, Wüstengebiete als Lebensraum für sich zu erschließen. In den Sand- und Halbwüsten Mittelasiens besiedelt sie Gebiete mit Saxaul- und Tamariskenbüschen. In den Steppen der unteren Wolga bevorzugt sie Sicheldünen, deren Leeseiten mit wenigen Büschen bestanden sind. Hier wählt sie Stellen aus, wo sich Kolonien von Wüstenrennern, Krötenköpfen oder Nagern befinden.

Lebensweise: Die nach oben gerichteten Augen sind Ausdruck der Anpassung an das Leben im lockeren Wüstensand. In der heißen Jahreszeit führt diese Schlange ein dämmerungs- und nachtaktives Leben. Im Frühling dagegen wird sie oft bei Sonnenbädern unter Büschen meist an den Öffnungen von Nagerbauten angetroffen. Bei der geringsten Beunruhigung flieht sie in diese Höhlen oder gräbt sich blitzschnell in den feinen lockeren Sand ein. Diese kleine Riesenschlange setzt sich durch Beißen zur Wehr. Ihre Nahrung besteht hauptsächlich aus Mäusen, Eidechsen und Insekten, aber auch Vogeleier und Vogelnestlinge werden angenommen.

Familie *Colubridae*
Nattern

Über zwei Drittel aller Schlangen gehören zu dieser Familie. Weltweit verbreitet, umfaßt sie etwa 270 Gattungen und ist damit die formenreichste Reptiliengruppe überhaupt. In unserem Gebiet sind 8 Gattungen vertreten. Nach der Bezahnung kann man folgende Typen unterscheiden.

1. Glattzähner *(Aglypha).* Hierher gehören die Echten Nattern der Unterfamilie *Colubrinae* und die Wassernattern des Gebietes, Unterfamilie *Natricinae,* mit kurzen, glatten Oberkieferzähnen.

2. Furchenzähner *(Opisthoglypha).* mit verlängerten, gefurchten, hinteren Oberkieferzähnen. Sie werden deshalb Trugnattern genannt. Im Gebiet ist davon die Unterfamilie *Boiginae* nur mit den Gattungen Malpolon, Telescopus und *Macroprotodon* vertreten.

Alle Arten dieser Gattungen besitzen einen funktionsfähigen Giftapparat. Sie werden jedoch dem Menschen kaum gefährlich, da die Giftzähne im letzten Drittel des Oberkiefers, schräg nach hinten gerichtet, stehen.

Mit wenigen Ausnahmen haben alle Nattern einen schlanken Körper. Die Kopfoberseite ist mit großen, gleichmäßig angeordneten Schildern besetzt. Der Körper ist mit relativ großen Schuppen bedeckt. Die Bauchschilder sind immer deutlich ausgebildet. Der Formenreichtum der Familie deutet auf eine progressive Entwicklung. Sie besiedeln die unterschiedlichsten Biotope. Es gibt hochspezialisierte, in ihrer Anpassung an vielfältige Umweltbedingungen sehr flexible Arten.

Bestimmungsschlüssel der Gattungen

1 Rücken einfarbig rot oder gelb, Kopf schwarz oder mit schwarzen Flekken, nur im südlichen Transkaukasusgebiet *Rhynchocalamus* (S. 373)
1' anders gefärbt 2
2 Pupille rund 4
2' Pupille senkrecht geschlitzt oder je nach Lichtstärke mehr oder weniger oval 3
3 Pupille immer geschlitzt, deutlich abgesetzter Kopf, in der Aufsicht eiförmig, Rumpfquerschnitt seitlich abgeflacht *Telescopus* (S. 371)
3' Pupille mehr oder minder oval, Kopf wenig abgesetzt, in der Aufsicht oval, Rumpfquerschnitt rund, dunkle Kapuzenzeichnung im Nakken sehr deutlich.

Macroprotodon (S. 371)

4 Dachartig weit vorspringende Überaugenschilder, auffallend große Augen, Kopfoberseite stark gefurcht, Stirnschild lang und schmal; opisthoglyphe Giftzähne
Malpolon (S. 369)

4' Überaugenschilder höchstens schwach dachartig entwickelt oder fehlend, Kopfoberseite nicht gefurcht, keine opisthoglyphen Giftzähne   5

5 Rückenschuppen stark gekielt, oft geschindelt, Bauchschilder nicht abgekantet
Natrix (S. 373)

5' Rückenschuppen nicht gekielt   6

6 Kopf bei erwachsenen Tieren immer deutlich vom Rumpf abgesetzt, Schwanz lang ausgezogen; Überaugenschilder schwach dachartig entwickelt   *Coluber* (S. 341)

6' Kopf oft nur undeutlich vom Rumpf abgesetzt   7

7 Bauchschilder deutlich abgekantet und sehr beweglich; mit Ausnahme von *E. quatuorlineata* Kopf schmal und lang   *Elaphe* (S. 359)

7' Bauchschilder nicht abgekantet, Kopf kurz   8

8 Kleine schlanke Nattern mit 15 bis 17 Schuppenreihen um die Körpermitte; Körper meist einfarbig bis auf eine dunkle Nacken- bzw. Kopfzeichnung   *Eirenis* (S. 357)

8' Kleine muskulöse Schlangen, in der Regel mit 19 oder 21 Schuppenreihen um die Körpermitte; Körper mit mehr oder weniger deutlichen dunkelbraunen Zeichnungselementen
Coronella (S. 354)

Gattung *Coluber*
Zornnattern

In der Regel große, kräftige, aber schlanke Schlangen. Schwanz stets lang ausgezogen. Kopf mittelgroß und in der Aufsicht oval geformt, mit großen Kopfschildern bedeckt und auffällig großen Augen. Alle Arten legen Eier. Die Vertreter der Gattung sind durchweg sehr flüchtige Nattern, die im Feld schwer zu beobachten sind. Sie bevorzugen trockene, warme Biotope. Durch ihr gutes Seh- und schnelles Reaktionsvermögen erkennen sie den Feind sehr frühzeitig und flüchten schon, wenn sich die nahende Gefahr noch in großer Entfernung befindet.

Es sind stöbernde Hetzjäger, die auch sehr flinke Beutetiere wie Mäuse, Eidechsen und selbst auffliegende Vögel reaktionsschnell packen können. Wegen ihrer Abwehrbereitschaft werden sie als Zornnattern bezeichnet. Festgehalten setzen sie sich sofort energisch durch Beißen und Würgen zur Wehr. Nach dem Zubeißen kauen sie häufig auf den von ihnen ergriffenen Objekten. Die größeren Arten können dadurch stark blutende Bißwunden verursachen, die jedoch schnell abheilen, wenn die dabei abgebrochenen Zähne entfernt wurden. Man sollte sich jedoch nicht leichtfertig den Bissen aussetzen, da auch sie leicht zu einer gefährlichen Infektionsquelle werden.

Von den 19 bekannten Arten besiedeln 8 den Süden und Südosten Europas und das Kaukasusgebiet, nur eine Art erreicht die südliche Schweiz und das mittlere Frankreich, eine andere Art der Gattung hat auch einen isolierten Fundpunkt in Ungarn.

Bestimmungsschlüssel der Arten

1 25 bis 29 Schuppenreihen um die Körpermitte   2

1' 19 bis 25 Schuppenreihen um die Körpermitte   3

2 Eine Reihe kleiner Schilder trennt das Auge von den Lippenschildern. Iberische Halbinsel, Sardinien, Pantelleria   165 *C. hippocrepis*

2' ohne solche Schilderreihe. Im Gebiet nur auf Malta   163 *C. algirus*

3 Rückenschuppen gekielt, nur im Osten des Gebietes (bis Kaukasus, auf Rhodos)   168 *C. ravergieri*

3' Rückenschuppen ungekielt   4

4 Bauchschilder beiderseits gekielt, im Gebiet bisher nur in Ostbulgarien und der europäischen Türkei
169 *C. rubriceps*

4' Bauchschilder ungekielt   5

342

5 Nacken und Hals mit einer Reihe Augenflecken 167 *C. najadum*
5' Nacken und Hals ohne Augenflekken 6
6 Bauchschilder an den Außenkanten mit dunkler Fleckenzeichnung 164 *C. gemonensis*
6' Körperunterseite immer einfarbig 7
7 Rückenschuppen dunkel, mit hellem Kern, Bauchschuppen einfarbig gelb bis rot 166 *C. jugularis*
7' Rückenschuppen dunkel oder auch schwarz mit hellgrünen bis gelben Längslinien, besonders in der Schwanzregion 170 *C. viridiflavus*

163 *Coluber algirus*
Algerische Zornnatter
Kennzeichen: Mit maximal 100 cm Körperlänge bleibt sie hinter den meisten

zu 163

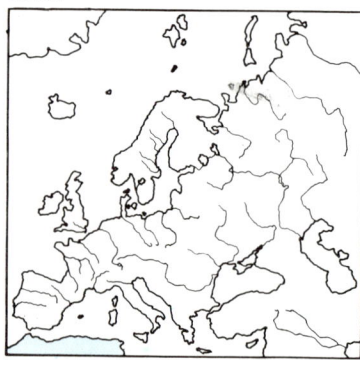

zu 164

Zornnatterarten zurück. Der Kopf dieser glattschuppigen Schlange zeigt große Augen mit runden Pupillen. Die Grundfärbung reicht von braungrau bis hellgrau in allen Übergängen. Dem dunkelgrauen bis schwarzen Kopf schließt sich eine etwas dunklere diademartige Halszeichnung an. Es wurden aber schon Exemplare beobachtet, bei denen die sonst übliche barrenförmige, querverlaufende Rückenzeichnung und die punktierten Flanken nur noch andeutungsweise zu sehen waren. Die Bauchfärbung ist hellgrau. Jungtiere sind bedeutend kräftiger gefärbt und gezeichnet als die Erwachsenen.
Verwechslungsmöglichkeiten bestehen in Europa mit der Gelbgrünen Zornnatter (170), die auch auf Malta vorkommt, aber eine ganz andere Grundfärbung und Zeichnung aufweist. Im Unterschied zu den meisten anderen Zornnattern, die nur 19 Schuppenreihen um die Körpermitte besitzen, hat die Algerische Zornnatter 25.
Vorkommen: Malta, hier bevorzugt diese Zornnatter sehr trockene Ödländereien, die mit Dornenbüschen bestanden sind. Auch Ruinen, Geröllhalden und verwilderte Gärten in Südlage werden bewohnt. Möglicherweise wurde diese Schlange aus Nordafrika nach Malta eingeschleppt. Sie ist auf der Insel selten.
Lebensweise: Diese äußerst scheue Natter ist wegen ihrer guten Tarnfarbe und der körperauflösenden Querbänderung schwer auszumachen. Bedingt durch den südlichen Lebensraum ist die Winterruhe dieser Schlange sehr kurz oder fällt gänzlich aus.

164 *Coluber gemonensis*
Balkan-Zornnatter
Kennzeichen: Erreicht maximal etwas mehr als 100 cm Körperlänge, bleibt aber gewöhnlich darunter. Der verhältnismäßig hohe Kopf ist markant vom Hals abgesetzt und hat große, mit runden Pupillen ausgestattete Augen. Der Vorderkörper zeigt auf graugrünem, graubraunem bis blaugrauem Unter-

163 *Coluber algirus*

grund eine dunkle, kleinfleckige Zeichnung, die besonders bei jüngeren Tieren mit weißen Punkten und Strichen durchsetzt sein kann. Die hellgrau, weißlich bis gelb gefärbten Bauchschilder haben an den Außenkanten sehr häufig eine dunkle Fleckenzeichnung (typisches Erkennungsmerkmal!). Der langgezogene Schwanz verleiht der Natter ein elegantes Aussehen. Die Jungtiere der Gelbgrünen Zornnatter (170) zeigen eine gewisse Ähnlichkeit im Habitus, doch ist ihre Unterseite meist einfarbig und die Kopfzeichnung im Gegensatz zur Balkan-Zornnatter sehr kräftig. Sie besitzt 19 Schuppenreihen um die Körpermitte.

Vorkommen: Adriatische Küste der Balkanhalbinsel, sowie auf einigen vorgelagerten Inseln, auf einigen ägäischen Inseln wie Euböa, Gioura, Kithira, Kreta u. a.

Sie bewohnt gern Landschaften mit Trockenhängen, aber auch Schutthalden, Weinberge, Straßenböschungen, Geröllhalden und ähnliche Biotope.

Lebensweise: Die tagaktive Schlange ist immer fluchtbereit. Wird sie ergriffen, beißt sie meist kräftig in die sie haltende Hand. Wie die meisten Zornnattern erjagt sie Eidechsen, Mäuse und Jungvögel. Auf manchen Inseln frißt sie im Sommer auch verstärkt Heuschrecken. Als Feinde treten verschiedene Greif- und Rabenvögel auf, aber auch andere Schlangen kommen als Freßfeinde in Frage, z. B. die Karbonarschlange (170b), die Eidechsennat-

164 *Coluber gemonensis*

ter (182) und die Springnatter (160) stellen für sie gefährliche Nachbarn dar. Die Winterruhe dauert je nach Höhenlage und Breitengrad zwischen 1 bis 4 Monaten. Schlüpflinge findet man von Juni bis September.

der, die das Auge von den großen Lippenschildern trennen. Die Körperzeichnung kann sehr unterschiedlich sein. Gewöhnlich findet sich eine größere, dunkle, fleckenförmige Rückenzeichnung, die Flanken zeigen eine auf

165 *Coluber hippocrepis*

165 *Coluber hippocrepis*
Hufeisennatter

Kennzeichen: Der kräftige Körper dieser Schlange wirkt durch den fein ausgezogenen Schwanz schlank. Mit 150 cm Körperlänge ist sie erwachsen. Selten werden Tiere bis 200 cm gefunden. Der wenig vom Hals abgesetzte Kopf wirkt bei halbwüchsigen Stücken sehr schmal. Das Auge ist groß und hat eine runde Pupille (typisch für Zornnattern). Die glatten Schuppen können gelblich, weißgrau bis orange gefärbt sein. Für die meisten Tiere ist eine dunkle hufeisenförmige Zeichnung am Hinterkopf typisch. Bei jungen Tieren kann diese Zeichnung weiß gesäumt sein. Eine dunkle, hellgesäumte Binde zieht sich von einem Auge zum anderen quer über den Kopf. Ein typisches Unterscheidungsmerkmal zu anderen Zornnatterarten ist eine Reihe kleiner Schil-

Lücke stehende kleinere Fleckenzeichnung. Die Flecken laufen zum Schwanz zu nicht selten als unregelmäßige Streifenbänder zusammen. Um die Körpermitte sind 25 bis 29 Schuppenreihen vorhanden.

Vorkommen: Iberische Halbinsel, Sardinien, Pantelleria. Ihre größten Vorkommen liegen in Nordwestafrika. Hier bewohnt sie Trockenhänge, aber auch halbwüstenartige Gebiete. Geröllhänge, mit Büschen durchsetzt, sagen ihr besonders zu.

Lebensweise: Als gut sehende, tagaktive Schlange ergreift sie bei Annäherung von Gefahren schon auf 30 bis 40 m Entfernung die Flucht und wird deshalb relativ selten bemerkt. Sie jagt ihre Beute, Mäuse und Vögel, mit großer Geschwindigkeit und würgt kleinere Nager und Jungvögel hinab, ohne sie vorher zu töten. Jungtiere leben in

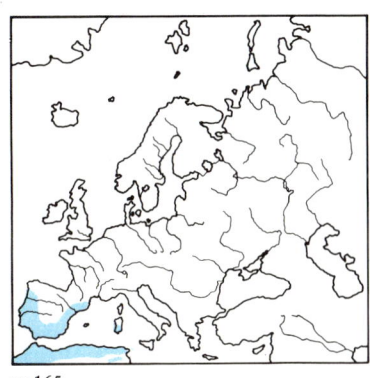

erster Linie von Eidechsen, Grillen und Feldheuschrecken. Nach der 4 bis 5 Monate währenden Winterruhe kommt es im April bis Mai zur Paarung; selten werden mehr als 8 Eier abgelegt, aus denen von August bis September die Jungen schlüpfen. Als Feinde kommen für diese Schlange Greif- und Rabenvögel, Füchse und Marder in Frage.

Besonderes: Wegen ihres auffälligen, mitunter bunten Aussehens wurde und wird sie stark verfolgt. Mit ihrem Leder werden z. B. Spazierstöcke überzogen und andere Souvenirs hergestellt. Sie ist eine der seltensten europäischen Zornnattern und bedarf dringend wirksamer Schutzmaßnahmen in allen Staaten ihres Areals.

166 *Coluber jugularis*
Springnatter

Kennzeichen: Als längste europäische Schlange erreicht sie durchschnittlich 180 cm, in Ausnahmefällen über 250 cm Körperlänge. Weibliche Tiere können dabei mitunter einen Körperdurchmesser von 5 cm erreichen.

Ihres langen und fein ausgezogenen Schwanzes wegen wirkt diese Natter immer schlank. Der relativ kleine Kopf besitzt große, wache Augen mit runden

zu 165

Pupillen. Die Kopfoberseite zeigt große Schilder, die das Auge seitlich nicht besonders überdecken. Die Rückenbeschuppung ist ungekielt. Die Schuppen sind dunkel und haben einen hellen Kern, sie variieren zwischen Graublau, Silbergrau und Rotbraun bis Rostrot. Die Körperunterseite ist immer einfarbig und schwankt zwischen Gelb und Rot. Bei frisch gehäuteten Exemplaren ist oft ein starker perlmuttartiger Glanz festzustellen. Alle Tiere vom Südosten der Balkanhalbinsel zeigen bei blaugrauer Grundfärbung oft einen roten bis orangefarbenen Kopf und sind deshalb leicht zu bestimmen.

166a *Coluber jugularis caspius*

166a *Coluber jugularis caspius*, juv.

Die Jungtiere besitzen auf hellerem Grund eine dunkelbraune Barren- oder Würfelzeichnung auf dem Rücken und an den Körperflanken. Verwechslungsmöglichkeiten bestehen mit der mitunter im gleichen Gebiet vorkommenden Balkan-Zornnatter (164). Diese besitzt aber oft eine weiß punktierte oder gestrichelte Halszeichnung und zumindest eine Unterseitenrandzeichnung aus Punkten. Sie bleibt im Durchschnitt kürzer und schwächer.

Vorkommen: Balkanhalbinsel bis Rumänien. Im Norden erreicht sie in Ungarn Budapest. Vermutlich handelt es sich hier um ein isoliertes Vorkommen. Im Südosten kommt sie über die Türkei bis in den Transkaukasus und bis zum Kaspischen Meer vor. Sie besiedelt den Südwesten der UdSSR bis zum Westkaukasus und erreicht hier das Kaspische Meer etwa in Höhe des Flusses Ural. Sie besiedelt noch eine größere Anzahl ägäischer Inseln, außerdem kommt sie in Vorderasien vor.

Sie ist ein Tier der Ebene, wird aber im Armenischen Hochland noch bei 2000 m Höhe angetroffen. Sie bevorzugt Geröll und mit Gebüsch durchsetzte Trockenhänge, aber auch Waldlichtungen und lichte Laubwälder oder mit Dornenbüschen bestandene Viehweiden werden von ihr besiedelt.

Lebensweise: Die stets fluchtbereite Zornnatter fällt dem Beobachter mitunter durch lautes, rauschendes Fluchtgeräusch auf. Nur große Eidechsennattern können ähnlich lautstark fliehen.

166b *Coluber jugularis schmidti*

Ergriffen oder in die Enge getrieben, setzt sie sich durch Beißen zur Wehr. Auch ein Hochschnellen (Springen) bis zu ihrer halben Körperlänge ist möglich. In Kasachstan wird erzählt, daß sie dadurch Pferde zum Durchgehen bringe. Sie ist deshalb bei den dortigen Einwohnern nicht beliebt. Ihre Ruheplätze wählt sie meist so, daß sie eine gute Sicht hat und möglichst hangabwärts fliehen kann. Als tagaktives Tier ernährt sie sich je nach Angebot hauptsächlich von Kleinnagern, Eidechsen und Vögeln. Aber auch Schlangen und Insekten, z. B. Heuschrecken, werden nicht verschmäht.

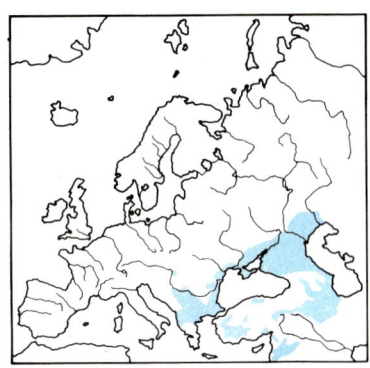

zu 166

Natürliche Feinde sind größere Greifvögel. Jungschlangen werden von Blauracke, Wiedehopf und Würgern verfolgt, aber auch Füchse, Igel und Marder machen Jagd auf sie.

Die Winterruhe hängt von der entsprechenden Witterung ab. Während sie in Kleinasien mit 1 bis 4 Monaten recht kurz ausfällt, kann sie im Hochland von Armenien 6 Monate andauern. Nach der Winterruhe und dem sich anschließenden Häuten findet etwa Anfang Mai die Paarung statt. Dabei kommt es häufig zum Nackenbiß durch das Männchen. 4 bis 6 Wochen danach legt das Weibchen 6 bis 12 Eier ab, aus denen Anfang bis Mitte September die Jungschlangen schlüpfen.

Besonderes: Es werden zur Zeit 4 Unterarten unterschieden, von denen **166a** *C. j. caspius* und **166b** *C. j. schmidti* im Gebiet vorkommen. Besonders prachtvoll gefärbt ist die oft völlig rote *C. j. schmidti* aus dem Transkaukasus. Diese Form wird von manchen Herpetologen auch als eigene Art betrachtet. *C. j. caspius* kommt von der Balkanhalbinsel über Rumänien und dem Westkaukasus bis zum Kaspischen Meer vor.

167 *Coluber najadum*
Schlanknatter, Steignatter oder Dahlsche Natter
Kennzeichen: Eine überaus grazile, gestreckte Zornnatter mit langem Schwanz. Durchschnittlich um 100 cm

zu 167

lang, doch werden mitunter Tiere aus südlichen Breiten bis 140 cm lang. Aber auch solche großen Tiere erreichen kaum die doppelte Dicke eines Bleistifts. Der zierliche Kopf zeigt große, lebhafte Augen mit runder Pupille. Die glatten Schuppen können rotbraun bis gelbbraun gefärbt sein. Alte Stücke aus dem Transkaukasus zeigen oft eine durchweg blaugraue Färbung. Nacken und Halsregion werden durch eine zu beiden Seiten verlaufende Fleckenreihe bestimmt, die sich im Nacken häufig berühren, ohne jedoch eine Nackenbinde, wie bei der Rötlichen Zornnatter (169), zu bilden. Diese Augenfleckzeichnung hat eine Schutzfunktion zu erfüllen, zumal sich diese Augenflecken beim Schlingen in Bewegung setzen. Die Kopfzeichnung wird durch eine dunkle Binde, die vom Nasenloch durch das Auge in Richtung Schläfe zieht, gebildet. Dieser Augenstrich wird bei vielen Schlangen beobachtet und hat offensichtlich den Zweck, das Schlangenauge zu tarnen, es für den Gegner unauffällig zu machen. Zu verwechseln ist die Art z. B. in

Lieblingsbeute, Eidechsen, nachstellt. In Bulgarien wird sie deshalb oft als Strahl- bzw. Blitzschlange bezeichnet. In Notzeiten frißt sie auch Heuschrecken und Mäusenestlinge.

Als Feinde kommen Greif- und Rabenvögel, verwilderte Katzen, in erster Li-

167a *Coluber n. najadum*

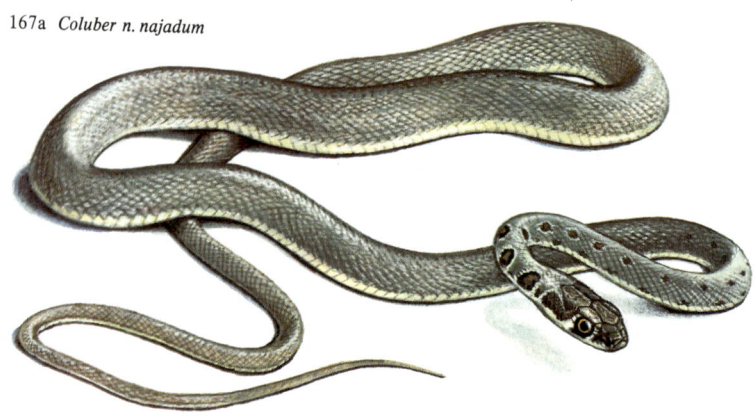

chen. Zu verwechseln ist die Art z. B. in Bulgarien mit der Rötlichen Zornnatter (169). Diese besitzt jedoch einen flacheren, kleineren Kopf und bedeutend kleinere Augen. Auch die Anzahl der Augenflecken in der Halsregion ist wesentlich geringer als bei der Schlanknatter. Nur bei dieser Art sind die Bauchschilder zu beiden Seiten gekielt.

Vorkommen: Südliche Balkanhalbinsel (Südbulgarien, Küstengebiet Jugoslawiens bis Nordistrien), Transkaukasus bis Südwest-Vorderasien. In Armenien bis in Höhen von 2 500 m, bewohnt aber auch die Ebene. Bevorzugte Lebensräume bilden Flußtäler mit mäßiger Vegetation. Mit Geröll durchsetzte Waldlichtungen, Schuttplätze, verwilderte Gärten, Weinberge mit ungepflegten Legesteinmauern, aber auch mit Büschen und Steinen durchsetzte Viehweiden werden bewohnt.

Lebensweise: Wie alle Zornnattern ein äußerst schneller, tagaktiver Hetzjäger, der mit großer Geschwindigkeit seiner

nie ophiophage Schlangen in Betracht. Sie legt nur etwa 3 bis 5, sehr gestreckt geformte Eier. Die Ende August bis September schlüpfenden Jungtiere ernähren sich oft von Feldheuschrecken und Johannisechsen (151). Von Oktober bis April halten sie Winterruhe.

Besonderes: Im Gebiet leben 2 Unterarten, die sich vor allem farblich unterscheiden lassen. Im Kaukasus-Gebiet kommt die Nominatform **167a** vor, während auf der Balkan-Halbinsel und in der Ägäis **167b** *C. n. dahli* zu finden ist.

168 *Coluber ravergieri*
Ravergiers Zornnatter

Kennzeichen: Die für eine Zornnatter sehr kräftige, ja mitunter in manchen Exemplaren regelrecht plump erscheinende Schlange erreicht in unserem Gebiet eine Länge von etwas mehr als 100 cm, in Asien über 150 cm. Sie besitzt einen mittelgroßen Kopf mit relativ kleinen Augen, durch die eine dunkle Schläfenbinde führen kann und große Überaugenschilder. Auf grauem bis hellsilberfarbenem Grund weist der Rücken eine dunkle, vielfach hell gesäumte Rautenzeichnung auf. Es gibt aber auch im gleichen Biotop fahlgraue Tiere, bei denen kaum noch eine Zeichnung zu erkennen ist. Im Süden des Gebietes treten Tiere mit völlig schwarzem Kopf auf. Sie besitzen meistens eine sehr helle Grundfärbung.

Ihre gekielten Schuppen sowie das Vermögen, den Kopf bei Gefahr stark abzuflachen und damit vom Körper stärker abzusetzen, führten schon oft zur Verwechslung mit der giftigen Levanteotter (189), die im gleichen Biotop vorkommen kann. Jedoch weisen sie ihre großen Kopfschilder bei genauerer Betrachtung als harmlose Zornnatter aus. Aber gerade bei dieser Schlange sollte der Beobachter recht vorsichtig sein, da ein Irrtum sehr gefährlich werden kann. Die typische runde Pupille ist bei flüchtiger Betrachtung im Gelände oft schwer zu erkennen.

Vorkommen: Mittelasien bis Kleinasien, erreicht südlich die Insel Rhodos und zieht nördlich bis an die Südhänge des Kaukasus. In Armenien ist sie örtlich die häufigste Schlange. Hier bewohnt sie warme, mit Vegetation durchsetzte Südhänge. Flußtäler entsprechenden Charakters werden bevorzugt, urtümli-

zu 168

che Grassteppen ebenfalls besiedelt. Im Süden ihres Verbreitungsgebietes steigt sie bis in Höhen über 2 600 m.

Lebensweise: Bei Gefahr versucht sie möglichst schnell in einen Dornbusch oder eine Felsspalte zu entkommen. Bei gut durchwärmten Tieren sind die Bewegungen so schnell, daß auch flinke Beutetiere wie Eidechsen und Mäuse erjagt werden können. Das erfaßte Beutetier wird entweder gleich lebend hinabgewürgt oder vorher erdrückt. Sie klettert gern in Büschen, um hier Vogelnestlinge aufzuspüren, die gelegentlich ebenfalls in ihr Futterspektrum gehören. Als „echte" Zornnatter macht sie sofort von ihren Zähnen Gebrauch,

167a *Coluber n. najadum,* juv.

350

wenn sie ungeschickt ergriffen wird. In die Enge getrieben, bläst sie sich stark auf und zischt laut. Sie führt ein ausgesprochen tagaktives Leben und wird oft in den Morgenstunden beim Sonnenbad angetroffen.

Nach der Winterruhe, die 1 bis 6 Monate dauern kann, erfolgt die Paarung. Im Juni bis Juli kommt es zur Eiablage. Das aus 4 bis 10 Eiern bestehende Gelege wird oft unter großen Steinen versteckt, die guten Kontakt zum Erdreich besitzen.

Die frisch geschlüpften Jungschlangen sind besonders durch Rabenvögel gefährdet. Erwachsene Tiere werden gelegentlich durch Greifvögel, Füchse und Marder erbeutet.

Durch Färbung und Zeichnung ist diese Natter besonders gut an ihre Umgebung angepaßt, so daß der Beobachter sie vielfach erst dann sieht, wenn sie hangabwärts flüchtet.

Besonderes: Nach neueren Untersuchungen verbirgt sich unter *C. ravergieri* noch eine zweite Art, *Coluber nummifer* REUSS 1834. Sie wurde lange Zeit als Unterart von *C. ravergieri* angesehen, ist aber aufgrund zahlreicher Beschuppungs-, Bezahnungs- und anatomischer Merkmale (Gestalt der Hemipenis) eine eigenständige Art. *Coluber ravergieri* lebt in unserem

Gebiet *nur* in Transkaukasien, ihr Areal reicht von dort bis nach China. Im Mittelmeerraum gibt es ein isoliertes Vorkommen im Hermon-Gebirge. *C. nummifer* kommt von der Ägäis über Kleinasien ebenfalls bis nach China vor, wahrscheinlich mit einer Verbreitungslücke in Mittelasien. Nur im Transkaukasus kommt sie in unserem Gebiet neben *C. ravergieri* vor. Sie ist allerdings an trocken-warme Habitate gebunden, während *C. ravergieri* anspruchsloser ist und höher ins Gebirge geht.

Einfache Unterscheidungsmerkmale der Arten in unserem Gebiet:
Rückenschuppen in der Körpermitte:
  C. ravergieri 21 Reihen
  C. nummifer 23 bis 25 Reihen
Rückenschuppen kurz vor dem Afterschild:
  C. ravergieri 15 Reihen
  C. nummifer 17 Reihen
Schilder der Schwanzunterseite:
  C. ravergieri 70 bis 88
  C. nummifer 82 bis 102

169 *Coluber rubriceps*
Rötliche Zornnatter
Kennzeichen: Sie ist im Gebiet die zierlichste Zornnatter und erreicht hier kaum 100 cm Körperlänge. Die rötlichgraue Grundfarbe zeigt in der Halsre-

168 *Coluber ravergieri*

169 *Coluber rubriceps*

gion dunkle, weiß geränderte Augenflecken. Stets verläuft über den Nacken eine Querbinde. Bei der Schlanknatter (167) berühren sich die Augenflecken dort nur. Der kleine, flache Kopf ist wenig vom Hals abgesetzt. Das dunkle Auge ist unauffällig im dunklen Gesicht verborgen. Der Schwanz ist sehr lang und äußerst dünn ausgezogen. Der Körper faßt sich wie ein Draht an und ist mit glatten Schuppen bedeckt.

Vorkommen: Vorderasien (Israel bis Türkei), Türkisch-Thrakien und bulgarische Schwarzmeerküste. In Europa lebt sie nur im Flachland und wurde bisher nur in Küstennähe beobachtet. Im Klippengebiet hält sie sich unmittelbar hinter der Spritzwasserzone auf, wenn es dort genügend Büsche gibt, in und auf denen sie zumindest zeitweise lebt.

Lebensweise: Es gibt kaum eine andere Schlange in unserem Gebiet, die ihre Fluchtgeschwindigkeit übertrifft. Ihre Bewegungen sind dabei wirklich blitzartig. Als tagaktive Schlange erbeutet sie vor allem kleine bis mittlere Eidechsen, z. B. Mauer- und Wieseneidechsen. In ihrer nördlichsten Verbreitungszone hält sie eine Winterruhe von mehreren Monaten. Nach der Paarung erfolgt die Ablage eines kleinen Geleges von etwa 3 bis 5 Eiern. Diese sind wie bei der Schlanknatter (167) sehr langgestreckt und kurz nach der Ablage mehr walzen- als eiförmig.

Besonderes: Sie wurde in Europa erst vor wenigen Jahren durch einen polnischen und einen bulgarischen Herpetologen in Bulgarien nachgewiesen. Obwohl sie schon vorher von mehreren Herpetologen dort beobachtet und erbeutet wurde, sahen alle in ihr die Schlanknatter (167), die aber in Bulgarien offenbar nicht an der Schwarzmeerküste vorkommt.

170 *Coluber viridiflavus*
Gelbgrüne Zornnatter
Kennzeichen: Erreicht im Durchschnitt 140 cm Länge und kann unter besonders günstigen Bedingungen auch 180 cm Gesamtlänge erreichen. Als langschwänzige Art besitzt sie typische Zornnatternproportionen. Der Kopf ist etwas länglich und besonders bei halbwüchsigen und jungen Tieren nur wenig vom Hals abgesetzt. Die stets glatten Schuppen sind auf dunklem bis schwarzem Untergrund vom Schwanz her mit hellgrünen bis gelben Längslinien, die sich zur Körpermitte hin in

zu 169

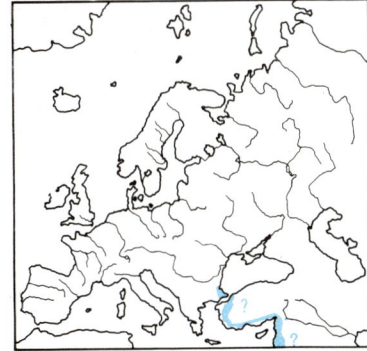

eine netzartige Zeichnung auflösen, überzogen. Die Unterart **170b** *C. v. carbonarius* hat eine schwache Zeichnung und zeichnet sich durch teilweisen oder völligen Melanismus aus.

In Jugoslawien besteht Verwechslungsmöglichkeit mit der Balkan-Zornnatter (164) besonders bei Jungtieren, da die Jungtiere der Gelbgrünen Zornnatter noch nicht ausgeprägt schwarz gefärbt sind. Die typischen weißen Punkte in der Halsregion der Balkan-Zornnattern helfen aber, beide Arten voneinander zu unterscheiden.

Vorkommen: Ihre Verbreitung erstreckt sich vom Nordosten der Iberischen Halbinsel über Frankreich, die Südschweiz nach Italien und das südwestliche Jugoslawien. Außerdem be-

170a *Coluber v. viridiflavus*

wohnt sie noch die Mittelmeerinseln
Sizilien, Malta, Pelagosa, Korsika,
Elba, Sardinien, ebenso Monte Christo,
Krk und andere kleine Inseln beson-
ders in der Tyrrhenis. Ihre bevorzugten
Aufenthaltsorte sind mit Büschen
durchsetzte Trockenhänge, an denen es
genügend Versteckmöglichkeiten gibt.
Aber auch Straßenböschungen und
Schutthalden, Gärten, Waldränder und
Macchia sind ihre Biotope.
Lebensweise: Als äußerst flinkes Tier,
das ausgesprochen tagaktiv lebt, ver-
steht sie es, auch die flinkesten Eidechsen zu erbeuten. Außerdem werden
noch Mäuse, Vögel, Schlangen, Blindschleichen, Frösche, Käfer, Grillen,
Heuschrecken und sogar Schnecken gefressen.
Nach der Winterruhe von Ende März
bis Mai beginnt die Paarung. Dabei
hält das Männchen das Weibchen
durch Nackenbiß fest. Die Ablage der
Eier kann in hohlen Baumstubben oder
unter Steinen erfolgen. Das Gelege besteht aus 6 bis 15 Eiern. Die Jungen
schlüpfen je nach Witterung nach 6 bis
8 Wochen. Die 20 bis 25 cm langen
Jungtiere sind besonders durch Rabenvögel, ophiophage Schlangen, große Eidechsen, Igel, wildernde Katzen und

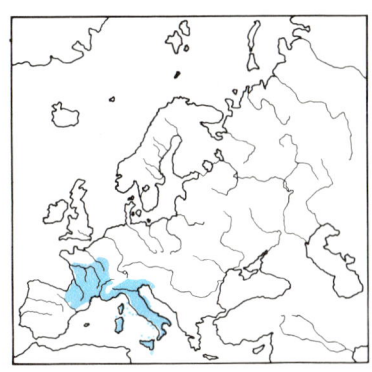

zu 170

größere Hühnervögel gefährdet. Erwachsene Exemplare haben außer größeren Greifvögeln kaum natürliche
Freßfeinde.
Besonderes: Es sind 2 Unterarten bekannt, die sich im wesentlichen durch
Färbung und Zeichnung unterscheiden.
Die Nominatform **170a** bewohnt den
Nordwesten, **170b** *C. v. carbonarius* den
Südosten des Areals.
Durch starke Intensivierung der Land-
und Forstwirtschaft ist diese Schlange
an manchen Stellen recht selten geworden. In der Schweiz ist sie streng geschützt.

170b *Coluber viridiflavus carbonarius*

Coronella austriaca (171)
beim Festhalten
und Verschlingen
ihrer Beute

Gattung *Coronella*
Glattnattern

Die 2 Arten der Gattung werden höchstens 75 cm lang. Es sind sehr muskelstarke Schlangen, die ihre Beute am Tage unter Steinen und in Felsspalten aufstöbern. Der Kopf ist klein und wenig vom Hals abgesetzt, in der Drohhaltung erscheint er dreieckig und abgeflacht. Von den Ottern, mit denen sie häufig verwechselt werden, unterscheiden sie sich durch die großen, glatten Kopfschilder, die glatte Rückenbeschuppung und die runden Pupillen. Sie ernähren sich vorwiegend von Echsen die von beträchtlicher Größe sein können. Die Beutetiere werden mit dem Maul gewöhnlich in der Halsgegend gepackt, umschlungen und erwürgt.

Bestimmungsschlüssel der Arten

1 Um die Körpermitte 19 Schuppenreihen, ohne dunkle Fleckenreihen auf der Bauchseite   **171** *C. austriaca*
1'Um die Körpermitte 21 Schuppenreihen, mit zwei dunklen Fleckenreihen auf der hellen Bauchseite
    172 *C. girondica*

171 *Coronella austriaca*
Glattnatter, Schlingnatter, Haselnatter, Kupfernatter
Kennzeichen: Körperlänge 60 bis 70 cm. Die mit glatten, ungekielten Schuppen bedeckte Oberseite ist graugelb bis rostrot, in allen möglichen Zwischenstufen. Die Rückenzeichnung besteht meist aus einer zeilenartigen Punkt- oder Strichelzeichnung. Auch eine große,

dunkle Fleckenmarmorierung ist möglich. Außerdem sind Tiere mit aufgehellter Rückenzone bekannt geworden, aber auch solche mit einer durchgehenden parallelen Rückenstreifung. Die Bauchschilder besitzen entweder eine einfarbige rötliche oder graue Grundfarbe, können aber auch mit feinen dunklen Punkten durchsetzt sein. Die dunkle Kopf-Nacken-Zeichnung ist U-förmig und zum Körper hin geöffnet, ein wichtiges Unterscheidungsmerkmal von der Girondischen Schlingnatter (172). Die Schlingnatter wird wegen ihrer Körperproportionen häufig mit der Kreuzotter verwechselt. Der von oben eiförmige, vom Hals wenig abgesetzte Kopf ist im Gegensatz zur Kreuzotter komplett mit Großschildern bedeckt. Das Auge hat eine runde Pupille. Die dunkle Schläfenbinde kommt aus Richtung Schnauzenspitze, durchläuft das Auge und zieht bis seitlich an den Hals. Die Flankenzeichnung kann aus dunklen, unregelmäßig angeordneten Punkten oder auch aus einer dachartigen, schwachen Strichzeichnung bestehen. Schwarze Exemplare, die bei der Kreuzotter häufig vorkommen, sind von der Schlingnatter bisher nicht bekannt geworden. Vor der Häutung kann die Schlingnattter einfarbig aussehen.
Vorkommen: Vom Norden der Iberischen Halbinsel über das mittlere und nördliche Frankreich, nördlich bis zum südlichen Skandinavien, Südengland, Mitteleuropa, Italien, Balkanhalbinsel, nördliches Kleinasien, Kaukasus. Im Norden bevorzugt die Schlingnatter das Flachland und Gebiete mit Mittelge-

birgscharakter. Im Süden dagegen wird sie noch in Höhen von über 2000 m angetroffen. Als Biotope kommen alte Weinbergsmauern, Legesteinmauern, verlassene Steinbrüche, Bahndämme, Waldlichtungen, Grabenböschungen, Schonungen, Ruinenfelder und mit Geröll durchsetzte Bergwiesen in Frage. Nur sehr kühle Nordhänge, geschlossene hohe Nadelwaldbestände sowie sehr trockene Biotope werden nicht besiedelt.

Lebensweise: Diese relativ langsame Natter hat viel Ähnlichkeit in ihrem Verhalten, z. B. in den Bewegungsabläufen, mit den Kletternattern. Sie ist tagaktiv. Wird sie überrascht, versucht sie kaum zu fliehen, sondern vertraut auf ihre Schutzfarbe und Zeichnung. Ihre Beute sind vor allem Eidechsen, die sie in ihren Verstecken aufspürt und durch schnelles Umschlingen erwürgt (Schlingnatter!). Dabei werden auch recht wehrhafte, große Zauneidechsen und halbwüchsige Smaragdeidechsen angegriffen und erbeutet. Auf ihren unterirdischen Stöbergängen erbeutet sie auch Mäusenestlinge. Erwachsene Mäuse werden zumindest im Terrarium sehr selten angenommen. In manchen Biotopen bilden Blindschleichen ihre Hauptnahrung.

Nach der Winterruhe im April oder Mai beginnen sich die Schlingnattern

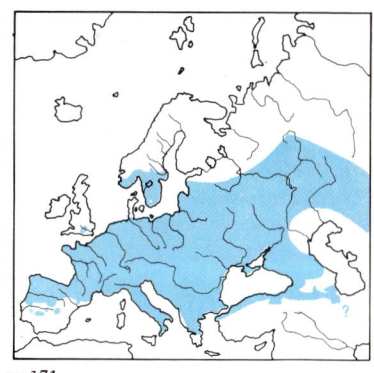

zu 171

zu paaren. Dabei kommt es gewöhnlich zum Nackenbiß durch das Männchen. Auch ein abgleitendes Umwinden des Weibchens wird mitunter beobachtet. Im August oder September werden die 7 bis 14 etwa 12 bis 15 cm langen Jungen geboren. Die Jungen häuten sich nach einigen Tagen und zeigen eine kräftige dunkle Rückenzeichnung und rote Bäuche (typisches Erkennungsmerkmal!). Wird eine Schlingnatter ergriffen, versucht sie sich meist sofort durch Beißen zu wehren. Ein solcher Biß zeigt viele winzige, kleine Einstiche, die schlangenkieferförmig angeordnet sind.

Freßfeinde sind z. B. Bussarde, Weihen, Rabenvögel, Wildschweine, Mar-

171 *Coronella austriaca*

der. Größere Singvögel sowie Igel und Ratten können den Jungtieren gefährlich werden. Selbst große Grasfrösche können eine frischgeborene Schlingnatter überwältigen.

Besonderes: Durch intensive Forstwirtschaft werden viele Populationen der Schlingnatter vernichtet. Deshalb steht diese Schlange in vielen Ländern Europas unter Schutz.

172 *Coronella girondica*
Girondische Schlingnatter

Kennzeichen: 60 bis 80 cm lang. Die ungekielte Rückenbeschuppung kann eine lehmgelbe bis rotbraune Grundfärbung in allen Zwischentönen aufweisen. Die dunkle Rückenzeichnung besteht aus unregelmäßig angeordneten Querbinden. Die Flanken können eine marmorierte Zeichnung besitzen, aber auch einfarbig sein. Als typisches Unterscheidungsmerkmal zur Glattnatter (171) besitzt die Girondische Schlingnatter vielfach eine zum Körper hin geschlossene dunkle U-Nackenzeichnung. Der kleine Kopf ist kaum vom Hals abgesetzt und hat große Schilder. Das mittelgroße Auge besitzt eine runde Pupille und wird von einer dunklen Binde, die von der Halsseite kommt, begrenzt. Die gewöhnlich hellen Bauchschilder zeigen im Unterschied zur Glattnatter 2 längsgerichtete dunkle Linien, die hin und wieder unterbrochen sein können. Auch einzelne dunkle Punkte zwischen der dunklen Zeilenzeichnung können auftreten.

Vorkommen: Von der Iberischen Halbinsel über Südfrankreich, Italien, Sizilien bis Nordwestafrika. Sie bevorzugt die Ebene, wird aber doch zuweilen bis in Höhen von 1500 m angetroffen. Sie bewohnt Hanglagen, die mit Geröll durchsetzt sind und möglichst eine aus Büschen bestehende Vegetation besitzen. Aber auch in verlassenen Steinbrüchen, an Straßenböschungen, Eisenbahndämmen und an Karsthängen kann diese Schlange gefunden werden.

Lebensweise: Dämmerungs- bzw. nachtaktiv. Sie pirscht vor allem auf schlafende Eidechsen und soll in manchen Biotopen sehr stark auf Geckos als Nahrung angewiesen sein.

Die Paarung erfolgt je nach Klima zwischen März und Ende Mai. Im Gegensatz zu der mehr nördlich lebenden Schlingnatter legt sie Eier. In einem Gelege befinden sich selten mehr als 10 Eier. Aus den im Juni oder Juli abgelegten Eiern schlüpfen im August bzw. September die Jungschlangen.

Besonderes: Im Unterschied zur Glattnatter zeigt die Girondische Schlingnatter keine besonders aktive Abwehrreaktion. Von der Landbevölkerung wird sie gelegentlich mit der Aspisviper verwechselt und erschlagen. Viel

172 *Coronella girondica*

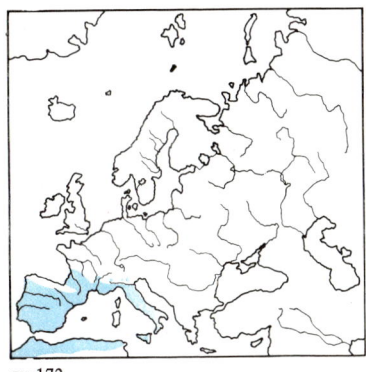

zu 172

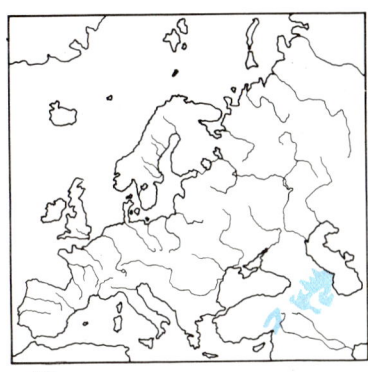

zu 173

schlimmer wirkt sich die starke chemische Schädlingsbekämpfung im Obstbau auf diese Schlange aus. Durch die Vernichtung großer Insektenpopulationen finden die Eidechsen und damit auch die Girondischen Schlingnattern keine Nahrung mehr.

Gattung *Eirenis*
Zwergnattern

Von diesen zarten Nattern sind 10 Arten bekannt. Im Gebiet kommen 3 Arten vor. Sie legen nur wenige, aber sehr große Eier. Ihr Verbreitungszentrum liegt in Asien. Giftige Gliedertiere bilden ihre Hauptnahrung.
Um die Körpermitte verlaufen 15 bis 17 Schuppenreihen. Für die meisten Arten ist bei einfarbigem Körper eine dunkle Nacken- bzw. Kopfzeichnung typisch.

173 *Eirenis collaris*
Halsband-Zwergnatter
Kennzeichen: Die kleinste Natter unseres Gebietes erreicht selten mehr als 30 cm Länge und bleibt unter Bleistiftstärke. Die Körperfarbe ähnelt der der Kopfbinden-Zwergnatter (174) sehr, die Grundfärbung ist aber mehr gelbbraun. Der winzige Kopf ist kaum vom Hals abgesetzt und zeigt auf den relativ großen Kopfschildern einen dunklen Fleck, der längs gerichtet ist und zweigeteilt sein kann. Ein schwarzes, gut

sichtbares Halsband vervollständigt die Zeichnung.
Vorkommen: Sie bewohnt im Transkaukasusgebiet und in Vorderasien steinige, trockene, mit Büschen und Gräsern spärlich bestandene Hänge. Am sichersten kann man sie unter Steinen finden. Dort überrascht, versucht sie selten zu fliehen.
Lebensweise: Wie alle Schlangen Transkaukasiens ist sie zu einer Winterruhe gezwungen, die sie an sonnigen Tagen im Februar oder März unterbricht.
Die eigentliche Aktivitätsperiode beginnt aber erst im April und reicht bis Oktober. Als Nahrung dienen ihr vor allem Gliedertiere (Skorpione, Hundertfüßler u. a.)..
Aus den 4 bis 8 sehr gestreckten Eiern des Geleges schlüpfen im August oder September die bis zu 11 cm langen Jungschlangen. Die Freßfeinde sind die gleichen wie die von der Armenischen Zwergnatter (175).

174 *Eirenis modestus*
Kopfbinden-Zwergnatter
Kennzeichen: Mit reichlicher Bleistiftstärke und maximal 50 cm Länge ist diese Natter eine der zierlichsten Schlangen Europas. Rücken und Flanken sind einfarbig hellgrau, grünlich bis sandgelb. Die kleinen glatten Schuppen können eine dunkle Einfassung haben. Die Bauchschilder in Weiß oder Hellgrau zeigen kräftigen Glanz.

174 *Eirenis modestus*

173 *Eirenis collaris*

Der Kopf ist klein und wenig vom Hals abgesetzt, das dunkle Auge hat eine runde Pupille. Die typische, dreiteilige, quer angelegte Kopfzeichnung ist nur bei Jungtieren und halbwüchsigen Exemplaren gut sichtbar. Bei alten Tieren ist sie mitunter kaum noch zu erkennen bzw. völlig verschwunden.

Vorkommen: Transkaukasusgebiet, Kleinasien. Im Westen des Verbreitungsgebietes erreicht sie die europäische Türkei, die Inseln Samos, Chios und Mytilene. Im Gebirge wird sie noch in 1 800 m Höhe angetroffen. Sie bewohnt Trockenhänge mit wenig Vegetation. Ihren Unterschlupf findet sie unter Steinen und in Felsspalten.

Lebensweise: Tagaktiv. Sie meidet aber die heißen Sonnenstrahlen und führt zwischen Felsbrocken und Steinen ein verborgenes Leben. Sie ernährt sich hauptsächlich von kleinen Scolopendern, Skorpionen sowie von Heuschrecken und kleinen Eidechsen. Je nach Witterung verläßt sie ihr Winterquartier schon im Februar, verschwindet bei Kälteeinbrüchen aber wieder. Sie paart sich erst im Mai oder Anfang Juni. Aus den 3 bis 5 langgestreckten großen Eiern eines Geleges schlüpfen winzige Schlangen von 8 bis 10 cm Körperlänge.

Freßfeinde sind Greifvögel, Rabenvögel, Blauracken, größere Echsen und Zornnattern.

175 *Eirenis punctatolineatus*
Armenische Zwergnatter
Kennzeichen: Mit etwas über 45 cm Länge und reichlicher Bleistiftstärke

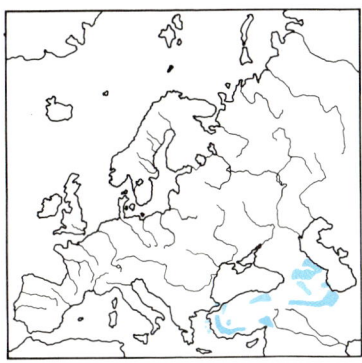

zu 174

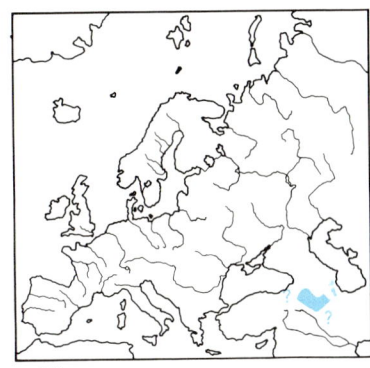

zu 175

wird sie etwas kräftiger als die verwandte Halsband-Zwergnatter (173).

Die Grundfarbe ist ein rötliches Graubraun. Die erste Hälfte des Körpers zeigt eine dunkle Punktierung, die etwa von der Körpermitte an in eine regelmäßige dunkle Strichzeichnung übergeht. Die hellen Bauchschilder sind zeichnungslos. Das Analschild ist ungeteilt. Der kleine Kopf ist kaum vom Hals abgesetzt. Das Auge hat eine mittelgroße runde Pupille. Eventuell ist sie mit einer frisch geschlüpften Springnatter (166) zu verwechseln, bei der aber die Längsstreifung im letzten Körperdrittel fehlt.

Vorkommen: Im Gebiet nur aus den Ländern des südlichen Transkaukasus bekannt. Sie besiedelt die gleichen Biotope wie die anderen Arten der Gattung. Im Hochland wird sie noch bei etwa 1 500 m gefunden, sie ist aber mehr ein Tier des Vorgebirges.

Lebensweise: Ähnlich wie die Kopfbinden-Zwergnatter (174), aber nicht so verborgen. Sie kann schneller flüchten als die beiden anderen Arten.

Im Sommer werden 3 bis 8 sehr gestreckte Eier abgelegt, aus denen im Spätsommer oder Herbst die bis zu 11 cm langen Jungtiere schlüpfen.

Als Feinde kommen Greifvögel, Rabenvögel, besonders aber die Blauracke und der Wiedehopf sowie größere Echsen, z. B. Streifenskink (150), und Scheltopusik (87) in Frage. Aber auch Kleinsäuger (Mäuse, Spitzmäuse) können besonders den Jungtieren gefährlich werden.

Gattung *Elaphe*
Kletternattern

Die meisten der etwa 36 bekannten Arten bewohnen Nordamerika und Eurasien. Diese meist langsamen, mittel-

175 *Eirenis punctato-lineatus*

176 *Elaphe dione*

großen bis großen Nattern haben in der Regel schmale Köpfe mit großen Augen. Der Körperquerschnitt ist höher als breit. Die Bauchschilder sind an den Außenseiten abgekantet. Das gibt den Tieren beim Klettern an Felswänden und in Mauerrissen einen zusätzlichen Halt. Viele Arten besitzen eine die Körperform optisch auflösende Rückenzeichnung.

176 *Elaphe dione*
Steppennatter, Dione-Natter
Kennzeichen: In Europa erreicht die Art

zu 176

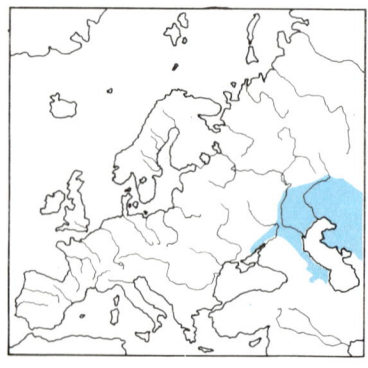

nur etwa 100 cm, in Mittelasien dagegen über 150 cm Länge. Die Grundfarbe schwankt zwischen hellgrau bis rötlichbraun. Auf dem Rücken verlaufen 4 dunkelbraune Längslinien. Die Flanken der glattschuppigen Schlange zeigen eine dunkle Fleckung, die auch die Rückenzone durchsetzen kann. Der schmale, mit großen schmalen Schildern besetzte Kopf hat eine V- oder X-Zeichnung, die im Zentrum aufgehellt sein kann. Die dunkle Schläfenbinde führt durch das Auge. In der Körpermitte sind 23, selten bis 25 Schuppenreihen zu zählen. Die Bauchschilder sind entsprechend der Oberseite gefärbt, nur etwas mehr aufgehellt und mitunter mit kleinen, hellen oder dunklen Punkten durchsetzt.
Im allgemeinen erinnert die europäische Form dieser Schlange an eine kräftige Leopardnatter (181), mit der sie gelegentlich verwechselt wird.
Von der Transkaukasischen Kletternatter (177) unterscheidet sich die Steppennatter durch die Zeichnung. Bei der Steppennatter herrscht die Längsstreifung vor, die Flecken auf Kopf und Nacken zeigen nach dem Zentrum hin eine Aufhellung.

Vorkommen: Von Nordostchina, der Mandschurei, dem Fernen Osten der Sowjetunion, der Mongolei über Mittelasien bis in die Ukraine. Sie kommt nicht im südöstlichen Kaukasus und in Transkaukasien vor. Sie bewohnt steppenartige Biotope, auch Geröllhalden im Hügelland und mit Vegetation durchsetzte Erosionshänge.

Lebensweise: Sehr ähnlich der Transkaukasischen Kletternatter (177) und der Leopardnatter (181). Bei Erregung bewegt sie im schnellen Rhythmus, seitlich ausschlagend, den Schwanz, ähnlich der Halsotter.

Besonderes: Von den 2 Unterarten lebt im Gebiet nur die Nominatform.

zu 177

177 *Elaphe hohenackeri*
Transkaukasische Kletternatter

Kennzeichen: Mit maximal 75 cm Länge gehört sie zu den kleinsten Vertretern der Gattung. Der gestreckte typische Kletternatternkopf, der sich nur gering vom Hals absetzt, ist bei der Unterscheidung von der Glattnatter (171) ein wichtiges Merkmal.

Die Grundfärbung ist hellgraubraun bis dunkelbraun. Die dunkle Rückenzeichnung kann aus Querbinden oder aus einem schwarzgesäumten Wellenband bestehen, auch ist eine stark reduzierte Zeichnung aus kleinen Flecken möglich. Die Flanken können eine dunkle Barren- oder Punktzeichnung aufweisen. Tiere aus dem Hochland von Armenien zeigen nicht selten eine helle Rückenzone. Die Bauchschilder sind einfarbig graubraun bis gelbgrau und oft mit dunklen Punkten durchsetzt. Der längliche Kopf zeigt eine dunkle Schläfenbinde, die durch das mittelgroße Auge mit runder Pupille führt.

177 *Elaphe hohenackeri*

Vorkommen: Von der südöstlichen Kaukasusabdachung durch den Transkaukasus bis nach dem nordwestlichen Iran, der nordöstlichen Türkei und dem Libanon. An den Südhängen des Aragaz (Armenische SSR) steigt sie bis in eine Höhe von 3 000 m. Sie bewohnt licht bewaldete oder mit Gebüsch bewachsene steinige Berghänge.

Lebensweise: Diese im Verhalten der Leopardnatter (181) sehr ähnliche Schlange führt ein verborgenes Leben und sucht ihre Wege möglichst unter halber oder vollständiger Deckung. Das könnte auch der Grund sein, weshalb diese Schlange so selten im Freien beobachtet wird. Auf Exkursionen wird sie relativ oft unter Steinen gefunden. In den höheren Lagen ihres Lebensraumes ist sie zu einer Winterruhe von 5 bis 7 Monaten gezwungen. Die geringe Nachkommenschaft (3 bis 8 Eier in einem Gelege) schlüpft Ende Juli oder im August. Die Jungschlangen führen ebenfalls die verborgene Lebensweise ihrer Art, die keinerlei wirksame aktive Abwehrmittel besitzt. Als Nahrung dienen ihr Mäuse, vor allem Nestlinge. Jungschlangen nehmen gern Eidechsen. Als Freßfeinde kommen Rabenvögel, Greifvögel sowie Wildschweine und Bären in Frage. Bären erweisen sich beim Steinewälzen als besonders geschickt.

Besonderes: Von den 2 Unterarten kommt im Gebiet nur die Nominatform vor. In der Sowjetunion steht diese Schlange im Nationalen Rotbuch.

178 *Elaphe longissima*
Äskulapnatter
Kennzeichen: Mit einer durchschnittlichen Körperlänge von 140 bis 160 cm ist sie die größte Schlange Mitteleuropas. Die schlanke, aber sehr kräftige Natter erreicht im Süden ihres Verbreitungsgebietes sogar eine Länge bis zu 200 cm. Die glatten, glänzenden Schuppen zeigen eine hell- bis dunkelbraune bis schwarze Grundfarbe. Bei helleren Tieren ist der dunklere Längsstreifen

auf jeder Flankenseite gut erkennbar. Die feine, weiße Längsstrichelzeichnung ist besonders bei sich aufblasenden oder mit Beute gefüllten Tieren gut zu sehen und stellt ein typisches Erkennungsmerkmal dar. Die Bauchschilder sind normalerweise hellgelb, bei sehr dunklen Tieren können sie auch blauschwarz gefärbt sein. Der schmale, sich wenig vom Hals absetzende Kopf ist bei erwachsenen Tieren zeichnungslos und besitzt je nach Grundfarbe des Körpers ein helles oder dunkles Auge mit runder Pupille.

Durch die gelbliche Nackenzeichnung können junge Äskulapnattern mit Ringelnattern (187) verwechselt werden. Bei genauerer Betrachtung fällt aber der schmale Kopf der Äskulapnatter auf. Ringelnattern gleicher Größe haben – von oben betrachtet – einen eiförmigen Kopf.

Vorkommen: Vom Nordosten der Iberischen Halbinsel bis Mitteleuropa, Süd- und Südosteuropa bis Kleinasien. In den Biotopen des Mittelgebirges wird sie vorwiegend an südlich exponierten Hängen gefunden. Flußufer und ähnliche feuchte Regionen werden vorgezogen. Lichte Laubwälder, mit Geröll und Efeu durchsetzt, sind besonders beliebte Aufenthaltsorte. Aber auch verfallenes Gemäuer, Straßenböschungen, nicht zu trockene verlassene Steinbrüche können ihr zusagen. Im Gebirge geht sie bis 1 000 m Höhe. In ihrer

zu 178

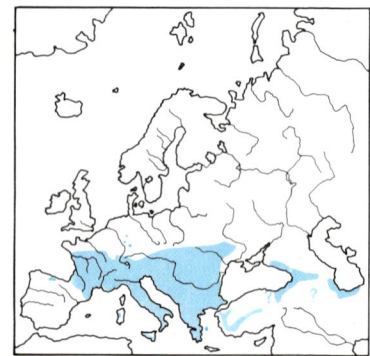

178 *Elaphe longissima*

gelbe Form

Hauptaktivitätsperiode liebt sie klimatisch ausgeglichene Biotope und keine
großen Temperaturschwankungen.
Lebensweise: Sie bewegt sich selten in
offener, ungedeckter Landschaft. Auch
Sonnenbäder werden halbverdeckt genommen. Sie flieht gewöhnlich hangabwärts, geräuscharm gleitend. Ihre Bewegungen sind bedächtig und dabei von
einer bestechenden Eleganz, besonders
beim Klettern. Die Hauptaktivität erwachsener Tiere fällt in die Zeit von
Mai bis Juli. Anfang bis Mitte Mai erfolgt die Paarung. Ende Juli werden 5
bis 10 Eier in vermoderte Baumstubben, Fallaubreste und ähnliche feuchte
Verstecke gelegt. Als Nahrung werden
Nagetiere bis Schermausgröße sowie
Jungvögel bevorzugt. Frisch geschlüpfte Äskulapnattern fressen kleine
Eidechsen und mitunter Mäusenestlinge. Die Winterruhe schwankt je nach
Klimagebiet zwischen 5 und 6 Monaten.

Besonderes: Im Gebiet kommen 3 schwer unterscheidbare Unterarten (*E. l. romana*, Mittel- u. Süditalien; *E. l. rechingeri*, Amorgos; Nominatform im übrigen Areal) vor.

179 *Elaphe quatuorlineata*
Vierstreifennatter

Kennzeichen: Dieser kräftigste Vertreter der europäischen Kletternattern kann eine Länge von über 200 cm erreichen

179a *Elaphe q. quatuorlineata*, juv.

und dabei armstark werden. Im allgemeinen werden jedoch Tiere mit einer Länge zwischen 130 und 150 cm beobachtet. Den großen, deutlich vom Hals abgesetzten Kopf bedecken große Schilder.

Die Grundfarbe der leicht gekielten Rückenschuppen schwankt zwischen graugelb über strohgelb, orange, rot bis zu braun. Auf dem Rücken verlaufen bei der Unterart **179a** *E. q. quatuorlineata* 4 Streifen, die sich in Richtung

zu 179

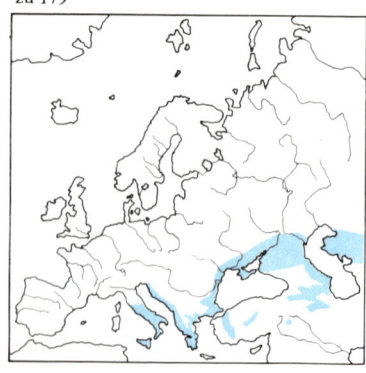

Schwanz auflösen. Oft werden sie gänzlich reduziert. Die im Südosten Europas vorkommende Unterart **174b** *E. q. sauromates* zeigt statt der Längsstreifung eine dunkle Querbindenzeichnung, die auch bei den Jungtieren der Nominatform auftritt. Die Jungtiere beider Unterarten sind immer kontrastreicher gezeichnet als die Erwachsenen. An den Flanken besitzen junge bis halbwüchsige Nattern meist eine dunkle Fleckenreihe, die im Alter reduziert sein kann. Auch das schwarze Schläfenband, das durch das große dunkle Auge führt, kann bei erwachsenen Tieren stark reduziert sein.

Vorkommen: Südost- und Südeuropa, Mittelasien bis Turkmenien, Vorderasien, Transkaukasien. Sie bewohnt trockenere Biotope als die oft im gleichen Gebiet vorkommende Äskulapnatter (178). Sie wird aber gelegentlich auch in Wassernähe oder sogar im Wasser beobachtet. Mit Geröll durchsetzte urtümliche Landschaften, zerfallene Bauwerke werden bevorzugt.

Lebensweise: Diese träge Natter setzt sich bei Bedrohung nur passiv durch Fauchen zur Wehr und ist kaum zum Beißen zu veranlassen. Sie flüchtet nicht schnell und vertraut mehr auf ihre Schutzfärbung.

Anfang Juli bis August werden 6 bis 14 Eier abgelegt, aus denen bis zu 25 cm lange, kräftige Jungtiere schlüpfen. Nach der ersten Häutung gehen sie gewöhnlich auf Nahrungssuche. Die Nahrung besteht aus jungen Mäusen oder Eidechsen. Kletternattern stöbern ihre

179a *Elaphe q. quatuorlineata*

179b *Elaphe quatuorlineata sauromates*

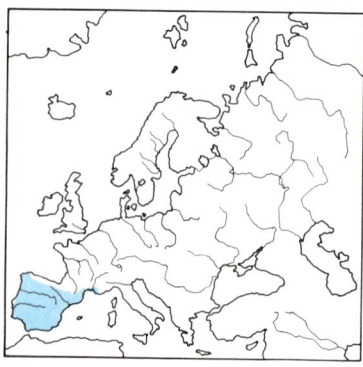

zu 180

Beute oft in der Dämmerung und auf unterirdischen Inspiziergängen auf. Erwachsene Tiere fressen gern Eier, Jungvögel, Mäuse, Ratten, Hamster und junge Kaninchen. Neben Greif- und Rabenvögeln, Iltis und Fuchs wird der Scheltopusik (87) vor allem Jungschlangen gefährlich. Je nach Klimagebiet hält sie eine Winterruhe zwischen 3 und 6 Monaten.

Besonderes: Es werden 4 Unterarten unterschieden. (Nominatform Italien und westliche Hälfte der Balkanhalbinsel, östlich davon *E. qu. sauromates* (179a) bis Transkaukasien und Turkmenien, 2 weitere Unterarten auf Kykladen-Inseln). In Cucullo, Mittelitalien, werden besonders Vierstreifennattern bei kultischen Schlangenprozessionen zu Ehren

des hl. Dominikus, dem Gründer des Dominikanerordens, herumgetragen.

180 *Elaphe scalaris*
Treppennatter
Kennzeichen: Mit etwa 130 cm Länge ist diese Schlange erwachsen. Tiere über 150 cm kommen sehr selten vor.

Der Kopf hat nicht die typische Kletternatternform, sondern ist von oben gesehen nahezu dreieckig geformt und könnte bei flüchtiger Betrachtung für einen Vipernkopf gehalten werden. Die großen Kopfschilder sowie die runde Pupille weisen diese Schlange aber als Natter aus.

Die Grundfarbe kann von strohgelb bis rotbraun variieren. Die Flanken sind etwas aufgehellt. Die Bauchschilder sind glänzend silbergrau bis weiß gefärbt. Die Rückenzeichnung besteht bei Jungtieren aus einer strickleiterartigen Anordnung dunkler Zeichnungselemente. Mit zunehmendem Alter verschwindet die quergestellte Zeichnung, und es bleiben 2 parallel verlaufende dunkle Linien übrig. Die Flankenzeichnung kann aus dunklen, unregelmäßig angeordneten Flecken bestehen, die mit der Alterung des Tieres, ebenso wie die schwache Schläfenbinde, die zum Auge führt, völlig reduziert werden.

Vorkommen: Von der Iberischen Halbinsel bis nach Südfrankreich sowie auf den Iles d'Hyères und Menorca.

180 *Elaphe scalaris*, juv.

180 *Elaphe scalaris*

Sie bewohnt trockene, warme Hänge, die mit Geröll und Gebüsch durchsetzt sind, Straßenböschungen, verfallene Legesteinmauern, ungenutzte Stallungen, Ruinen, verwilderte Weinfelder und lichte Korkeichenwälder.
Lebensweise: Im Frühjahr wird sie oft bei ausgiebigen, ganztägigen Sonnenbädern angetroffen. Ihre Aktivitätsperiode zur Nahrungssuche fällt besonders während der heißen Jahreszeit in die Dämmerungs- und Nachtzeit. Als Nahrung stöbert sie Kleinnager bis zur Jungkaninchengröße auf. Die Jungtiere fressen Eidechsen und vermutlich Grillen und Heuschrecken.
Das Verhalten der Treppennatter erinnert mehr an das einer Zornnatter. Ihre Bewegungen sind sehr schnell. Ergriffen, setzt sie sich durch heftige Bisse zur Wehr.
Nach der etwa 4 bis 5 Monate währenden Winterruhe kommt es im April bis Anfang Juni zur Paarung. Im Juli bis August werden 6 bis 24 Eier abgelegt. In Abhängigkeit von der Umgebungstemperatur schlüpfen nach 6 bis 12 Wochen die 10 bis 24 cm langen Jungtiere.

Als Feinde kommen besonders für Jungtiere Rabenvögel, Greifvögel und marderartige Raubsäuger in Frage.
Besonderes: Infolge der chemischen Schädlingsbekämpfung auf den Weinfeldern und in sonstigen Obstanlagen sind die Populationen der Treppennatter stark zurückgegangen.

181 *Elaphe situla*
Leopardnatter
Kennzeichen: Mit etwas über 100 cm Körperlänge erreicht die Leopardnatter ihre maximale Länge. Der schmale, langgestreckte Kopf ist kaum vom Hals abgesetzt. Die glatte Beschuppung mit 25 bis 27 Schuppenreihen um die Körpermitte zeigt eine hellgraue bis blaugraue Grundfarbe. Auf hellem Grund ziehen große, rote bis braune, schwarzgesäumte Flecken quergestellt über die Rückenmitte. Die hellen Flanken tragen kleinere Flecken gleicher Farbe in einer Längsreihe geordnet. Sie stehen jeweils zwischen den großen Rückenflecken. Als seltene, nicht an bestimmte Gebiete gebundene Mutanten treten längsgestreifte Tiere auf. Zum

181 *Elaphe situla*

Schwanz hin wird die Zeichnung schwächer und verliert sich bei vielen Exemplaren völlig. Die Kopfzeichnung besteht gewöhnlich aus 2 dunklen Winkelbinden, die quergestellt und nach hinten geöffnet sind. Das relativ kleine Auge besitzt eine runde Pupille. In ihrem Gebiet mit keiner anderen Kletternatter zu verwechseln.

Vorkommen: In Kleinasien, auf der Krim, auf der südwestlichen und süd-

zu 181

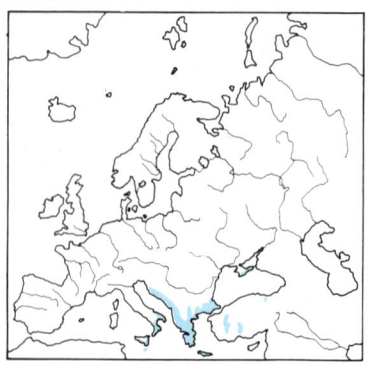

östlichen Balkanhalbinsel, Süditalien, ferner auf einigen Mittelmeerinseln, z. B. Sizilien, Malta, Kreta, den Kykladen. Sie ist ein Tier der Vorberge sowie des Tieflands und wird selten über 500 m Höhe angetroffen. Sie besiedelt ähnliche Biotope wie die Vierstreifennatter (179). Warme, mit lichter Vegetation bestandene Hänge sowie Klippenlandschaften bilden bevorzugte Aufenthaltsorte.

Lebensweise: Die Leopardnatter sonnt sich gern vormittags in halbgedeckter Lage. Die Hauptaktivitätsphase beginnt in den späten Nachmittagsstunden und erstreckt sich bis in die Abenddämmerung. Die Bewegungen sind langsam und entsprechen denen der Äskulapnatter (178). Bei Gefahr versucht sie, in eine Mauerspalte oder unter einen Stein zu entkommen. Wird sie ergriffen, setzt sie sich durch Beißen zur Wehr. Sie klettert sehr geschickt an Mauern. Sie erbeutet vor allem Mäuse und als Jungtiere Eidechsen. Gelegentlich sollen auch Vogelnestlinge erbeutet werden. Bei unterirdischen Stöbergängen werden bevorzugt nackte Mäuse, ihre Lieblingsnahrung, erbeutet. Aus den wenigen Eiern eines Geleges (3 bis 5) schlüpfen Ende August die sehr großen Jungschlangen, die mit 30 bis 35 cm Länge schon halb so groß wie die erwachsenen Tiere sind. Erwachsene nehmen gewöhnlich schon im August keine Nahrung mehr an und sind kaum noch zu beobachten. Wahrscheinlich sind sie dann bereits an ihrem Winterruheplatz. Im Süden im April, sonst ab Mai ist die Leopardnatter wieder zu sehen.

Besonderes: Die Leopardnatter steht in vielen Ländern unter Schutz. Sie ist besonders durch den Fang für Terrarienhaltung bedroht.

Gattung *Malpolon*
Eidechsennattern

Einzige Art im Gebiet:
182 *Malpolon monspessulanus*
Eidechsennatter

Kennzeichen: Sie erreicht eine Länge von über 200 cm und ist damit eine der größten europäischen Schlangen. Der schmale, relativ hohe Kopf ist wenig vom Hals abgesetzt. Die sehr großen Augen werden von mächtigen schräggestellten Augenbrauenschildern weit überdeckt und geben der Schlange ein greifvogelartiges Aussehen.

Die glatten oder gefurchten, aber niemals gekielten Schuppen des Rumpfes bilden in der Körpermitte 17 bis 19 Reihen.

Die Färbung ist individuell recht unterschiedlich und schwankt zwischen hellgrau und blaugrau-graugrün und mattschwarz. Während erwachsene Männchen einfarbig sind, haben Weibchen eine Zeichnung. Die Flanken sind oft heller und zeigen dunkle Punkte oder Flecken, die hell gesäumt sein können. Die in Längsreihen angeordneten Flecken stehen zueinander versetzt. Die Bauchschilder können einfarbig schwefelgelb bis weißlichgrau gefärbt sein und eine dunkle oder helle Punktzeichnung erkennen lassen.

Besonders bei Jungtieren findet sich eine dunkle Kopfzeichnung, die ganz schmal hell gesäumt ist.

Vorkommen: Von Kleinasien bis zum Kaspischen Meer und vom Transkaukasus zur südlichen Balkanhalbinsel, hier

182b *Malpolon monspessulanus insignitus*

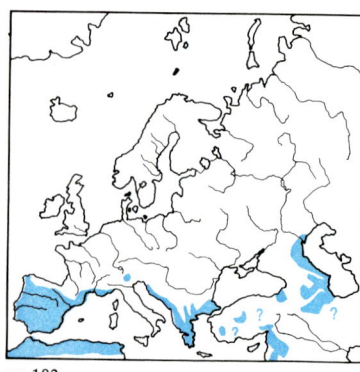

zu 182

zu 183

besonders an der Adriaküste, auf manchen griechischen Inseln z. B. Sakinthos, Thasos, Euböa, Samothraki, Skopelos u. a., Teile Italiens, französische Mittelmeerküste, Iberische Halbinsel und Nordafrika. Sie wählt besonders durchwärmte trockene Hänge mit Busch(-)vegetation. Täler mit fließenden Gewässern werden bevorzugt, auf der Balkanhalbinsel besonders in oder an den Rändern der niedrigen Eichenwälder. Im Süden geht sie etwa bis 1800 m ins Gebirge, in Bulgarien ist sie ein Tier der Ebene und der Vorberge.

Lebensweise: Als sehr flüchtige Schlange wird sie in ihrer Heimat selbst bei ausgedehnten Exkursionen oft gar nicht bemerkt. Sie erkennt menschliche Gestalten schon auf 30 bis 40 m und flieht dann gewöhnlich.

Ihre Beute, vor allem Eidechsen, werden mitunter in der größten Mittagshitze aufgestöbert und oft erst nach einer wilden Verfolgungsjagd erbeutet. Neben Eidechsen und Schlangen werden Kleinsäuger und Vögel, von Jungtieren auch verschiedene Insekten erbeutet. Große Beuteobjekte werden vor dem Verschlucken vergiftet, kleinere lebend hinabgewürgt. Nach der Winterruhe und der sich anschließenden Häutung paaren sich die Eidechsennattern von April bis Juni. Nur in dieser Zeit werden sie etwas unvorsichtig und können gelegentlich leichter beobachtet werden. Von Juli bis August erfolgt die Eiablage. Ende September bis Oktober schlüpfen dann die Jungen.

Besonderes: Sie gehört zu den giftigen Schlangen. Mit ihren kurzen Giftzähnen, die etwa vom hinteren Augenrand in Richtung Hals zeigen und im Rachen ziemlich weit hinten liegen, wird sie dem Menschen selten gefährlich.

183 *Macroprotodon cucullatus*

Vergiftungserscheinungen werden als Reizung des Nervensystems bemerkt. Bei schweren Symptomen wie Atembeschwerden und Sehstörungen muß unbedingt ein Arzt aufgesucht werden. Die Art wird in 2 Unterarten gegliedert, die sich in das weiträumige Areal teilen: die westliche Hälfte von Nordafrika über bei der Girondischen Glattnatter der Fall ist.

Vorkommen: Im südlichen Teil der Iberischen Halbinsel, auf den Balearen und in Nordafrika. Mit Geröll und Büschen durchsetzte Trockenhänge werden als Biotop bevorzugt. Aber auch Örtlichkeiten in der Nähe menschli-

184b *Telescopus fallax iberus*

die Iberische Halbinsel bis Italien besiedelt **182 a** *M. m. monspessulanus,* während von der Balkanhalbinsel bis zum Kaukasus-Gebiet die Unterart **182 b** *M. m. insignitus* vorkommt.

Gattung *Macroprotodon* Kapuzennattern

Einzige Art im Gebiet:
183 *Macroprotodon cucullatus*
Kapuzennatter
Kennzeichen: Bei einer durchschnittlichen Körperlänge von 50 cm und einer Maximallänge von 65 cm ist sie eine der kleinsten Trugnattern. Im Verhältnis zur Girondischen Glattnatter (172), mit der die Kapuzennatter mitunter verwechselt wird, ist sie bei gleicher Länge bedeutend schlanker gebaut. Die Körperoberseite ist hellgrau bis braun. Die kleinen, oft undeutlichen Flecken können bei Verdichtung auch zur Streifenzeichnung werden. Die kapuzenartige Zeichnung des Nackens ist meistens recht kräftig und zeigt niemals eine Aufhellung im Zentrum, wie das

cher Siedlungen wie Legesteinmauern, verfallene Ställe und unbewohnte Häuser werden als Quartier bezogen.
Lebensweise: In der Dämmerung und nachts erbeutet sie Eidechsen und Gekkos. Nach dem Giftbiß sind die Nahrungstiere in wenigen Sekunden gelähmt und sterben nach kurzer Zeit. Die Beute wird nicht mehr losgelassen. Ihre Lebensweise ähnelt der der Europäischen Katzennatter (184).
Besonderes: Vergiftungen durch Bisse bei Menschen sind nicht bekannt. Das ist durch den Stand der Giftzähne bedingt, die weit hinten liegen. Auch die geringe Kopfgröße verhindert beim Biß den Einsatz der Giftzähne.

Gattung *Telescopus* Katzennattern

Einzige Art im Gebiet:
184 *Telescopus fallax*
Europäische Katzennatter
Kennzeichen: Diese zarte und sehr glatte Schlange erreicht selten mehr als 1 m Körperlänge. Die Grundfarbe schwankt

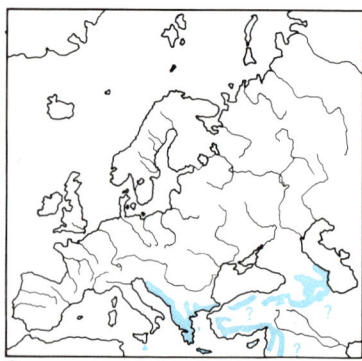

zu 184

zwischen hellgrau, über blaugrau zu graugelb bis lehmgelb. Die dunkle quergebänderte Zeichnung des Rückens kann mit der zu ihr versetzten, etwas helleren Flankenzeichnung zusammenstoßen. Durch ihren trapezförmigen Körperquerschnitt unterscheidet sie sich von anderen europäischen Schlangen. Der zierliche, von oben eiförmig aussehende Kopf besitzt mittelgroße Augen mit senkrecht geschlitzter Pupille. Im Oberkiefer steht kurz hinter den Augen je ein gefurchter kurzer Giftzahn. Die Kopfzeichnung kann aus 3 undeutlichen, dunklen Querbinden bestehen, aber auch wie die übrige Körperzeichnung stark reduziert sein. Die Bauchschilder zeigen oft auf hellem perlmuttartig glänzendem Grund eine dunkle Flecken-, Punkt- bzw. Strichzeichnung.

Vorkommen: Südkaukasus, Transkaukasien, SW-Bulgarien, Adriaküste der südlichen Balkanhalbinsel, Griechenland, Malta und Vorderasien. Sie bevorzugt Trockenhänge mit vielen Versteckmöglichkeiten. Brüchige Felsbänder werden ebenfalls besiedelt, wenn dort genügend Echsen als Nahrungsgrundlage vorkommen.

Lebensweise: Als dämmerungs- und nachtaktiver Stöberjäger versucht die Katzennatter schlafende Echsen durch Giftbiß zu erbeuten. Ihre Bewegungen sind vorsichtig, „katzenartig". Den Tag verbringt sie in Felsritzen, Erdspalten oder unter Steinen. Die Spalten können dabei so eng sein, daß ihr Körper regelrecht deformiert aussieht. Nach 4 bis 6 Monaten Winterruhe häuten sich die erwachsenen Tiere und beginnen mit der Paarung. Nach etwa 2 Monaten werden 5 bis 7 Eier gelegt, aus denen im Spätsommer die 14 bis 18 cm langen Jungtiere schlüpfen. Nach der ersten Häutung beginnen die kleinen Schlangen mit der Jagd auf Jungeidechsen. Als Freßfeinde kommen besonders für die Jungschlangen Igel, Marderartige, große Erdkröten (36), Eulen- und Rabenvögel in Frage.

Besonderes: Über die Giftwirkung ist nicht viel bekannt. Mittelgroße Eidechsen sind nach 2 bis 3 Minuten gelähmt. Die Giftzähne dieser Trugnatter stehen im Oberkiefer so weit hinten, daß es normalerweise nicht zu einem Giftbiß beim Menschen kommen kann.

Die Art kommt im Gebiet in 4 Unterarten vor. Den größten Teil des Areals be-

185a *Rhynchocalamus melanocephalus satunini*

siedeln die Nominatform **184a** (Balkanhalbinsel, Malta, Kykladen) und die Unterart **184b** *T. f iberus* (Kaukasusgebiet). Die beiden Unterarten **184c** *T. f. multisquamatus* und **184d** *T. f. pallidus* leben auf Kreta und benachbarten Inseln.

Gattung *Rhynchocalamus*
Schwarzkopfnattern

Einzige Art im Gebiet:
185 *Rhynchocalamus melanocephalus*
Schwarzkopfnatter
Kennzeichen: Diese kleine Natter ist mit etwa 36 cm Länge erwachsen. Ihr Körper ist schlank, der kleine Kopf ist nur wenig abgesetzt. Die glatten Schuppen des Rumpfes zeigen eine einfarbig rote bis gelbe Färbung. Die Flanken sind aufgehellt, die Bauchschilder glänzend porzellanweiß.
Die im Gebiet vorkommende Unterart der Schwarzkopfnatter hat auf dem Kopf 2 schwarze Flecken, dazu kommt noch eine kräftige, breite, schwarze Nackenbinde. Das relativ große Auge besitzt eine runde Pupille.
Vorkommen: Südlichste Gebiete des Transkaukasus, Kleinasien. Das ausgesprochen seltene Tier bewohnt bis in etwa 1 500 m Höhe Trockenhänge, die mit spärlicher Vegetation durchsetzt sind. Dabei werden Geröllhänge vorgezogen, an deren Fuß ein Bach oder ein Fluß fließt. Sie führt in den Geröllfeldern ein unter Felsbrocken verborgenes Leben und taucht nur selten an der Oberfläche auf.
Lebensweise: Diese ziemlich flinke Schlange ist biologisch wenig erforscht. Es ist bekannt, daß sie Eier legt und verschiedene Gliederfüßer, vor allem Grillen, frißt. Im Transkaukasusgebiet ist sie zu einer Winterruhe von 4 bis 6 Monaten gezwungen.
Besonderes: Es werden 2 Unterarten unterschieden. Im Gebiet kommt nur die Unterart **185a** *R. m. satunini* vor. Sie steht im Nationalen Rotbuch der UdSSR und ist damit dort streng geschützt.

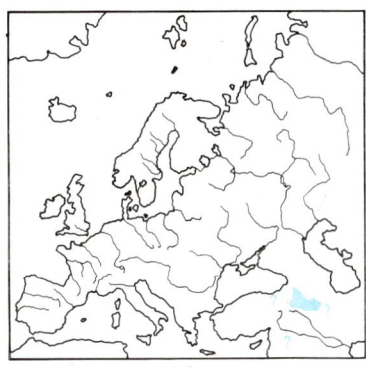

zu 185

Gattung *Natrix*
Wasser- oder Schwimmnattern

Die Vertreter dieser Gattung bleiben durchschnittlich unter 100 cm Körperlänge. Nur die Ringelnatter (187) erreicht ausnahmsweise 200 cm.
Alle 3 Arten der Gattung haben gekielte Rückenschuppen und Augen mit runden Pupillen. Die Bauchseiten zeigen oft eine dunkle Fleckenzeichnung. Die Kopfoberseite aller europäischen Wassernattern ist mit großen, oft glänzenden Schildern besetzt (wichtiges Erkennungsmerkmal für die Feldbeobachtung). Bei einfarbig schwarzen Wassernattern besteht Verwechslungsmöglich-

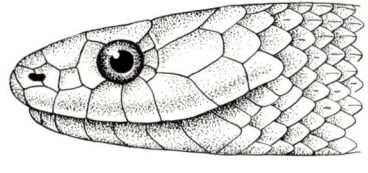

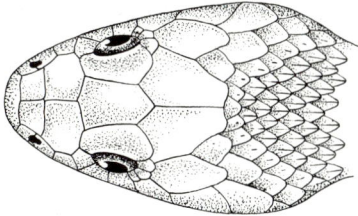

Kopf von *Natrix natrix* (187)

keit mit der Kreuzotter (192), die in Feuchtgebieten oft auch als Schwärzling vorkommt.

Alle Vertreter der Gattung *Natrix* sind vorzügliche Schwimmer und Taucher. Würfel- (188) und Vipernatter (186) sind stark an das Wasser gebunden, da sie hauptsächlich Fisch- und Kaulquappenfresser sind. Die Ringelnatter hingegen wird oft weit vom Wasser entfernt angetroffen.

Durch die starke Verschmutzung vieler Gewässer sind die Populationen der europäischen Wassernattern in vielen Staaten stark rückläufig. In großen Teilen ihres Verbreitungsgebietes sind ihre Vorkommen bereits erloschen.

Bestimmungsschlüssel der Arten

1 Rückenmitte oft mit einem deutlichen Zickzack-Band, um die Rumpfmitte in der Regel 21 Schuppenreihen   186 *N. maura*
1' Rückenmitte stets ohne Zickzack-Band, um die Rumpfmitte in der Regel 19 Schuppenreihen   2
2 Nur ein einziges Voraugenschild, Nasenlöcher nicht nach oben gerichtet, häufig mit gelben, schwarz gesäumten Mondflecken beiderseits des Hinterkopfes   187 *N. natrix*
2' 2 bis 3 Voraugenschilder, Nasenlöcher nach oben gerichtet, immer ohne Mondflecken   188 *N. tessellata*

186 *Natrix maura*
Vipern-Natter
Kennzeichen: Als kleinste europäische Wassernatter ist sie mit 60 bis 80 cm

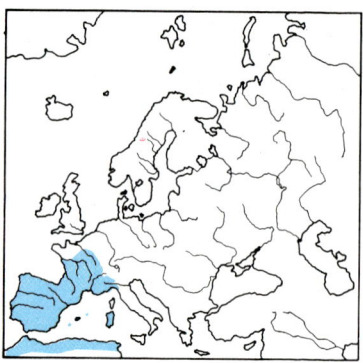

zu 186

Körperlänge erwachsen. Nur alte Weibchen können mitunter an ruhigen, ungestörten Stellen etwas über 100 cm lang werden. Die Grundfarbe variiert von steingrau, graugrün, rotbraun, olivgrün, graugelb bis zu schönem Dunkelrot in allen möglichen Abstufungen. Die Zeichnung ist ähnlich variabel. Vom Zickzack-Band mit hellem Saum bis zur völligen Auflösung als winklig gestelltes Balkenmuster gibt es alle Übergänge. Auch Tiere mit heller, paralleler Rückenstreifenführung sind nicht selten. Die Flanken sind stark aufgehellt und zeigen ein versetztes dunkles Fleckenmuster. Die Flecken haben häufig ein helles Zentrum. Die Bauchschilder sind vielfach wie die Flanken gefärbt und können dazu eine unregelmäßige, verwaschene Punktzeichnung besitzen. Der Kopf ist mit großen glatten Schildern bedeckt. Das mittelgroße Auge besitzt eine runde Pupille. Die Nackenzeichnung kann

Natrix natrix (187) verschlingt einen Frosch

aus 2 dunklen Flecken bestehen, die an der Wirbelsäule zusammentreffen. Die Schläfen sind teilweise dunkel gezeichnet. Die Zeichnung kann beim flüchtigen Betrachten zur Verwechslung mit Vipern führen. Die großen Kopfschilder und die runde Pupille unterscheiden sie aber eindeutig von diesen.

Vorkommen: Iberische Halbinsel, Südfrankreich, südwestliche Schweiz und westliches Oberitalien, auf den Mittelmeerinseln Sardinien, Iles d'Hyères, Balearen und in Nordwestafrika. Sie besiedelt vor allem stehende und langsam fließende Gewässer mit reich gegliederten Uferzonen, die Deckung, aber auch Sonnenplätze bieten.

Lebensweise: Sie ist wie alle europäischen Schwimmnattern ein tagaktives Tier. Ihre Beute in Form kleiner Fische und Kaulquappen holt sie sich tauchend aus dem Wasser. Von manchen Vipern-Nattern werden auch Molche, Frösche und kleine Kröten erbeutet. Das Weibchen legt im Juli oder August 6 bis 20 Eier ab. Das Gelege wird an einem die Feuchtigkeit gut haltenden Platz versteckt. Die Jungschlangen schlüpfen je nach Temperatur nach 40 bis 45 Tagen. Die 15 bis 20 cm langen Schlüpflinge häuten sich erst nach 10 bis 12 Tagen. Ihre Lieblingsnahrung sind Jungfische. Vipern-Nattern halten eine Winterruhe zwischen 3 und 5 Monaten.

186 *Natrix maura*

187c *Natrix natrix helvetica*

187d *Natrix natrix persa*

187b *Natrix natrix astreptophora*

Besonderes: In der Schweiz unter Naturschutz. Durch Verschmutzung vieler Gewässer und Wasserbaumaßnahmen gehen die Bestände stark zurück.

187 *Natrix natrix*
Ringelnatter

Kennzeichen: Die größte Ringelnatter, ein Weibchen von 205 cm Länge, wurde von der Insel Krk (Adria) bekannt. Das größte mitteleuropäische Exemplar stammte aus der Schweiz und war 180 cm lang. Mit etwa 4 bis 5 cm Durchmesser sehen solche kapitale Weibchen imposant aus. Im Durchschnitt werden die Weibchen 85 cm lang. Die männlichen Ringelnattern erreichen durchschnittlich nur knapp 70 cm, Maximallänge etwas über 100 cm. Gegenüber den robust gebauten Weibchen erscheinen die Männchen zierlich. Die Farbe und Zeichnung der gekielten Körperschuppen variiert sehr stark und führte zur Beschreibung mehrerer Unterarten. Die Grundfärbung für mitteleuropäische Tiere kann zwischen aschgrau, schieferblau, graubraun bis schwarz variieren.

Die Bauchschilder zeigen oft ein schmutziges Weiß, das mit einer dunkelblauen bis schwarzen viereckigen Zeichnung durchsetzt ist. Bei frischgehäuteten Tieren erscheint die Bauchseite wie mit Perlmutt überzogen. Der Kopf mit seinen großen, glatten Schildern ist dunkel glänzend und ohne Zeichnung. Die Körperoberseite unserer heimischen Ringelnatter zeigt eine kleinfleckige, dunkle Zeichnung, die in 4 bis 6 Reihen angeordnet ist. Bei manchen Unterarten wird die dunkle Fleckung so stark aufgehellt, daß es zur Querbindenbildung kommen kann. Die Unterart **187b** *N. n. astreptophora* aus Spanien verliert diese Zeichnung fast völlig und erscheint einfarbig. Ein für östliche und mitteleuropäische Ringelnattern typisches Merkmal ist die schwarzgelbe (orange) Nackenzeichnung, die in der Mitte zusammenlaufen kann (Mondflecke). Für viele Tiere typisch ist auch die Aufhellung der großen Lippenschilder. Das relativ große Auge besitzt eine runde Pupille. Die Geschlechtsunterschiede liegen neben den Größenunterschieden in der stark

187a *Natrix n. natrix,*
semiadult

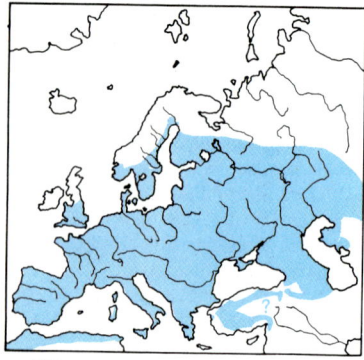

zu 187

verdickten rübenförmigen Schwanzwurzel beim Männchen.

Vorkommen: Von der Iberischen Halbinsel bis nach Asien, nordöstlich bis zum Baikalsee, im Norden Europas bis zu 67° n. Br. Sie fehlt auf Irland, Malta, Kreta, den Balearen und weiteren Inseln des Mittelmeeres. Sie bevorzugt feuchte Biotope und besiedelt vor allem Teich-, See-, Bach- und Flußufer, aber auch Moore, Brüche und andere Wasseransammlungen. In lichten Wäldern, fern von Wasserflächen, wird sie gelegentlich auch angetroffen. Im Gebirge geht sie bis etwa 2 300 m hoch, bewohnt aber in solchen Höhen nur südlich exponierte Biotope.

Lebensweise: Die Ringelnatter ist eine ziemlich scheue Schlange, die bei Gefahr in ihren Schlupfwinkel verschwindet. Wird sie beim Schwimmen überrascht, versucht sie tauchend die Uferböschung zu gewinnen, um hier ganz vorsichtig aufzutauchen oder unter Wasser einen Versteckplatz zu finden. Zu Abwehrbissen kommt es beim Ergreifen einer Ringelnatter kaum, sie versucht vielmehr ihren Gegner durch eine sehr stark stinkende gelbe Flüssigkeit abzuschrecken, die sie aus der Analdrüse entleert. Hilft das nicht, kommt es bei manchen Tieren zu einem Reflex des Sich-tot-Stellens. Dabei wird die Natter ganz schlaff, die Zunge hängt weit aus dem Maul, und mit Blut vermengter Speichel kann flie-

ßen. Dieses Bild kann sich sofort ändern, wenn sich der vermeintliche Gegner etwas zurückzieht, dann versucht sie, schnell davonzukommen.

Sie überwintert an frostfreien Stellen im Erdboden, in Baumstubben, Torfstichen und an ähnlichen Plätzen. Je nach Witterung kommt sie im März/April wieder zum Vorschein, um sich nach der Häutung zu paaren. Dabei kommt es nicht selten zu Paarungsgesellschaften, bei denen die Anzahl der Männchen stark dominiert. Ende Juli bis August werden die Eier abgelegt, von einem Weibchen bis zu 50 Stück. An besonders günstigen Brutplätzen wurden bis zu 3 000 Eier gefunden. Die Brutplätze müssen durchgängig feucht und möglichst warm sein. Kompost-, Misthaufen, hohle Baumstubben bieten sich dafür an. Die sehr starke Vermehrungsrate der Ringelnatter hängt zusammen mit der großen Zahl ihrer Freßfeinde (Bussarde, Weihen, Milane, Störche, Reiher, Taucher, Rabenvögel, Iltis, Igel, Hecht, Barsch u.a.). Als Nahrung bevorzugt sie Frösche, Molche, Kaulquappen, Fische, Kröten, Salamander. Selten werden Eidechsen und Mäuse gefressen.

Besonderes: Von der Ringelnatter wurden bisher 10 Unterarten beschrieben. Die Nominatform **187a** besiedelt Mitteleuropa östlich des Rheingebietes und Nordeuropa bis zum 67° n. Br., das südwestliche Finnland und die westliche UdSSR. **187c** *N. n. helvetica* kommt in Westeuropa, dem Rheingebiet, Nord- und Mittelitalien und Istrien, **187b** *N. n. astreptophora* auf der Iberischen Halbinsel vor. **187d** *N. n. persa*, die von Ungarn über die Balkanländer bis nach Kleinasien vorkommt, hat 2 parallele helle Rückenstreifen. Die Unterart **187e** *N. n. schweizeri* ist auf den ägäischen Inseln Milos und Kimolos und auf den Kykladen einheimisch. **187f** *N. n. scutata* ist in der UdSSR östlich des Dnjepr, im Westkaukasus und auf der Krim verbreitet. Die Mondflecken dieser Unterart sind auffällig tieforange. Infolge intensiver

Forst- und Teichwirtschaft und des Rückganges der Froschpopulationen sind viele Ringelnatterpopulationen stark rückläufig. Deshalb steht sie in vielen Ländern unter Schutz.

188 *Natrix tessellata*
Würfelnatter

Kennzeichen: In der Regel bleibt die Würfelnatter unter 100 cm Körperlänge, nur sehr alte Weibchen erreichen eine Maximallänge von 150 cm. Die Körperproportionen entsprechen denen der Ringelnatter (187), nur ist der Kopf der Würfelnatter gestreckter und wirkt dabei etwas kantig. Die Grundfarbe variiert zwischen blaugrau, graugrün, gelblich, rötlich bis schwarz. Die Tiere mit heller Grundfarbe zeigen eine ziemlich einheitliche dunkle Würfel-

zeichnung, die auf Lücke gestellt ist. Die Fleckung kann an den Flanken länglich werden. Als echte Wassernatter zeichnet sie sich durch nach oben stehende Nasenlöcher und schräg nach oben gerichtete Augen aus. Der Kopf ist mit großen, glatten Schildern bedeckt, der Rumpf mit stark gekielten Schuppen. Die Bauchschilder sind grau bis rötlich gefärbt und zeigen eine dunkle Fleckung. Schwärzlinge, die z. B. am Balaton häufig vorkommen, haben gewöhnlich eine hellblaugraue, schwarzgefleckte Bauchseite.

188 *Natrix tessellata*

Vorkommen: Südliches Mittel- und Südosteuropa, Kleinasien, Mittelasien bis nach Westchina und Nordwestindien. Sie bevorzugt Uferregionen und entfernt sich meist nur zur Eiablage oder Paarung etwas weiter von ihrem Heimatgewässer. Flache, warme, langsam

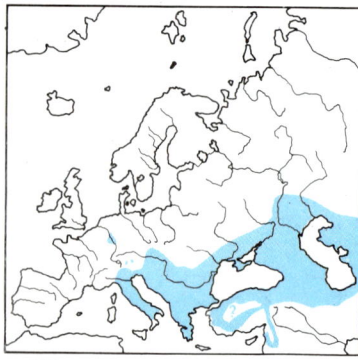

zu 188

fließende Gewässer werden kühlen, tiefen, schnellfließenden vorgezogen. Ihre Lieblingsplätze sind über das Wasser hängende Zweige und ufernahes Steingeröll.

In südlichen Gebirgen wird sie bis in Höhen von 2 200 m angetroffen. Aber auch als „Meeresbewohner" wird sie beobachtet. So ist die Würfelnatter an der bulgarischen Schwarzmeerküste eine häufige Erscheinung. Sie schwimmt dort am Grund entlang, um zu fischen. Von den Touristen wird sie fälschlicherweise als „Seeschlange" bezeichnet.

Lebensweise: Bei Gefahr sucht die Würfelnatter zu fliehen. Entweder läßt sie sich vom Ruheplatz ins Wasser fallen, um wegzutauchen, oder sie verschwindet lautlos im Ufergeröll. Sie schwimmt und taucht vorzüglich.

Ihre Nahrung fängt sie ausschließlich im Wasser (Fische, Kaulquappen und Frösche). Gern lauert sie, am Gewässerboden liegend, vorüberziehenden Fischen auf. Mit größeren Beutetieren taucht sie auf, um sie am Ufer hinabzuwürgen. Hochrückige Fische, wie Karauschen, bereiten dabei mitunter erhebliche Schwierigkeiten. Die Weibchen legen ihre 6 bis 25 Eier an ähnlichen Orten wie die Ringelnatter (187) ab. Auch hier sind Massenablageplätze von 1 000 Eiern bekannt geworden. Nach 8 bis 10 Wochen schlüpfen die etwa 14 bis 22 cm langen Jungschlan-

gen und beginnen mit der Jagd auf kleine Fische. Sie besitzen schon die gleiche Färbung und Zeichnung wie die erwachsenen Schlangen, nur etwas kontrastreicher.

Das Paarungsverhalten, die Winterruhe und die Feinde der Würfelnatter entsprechen der Ringelnatter.

Besonderes: Die Gliederung der Würfelnatter in Unterarten ist noch unklar. Ihr nördlichstes Vorkommen an der Elbe bei Meißen ist erloschen. In Österreich, der Schweiz, der ČSSR und der BRD steht die Würfelnatter unter strengem Schutz. Durch starke Verschmutzung ihrer Wohngewässer sind ihre Populationen in Europa stark rückläufig.

Familie *Viperidae* Ottern

Die Ottern sind neben den Grubenottern die höchstentwickeltsten Giftschlangen.

Im Oberkiefer tragen sie auf jeder Seite als vordersten Zahn einen großen Giftzahn. Sie sind kanülenartig gebaut und stehen direkt mit den großen, ebenfalls paarig angelegten Giftdrüsen in Verbindung. In Ruhestellung sind die Giftzähne nach hinten geklappt. Erst beim Biß werden sie aufgerichtet. Beim Einschlag der Giftzähne wird zugleich eine schützende Schleimhauttasche zurückgeschoben, die den Giftzahn umhüllt. Hinter dem funktionstüchtigen Giftzahn liegen meist weitere Reservezähne, die nach gewissen Zeitabständen den eingesetzten Zahn ablösen. Meist beendet er seine Funktion bei einem Biß in festes Gewebe eines Beutetieres und fällt aus. Das Gift der europäischen Ottern bewirkt überwiegend Zellzersetzung bei den Beutetieren. Besonders wird das Blut der gebissenen Tiere betroffen.

Die europäischen Ottern sind in der Regel gedrungene Schlangen, deren Kopf mehr oder weniger markant vom Rumpf durch einen relativ schlanken Hals abgesetzt ist. Neben verhältnismäßig kleinen Schlangen wie der Wiesenotter (195) mit 50–60 cm Gesamtlänge gehören auch recht große und auffällig dicke Schlangen wie die Levanteotter (189) mit 170 cm Gesamtlänge zu den Viperiden Europas. Letztgenannte Art, die Bergotter (191) und Raddesotter (190) gehören zu den wirklich gefährlichen Giftschlangen der Erde, während die erstgenannte mit geringer Giftwirkung relativ ungefährlich ist.

Von den ca. 11 Gattungen der Ottern, die alle auf die Alte Welt mit Ausnahme Australiens beschränkt sind, kommen im Gebiet nur 2 Gattungen – *Daboia* und *Vipera* – mit insgesamt 10 Arten vor.

Gattung *Daboia*
Orientalische Ottern

Die Arten dieser Gattung werden 70 bis 160 cm lang und beeindrucken durch ihre bedeutende Körpermasse. Der relativ kompakte Kopf zeigt auf der Oberseite kleine, gekielte Schuppen. Die Nasenregion ist niemals aufgeworfen. Die Nasenlöcher liegen am oberen Rand von Vertiefungen (Supranasalgruben). Die Auflösung der Rückenzeichnung in Querbinden ist für einige Arten typisch. Die Geschlechter sind in ihrer Größe sehr verschieden. Die Männchen erreichen vielfach fast die

189a *Daboia lebetina obtusa*

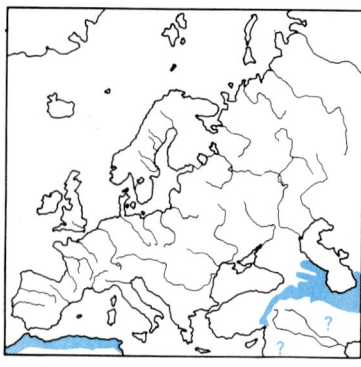

zu 189

doppelte Körpergröße der Weibchen. Zur Gattung der Orientalischen Ottern gehören wahrscheinlich 8 Arten. Sie sind von Vorderasien bis Südostasien verbreitet. Im Gebiet kommen 3 Arten in der Ägäis, der europäischen Türkei und im Transkaukasus vor. Die Arten dieser Gattung wurden früher zur Gattung *Vipera* gezählt.

189 *Daboia lebetina*
Levanteotter

Kennzeichen: Alte Männchen erreichen Armstärke und können z. B. im Transkaukasusgebiet 170 cm lang werden. Der Kopf ist breit und mit kleinen Schuppen besetzt. Das Auge zeigt besonders bei starkem Lichteinfall eine senkrecht geschlitzte Pupille. Um die Körpermitte sind 23 bis 27 Reihen stark gekielter Schuppen zu zählen. Die Grundfarbe schwankt von steingrau, hellgrau, graugrün bis rotbraun. Die gestaltauflösende dunkle Querbindenzeichnung kann stark bzw. völlig reduziert sein oder kann das aufgelöste Zickzack-Band noch erkennen lassen. Das vom Maulwinkel zum Auge ziehende Schläfenband ist je nach Intensität der Rückenzeichnung stark oder schwach sichtbar. Zu Verwechslungen kann es mit der harmlosen Ravergiers Zornnatter (168) kommen.

Vorkommen: Auf den westlichen Kykladen wie Milos, Siphnos, Polinos, wahrscheinlich noch auf Antimilos und

Kythnos, aber auch auf Zypern. Ihr Hauptverbreitungsgebiet liegt jedoch in Mittel- und Vorderasien. Besonders häufig kommt sie noch an verschiedenen Stellen im Transkaukasus vor. Ihre bevorzugten Biotope sind Berghänge, die sich Flußufern zuneigen und stark mit Geröll und Büschen durchsetzt sind. Hier kann es zu individuenreichen Populationen kommen. Sie liebt die Wärme und kommt nur selten über 2000 m Höhe vor.

Lebensweise: Gewöhnlich flieht sie möglichst hangabwärts in ihren Schlupfwinkel. Überrascht man sie oder verstellt ihr den Fluchtweg, setzt sie sich durch blitzschnelles Zubeißen zur Wehr. Im Frühling und Herbst führt diese Otter eine mehr tagaktive, im Sommer mehr nachtaktive Lebensweise.

Als Nahrung werden Ratten, junge Kaninchen, Mäuse und gelegentlich auch junge Vögel gefangen. Levanteottern halten eine Winterruhe von 2 bis 6 Monaten. Die meisten Populationen legen Eier mit schon weit entwickelten Embryonen, auf Zypern sind sie lebendgebärend. Freßfeinde sind vor allem Greif- und Rabenvögel.

Besonderes: Die Levanteotter ist eine der gefährlichsten Vipern in ihrem Verbreitungsgebiet. Nach einem erfolgten Biß ist unbedingt schnelle ärztliche Hilfe nötig.

Die auf den Kykladen vorkommende Unterart **189b** *D. l. schweizeri* ist in ihrem Fortbestand sehr bedroht, während **189a** *D. l. obtusa* in Transkaukasien noch häufig vorkommt.

190 *Daboia raddei*
Raddes Otter,
Armenische Bergotter

Kennzeichen: Diese schlanke Otter erreicht durchschnittlich 70 bis 90 cm Körperlänge, alte Männchen ausnahmsweise 120 cm. Die starken Größenunterschiede sind geschlechtscharakteristisch. Der relativ schmale Kopf ist nur mäßig stark vom Hals abgesetzt. Typisch sind die das Auge weit überragenden dachförmigen Schilder. Das re-

lativ kleine Auge hat eine senkrecht geschlitzte Pupille. Der Kopf hat eine
markante maskenhafte Zeichnung. In
Kopfmitte stehen 2 schwarze Punkte.
Ein dunkles Schläfenband läßt das
Auge undeutlich erscheinen. Die mit
stark gekielten rauhen Schuppen bedeckte Schlange zeigt eine Grundfärbung von lehmfarben bis braun (Weibchen) und hellgrau, schieferblau bis
schwarzgrau (Männchen). Die Rückenzeichnung besteht aus einem mehr
oder weniger deutlichen Zickzack- oder
Wellenband. Neben noch durchge-
zeichneten Exemplaren kommen Tiere
mit stark reduzierter Rückenzeichnung
vor. Im Gegensatz zu der dunklen Rük-
kenzeichnung der meisten europäischen Otternarten ist die Rückenzeichnung bei den Raddes Ottern aufgehellt
und schwankt je nach der Grundfarbe
von hell sandfarben über Brauntöne bis
zu tiefrot.

zu 190

Vorkommen: Armenische SSR, Hoch-
länder des nordwestlichen Iran und in
der östlichen Türkei. Als typischer Ge-
birgsbewohner besiedelt sie Gebiete
von 2000 bis 3000 m Höhe. Hier bevorzugt sie südlich exponierte Täler, die
nicht zu trocken sein dürfen, so daß

190 *Daboia raddei*

eine reiche Vegetation und damit auch genügend Nahrung vorhanden sind.

Lebensweise: Bedingt durch die Höhenlage ihrer Biotope und deren nächtliche Abkühlung lebt sie überwiegend tagaktiv. Nur im Hochsommer wird sie auch in der Abenddämmerung beobachtet. Bedroht versucht sie zu flüchten; wenn sie versehentlich getreten wird, wehrt sie sich durch Bisse.

Als Nahrung werden kleine Nager bevorzugt, aber auch Jungvögel von Bodenbrütern. Die frisch geborenen Jungtiere fressen am liebsten kleine Eidechsen. Als Feinde müssen besonders Greif- und Rabenvögel und Zornnattern angesehen werden. Die Winterruhe dauert bis zu 7 Monaten.

Besonderes: Im Gebiet kommt nur die Nominatform vor, während im Iran eine weitere Unterart lebt. Raddes Otter gehört zu den gefährlichsten Schlangen des Gebietes. Ihr Gift wirkt stark blut- und gewebezerstörend. Ohne Serumbehandlung und umgehende medizinische Betreuung kann ein Biß zum Tode führen. In der Sowjetunion steht diese schöne Otter im Nationalen Rotbuch.

191 *Daboia xanthina*

191 *Daboia xanthina*
Bergotter

Kennzeichen: Sie ist mit 120 cm Länge erwachsen und erreicht damit nicht die durchschnittlichen Maße der Levante-otter (189). Exemplare bis 150 cm sind selten. Der breite, stark vom Hals abgesetzte Kopf zeigt typische Dreiecksform und weist oft eine offene Winkelzeichnung auf. Die Pupille ist senkrecht geschlitzt. Durch die Schläfenbinde wird das Auge gut getarnt. Das auf hellgrauem, graugelbem bis rötlichgrauem Untergrund dunkle Rückenband ist wellen- bis zickzackförmig geformt. Zu Querbinden aufgelöste Rückenzeichnung kommt auch vor. Die hellgrauen Bauchschilder zeigen gewöhnlich eine dunkle Sprenkelung.

Vorkommen: Europäische Türkei und die griechischen Inseln Patmos, Simi und Leros. Ihr Hauptverbreitungsgebiet erstreckt sich jedoch über Küstenregionen Kleinasiens. Sie besiedelt ähnliche Biotope wie die Levanteotter (189), nur liebt sie etwas mehr Feuchtigkeit und wird im Hochland seltener. Dort bevorzugt sie mit Steinen durchsetzte feuchte Wiesen.

Lebensweise: Sie flieht bei Gefahr gewöhnlich in eine Felsspalte oder unter einen großen Stein. Nach der bis 6 Monate dauernden Winterruhe erfolgt die Frühjahrshäutung. Kurz danach beginnen die Bergottern mit der Paarung. Im Juli bis August werden von einem Weibchen bis zu 20 Jungtiere abgesetzt, die sich aber erst nach etwa 2 Wochen häuten und auch dann erst mit der Nahrungsaufnahme beginnen. Als Beute werden Mäuse, Hamster und Ratten bevorzugt.
Als natürliche Feinde kommen vor allem Greifvögel und große Rabenvögel in Frage.

Besonderes: Bergottern sind sehr giftige Schlangen und verursachen bei der einheimischen Bevölkerung jährlich gefährliche Bißunfälle. Nur durch schnelle medizinische Hilfe mittels Serumeinsatzes können Todesfälle verhindert werden.

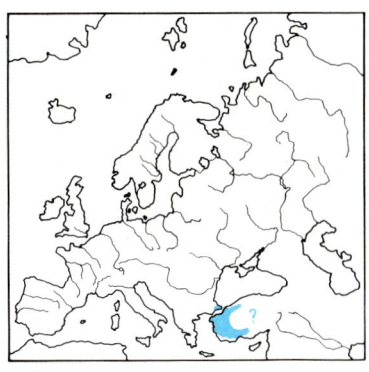

zu 191

Gattung *Vipera*
Eurasische Ottern

Innerhalb dieser Gattung werden 2 Gruppen unterschieden. In der Kreuzottern-Gruppe werden Arten zusammengefaßt, die durchschnittlich 40 bis 70 cm lang werden. Sie haben relativ kleine Köpfe. Die Kopfoberseite trägt noch große Schilder. Kleinere Schup-

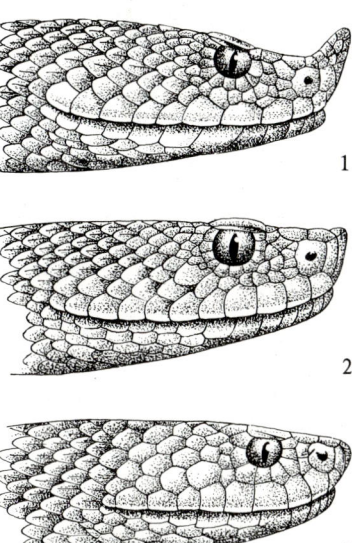

Otternköpfe, Seitenansicht
1 *Vipera ammodytes* (196), 2 *Vipera aspis* (197), 3 *Vipera berus* (192)

192a *Vipera b. berus*

pen auf dem Kopf sind immer ohne Kiel. Die Tiere zeigen kaum geschlechtsspezifische Größenunterschiede. Die Rückenzeichnung als Zickzack- oder Wellenband ist in der Regel deutlich. Zu dieser Gruppe werden gezählt: Wiesenotter (195), Kreuzotter (192), Kaukasusotter (193) und die Iberische Kreuzotter (194). Die zweite, die Hornottern-Gruppe, umfaßt Arten, deren durchschnittliche Körperlänge zwischen 50 und 90 cm schwankt. Bei einigen Arten ist die Rückenzeichnung in Flecke oder Streifen aufgelöst. Der Kopf hat in der Regel eine dreieckige Form und ist gut sichtbar vom Hals abgesetzt. Die Kopfoberseite trägt kaum noch Schilder. Die Kopfschuppen sind gekielt. Für alle Arten ist eine aufgeworfene Nasenregion oder ein Hörnchen charakteristisch. Die Männ-

chen sind in der Regel länger als die Weibchen, die zumeist kurz und gedrungen wirken. Diese Gruppe umfaßt die Aspisviper (197), die Europäische Hornotter (196) und die Stülpnasenotter (198). Alle Arten der Gattung sind lebendgebärend. Erwachsene Ottern fressen kleine Nager und Jungvögel, junge Ottern bevorzugen kleine Eidechsen und Frösche.

Kreuzottern-Gruppe

192 *Vipera berus*
Kreuzotter
Kennzeichen: Für eine Otter ist diese Schlange mehr schlank als gedrungen gebaut. Nur sehr alte oder hochtragende Weibchen wirken untersetzt und etwas plump. Im Durchschnitt erreicht sie eine Länge von 60 bis 75 cm, in

Ausnahmefällen bis 85 cm. Der Kopf ist relativ schmal und nur wenig vom Hals abgesetzt. Die Anzahl der Schilder auf der Kopfoberseite schwankt. Die mittelgroßen Augen besitzen oft eine rötliche Iris, stets eine senkrecht geschlitzte Pupille. Die gekielten Rumpfschuppen bilden um die Körpermitte 21 Reihen. Das Analschild ist ungeteilt, wie bei allen Vertretern der Gattung. Die Schwanzunterseite ist weiß, gelb oder rötlich gefärbt. Die Grundfarbe der Kreuzotter ist außerordentlich variabel, so finden sich braune, graue, sandgelbe, kupferrote, olivgrüne, blaugraue, silbergraue, lichtblaue bis völlig schwarze Exemplare. Bis auf die ganz schwarzen und damit zugleich zeichnungslosen Exemplare besitzen die Kreuzottern eine markante Rückenzeichnung, die aus einem Zickzack-, Rauten- oder Wellenband bestehen kann. Bei manchen Unterarten, z. B. **192 b** *V. b. bosniensis* löst sich das Zickzack-Band in einzelne Querbinden auf.

Der Hinterkopf besitzt oft eine X-Zeichnung oder eine spitzwinklige Figur, die mit der Spitze zum Kopfanfang zeigt. Wie die meisten Ottern des Gebietes hat auch sie ein Schläfenband, das durch das Auge führt. Dadurch ist das Auge gut getarnt. Die Flanken sind wie bei vielen Vipern mit dunklen Punkten durchsetzt. Die Bauchschilder können schwarz, grau, braun und mitunter gefleckt sein.

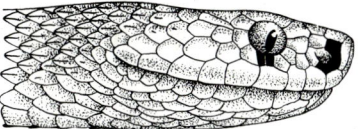
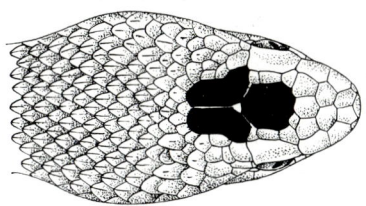

Kopfbeschilderung von *Vipera berus* (192)

Verwechselt werden kann die Kreuzotter als Schwärzling mit ebenso gefärbten Ringelnattern (187). Aber auch mit Aspisvipern (197) und Schlingnattern (171) kann es bei flüchtiger Betrachtung zur Verwechslung kommen.

Vorkommen: Vom Westen der Iberischen Halbinsel, Nordeuropa, England, Skandinavien bis nach Sachalin im Fernen Osten der Sowjetunion, im Norden über den Polarkreis hinaus, im Süden bis auf die Balkanhalbinsel erstreckt sich das riesige Verbreitungsgebiet der Kreuzotter. Im Gebirge, besonders im Süden erreicht sie 2000 m Höhe.

Sie bevorzugt Gebiete mit starken Temperaturschwankungen zwischen Tag und Nacht und zieht feuchte Habitate den trockenen Gebieten vor. Die

192a *Vipera b. berus* ♀ schwarze Form

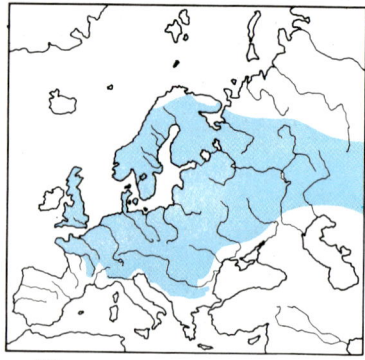

zu 192

dern gibt. Schwarze Tiere werden vor allem in Feuchtgebieten und Gebirgslandschaften gefunden.

Lebensweise: Tagaktiv, nur in der heißesten Jahreszeit dämmerungsaktiv. Die in der Sonne liegende Kreuzotter wird mitunter durch vorsichtig auftretende Fußgänger überrascht. Erkennt sie noch einen Fluchtweg, sucht sie zu entkommen, anderenfalls bläht sie sich auf und beginnt in wachsender Erregung zu zischen und, sich vorschnellend, in die Luft zu beißen. Im geeigneten Moment flüchtet sie unter trockenes Gras oder unter Büsche. Bißunfälle ereignen sich in der Regel nur, wenn sie getreten oder angefaßt wird. Am Polarkreis dauert die Winterruhe bis zu 8 Monaten. Sie hat hier wie in manchen Hochgebirgsbiotopen einen 2jährigen Fortpflanzungsrhythmus. Die Kreuzotter kann mitunter schon im zeitigen Frühjahr auf schneefreien Stellen beim Sonnenbaden beobachtet werden. Sie frißt Mäuse, Braunfrösche, Jungvögel und Bergeidechsen (130), im Süden Grünfrösche, Zauneidechsen (98) und Wasserspitzmäuse.

Die Winterruhe wird mitunter in Gemeinschaftsquartieren abgehalten, die

Kreuzotter ist vor allem ein Tier der Moore, Sumpflandschaften, Brüche, nicht zu kalten Bergwiesen mit Lesesteinhaufen (Steinrücken).

Sie besiedelt aber auch Bahndämme, Schonungen, Pflanzungen und verlassene Steinbrüche, wenn sie nicht zu warm und trocken sind. In den Mittelgebirgen Mitteleuropas werden besonders Fichtenschonungen und lichte Birkenwälder als Biotope gewählt. Waldränder, Waldteichufer sowie Bachuferregionen sagen ihr zu, wenn es Möglichkeiten zu ausgiebigen Sonnenbä-

192b *Vipera berus bosniensis* ♀

193 *Vipera kaznakovi* ♂

günstige klimatische Bedingungen aufweisen, z. B. in der Nähe von Quellen.
Die Männchen führen zur Paarungszeit
häufig Kommentkämpfe am Paarungs-
platz aus. Die Paarung erfolgt von April
bis Mai. Von August bis Oktober werden die 12 bis 21 cm langen Jungen geboren. Große, alte Weibchen gebären
bis zu 20 Stück. Die Jungen häuten sich
kurz nach der Geburt und nehmen
etwa nach einer Woche Nahrung auf

(junge Braunfrösche und halbwüchsige
Waldeidechsen). Nach 3 bis 4 Jahren
sind die Kreuzottern in der Natur fort-
pflanzungsfähig.
Als Freßfeinde treten Mäuse- und
Rauhfußbussard, Schlangenadler, Rabenvögel, Weiß- und Schwarzstorch,
Haushuhn, Igel und Iltis auf.
Besonderes: Es werden 3 Unterarten unterschieden, von denen 2 im Gebiet
vorkommen: **192a** *V. b. berus* und **192b**

193 *Vipera kaznakovi* ♀

V. b. bosniensis. Selten treten in der Natur auch Bastarde zwischen der Kreuzotter und der Europäischen Hornotter (196) auf, z. B. in Kärnten mit *Vipera ammodytes gregorwallneri* (196b).
Bedingt durch Umweltschäden und durch gezielte Dezimierungsaktionen sind viele Populationen erloschen. In vielen Ländern Europas ist sie unter Schutz gestellt, z. B. in der Schweiz, in Österreich, der BRD und DDR. Das Gift ist stark blut- und gewebezerstörend. Es gelangt aber bei Verteidigungsbissen oft nur wenig Gift in die Bißwunde. Der Biß ist jedoch immer eine ernste Verletzung und muß stets ärztlich behandelt werden (vgl. S.404).

193 Vipera kaznakovi
Kaukasusotter
Kennzeichen: Kompakt gebaute, mittelgroße Schlange, die mit maximal 75 cm Länge erwachsen ist.
Die kräftig gekielten Schuppen bilden 21 bis 23 Schuppenreihen um die Körpermitte. Das relativ große Auge hat eine senkrecht geschlitzte Pupille wie bei allen Ottern. Die dunkle Schläfen-

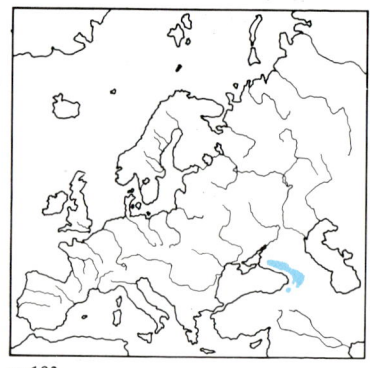

zu 193

binde zieht durchs Auge und reduziert seine Erkennbarkeit stark. Färbung und Zeichnung variieren nur wenig. Junge und halbwüchsige Tiere zeigen einen farblichen Geschlechtsdimorphismus: Männchen haben auf hellem Grund eine schwarze Zeichnung (Rautenband), Weibchen eine braune bis rotbraune Zeichnung auf hellem Grund. Erwachsene Tiere dunkeln sehr stark nach. An manchen Fundorten sind melanistische Tiere häufig.

194 *Vipera seoanei* ♀

Verwechslungsmöglichkeiten bestehen mit der Wiesenotter (195), aber nur die weiblichen Kaukasusottern können der Steppenotter (195 f) ähnlich sein. Steppenottern besitzen einen viel schmaleren Kopf und eine andere Rückenzeichnung.

Vorkommen: Endemisch an der Südabdachung des Westkaukasus und in Nordostanatolien. Sie bevorzugt bewachsenes Gelände und meidet auch Kulturen wie Teeplantagen nicht. Auf den dichten Teesträuchern hält sie sich zum Sonnen auf, um bei Gefahr blitzschnell ins Innere der undurchdringlichen Sträucher zu verschwinden. Sie besiedelt aber auch feuchte Almwiesen und lichte Buchenwälder, die mit Adlerfarn, wildem Hopfen und Brombeeren durchsetzt sind.

Lebensweise: Die Kaukasusotter ist eine sehr scheue Schlange, daher gibt es wenig Naturbeobachtungen über sie. Ihr Lebensrhythmus entspricht in vielen Zügen dem der Kreuzotter (192), nur ist sie wärmeliebender und hält eine kürzere Winterruhe.

Besonderes: Die Giftwirkung dieser Art entspricht der der Kreuzotter (192). Ärztliche Hilfe muß sofort in Anspruch genommen werden.

Die Kaukasusotter steht im Nationalen Rotbuch der UdSSR und ist damit streng geschützt.

194 *Vipera seoanei*
Iberische Kreuzotter

Kennzeichen: Mit maximal 75 cm Körperlänge ist diese nicht besonders kräftige Schlange erwachsen. In Farbe, Zeichnung, Form und Schuppenstruktur kann sie sowohl an die Kreuzotter (192) als auch an die Aspisviper (197) erinnern. Neben Exemplaren mit auffälligen Großschildern auf der Kopfoberseite gibt es solche, bei denen diese weitgehend aufgelöst sind. Um das Auge läuft ein doppelter Schuppenring. Die Nase kann leicht aufgeworfen sein. Exemplare mit kreuzotterähnlicher Rückenzeichnung treten ebenso auf wie längsgestreifte oder zeichnungslos einfarbige (braune). Eine sichere morphologische Abgrenzung zur Kreuzotter (192) ist offenbar unmöglich. Möglichkeiten der Verwechslung bestehen

194 *Vipera seoanei* ♀ Farbvariante

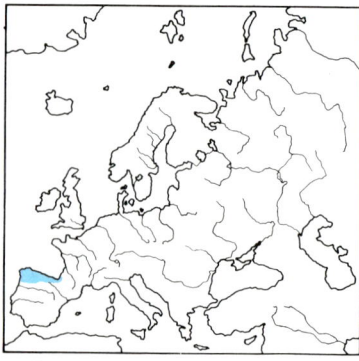

zu 194

noch im südwestlichen Teil ihres Territoriums mit der Stülpnasenotter (198).

Vorkommen: Endemisch auf der Iberischen Halbinsel und im äußersten Südwesten Frankreichs. Bevorzugt werden warme und vor allem feuchte Lebensräume mit hohen Niederschlägen. Mit diesem speziellen Anspruch an das Lokalklima erinnert die Iberische Kreuzotter stark an die Kaukasusotter (193) und unterscheidet sich dadurch von der Kreuzotter (192).

Lebensweise: Bedingt durch die geschützte Lage ihrer Areale hält sie nur eine Winterruhe von 3 bis 4 Monaten. Etwa 3 Monate nach der Paarung werden 3 bis 8 Jungtiere geboren. Als Nahrung bevorzugen die Alttiere Mäuse und Frösche, die Jungschlangen fressen in erster Linie Eidechsen und junge Braunfrösche.

Besonderes: Die Iberische Kreuzotter wurde bis vor kurzem noch als Unterart der Kreuzotter (192) angesehen.

195 *Vipera ursinii*
Wiesenotter

Kennzeichen: In Europa erreicht diese Schlange eine Länge zwischen 35 und 50 cm. In Mittelasien wurden schon Männchen mit mehr als 70 cm Körperlänge gefunden. Flüchtig betrachtet, kann die Wiesenotter für eine schwache Kreuzotter (192) gehalten werden. Die mit stark gekielten Schuppen bedeckte und daher „rauhe" Oberseite ist

hellgrau bis blaugrau oder gelbgrau. Bei frisch gehäuteten Exemplaren fällt eine bandartige helle Rückenzone auf, die von einem dunklen, im Zentrum aufgehellten Zickzack- oder Wellenlinienband durchlaufen wird. Die etwas dunkleren Flanken zeigen eine düstere Fleckung. Die Bauchschilder sind oft blauschwarz oder dunkelgrau, manchmal mit hellen Punkten durchsetzt. Die Männchen sind immer kontrastreicher gefärbt. Der Kopf ist für eine Otter schmal und wenig vom Hals abgesetzt. Die Kopfoberseite besitzt vielfach eine zum Körper geöffnete V-Zeichnung. Über die Kopfseiten führt meist ein breites Schläfenband zum Auge. Färbung und Zeichnung variieren nur wenig, im Gegensatz zu anderen europäischen Vipernarten.

Vorkommen: SW-Frankreich, Mittelitalien, Ungarn, Rumänien, Jugoslawien, Ukrainische SSR, Transkaukasusgebiet, Russische FSSR bis nach Mittelasien. In Europa gibt es nur noch inselartige Vorkommen. Sie bewohnt überall Grassteppen, im Hochland von Armenien bis 3 000 m Höhe. Bevorzugt werden solche Gebiete, wo sich Wasserflächen oder feuchte Senken in der Nähe befinden.

Lebensweise: Vorwiegend tagaktiv meidet sie grellen Sonnenschein und starke Hitze. Sie verkriecht sich dann in Feldgrillenbauten, Mäuselöcher oder Erdspalten. Im Hochsommer wird sie nur noch morgens bzw. abends beobachtet. In sommerheißen Gebieten hält sie eine Trockenruhe. Als Nahrung werden Grillen, Feldheuschrecken, Eidechsen, junge Feldmäuse und frisch geschlüpfte Bodenbrüternestlinge erbeutet. Je nach Witterung paaren sich die Wiesenottern im März oder April. Im August bzw. September werden bis zu 12 Jungschlangen geboren. Hauptfreßfeinde sind Greifvögel, Rabenvögel, Störche, Igel und Zornnattern.

Besonderes: Die Wiesenotter ist wenig abwehrbereit. Sie vertraut in erster Linie auf ihre gestaltauflösende Schutzfärbung. Wird sie ergriffen, setzt sie

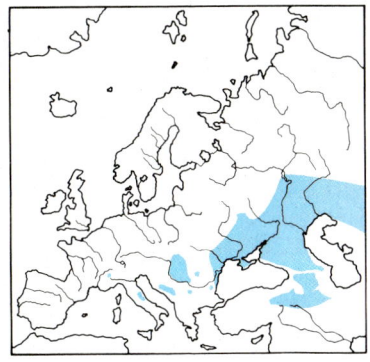

zu 195

sich durch Giftbiß zur Wehr. Die Wirkung des Giftes ist schwach, dennoch sollte unbedingt ärztliche Hilfe in Anspruch genommen werden.

Die 7 Unterarten lassen sich ohne Kenntnis ihrer Herkunft mitunter nur sehr schwer erkennen. Sie teilen sich aber klar in das große Artareal: Die Nominatform **195a** bewohnt die Abruzzen in Italien; westlich davon, in Südost-Frankreich, lebt **195g** *V. u. wettsteini;* östlich, im jugoslawisch-albanischen Karst, die Unterart **195d** *V. u. macrops;* in der Donauniederung zwischen Österreich und Bulgarien **195e** *V. u. rakosiensis;* im Donaudelta und von da an ostwärts bis nach Kasachstan und Kir-

gisien kommt **195f** *V. u. renardi* vor. Das Kaukasusgebiet wird im Umkreis des armenischen Sewansees von **195c** *V. u. eriwanensis* bewohnt. Die Populationen des östlichen Transkaukasiens gehören wahrscheinlich zu **195b** *V. u. ebneri.*

Hornottern-Gruppe

196 *Vipera ammodytes*
Europäische Hornotter,
Sandotter

Kennzeichen: Je nach Alter, Geschlecht und Ernährungszustand mäßig schlank bis sehr gedrungen. Sehr alte Männchen einiger Unterarten erreichen fast 100 cm Körperlänge und gehören damit zu den größten europäischen Ottern. Durchschnittlich erreichen erwachsene Tiere 65 bis 80 cm Körperlänge. Weibchen werden selten länger als 75 cm. Der Kopf zeigt die für Vipern typische dreieckige Form und ist gut sichtbar vom Hals abgesetzt. Das Vipernauge ist mit einer senkrecht geschlitzten Pupille ausgerüstet. Sein charakteristisches Aussehen erhält der Kopf durch das kleine, mit Schuppen besetzte Nasen-

195f *Vipera ursinii renardi*

zu 196

horn. Es steht senkrecht oder leicht nach vorn geneigt. Über seine Bedeutung gibt es noch keine Erklärung. Die Körpermitte bedecken 21 bis 23 gekielte Schuppenreihen. Die Grundfärbung ist recht unterschiedlich. Hellgraue bis fast weiße Grundfärbung herrscht bei männlichen Tieren vor. Weibchen zeigen alle Abstufungen von braun, können aber auch verschiedene Rosatöne aufweisen. Der Rücken wird gewöhnlich von einer dunklen Zickzacklinie oder einem Rautenband überzogen. Tendenzen zur Auflösung in eine reine Querbindenzeichnung werden bei der Unterart **196e** *V. a. transcaucasiana* beoachtet. Diese scheinbar auffällige Zeichnung dient dazu, den Schlangenkörper als Suchbild im Gelände stark aufzulösen. Vielen Schlangen, die als stöbernde Ansitzjäger leben und recht langsam sind, kommt die gestaltauflösende Zeichnung sehr zugute. Die dunkel gepunkteten Flanken tragen ebenfalls zur visuellen Auflösung des Schlangenkörpers bei. Die Bauchschilder zeigen oft eine graue Grundfarbe, die mit rötlichen oder braunen Punkten durchsetzt sein kann. Die grüne, gelbe oder rötliche Schwanzspitze wird zur Bestimmung der 6 Unterarten mit herangezogen.

Vorkommen: Hauptverbreitungsgebiet ist die Balkanhalbinsel. (**196c** *V. a. meridionalis* im Süden, **196d** *V. a. montandoni* im Nordosten, Nominatform **196a** im Nordwesten). Im südlichen Österreich kommt **196b** *V. a. gregorwallneri*, in Nordostitalien **196e** *V. a. ruffoi*, in Transkaukasien, Georgien und Nordostanatolien **196f** *V. a. transcaucasiana* vor. Sie bewohnt trockene Gebiete, durch die aber ein Bach oder Fluß fließen kann, bis in 2000m Höhe. Auch an den Rändern von Seen und Teichen wird sie beobachtet. Alte Friedhöfe, verwilderte Gärten, Legesteinmauern und lichte Eichenwälder bilden ebenfalls zusagende Biotope.

Lebensweise: Als nicht besonders fluchtbereites Tier liegt sie besonders im Frühling recht fest beim morgendlichen Sonnenbad und vertraut auf ihre Schutzfärbung. Im Sommer ist sie überwiegend in den Dämmerungs- und frühen Abendstunden aktiv. Dann zieht sie Nahrung oder Wasser suchend in ihrem Wohngebiet umher. Auch während der Paarungszeit im Frühling kann man unruhig umherwandernden Ottern begegnen. Als Nahrung werden Mäuse bevorzugt, aber auch Vögel, Eidechsen, Grillen, Heuschrecken und Schlangen werden gelegentlich erbeutet. Nach der Winterruhe, die je nach Witterung 2 bis 6 Monate dauern kann, beginnen die Hornottern nach der Frühjahrshäutung mit der Paarung. Kommentkämpfe, wie sie von der Kreuzotter (192) bekannt sind, wurden auch bei ihr beobachtet. Je nach Größe und Ernährungszustand des Muttertieres kommen von August bis Oktober 4 bis 20 Jungtiere zur Welt, die nach der Häutung sofort auf kleine Eidechsen Jagd machen.

Besonderes: Die Europäische Hornotter ist neben der Levanteotter (189) und der Bergotter (191) die gefährlichste Giftschlange Europas. Sie beißt nur, wenn sie getreten wird oder sich angegriffen fühlt. Gewöhnlich flieht sie, wenn ihr dazu eine Möglichkeit gegeben wird. Ihr Gift wirkt auf Blut und Kreislauf. Nach einem Biß ist in kürzester Zeit ärztliche Hilfe in Anspruch zu nehmen. Für die Serumgewinnung und andere medizinische Zwecke wurde sie

196d *Vipera ammodytes montandoni* ♂

196e *Vipera ammodytes transcaucasiana* ♂

196a *Vipera a. ammodytes* ♀

Biß von *Vipera ammodytes* (196) und Verschlingen des Beutetieres
(beachte die Stellung der Giftzähne)

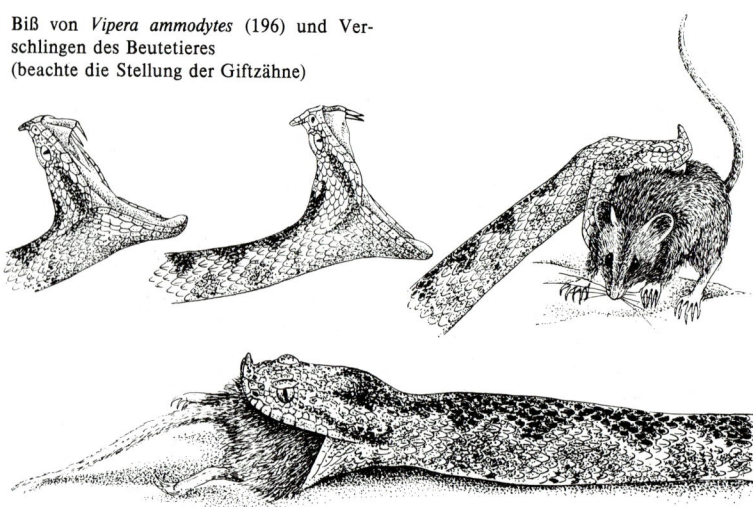

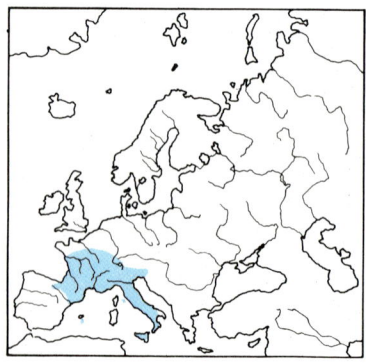

durch zu starkes Abfangen an vielen
Orten ausgerottet. In Österreich steht
sie unter Naturschutz.

Die Unterarten unterscheiden sich
durch Zeichnung, Färbung des Rük-
kens und der Schwanzspitze sowie die
Stellung des Hörnchens. Es existieren
von der Farbe des Grundgesteins abhängige Substratrassen, z. B. Südtiroler
Hornotter (196e) auf Porphyr.

197 *Vipera aspis*
Aspisviper

Kennzeichen: Erwachsene Tiere sind
gedrungen gebaut und erinnern damit

zu 197

stark an die Europäische Hornotter
(196). Mit durchschnittlich 60 bis
70 cm Körperlänge bleibt die Aspisviper
etwas kleiner. Der nicht besonders
breite Kopf ist dreieckig geformt und
von den Nasenlöchern aus unterschiedlich stark aufgeworfen. Sie besitzt gewöhnlich eine silbergraue Iris mit senkrecht geschlitzter Pupille. Sie hat wie
die Kreuzotter (192) und die Hornotter
(196) 21 bis 23 Reihen gekielter Schuppen um die Körpermitte.

Die Körperfärbung ist sehr variabel und
kann von hellgrau, graugelb, braun, rotbraun, orangefarben zu rostrot alle Abstufungen aufweisen. In den Höhenlagen der Alpen werden nicht selten
melanistische Tiere beobachtet. Unterschiedlich wie die Färbung ist auch die
Zeichnung. In allen Fällen ist sie dunkler als die Grundfärbung und zeigt vom
durchgängigen Zickzack- oder Wellenband alle Übergänge bis zur völligen
Auflösung in Fleckenreihen oder
Querbarren. Die Körperflanken werden
meistens durch versetzte dunkle Flecke
bedeckt. Der kurze Schwanz ist zur
Spitze hin gelb bis orange gefärbt. Die
Bauchschilder sind einfarbig grau oder
haben eine dunkle Sprenkelung. Die
Männchen sind immer kontrastreicher

als die Weibchen gezeichnet und werden auch länger. Bei ihnen herrschen die hellen Grautöne und sehr dunkle oder schwarze Zeichnungen vor.

Vorkommen: Das Areal ist von 5 Unterarten besetzt: Von den Pyrenäen über Frankreich bis zur Westschweiz und den Schwarzwald die Nominatform **197a, 197e** *V. a. zinnikeri* in der Gascogne, **197b** *V. a. atra* in der Zentralschweiz, **197c** *V. a. francisciredi* von der Südschweiz bis Mittelitalien, **197d** *V. a. hugyi* in Süditalien und auf Sizilien. Typischer Mittelgebirgsbewohner, jedoch in

Buschwerk durchsetzt sind. Wichtig ist eine südexponierte Lage.

Lebensweise: Bedroht, flieht sie regelmäßig in ihren Unterschlupf. Wird sie getreten oder gar angefaßt, wehrt sie sich durch Beißen. Ihre Nahrung besteht hauptsächlich aus Mäusen. Jungtiere fressen mit Vorliebe Eidechsen und mitunter auch Frösche. Aspisvipern sind nur im Hochsommer bei großer Hitze dämmerungsaktiv, im Frühjahr und im Herbst überwiegt die tagaktive Lebensweise. Bevorzugt wird dann die Morgen- bzw. Spätnachmittagssonne

197a *Vipera a. aspis* ♀

den Alpen bis 2600 m. Man findet sie auf mit Gebüsch bewachsenen Geröllhalden, auf Wiesen, an Legesteinmauern sowie in lichten Wäldern, auch auf moorigem Untergrund mit genügend Sonneneinstrahlung. Bevorzugt werden Flußtäler und Bachuferhänge, die mit Felsbrocken, Steinen und zum Aufwärmen. Sehr helles Licht gefällt ihnen nicht. Starker Wind veranlaßt sie ebenfalls, ihre Verstecke aufzusuchen.

Sehr „wanderlustig" werden die Aspisvipern bei trüber, schwüler Gewitterstimmung und nach kräftigen, warmen Regengüssen.

Sie paaren sich kurz nach der Überwinterungshäutung im Frühling. Gelegentlich werden gerade bei Aspisvipern auch Herbstpaarungen beobachtet. Das Weibchen bringt im Spätsommer oder Herbst, bei Herbstpaarungen entsprechend früher, 5 bis 16 Jungtiere zur Welt, die schon kurz nach der Häutung versuchen, Beute zu machen. Die bis zu 6 Monaten dauernde Winterruhe überleben nur die stärksten Jungtiere. *Besonderes:* Der Giftbiß einer Aspisviper bedarf immer der ärztlichen Betreuung. Durch die moderne Behandlungs-

197d *Vipera aspis hugyi* ♀

197e *Vipera aspis zinnikeri* ♂

weise mit Antiserum kommt es kaum noch zu Bißunfällen mit tödlichem Ausgang.

Die 5 Unterarten unterscheiden sich vor allem in der Rückenzeichnung und unterschiedlich aufgeworfener Nasenpartie. Die Aspisviper von Monte Christo gehört vermutlich zu *V. a. hugyi* (197d). Die aus Bulgarien beschriebene Unterart beruht wahrscheinlich auf einer Verwechslung.

In der Schweiz steht die Aspisviper unter Naturschutz, da die Bestände infolge von Umweltveränderungen dort stark rückläufig sind.

198 *Vipera latasti*
Stülpnasenotter

Kennzeichen: Ihre Körperproportionen entsprechen denen der Aspisviper (197). Durch das aufwärts strebende, verlängerte Schnauzenschild ist diese Art gut zu erkennen. Die gekielten Schuppen bilden um die Körpermitte 21 Reihen. Die Grundfärbung entspricht der der Europäischen Hornotter (196). Im Gegensatz zu dieser hat sie jedoch kein rundumbeschupptes Hörnchen, sondern nur ein hochgezogenes Schauzenschild, dessen Rückseite mit kleinen Schuppen besetzt sein kann.

197b *Vipera aspis atra* ♂

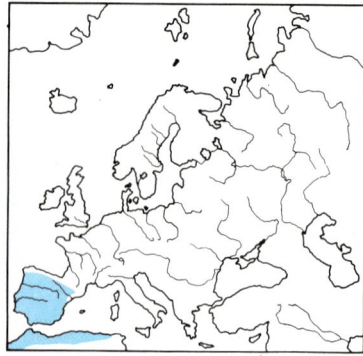

zu 198

Der Rücken des Männchens trägt ein dunkles Wellen- oder Zickzackband. Die Weibchen haben ein braungrünes Band mit Aufhellungen im Zentrum. Die Schwanzspitze ist immer dunkel gefärbt. Der Kopf kann eine ähnliche, aber etwas reduzierte Zeichnung wie die Kreuzotter (192) haben. Im Gegensatz zur Europäischen Hornotter kommen von der Stülpnasenotter z.B. in der Sierra de Gador (Spanien) Schwärzlinge vor.

Vorkommen: Iberische Halbinsel und Nordwestafrika. Sie lebt in den gleichen Biotopen wie die Europäische Hornotter (196). Als Biotop werden Hänge im Hügelland bevorzugt. Mitunter bewohnt sie aber auch das Flachland und wird hier sogar auf Sandboden angetroffen. In Zentralspanien kommt sie noch in über 2 500 m Höhe vor.

Lebensweise: Sie stimmt weitgehend mit der Europäischen Hornotter (196) überein. Die 14 bis 18 cm langen Jungtiere nehmen sofort nach der ersten Häutung unmittelbar nach der Geburt Nahrung auf. In den ersten Lebenswochen werden kleine Eidechsen, Grillen und Heuschrecken gejagt. Im 2. Lebensjahr stellen sich die Jungottern auf Mäuse, ihre Hauptnahrung, um.

Die Winterruhe dauert 2 bis 4 Monate. Im März oder April kommt es zur Paarung. Bißfälle durch diese Otter sind sehr selten.

Besonderes: Es werden 3 Unterarten unterschieden, davon nur 2 im Gebiet.

Familie *Crotalidae*
Grubenottern

Die eng mit den Ottern verwandten Grubenottern unterscheiden sich hinsichtlich des Baues ihres Giftapparates nicht von ihren Verwandten. Im Unterschied zu ihnen besitzen sie jedoch ein paarig auftretendes Grubenorgan. Die-

198 *Vipera latasti* ♀

ses, äußerlich zwischen Auge und Nasenloch als sichtbare Vertiefung geformte Organ befähigt die Grubenottern, Temperaturschwankungen von nur 0,003 K wahrzunehmen! Damit sind sie in der Lage, ruhende Beute-

tiere genauso wie bereits gebissene und verendete Beutetiere in absoluter Dunkelheit aufzuspüren.

Das Areal der Familie erstreckt sich über Eurasien und Amerika, wo sie in großer Mannigfaltigkeit (12, z.T. außer-

199a *Gloydius halys caraganus*

ordentlich artenreiche Gattungen) auftritt. Die merkwürdigsten und am weitesten fortgeschrittenen Vertreter sind die amerikanischen Klapperschlangen. Unser Gebiet wird nur im äußersten Osteuropa und im Kaukasusgebiet von einer Art der Gattung *Gloydius* berührt. Das eigentliche Areal dieser Art erstreckt sich über das nördliche und mittlere Asien bis in den Fernen Osten der UdSSR. Bis vor kurzem wurde die Gattung *Gloydius* zu *Agkistrodon* gezählt, während sich nach modernen Auffassungen nur noch die amerikanischen Vertreter dieser ehemals recht weit gefaßten Gattung unter dieser Bezeichnung erfassen lassen.

Gattung *Gloydius* Altwelt-Dreiecksköpfe

Einzige Art im Gebiet:
199 *Gloydius halys*
   Halysotter
Kennzeichen: Sie erreicht eine Körperlänge von 60 bis 80 cm. Der Kopf ist etwas flacher und kantiger als bei den europäischen Vipern. Er zeigt eine gestreckte Dreiecksform mit gerundeter Schnauze und trägt 9 große Schilder.

zu 199

Am Schwanzende sitzt ein Hornnagel. Bei starker Abwehrreaktion wird der Schwanz zitternd hin und her bewegt, so daß ein hörbares Rascheln entstehen kann, wenn der Untergrund aus trockenem Gras oder Laub besteht.

Die Grundfarbe der gekielten Beschuppung, die um die Körpermitte 23 Reihen bildet, ist sehr unterschiedlich. Von sandgelb über braun bis rot und schwarz sind alle Zwischentöne möglich. Flecken und ungleichmäßig geformte Querstreifen ergeben ein unregelmäßiges Zeichnungsbild, so daß

199b *Gloydius halys caucasicus*

kaum 2 Tiere zu finden sind, deren Zeichnung identisch ist. Der Kopf kann vorn ein dunkles, mitunter hellgesäumtes Muster aus 3 Dreiecken haben. Eine dunkle Schläfenbinde zieht durch das Auge, dadurch ist es gut getarnt. Wie die Vipern besitzt auch die Halysotter eine senkrecht geschlitzte Pupille und relativ kleine Augen.

Vorkommen: Asien. Die Unterart **199a** *G. h. caraganus* erreicht das Gebiet nur am Nordufer des Kaspischen Meeres etwas westlich der Wolgamündung. Die Unterart **199b** *G. h. caucasicus* erreicht den transkaukasischen Raum, aber wird dort sehr selten gefunden. Die Halysotter bewohnt unterschiedliche Biotope. Steppen und Hochgebirgswiesen, aber auch Flußuferböschungen mit reichlichem Pflanzenwuchs sagen ihr zu. Als Schlupfwinkel dienen ihr oft tiefe Erdrisse und Nagerbaue.

Lebensweise: Sie ist eine langsame Schlange und vertraut ihrer gestaltauflösenden Körperzeichnung. Nach 4 bis 6 Monaten Winterruhe paart sie sich, manchmal auch in Paarungsgemeinschaften. Im Hochsommer werden 4 bis 12 Junge geboren. Sie fressen nach erfolgter Häutung junge Eidechsen, Grillen und Feldheuschrecken. Die erwachsenen Tiere nehmen Mäuse, die Jungen von Bodenbrütern und deren Eier, die im ganzen verschlungen werden.

Besonderes: Das Gift scheint nicht besonders wirksam zu sein, gewöhnlich werden nach Bissen nur lokale Schwellungen vorübergehend starke Schmerzen beobachtet. Trotzdem ist ärztliche Behandlung dringend anzuraten.

Giftschlangenbiß! – Was tun?

In Europa und dem Kaukasusgebiet kommen im Vergleich zu anderen Erdteilen nur wenige Giftschlangenarten vor. Da zudem die meisten davon für den Menschen nicht lebensbedrohend giftig sind, werden Schlangenbisse mit tödlichem Ausgang nur sehr selten gemeldet. Das soll jedoch nicht bedeuten, daß Schlangenbisse in Europa mehr oder weniger harmlos seien. Sie müssen vielmehr stets als gefährliche Verletzungen betrachtet werden, die einer ärztlichen Behandlung bedürfen.

Vorsichtsmaßnahmen zum Schutz vor Giftschlangenbissen sind immer dann zu empfehlen, wenn Gebiete begangen werden sollen, in denen mit Giftschlangen gerechnet werden muß. Dazu gehört schützende und zweckmäßige Kleidung, wie hohe, derbe Schuhe mit darüber fallenden Hosen aus festem Stoff. Für Ruhepausen sollte ein übersichtlicher Rastplatz ausgewählt werden, denn abgestorbenes, dicht liegendes Gras wird von Giftschlangen gern als verdeckter Ruheplatz genutzt. Gehäuft kommen Bißunfälle beim Beerenpflücken, Klettern oder beim Spiel der Kinder vor. Kinder müssen deshalb besonders eindringlich auf eventuelle Gefahren aufmerksam gemacht werden. Unbekannten Schlangen gegenüber

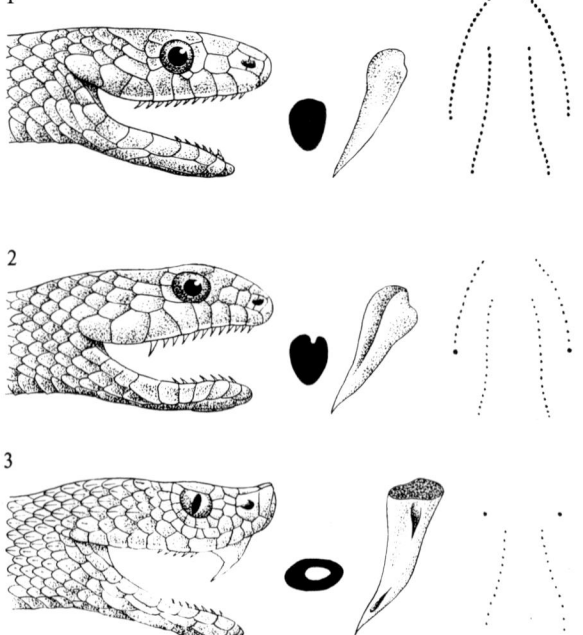

Bezahnung, Gestalt wichtiger Zähne (Querschnitt und Seitenansicht) und Bißmarken von:
1 Natter (alle Zähne gleichförmig),
2 Trugnatter (letzter Oberkieferzahn Giftzahn),
3 Otter (erster Oberkieferzahn Giftzahn)

sollte man sich immer so verhalten, als würde es sich um giftige handeln.

Kommt es zum Biß einer Schlange, deren Identität nicht erkannt werden konnte, muß an Hand der Bißmarken festgestellt werden, ob er von einer giftigen oder ungiftigen Schlange stammt: Werden viele kleine, nadelstichartige Zahneinschläge bemerkt, die hufeisenförmig angeordnet sind und oft stark bluten, handelt es sich in unserem Gebiet immer um eine für den Menschen ungefährliche Schlange. Komplikationen können hier jedoch durch Sekundärinfektionen, z. B. Wundstarrkrampf, auftreten.

Sind nur 2 paarig angeordnete Einstiche zu erkennen, die bald nach dem Biß zu schmerzen beginnen, hat eine Giftschlange gebissen. Hier gilt es zunächst, Ruhe zu bewahren und Maßnahmen der Ersten Hilfe einzuleiten. Dazu gehören Ruhigstellen des betroffenen Körperteiles und eventuell Erweitern der Wunde mit Hilfe einer sterilen Klinge (mit Feuer sterilisieren). Das dadurch provozierte starke Bluten soll bewirken, daß möglichst viel Gift wieder ausgespült wird. Sehr wirksam zur Unterstützung dieses Vorganges sind einfache Giftextraktionsapparate (z. B. Venom-Ex aus der Schweiz oder US-Fabrikate), die zumeist mit anderen Hilfsmitteln kombiniert als Set angeboten werden. Um die Ausbreitung des Giftes im Körper zu verhindern bzw. zu verlangsamen, wird eine Staubinde oberhalb der Bißstelle (in Richtung Herz) angelegt. Auch auf die Gefahr hin, daß Gift in den Kreislauf gelangt, muß die Binde nach 30 Minuten kurzzeitig gelockert werden, um ein Absterben des abgebundenen Gliedes zu verhindern.

In der älteren Literatur wird häufig der Genuß von Alkohol nach Giftschlangenbissen empfohlen. Zur Kreislaufstützung ist Alkohol jedoch ungeeignet, er fördert im Gegenteil die Blutzirkulation und damit die Ausbreitung des Giftes im Körper. Zur Kreislaufstabilisierung sollten vielmehr Kaffee oder Schwarzer bzw. Grüner Tee gegeben werden.

Der Verunglückte ist auf schnellstem Wege möglichst liegend in eine medizinische Einrichtung zu bringen, wo durch den Arzt die fachgerechte Wundversorgung, Behandlung mit entsprechenden Antiseren und weitere therapeutische Maßnahmen eingeleitet werden können. Dem Arzt sind folgende Angaben zu übermitteln:

- Art der Schlange (wenn bekannt)
- Lage der Bißwunde
- Wann erfolgte die Verletzung (Uhrzeit)?
- Wann wurde die Staubinde letztmalig gelockert (Uhrzeit)?
- Wurde schon Antiserum gespritzt (Uhrzeit, Art, Menge)?
- Welche kreislaufstützenden Mittel kamen zum Einsatz?

Im europäischen Raum sind Giftschlangenbisse mit tödlichem Ausgang selten, in Transkaukasien aber leider bereits etwas häufiger. Die Heilungsaussichten sind bei rechtzeitiger sachgemäßer ärztlicher Behandlung fast immer sehr gut.

Worterklärungen

adult erwachsen, geschlechtsreif

Amnion eine vom Keimling selbst gebildete Embryonalhülle bei Reptilien, Vögeln und Säugetieren. Das Amnion umwächst den Embryo vollständig, so daß er schließlich in einem mit Flüssigkeit gefüllten Sack liegt.

aquatisch im Wasser lebend

autochthon in seinem natürlichen Lebensraum vorkommend

autotomieren das Abwerfen von Körperteilen als Reaktion auf bestimmte Reize. Bei äußeren Reizen erfüllt es eine Schutzfunktion, z. B. das Autotomieren des Schwanzes bei zahlreichen Echsenarten. Das fehlende Stück wächst mehr oder weniger gut nach.

Biotop Lebensraum mit relativ stabilen Lebensbedingungen, der sich räumlich mehr oder weniger gut abgrenzen läßt.

Brunstschwielen Paarungsschwielen. Bei vielen männlichen Froschlurchen und manchen Schwanzlurchen auftretende Hautbildungen, die sich meist an den Fingern befinden und das Festhalten der Weibchen bei der Paarung unterstützen.

Collare Halsband; querliegende Hautfalte an der Kehle zahlreicher Eidechsen, farbige Binde auf der Halsoberseite von Schlangen.

diapsid Schädeltyp mit 2 übereinander liegenden Schläfenfenstern; heute nur noch bei den Krokodilen und der Brückenechse vorhanden.

diploid doppelter Chromosomensatz eines Zellkerns

dorsoventral vom Rücken zum Bauch hin

Elektrophorese biochemische Methode, bei der auf einem Trägermedium im elektrischen Feld Proteingemische getrennt werden.

elektrophoretische Enzymuntersuchungen Im Anschluß an eine Elektrophorese werden mittels Nachweisreaktionen die in ihrer Wanderungsgeschwindigkeit unterschiedlichen Bestandteile eines Enzyms nachgewiesen.

Endemiten, endemisch Arten bzw. Verwandtschaftsgruppen, die in ihrer Verbreitung auf bestimmte geographische Gebiete oder zoogeographische Regionen beschränkt sind.

Ethologie Verhaltensforschung; untersucht die Verhaltensweisen und deren Ursachen von Tier und Mensch.

Evolution Entwicklung der Organismen; ein fortschreitender Prozeß, in dessen Verlauf ständig neue Qualitäten entstehen.

Femoralporen bei verschiedenen Echsenfamilien an der Unterseite der Oberschenkel vorkommende Drüsen, die in einer Reihe angeordnet sind. Bei den Männchen sind die Femoralporen deutlich stärker ausgebildet.

Gastralia Bauchrippen; bei Krokodilen und der Brückenechse in der Bauchmuskulatur liegende, spangenförmige Hautverknöcherungen, die keine Verbindung zur Wirbelsäule aufweisen.

Genom die Vererbungsträger, die in dem einfachen (haploiden) Chromosomensatz einer Art lokalisiert sind.

Genotyp Gesamtheit aller Gene eines Lebewesens.

Geschlechtsdimorphismus sekundäre Geschlechtsunterschiede (z. B. in der

Körpergröße, Färbung, bei Körperanhängen) zwischen Männchen und Weibchen.

Habitat Wohngebiet einer Art oder Population.

Habitus die gesamten äußerlich erkennbaren Merkmale eines Lebewesens oder einer höheren systematischen Einheit.

haploid einfacher Chromosomensatz.

Hemipenis Begattungsorgan der männlichen Schuppenkriechtiere (Echsen und Schlangen). Jeweils 2 Hemipenes liegen als Ausstülpungen der Kloakenwand in der Schwanzwurzel. Bei der Begattung wird er unter Schwellung umgekrempelt, so daß die Samenrinne nun außen liegt.

Herpetofauna die gesamten Lurch- und Kriechtier-Arten eines bestimmten Gebietes.

hybridogenetisch Fortpflanzung durch Hybridogenese, d. h. die durch Bastardierung verschiedener Arten entstandenen Hybriden bilden „reine" Gameten der einen Elternart. Bei den in der Natur in der Regel auftretenden Rückkreuzungen mit der anderen Elternart entstehen dadurch immer wieder Nachkommen mit allen Merkmalen der ursprünglichen F_1-Bastarde.

Inkubationszeit Entwicklungsdauer der Eier von der Ablage bis zum Schlupf der Jungen.

juvenil jugendlich, nicht geschlechtsreif

Klepton systematische Kategorie und Taxon der Art-Gruppe. Kleptons entstanden letztlich durch die Bastardierung zweier Arten. In ihren Geschlechtsdrüsen findet keine Vermischung des genetischen Materials der Eltern statt, und sie sind zu ihrer eigenen Reproduktion auf die Geschlechtszellen einer anderen Form oder Art (gewöhnlich ist es eine der Eltern-Arten) angewiesen. Nomenklatorisch werden sie durch das zwischen den Namen der Gattungs- und Artgruppe eingefügte Kürzel „kl." gekennzeichnet.

Kloake bei Amphibien, Reptilien und anderen Tiergruppen der Endabschnitt des Darmkanals, in den auch die Ausführgänge der Harn- und Geschlechtsorgane einmünden.

Kommentkampf Turnierkampf; angeborenes, nach festen Regeln ablaufendes Kampfverhalten, das gegen Artgenossen gerichtet ist und im allgemeinen ohne Beschädigung des Gegners abläuft.

Larve selbständig lebende Jugendform vieler Tiere, die noch nicht geschlechtsreif ist und in Körperbau und Lebensweise meist erheblich vom adulten Tier abweicht. Ausnahme Neotenie.

Legesteinmauer In Südeuropa verbreitete Begrenzung von Grundstücken und Feldfluren aus Steinwällen, die von mehr oder weniger dichtem Gebüsch bewachsen sein können.

Litoral Lebensbereich des Meeres und Süßwassers, der den vom Tageslicht durchleuchteten Ufer- und Flachwasserbereich umfaßt.

Lokomotorik Bewegungen, die im allgemeinen Ortsveränderungen des Individuums bewirken.

Melanismus vermehrte Ablagerung von dunklen Farbträgern (Melaninen), die zu einer dunkleren bis schwarzen Körperfärbung führt.

monophyletisch sich von einer einzigen Stammart ableitend.

Neotenie Eintritt der Geschlechtsreife im Larvenstadium.

Nickhaut drittes Augenlid, das im vorderen Augenwinkel liegt und durch einen besonderen Muskel über die Hornhaut des Auges nach hinten gezogen werden kann.

Nominatform Bei Arten, die in mehrere Unterarten untergliedert werden, wird diejenige Unterart, deren wissenschaftlicher Name mit dem der Art übereinstimmt, als Nominatform oder Nominatunterart bezeichnet.

Ökologie Lehre von den Beziehungen zwischen den Organismen untereinander und mit ihrer Umwelt.

oligotroph nährstoffarm

ophiophag schlangenfressend, wird im allgemeinen verwendet, um zu kennzeichnen, daß Schlangen als Nahrung bevorzugt werden.

Osteodermata Hautverknöcherungen; bei zahlreichen Reptilien vorkommende knöcherne Schilder, Plättchen und Höcker, die sich in der Haut bilden und den Körper als Hautpanzer weitgehend umschließen können. Auch der Schildkrötenpanzer besteht teilweise aus Hautverknöcherungen.

ovovivipar Fortpflanzungsform, bei der nach erfolgter innerer Befruchtung die Entwicklung der Eier im Mutterleib beginnt. Im allgemeinen Sprachgebrauch beschränkt sich der Begriff auf solche Fälle, bei denen die Jungen bereits kurz vor, während oder nach dem Geburtsvorgang aus den Eiern schlüpfen.

Panmixie Ausdruck für den Status einer Gruppe von Individuen, innerhalb der Zufallspaarung möglich ist, aus denen fruchtbare Nachkommen hervorgehen.

Parthenogenese Jungfernzeugung; eingeschlechtliche Fortpflanzung, bei der sich die Eizelle ohne vorherige Befruchtung entwickelt.

Pelagial Lebensraum des freien Wassers, der sich seewärts an das Litoral anschließt und von der Oberfläche bis zum Bodengrund reicht.

Phänotyp das äußere Erscheinungsbild eines Lebewesens.

Phylogenese die Stammesentwicklung der Organismen.

Pigment granulärer bzw. körniger Farbstoff.

polyphyletisch sich von mindestens 2 Stammarten ableitend.

Population alle Angehörigen einer Art in einem räumlich mehr oder weniger isolierten Gebiet, zwischen denen zumindest potentiell ein ungehinderter Austausch genetischen Materials erfolgen kann (Fortpflanzungsgemeinschaft).

Relikt eine Tierart, die nur in einem mehr oder weniger eng begrenzten Gebiet lebt, in geschichtlicher oder vorgeschichtlicher Zeit dagegen wesentlich weiter verbreitet war. Ursachen dieser Zurückdrängung können z. B. langfristige Klimaveränderungen, Auftreten von Konkurrenten oder Landschaftsveränderungen durch den Menschen sein.

revierbildend Eine Tierart ist revierbildend, wenn deren Vertreter (häufig nur im männlichen Geschlecht, aber auch als Gruppe) einen Abschnitt des arttypischen Lebensraumes für sich beanspruchen und durch Drohen und meist ritualisierte Kämpfe gegen Artgenossen verteidigen.

rezent in der Jetztzeit lebend.

rudimentär verkümmert, rückgebildet

Sacralwirbel Kreuzbeinwirbel

Schläfenbrücken An dem ursprünglich kompakten Reptilienschädel bildeten sich im Verlauf der Reptilienevolution 1 oder 2 seitliche Öffnungen, die Schläfenfenster. Die erhalten gebliebenen Knochenverbindungen sind die Schläfenbrücken oder Jochbögen.

Spermatophore vom Männchen gebildete Samenträger oder Samenpakete, in denen sich die Spermien befinden. Sie werden entweder in die weibliche Geschlechtsöffnung übertragen oder auf einem Substrat deponiert und anschließend vom Weibchen mit seiner Geschlechtsöffnung aktiv aufgenommen.

Subartikularhöckerchen kleine, warzenartige Erhebungen an den Unterseiten der Finger- und Zehengelenke vieler Froschlurche.

sympatrisch im gleichen Areal lebend.

Synklepton Organismengruppe, die sich aus 2 oder mehr biologischen Arten und einem oder mehreren Kleptons, die aus der Bastardierung dieser Arten hervorgegangen sind, zusammensetzt.

terrestrisch auf dem Festland lebend.

triploid dreifacher Chromosomensatz eines Zellkerns.

Unterart eine taxonomische Kategorie unterhalb des Artniveaus; sie umfaßt lokale Populationen einer Art, die ein gemeinsames Teilgebiet des Gesamtverbreitungsgebietes der Art bewohnen und taxonomisch von anderen Populationen zu unterscheiden sind.

Urostyl stabförmiger Knochen, der bei Froschlurchen den hinteren Wirbelsäulenabschnit bildet.

vivipar Fortpflanzungsform, bei der das Weibchen lebende Junge gebiert. Die Embryonen sind über eine Plazenta mit dem mütterlichen Körper verbunden.

Literaturverzeichnis

(Mit △ gekennzeichnete Titel waren Quellen von Vorlagen für SW-Zeichnungen)

Alekperov, A. M. (1977): Zemnovodnije i presmykajuščiesja Azerbaidžàna (Amphibien und Reptilien Aserbaidshans)
Baku, 264 S.

Andrada, J. (1980): Guia de campo de los Anfibios y reptiles de la peninsula iberiae
Barcelona 1980, 159 S.

Angel, F. (1946): Faune de France. Reptiles et Amphibiens
Paris, 204 S.

Arnold, E. N. (1973): Relationship of the palaearctic lizards assigned to the genera *Lacerta, Algyroides* and *Psammodromus* (Reptilia: Lacertidae).
Bull. Brit. Mus. Nat. Hist. London (Zool.) *25*, 8: 291–366

Arnold, E. N., u. *Burton, J. A.* (1979): Pareys Reptilien- und Amphibienführer △
Hamburg, Berlin, 270 S.

Bannikow, A. G., Darewskij, I. S., Isčenko, W. G., Rustamow, A. K., u. *Sčerbak, N. N.* (1977): Opredelitelj zemnowodnych i presmykajuščiesja fauny SSSR (Bestimmungsbuch der Amphibien und Reptilien der Fauna der UdSSR
Moskwa, 515 S. △

Baran, I. (1976): Türkiye yilanlarinin taksonomik revizyonu ve cografi dagilislari (Monographie der türkischen Schlangen)
Ankara, 177 S.

Başoglu, M., u. *Baran, J.* (1977): The Reptiles of Turkey Part I. The Turtles and Lizards (Taxonomy and Distribution, Key for Identification), türkisch mit engl. Zusammenfassung
Izmir, 272 S.

Berger, L., Jaskowska, J. u. *Mlynarski, M.* (1969): Placy i gadi. Kat. Fauny Polski (Catalogus Faunae Poloniae) *39*: 1–73

Beškov, V., u. *Beron, P.* (1964): Catalogue et bibliographie des amphibiens et des reptiles en Bulgarie
Sofia, 39 S.

Biella, H.-J. (1983): Die Sandotter. Die Neue Brehm-Bücherei Nr. 558
Wittenberg Lutherstadt, 84 S.

Blab, J., u. *Nowak, E.* (1976): Rote Liste der in der Bundesrepublik Deutschland gefährdeten Tierarten. Teil 1 – Wirbeltiere, ausgenommen Vögel.
Natur und Landschaft, Stuttgart *51*, 2: 34–38

Böhme, G. (1977): Zur Bestimmung quartärer Anuren Europas anhand von Skelettmaterial
Wiss. Z. Humboldt-Univ. Berlin, Math.-Nat. R. *26*, 238–300 △

Böhme, W. (1981, 1984): Handbuch der Reptilien und Amphibien Europas
Wiesbaden, Bd. 1, 520 S., Bd. 2/I, 416 S. △

Borodin, A. M., Bannikow, A. G., u. *Syroječkowskij, E. E.* (1978): Krasnaja kniga SSSR (Rotes Buch der UdSSR)
Moskwa, 459 S.

Brodmann, P. (1982): Die Amphibien der Schweiz
Veröff. Naturhist. Mus. Basel 4: 1–49

Brongersma, L. D. (1972): European Atlantik Turtles
Zool. Verh. Leiden, 318 S.

Bruno, S. (1970): Anfibie e rettili de Sicilia
Atti Accad. Gioenia Sci. Nat. *2, 7*: 185–326

Bruno, S., u. Maugeri, S. (1976): Rettili d'Italia.
Tartarughe e Sauri, I,
Firenze, 160 S. △

Bruno, S., u. Maugeri, S. (1977): Rettili d'Italia. Serpenti, II,
Firenze, 207 S. △

Bruno, S. (1983): Liste rossa degli anfibi Italiani
Riv. Piem. St. Nat. 4: 5–48

Bund, C.F. van den (1964): De Verspreiding van den reptilen en amphibieen en Nederland
Gravenhage (Lacerta), 72 S.

Castanet, J. (1978): Atlas préliminaire des reptiles et amphibiens de France
Montpellier, 137 S.

Collett, R. (1918): Norges krybdyr of padder
Oslo

Crespo, E.G. (1972): Répteis de Portugal continental des colleccoes do Museu Bocage
Arq. Mus. Bocage, Lisboa (2 a) 3, 17: 447–612

Dely, O.G. (1978): Hüllök – Reptilia
Faun. Hungariae 20, 4: 1–120

Dottrens, E., u. Aellen, V. (1963): Batraciens et reptiles d'Europe
Neuchâtel, 261 S.

Dubois, A (1982): Notes sur les Grenouilles vertes (group de Rana kl. esculenta, LINNE 1758)
I. Introduction
Alytes, Olivet, 1 (3): 42–49

Dubois, A. (1982): Notes sur les Grenouilles brunes (group de Rana temp. LINNE, 1758)
I. Introduction
Alytes, Olivet 1, (4): 56–70

Dürigen, B. (1897): Deutschlands Amphibien und Reptilien
Magdeburg, 676 S.

Eiselt, J. (1961): Catalogus faunae Austriae: Amphibia, Reptilia
Wien, 21 S.

Freytag, G.E. (1954): Der Teichmolch.
Die Neue Brehm-Bücherei Nr. 117
Wittenberg Lutherstadt, 71 S.

Freytag, G.E. (1955): Feuersalamander und Alpensalamander.

Die Neue Brehm-Bücherei Nr. 142
Wittenberg Lutherstadt, 79 S.

Fretey, J. (1975): Guide des reptiles et batraciens de France.
Paris, 239 S. △

Frommhold, E. (1954): Heimische Lurche und Kriechtiere.
Die Neue Brehm-Bücherei Nr.49
Wittenberg Lutherstadt, 121 S.

Frommhold, E. (1959): Wir bestimmen Lurche und Kriechtiere
Radebeul, 219 S.

Frommhold, E. (1969): Die Kreuzotter.
Die Neue Brehm-Bücherei Nr.332
Wittenberg Lutherstadt, 121 S.

Fuhn, J. (1960): Fauna R.P. Romine,
Vol.14,1 Amphibia, 288 S.
Bucuresti

Fuhn, I.E., u. Vancea, S. (1961): Fauna R.P. Romine, Reptilia, Vol.14,2
Bucuresti, 354 S.

Gislen, T., u. Kauri, H. (1959): Zoogeography of the Swedish amphibians and reptiles with notes on their growth and ecology
Acta Vertebr. Stockholm 1, 3: 196–397

Gläss, H., u. Meusel, W. (1969): Die Süßwasserschildkröten Europas
Die Neue Brehm-Bücherei Nr.418
Wittenberg Lutherstadt, 77 S.

Graf, J.-D., u. Karch, M.C., Moreillon, F. (1977): Biochemical variations in the Rana esculenta – complex: a new hybridform related to Rana perezi and Rana ridibunda
Experientia 33: 1582–1584

Grillitsch et al. (1983): Lurche und Kriechtiere Niederösterreichs
Facultas-Verlag Wien, 176 pp.

Günther, R. (1978): Zur Larvenmorphologie von Rana ridibunda PALL., Rana lessonae CAM. und deren Bastard R. „esculenta" L. (Anura, Ranidae) Mitt. Zool. Mus. Berlin 54: 161–179

Günther, R. (1982): Ergebnisse experimenteller Kreuzungen zwischen Wasserfröschen (Anura, Ranidae) aus verschiedenen Ländern Europas u. Mittelasiens.
Vertebrata Hung. 21: 157–167

412

Häupl, M., u. *Tiedemann, F.* (1983): Rote Liste der in Österreich gefährdeten Kriechtiere (Reptilia) und Lurche (Amphibia) Bundesmin. für Gesundheit und Umweltschutz Wien, Rote Listen gefährdeter Tiere Österreichs: 63–66

Hecht, G. (1929): Zur Kenntnis der Nordgrenzen der mitteleuropäischen Reptilien Mitt. zool. Mus. Berlin *14*, 3/4: 501–596

Hellmich, W. (1956): Die Lurche und Kriechtiere Europas Heidelberg, 166 S.

Honegger, R. E. (1981): Threatened Amphibians and Reptiles in Europe, Supplement zum „Handbuch der Reptilien und Amphibien Europas" Wiesbaden, 158 S.

Hotz, H. J., u. *Uzell, Th.* (1982): Biochemically idected sympatrie of two waterfrog-species: two different thesis Adriatic Balcans (Amphibia, Ranidae) Proc. Acad. Natur. Sc. Philadelphia, *134:* 50–79

Juszczyk, W. (1974): Plazy i gady krajowe Warschau, 722 S. △

Kabisch, K. (1974): Die Ringelnatter. Die Neue Brehm-Bücherei Wittenberg Lutherstadt, 88 S.

Karaman, S. (1939): Über die Verbreitung der Reptilien in Jugoslawien Ann. Mus. Serb. Merid. Skopje *1*, 1: 1–20

Kopstein, F., u. *Wettstein, O. v.* (1920): Reptilien und Amphibien aus Albanien Verh. zool.-bot. Ges. Wien, 70: 387–409

Lać, I. (1968): Obojživelniky ad plazy. Stavovce Slovenska I. Bratislava, 231 S.

Lambert, J. M. (1969): Comments on the Maltese herpetofauna Brit. J. Herpetol. 4, 5: 114–116

Lanfranco, G. (1955): Reptiles, amphibians of the Maltese islands Malta Year Book 1955: 198–203

Matz, G. (1983): Amphibien und Reptilien (Europas) München, 234 S.

Mertens u. *Wermuth* (1960): Die Amphibien und Reptilien Europas, Dritte Liste, nach dem Stand vom 1.1.1960 Frankfurt (M.), 264 S.

Mlynarski, M. (1976): Nasze plazy Warszawa, 271 S.

Muscheliswili, T. A. (1970): Presmykajuščiesja wostočnoj Gruzii (Die Reptilien des östlichen Grusiniens) Tbilissi, 242 S.

Nikolskij, A. M. (1913): Presmykajuščiesja i zemnowodnyie Kawkaza (Herpetologia caucasia) Tiflis, 272 S.

Nikolskij, A. M. (1915): Fauna Rossii i sopredjelnych stran: Zemnovodnyje i presmykajuščiesja St. Petersburg, 532 S.

Nöllert, A. (1984): Die Knoblauchkröte. Die Neue Brehm-Bücherei Nr. 561 Wittenberg Lutherstadt, 103 S.

Nowak, E. (1981): Die Lurche und Kriechtiere der Länder der Europäischen Gemeinschaft – Artenkatalog. Kilda-Verlag. Greven, 117 S.

Obst, F. J., u. *Meusel W.* (1978): Die Landschildkröten Europas und der Mittelmeerländer. Die Neue Brehm-Bücherei Nr. 319 Wittenberg Lutherstadt, 72 S.

Ondrias, J. C. (1968): Liste des amphibiens et des reptiles de la Grèce. Biol. Gallo-Hellen. *1:* 111–135

Petzold, H. G. (1971): Blindschleiche und Scheltopusik. Die Neue Brehm-Bücherei Nr. 448 Wittenberg Lutherstadt, 102 S.

Radovanovic, M. (1964): Die Verbreitung der Amphibien und Reptilien in Jugoslawien Senck biol. Frankfurt (M.), *45*, 3/5: 553–561

Rimpp, K. (1978): Die Salamander und Molche Europas Lehrmeister-Bücherei Nr. 65 Minden, 96 S.

Salvador, A. (1974): Guia de los anfibios y reptiles españoles
Madrid, 282 S.

Ščerbak, N.N. (1966): Zemnovodnyje i presmykajuščiesja Krima (Amphibien und Reptilien der Krim)
Kiew, 239 S.

Ščerbak, N.N. (1974) Jasčurki palearktiki (Monographie der palaearktischen Wüstenrenner, Gattung Eremias)
Kiew, 293 S.

Schätti, B., u. Agasian, A. (1985): Ein neues Konzept für den Coluber-ravergieri-nummifer-Komplex (Reptilia; Serpentes). Zool. Abh. Mus. Tierk. Dresden

Schiemenz, H. (1980): Die Herpetofauna der Bezirke Leipzig, Dresden und Karl-Marx-Stadt
Faun, Abh. Dresden, 7, 22: 191–211

Schreiber, E. (1912): Herpetologia europaea
Jena, 960 S.

Serra, I. A., u. Albuquerque, R. M. (1963): Anfibios de Portugal
Rev. Port. Zool. Biol. Geral. (Lisboa) 4: 75–227

Smith, M. A. (1951): The British amphibians and reptiles
London, 322 S.

Søager, O. (1971): Faunaundersøgelsen 1970/71
Nordisk Herpetologisk Forening 1971: 57–66

Sparreboom, M. (1981): De amfibieën en reptielen van Nederland, Belgie en Luxemburg
Rotterdam, 284 S.

Stemmler, O. (1967): Die Reptilien der Schweiz
Veröff. Naturhist. Mus. Basel 5: 1–32

Štěpanek, O. (1949): Obojživelnici a plazu zemi cech, Archiv přirodov, výzkum čech, Praha 1: 1–22

Steward, J. W. (1969): The Tailed Amphibians of Europe
Newton Abbot. 180 S.

Terentjew, P. u. Černow, S. A. (1949): Opredelitjel presmykajuščiiesja i zemnovodnych (Bestimmungsschlüssel der Reptilien und Amphibien)
Moskwa 1949, 315 S.

Thorn, R. (1968): Les salamandres d'Europe, d'Asie et d'Afrique du Nord
Paris, 376 S.

Tortonese, E., u. Lanza, B. (1968): Piccola fauna Italiana. Pesci, anfibi e rettili
Milano, 185 S.

Tunner, H. G., u. Heppich, S. (1982): A genetic analysis of waterfrogs from Greece: evidence for the existenz of a cryptic species.
Z. Zool. Syst. Evolut.-Forsch. 20: 209–223

Uzell, Th., u. Hotz, H. J. (1979): Electrophoretic and morphological evidence for two forms of green frogs (Rana esculenta – complex) in Peninsula Italy (Amphibia, Salientia)
Mitt. Zool. Mus. Berlin 55: 13–27

Wermuth, H. (1952): Die europäische Sumpfschildkröte.
Die Neue Brehm-Bücherei
Wittenberg Lutherstadt, 40 S.

Wermuth, H. (1957): Taschenbuch der heimischen Amphibien und Reptilien
Leipzig/Jena, 106 S.

Werner, F. (1897): Die Reptilien und Amphibien Österreich-Ungarns und der Occupationsländer
Wien, 160 S.

Werner, F. (1938): Die Amphibien und Reptilien Griechenlands
Zoologica, Stuttgart, 116 S.

Wettstein, O. von (1953): Herpetologia aegaea.
Sitz. ber. österr. Akad. d. Wiss.-Math.-Naturw. Kl. (1), 162, 9/1: 651–833

Witte, G. F. de (1948): Faune de Belgique. Amphibiens et Reptiles
Mus. Roy. Hist. Nat. Bruxelles, 321 S.

Witte, G. F. de (1965): Un aperçu de la faune herpétologique de la Belgique
Parces Nationaux, Bruxelles 2, 4: 119–123

Register

416

420